중국 대외원조 60년

中國援外60年

주홍(周弘) 지음
김일산 외 옮김

중화사회과학기금

(中華社會科學基金, Chinese Fund for the Humanities and Social Sciences)

지원을 받아 이루어졌음

중국 대외원조 60년
中國援外60年

인쇄 · 2015년 6월 24일 | 발행 · 2015년 7월 3일

지은이 · 주홍(周弘)
옮긴이 · 김일산 외
펴낸이 · 한봉숙
펴낸곳 · 푸른사상
주간 · 맹문재 | 편집 · 지순이, 김선도 | 교정 · 김수란

등록 · 1999년 7월 8일 제2-2876호
주소 · 서울시 중구 충무로 29(초동) 아시아미디어타워 502호
대표전화 · 02) 2268-8706(7) | 팩시밀리 · 02) 2268-8708
이메일 · prun21c@hanmail.net / prunsasang@naver.com
홈페이지 · http://www.prun21c.com

ⓒ 김일산, 2015

ISBN 979-11-308-0411-8 93340

값 34,000원

세계
문화 총서
1

주홍(周弘) 지음
김일산 외 옮김

중국 대외원조 60년

中國援外60年

China's Foreign Aid: 6o Years in Retrospect

푸른사상
PRUNSASANG

일러두기

——

1. 이 책은 주훙(周弘)의 『中國援外60年』(社會科學文獻出版社, 2013年)의 완역판이다.

2. 보충 설명이 필요한 내용에 역주(譯註)를 달아 해당 페이지 하단에 일련의 번호로 저자의 원주(原註)와 역주를 함께 수록했다.

3. 중국의 인명과 지명 등 고유명사는 한자 독음대로 표기하고 괄호 안에 한자를 넣었다. 예) 베이징 → 북경(北京), 저우은라이 → 주은래(周恩來)

머리말

　국제원조 분야에서 중국은 '이상한' 나라이다. 중국은 매우 가난하고 약소할 때부터 국제원조를 시작했다. 원조정책의 효과적인 실행은 서방 국가가 중국을 봉쇄하던 국면을 변화시켰고 중국과 광범한 개발도상국 간의 경제 정치 관계를 확대, 심화했으며 유엔 가입을 이끌어냈다. 더 나아가 국제 발전과 협력의 촉진에 중요한 역할을 했다. 2011년에 발표한 『중국의 대외원조』 백서에 의하면 1950년부터 2009년까지 60여 년간 중국이 제공한 대외원조 총금액이 2,562.9억 위안에 달한다. 이 중 무상원조 1,062억 위안, 무이자 차관 765.4억 위안, 특혜 차관 735.5억 위안이다.[1] 이 숫자는 그렇게 크다고 할 수 없지만 효과는 아주 뚜렷했다. 21세기에 들어서서 중국의 경제발전에 힘입어 대외원조 역시 확대되었다. 2010년 중국 대외원조 규모는 165억 위안에 달했으며, 이전 4년간의 증가율은 25%였다. 국제원조 분야에서 신속한 발전을 보이고 있는 국가는 인도, 남아프리카공화국, 브라질, 멕시코 등 개발도상에 있는 대국들이다. '남남협력'의 추세는 국제원조를 장기적으로 주도하던 서방 선진국에 도전장을 던졌다. 중국의 대외원조 역시 국제사회의 주목을 받으며 여러 가지 평가를 받게 되었다.

　개발도상에 있는 수원국은 일반적으로 중국의 원조에 환영을 표시했다. 첫째, 중국이 개발도상국에 빈곤 퇴치와 개발에 시급하게 필요한 도움을 주

---

1)　中華人民共和國國務院新聞辦公室, 『中國的多外援助』白皮書, 人民出版社, 2011, p.7.

었기 때문이다. 지극히 불균형적인 세계경제 구조에서 일부 개발도상국은 장기간 열세에 처할 수밖에 없었다. 식량이 부족하고 전염병이 창궐하며 전란이 끊이지 않아 이러한 국가는 인류 충돌과 재난의 집결지로 전락했다. 중국의 대외원조는 개발도상국의 수요를 만족시켰다. 빈곤 퇴치에 진력하고 약자를 도우며 경제와 사회 및 민생을 발전시켰다.

이를테면 개발도상국은 의약품이 많이 부족하다. 전 세계적으로 25억 명이 이질 다발 지역에서 생활하고 있고 매년 임상치료 병례가 3~5억 명에 달한다. 이 중 아프리카가 90%를 차지한다. 매년 300만여 명이 사망하며 절반 이상이 5세 이하의 어린이다. 이러한 상황에 대해 중국은 100여 개의 병원과 이질예방퇴치센터를 원조 건설했으며 69개국에 연인원 2.1만 명에 달하는 의료단을 파견했다. 현지에서 환자 2.6억 명을 진료했고 자체 연구 제조한 이질 치료제 아르테미시닌을 제공했다.

중국은 또한 농업 프로그램(농장, 기술시범센터, 농지수리공사 등) 221개, 인프라 건설공사(도로, 교량 등) 442개, 사회 공공시설(경기장, 회의청사, 학교 등) 622개소 및 급수, 에너지 절약과 환경 보호, 산업 발전 등을 원조했다. 이러한 원조는 모두 개발도상국의 경제, 사회, 민생의 어려움을 해결했다.

둘째, 개발도상국이 중국 원조를 환영하는 것은 중국과 그들의 경제를 발전시키려는 목표 등 입장이 일치하기 때문이다.[2] 중국의 대외원조와 수원국의 우선 개발 전략이 부합됐다. 중국의 비교우위와 수원국의 우선 개발 전략이 서로 결합됐기 때문에 힘껏 도움을 제공할 수 있었다.

---

2) 「安南在2006年北京"中非合作論壇"上的發言」, 『對外援助工作通訊』 2006年 第6期, pp.16~22.

중국은 대외원조에서 그 어떤 정치적 조건도 부가하지 않고 수원국의 주권을 존중하며 비현실적인 발전 요구를 수원국에 강요하지 않았다. 니에레레 전 탄자니아 대통령은 "중국이 우리나라에 제공한 막대한 경제·기술 원조나 국제회의 등 교류에서 우리의 정책, 우리나라의 주권과 존엄을 조금도 손상시키려고 하지 않았다."[3]라고 했다.

서방의 원조체계는 개발 주체가 소유권(ownership)을 향유할 수 있다는 입장을 취한다. 그러나 중국은 구체적 원조의 실천 과정에서 수원국에게 부당한 요구를 하지 않는 입장을 유지했다. 그럴 수 있는 이유는 자국 발전의 역사 법칙에서 "발전은 개발도상국의 발전으로 개발도상국 자국 법칙의 발전에 부합되어야 하며 원조국의 역할은 타국의 발전을 주도하는 것이 아니라 타국의 발전을 돕는 것이다."라는 도리를 깨우쳤기 때문이다.

셋째, 중국 발전의 성공 경험은 개발도상국에게 희망을 보여주었다. 많은 개발도상국 지도자들은 중국의 발전 모형에 매료되었으며 중국의 발전에 깊은 인상을 받았다. 특히 서방 국가에 다녀간 경험이 있는 지도자들은 중국의 발전 모형과 서방을 자연스레 비교하게 되었다. 그들은 30여 년 전 아주 빈곤하던 중국이 자주적 노력과 외부의 힘으로 빈곤에서 벗어나 현대화에 들어선 것을 보았다. 그들은 중국의 성공은 "외국의 정책을 그대로 옮긴 것이 아니라 선택적으로 도입했기 때문"[4]이라고 보았다.

많은 국가들이 중국의 정책을 선택하기 시작했다. 탄자니아 공업무역부 장관은 중국-아프리카협력포럼에서 "아프리카 각국 인민들은 중국을 배워

7

---

3) 「坦桑尼亞總統尼雷爾在李先念主席擧行的宴會上的講話」,『人民日報』1985年 8月 20日.
4) 에티오피아 능력건설부 공공관계사 사장 탐방 기록. 2008년 1월 14일.

야 한다. 아프리카의 각종 자원을 잘 개발하고 이용하여 빈곤에서 벗어나고 생활 수준을 제고해야 한다."⁵⁾라고 했다.

넷째, 중국은 사사로운 이익에 입각하여 원조를 제공하지 않았다.⁶⁾ 중국 대외원조 양성에 참가한 일부 아프리카 관료들은 중국이 아프리카를 원조하기 위해 매우 큰 희생을 했으며 "진심으로 수원국을 도와" 빈곤 퇴치를 한다고 했다.⁷⁾ 중국은 자금 지원뿐만 아니라 기술전수와 사회봉사도 했다. 중국의 대외원조 종사자들은 열심히 사업할 뿐만 아니라 수원국 사람들을 평등하게 대했다. 대부분의 중국 직원과 전문가의 급여는 수원국의 수준보다도 낮았다. 중국 의료단은 가장 고생스러운 지역에서 환자를 치료했으며, 하루에 10여 차례 수술을 한 적도 있었다. 탄자니아-잠비아 철도 부설에서 중국의 전문가와 직원 69명이 목숨을 잃었다.

다섯째, 중국 대외원조의 효과가 뚜렷했다. 서방의 관찰자들도 중국이 언제나 가장 빠른 속도로 수원국이 당장 필요로 하는 프로그램과 물자를 제공하는 것에 주목했다.⁸⁾

여섯째, 중국 대외원조는 관리상의 문제가 많다. 이를테면 원조에서 조준성과 장기적 계획이 부족했다. 대외원조 종사자의 외국어 능력이 미숙

---

5) 『對外援助工作通訊』 2006年 第6期, pp.16~22.
6) 이 관점에 대해서는 주은래 총리가 직접 제정한 중국 대외원조 '8항 원칙'이 가장 좋은 증명이다. 그리고 이안산(李安山) 교수가 「문화유산과 중국의 아프리카 정책」에서 문화 연원에 입각하여 분석했다(門鏡 · 本杰明 · 巴頓 主編, 李靖堃 譯, 『中國, 歐盟在非洲』, 社會科學文獻出版社, 2011, pp.55~72).
7) 케냐, 베냉, 짐바브웨 연수반 회원의 발언.
8) Berger Bernt and Uwe Wissenbach, EU-China-Africa Trilateral Development Cooperation: Common Challenges and New Directions, Bonn: Deutsches Institut für Entwicklungspolltik, Discussion Paper21, 2007, p.13.

하고, 일부 대외원조 자료가 외국어로 번역되지 않아 중국과 수원국의 소통에 영향을 주는 것 등이다. 그러나 중국은 대책을 강구했다. 평등 협력을 통해 관리를 개선하여 수원국이 만족하도록 노력했다.[9]

개발도상국이 중국을 협력의 본보기라고 높이 평가할 때 중국 원조에 대한 비난도 함께 쇄도했다. 서방의 일부 여론, 학자 및 비정부기구는 중국의 대외원조가 투명하지 않다고 비난했다. 중국이 원조를 제공하는 것은 "자원을 위한 것"이며 중국의 원조는 "환경과 인권에 위협을 준다."[10]고 했다. 심지어 중국은 "국제사무에서 책임을 지지 않는 역할"[11]을 하며 "기존의 발전 모형에 도전"[12]하고 있다고 했다. 미국과 유럽연합이 더욱 밀접한 민주 공동체를 결성하여 중국의 영향을 저지해야 한다고 했다.[13] 이러한 여론은 중국 대외원조에 대한 연구와 이해가 부족하여 생겨난 결과이다.

근년에 이르러 중국 대외원조 분야에 적지 않은 새로운 연구 성과가 배출되었다. 일부 연구에서 중국의 대외원조에 대한 비난은 이해 부족과 오해 및 편견으로 인한 것임이 증명됐다.[14] 여기서 데보라 브라우티갬 교수

9

머리말

---

9) 남아프리카공화국 재정부 국제 발전합작사 회담 기요. 2008년 1월 27일.
    캄보디아 공공 공사와 교통부 탐방 기록. 2010년 5월 5일.
10) 張興慧,「中國對非洲的援助: 對歐盟的挑戰?」, 門鏡 · 本杰明 · 巴頓 主編, 앞의 책, pp.274~302.
11) Berger, Bernt, China's Engagement in Africa: Can the EU Sit Back? South African Journal of International Affairs—China in Affair, Volume 13, Issue1(2006), p.115.
12) Davies, Penny, China and the End of Poverty in Africa—Towards Mutual Benefit? Sundbyberg, Sweden: Diakonia, August, 2007, p.17.
13) Campbell, Horace, "China in Africa: Challenge US Global Hegemony", in Maji, Firoze, and Stephen Marks, ed. African Perspectiue on China in Africa, Cape Town, South Africa: Fahamu, 2007, p.125.
14) 이를테면 黛博拉 布罗蒂加姆,『龍的禮物』, 社會科學文獻出版社, 2012. 門鏡 · 本杰明 ·

의 『용의 선물』을 주목해야 할 것이다. 브라우티갬 교수는 이 저서의 집필을 위해 아프리카에서 대규모 조사연구를 했다. 『용의 선물』은 아프리카를 원조한 중국의 일부 기층의 이야기와 기술적 이야기를 들려주었다. 이러한 이야기는 아프리카에 대한 중국 원조의 진실성을 보여주고 있다.

『중국 대외원조 60년(中國援外60年)』은 대외원조 분야의 계열적 연구에 대한 필자의 논리적 발전이다. 2003년 『대외원조와 국제관계(對外援助與國際關係)』를 출판했고, 2007년에는 『중국에 대한 외국원조(外援在中國)』를 출판했다. 당시 토니 사치 중국 주재 포드재단 대표가 필자에게 세계는 중국 대외원조 연구에 더욱 관심을 가질 것이라고 했다. 대외원조 분야에 대한 부분적 지식의 축적으로 우리는 외부에 중국의 이야기를 들려줄 때가 되었다고 생각했다.

중국 대외원조의 역사와 자료는 우리에게 근본적인 문제에 대해 생각하게 한다. 이를테면 다음과 같다.

첫째, 세계의 빈곤 퇴치와 발전 법칙은 단일한 것인가? 아니면 다양한 것인가? 서로 다른 발전 모형은 모두 현대화와 더 높은 차원의 문명으로 발전하는가? 그렇지 않으면 인류는 성공할 수 있는 모형이 하나뿐으로 모든 문명은 모두 하나의 길로 가야 하는가?

대외원조를 제공하는 국가는 모두 대외원조의 목적이 개발도상국의 발전을 돕는 데에 있다고 한다. 그러나 각 원조국은 모두 다른 방식으로 원조

巴頓 主編, 李靖堃 譯, 『中國, 歐盟在非洲』, 社會科學文獻出版社, 2011. 丁韶彬, 『大國對外援助』, 社會科學文獻出版社, 2010. 張興慧, 「中國對非洲的援助: 對歐盟的挑戰?」, 앞의 책, pp.274~302.

를 제공하고 있다. 이러한 방식은 수원국의 서로 다른 국정의 특징과 비교 우위를 보여줄 뿐만 아니라 그들의 발전과 진보의 법칙에 대한 서로 다른 이해를 보여준다.

둘째, 대외원조의 정책과 실행에서 나타난 발전 법칙에 대한 각국의 서로 다른 이해는 어떠한 국가관계를 보여주는가? 원조국과 원조국, 원조국과 수원국, 개발도상국과 기타 개발도상국, 선진국과 개발도상국 사이는 상호 학습하고 돕는 사이인가? 아니면 상호 배척하고 경쟁하는 사이인가? 여러 가지 행위와 정책의 동력은 무엇인가? 대외원조에 대한 연구는 이러한 물음에 대해 구체적 사례를 통해 답할 것이다.

셋째, 서로 다른 문명이 여러 측면의 발전 법칙에 대해 서로 다르게 이해하고 있고, 대외원조를 통해 자신이 이해하고 있는 적용 범위를 확대하려고 한다. 그러나 대외원조의 방식, 방법에서는 국부적 경험을 공유하는 현상이 나타난다. 이러한 경험의 공유는 어느 부분에 적용할 수 있는 것인가? 무엇 때문에 보편적 가치를 지니도록 일반화하지 못하는가?

이 책은 위에 제시한 근본적 문제를 해결하기 위해 집필한 것은 아니다. 그러나 우리는 국제업무의 이론화는 전형적 사례와 세심한 분석이 따라야 한다고 생각한다. 간단히 말하면 대외원조의 여러 가지 현상에 대해 국가와 국가를 대비 분석하기 전에 "역사를 경외"하는 자세로 세계 각국의 진실한 상황에 대해 이해해야 한다. 여기에는 중국도 포함된다. 한 업무의 내재적 발전 법칙을 파악하고 이해하기 전에, 여러 가지 업무 간에 간단한 비교를 하여 얻는 결론은 지극히 피상적이며 왜곡될 수도 있다. 특히 대외원조는 대외관계 분야에서도 관련되는 주체와 내용도 가장 많고 관계도 가장 복잡하므로 쉽게 결론을 내려서는 안 된다. 중국 대외원조의 경위와 내재적 법칙을 이해하기 위해 이 책을을 썼다.

중국의 대외원조는 60여 년의 역사를 지녔기 때문에 이야깃거리가 많고 매우 번잡하여 책 한 권으로 개괄할 수 없다. 이 책의 집필에 5년이 걸렸다. 이 기간 동안 중국 상무부 대외원조사(援外司), 경제합작국(經濟合作局) 및 외국 주재 중국 대사관 상무참사관처의 도움으로 2008년 에티오피아, 이집트, 탄자니아, 남아프리카공화국을 현지 조사했다. 현지 정부관료, 기술자, 비정부기구와 브레인트러스트 및 유럽연합, 일본과 다자 원조기구의 대표들을 만났다. 그리고 2010년 아프리카의 알제리, 기니, 보츠와나와 아시아의 캄보디아, 방글라데시를 현지 조사했다. 또한 중국의 북경, 상해, 산서(山西) 등지에서 전 중국 대외원조 종사자, 현 대외원조 종사자, 대외원조 공사 청부업체와 지방 주관 부서를 방문하여 수십만 자에 달하는 탐방 기록을 남겼다.

집필진의 장준(張浚) 선생님과 장민(張敏) 선생님은 『중국에 대한 외국원조』(2007)의 집필에 참여했을 뿐만 아니라 2008년 필자와 함께 아프리카에 대한 현지 조사를 했다. 웅후(熊厚) 선생님은 2010년의 아프리카와 아시아 현지 조사에 참여했다. 장면려(張勉勵) 선생님은 중국과 동남아 관계사 전문가이고 손홍파(孫洪波) 선생님은 중국과 라틴아메리카 관계사 전문가이다.

"중국 대외원조 60년"은 체계가 번잡하고 기술성이 강하며 영향이 미치는 면이 넓고 역사 기간이 길어서 정확한 데이터가 부족하다. 또한 기술성, 정책성, 학술성이 결합된 과제였기 때문에 우리에게는 하나의 도전이었다. 비록 최선을 다했지만 중국 대외원조의 엄청난 이야기 속에서 부분적인 것밖에 다루지 못했다. 우리는 하나하나의 주목점, 이를테면 아프리카의 기니, 아시아의 베트남 등을 통해 중국 대외원조에 대해 깊이 파고들려고 했다. 그리고 비교적 전면적이고 거시적인 문제, 이를테면 정책과 시스템, 다자 원조, 라틴아메리카에 대한 원조 등도 언급했다. 이 밖에 문헌 자료의 제한으로 우리는 연구와 저술에서 현재의 것을 많이 언급하고 예전 것을 적게 언급하려고 했지만, 일부 내용에서는 예전 것을 더 많이 언급했다.

본서의 일부 내용은 이미 발표되었다. 발표된 내용은 본서를 출판할 때 감수와 증보를 거쳤다.

제1장에서는 중국 대외원조 60여 년의 주요 정책과 연혁을 세 단계(계획 경제 시기, 개혁개방 시기, 21세기)로 나누어 살펴보았으며, 중국 대외원조 각 시기 정책의 특징과 부응하는 관리, 실행 시스템을 소개했다. 특히 원조 주체 행위 방식의 변화와 외부 환경 사이의 상호작용이 중국 대외원조 정책과 방식에 어떠한 영향을 미쳤는가에 주목했다. 주요 목적은 중국 대외원조 정책과 방식, 시스템의 내재적 법칙의 해석에 있다.

제2장에서는 중국 다자 대외원조의 발전을 정리했다. 여기에는 자본 규모의 증가와 방식의 다양성도 포함되었다. 이 장에서는 중국 다자 원조의 역할을 충분히 긍정하는 한편 국제사회의 부단히 증가하는 기대와 "자금의 효과적 사용" 등의 문제가 중국 대외원조의 새로운 과제임을 지적했다.

제3장에서는 아프리카에 대한 중국 원조의 기본 특징을 상세하게 정리했다. 특히 1950년대 말부터 1970년대 초까지의 아프리카에 대한 중국 원조의 원칙, 정책, 방법에 대한 서술과 기니에 대한 중국의 원조 사례를 통해 중국 대외원조가 구현하는 각 발전 경로와 제도 모형의 근원을 해석했으며 중국 대외원조는 식민주의와 다른 새로운 '남남협력'의 국가관계임을 설명했다.

제4장에서는 베트남과 기타 동남아 국가에 대한 중국의 초기 원조 상황을 소개했다. 특히 베트남에 대한 원조가 군사원조에서 경제·기술 원조

위주로 전환되는 과정과 양당이 주도하던 원조가 정부 간 협력으로 변천하는 과정을 상세히 소개하고 분석했다.

제5장에서는 중앙아시아 지역에 대한 중국 원조의 효과에 대해 평가했다. 중국이 이 지역에 대한 중국의 원조가 우선 지역 안전 확보를 위주로 한 후 점차 상호 이익과 혜택을 주는 경제 · 기술 협력 관계로 넘어가는 상황을 소개했다. 중국이 상해협력기구를 통해 중앙아시아를 원조한 것은 지역 조정과 방식, 방법에서 창조적이라고 인정했다.

제6장은 라틴아메리카와 카리브해 지역에 대한 중국 원조의 기본 상황과 정책 변화를 소개했다. 그리고 중국-라틴아메리카의 외교관계와 원조의 연결을 분석했으며 라틴아메리카에 대한 중국의 여러 가지 원조의 전략적 의도와 외교적 수요에 대해 설명했다.

중국 대외원조는 살펴보아야 할 분야가 아주 넓다. 이를테면 의료 원조, 인프라 원조, 농업기술 원조 등 분야에 대해 분석, 연구, 소개할 내용이 많다. 그러나 본서는 기본 연구이므로 아쉬움을 간직한 채 여기까지 다루고자 한다.

연구 과정에서 우리는 중국 대외원조는 단순한 경제외교가 아니다. 수원국은 중국으로부터 관념, 경험, 기술, 자금, 물자 등 여러 요소를 도입할 수 있었다. 그러므로 중국 대외원조에 대한 평가는 원조로 건설한 공사의 숫자나 품질 평가에만 제한되지 말아야 한다. 또한 인원 교류나 정책부서의 선시(宣示)만을 보아서도 안 된다. 중국 대외원조의 진정한 성공 원인은 바로 총괄하기 어려운, 일반적으로 '소프트파워'로 불리는 문화 요소이다. 이러한 요소가 각양각색의 원조 프로그램, 특히 원조 프로그램의 실행자들을 통해 수원국으로 전달된 것이다.

　현지 조사와 연구에서 우리는 중국 대외원조는 '조인위락(助人爲樂, 남을 돕는 것을 기쁘게 생각함)'의 사업임을 발견했다. 호금도(胡錦濤) 중국 국가주석은 대외원조 종사자에 대한 연설에서 아프리카 인민이 중국 인민에게 준 소중한 지지를 기억해야 하며 아프리카에 제공한 중국의 도움을 다시 언급할 필요는 없다고 했다. 호금도 주석은 "다른 사람이 나에게 베푼 은혜를 잊어서는 안 되고, 내가 다른 사람에게 베푼 은혜는 잊어야 한다."(『당저설신릉군』)는 『전국책』의 구절을 인용했다. 이는 중국의 대외원조에 사심이 없음을 보여준다. 탐방 과정에서 우리는 전 대외원조 종사자들의 봉사정신과 전심전력에 매번 감동했다.

　세상 사람들에게 이미 잊힌 이야기는 세세하게는 리벳이나 나사못의 생산에서, 넓게는 세계질서 구조의 큰 도리에 이르렀다. 중국 대외원조 정책과 실행의 연구에서 우리는 국제 발전은 학자들의 탁상공론이 아니라 현지에서의 실질적 노동이며, 현실적인 정책과 적용될 수 있는 지식과 기술을 필요로 함을 알게 되었다. 한편 국제 발전은 현재까지 국제관계학 학자들이 거의 주목하지 않는 분야이지만, 사실상 깊은 국제관계 원리를 담고 있다. 우리가 여기에서 독자에게 보여주는 것은 일부 질박한 이야기이지 심오한 이론이 아니다. 능력과 시간, 자료의 제한으로 누락이나 오류가 있을 수 있으므로 독자의 양해를 구하는 바이다.

　특히 본서의 편찬에 많은 도움을 주신 웅후 선생님과 장뢰(張磊) 선생님께 감사를 표하는 바이다.

주홍(周弘)

2012년 8월 20일 북경에서

차례

제2장 중국 대외원조와 다자개발기구

제3장   아프리카에 대한 중국의 원조

제5장 중앙아시아 국가에 대한 중국의 원조 외교 및 그 영향

중국 대외원조 60년

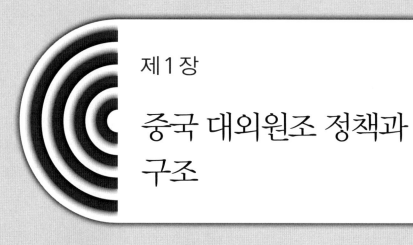

제 1 장

중국 대외원조 정책과
구조

중국 대외원조 60년

一

中國援外60年

제1장 중국 대외원조 정책과 구조

신중국의 대외원조 업무는 1950년부터 시작되어 현재까지 60여 년의 역사를 지니고 있다. 60여 년래, 중국은 묵묵히 대외원조를 해왔는데 이는 여타 외교 수단으로서는 해낼 수 없는 성과를 가져왔다. 1949년 신중국은 건립 초기부터 서방 국가들의 전면적인 봉쇄와 수출입 금지 조치를 받았다. 중국은 소련 일변도의 외교정책으로 그로부터 경제원조를 얻게 되었으며 이를 통해 비로소 산업화에 들어서게 되었다. 뿐만 아니라 무산계급 국제주의 원칙에 입각하여 기타 사회주의 진영의 국가들, 이를테면 북한, 베트남, 몽골 등 국가에 군사, 경제원조를 제공했다. 또한 아시아-아프리카-라틴아메리카 국가들의 민족독립과 경제 발전의 수요에 응하기 위해 신중국은 아시아-아프리카-라틴아메리카 국가에 경제·기술 원조를 제공했다. 개혁개방 이후, 중국의 대외원조 규모는 점차 확대되었고 영향력도 점점 커져 세계의 주목을 받게 되었다.

중국의 대외원조는 60여 년의 역사를 자랑하고 있다. 이 60여 년 동안 중국의 대외원조 정책과 구조는 시대와 국제정세의 변화에 따라 변혁, 조정되었다. 이러한 조정은 대체로 세 단계로 나눌 수 있다. 첫 번째 단계의 시작은 신중국 건립 초기이고, 두 번째 단계의 시작은 개혁개방 초기이며,

세 번째 단계의 시작은 21세기 초기이다.[1] 이 세 단계는 역사적 시기가 다른 만큼 대외원조 정책, 구조와 방법도 서로 다른 특징을 보이고 있다. 중국 대외원조의 첫 번째 단계에서 자연스럽게 국제주의가 대외원조의 주도적 사상이 되었다. 따라서 중국 대외원조의 각종 정책과 조치는 모두 국제주의를 중심으로 제정되었다. 두 번째 단계는 조정과 개혁이 시대적 주제가 되었다. 이 주제를 중심으로 하여 중국 대외원조 체제와 구조, 더 나아가 일부 정책은 모두 기본 원칙을 기반으로 대폭적인 개혁과 조정을 단행했다. 세 번째 단계에서는 발전과 협력을 심층적인 차원과 더 넓은 분야로 추진하기 시작했다. 중국 대외원조는 양적으로 증가했을 뿐만 아니라 원조의 방식과 방법, 체제와 구조 역시 다중적이고 심층적인 협력의 특징을 보이기 시작했다.

1절 신중국 대외원조의 시작 단계

1. 1950년대의 신중국 대외원조: 원칙과 체제

신중국은 국제주의와 인도주의에 입각하여 대외원조를 제공했으며 일시적인 것으로 보지 않았다. 이는 주로 인류의 자유와 평등 운동에 원조를 제공하는 것으로 표현된다. 특히 중국 인민과 비슷한 체험을 지닌 피압박 피착취 인민들에 대한 원조가 이루어졌다. 모택동(毛澤東) 주석은 "이미 혁명

---

1) 부자응(傅自應) 전 상무부 부부장은 중국 대외원조를 20세기 50년대, 20세기 60~70년대, 20세기 80년대, 20세기 90년대 및 21세기 등 다섯 단계로 나누었다(傅自應, 「繼往開來, 進一步做好我國對外援助工作 — 紀念我國對外援助工作60周年」, 『中國經貿』中國對外援助60年特刊, 2010年 8月, p.10). 필자는 중국의 기본 체제 특징에 의해 20세기 50, 60, 70년대를 하나의 단계로 보았고 80년대와 90년대를 또 하나의 단계로 보았다. 세 번째 단계는 두 번째 단계의 자연적인 연속이지만 이를 세 번째 단계로 본 것은 주요하게 전망을 한다는 뜻을 지니고 있다.

적 승리를 얻은 인민은 마땅히 해방을 쟁취하기 위해 투쟁하는 인민을 원조해야 한다. 이는 우리들의 국제주의적 의무이다."[2)]라고 총괄했다.

1950년대 신중국 대외원조의 주요 목적은 민족 해방을 요하는 인민들을 도와 정치적, 경제적 독립을 실현하는 것이었다. 구체적으로 말하면 북한과 베트남 등 주변국 인민의 독립해방 전쟁을 돕는 것이었다. 이 취지는 아시아-아프리카-라틴아메리카에 대한 원조에도 동일하게 적용되었다. 특히 식민주의 지배에서 벗어나려는 아프리카 민족독립 투쟁을 지원했다. 이러한 국가들이 해방된 후, 중국은 이들의 경제적 독립을 도왔다. 주은래(周恩來) 총리는 중국 대외원조에 대해 다음과 같이 설명했다.

> 우리나라 대외원조의 출발점은 무산계급 국제주의 정신에 의해 형제국의 사회주의 건설을 지원하여 전체 사회주의 진영의 역량을 늘리는 것이다. 독립하지 못한 국가를 지원하여 독립국이 되게 하고, 신생국이 자력갱생하도록 지원하여 민족경제를 발전시키고 독립국 지위를 공고하게 하며 각국 인민들을 단결하게 하여 반제국주의 역량을 늘린다. 우리가 형제국과 신생국을 원조하여 그들의 역량을 강화하면, 이는 또한 역으로 제국주의의 역량을 약화하는 것이므로 우리에게도 거대한 지원이 된다.[3)]

이상으로부터 건국 초기, 신중국은 두 가지 관점에서 대외원조 정책을 확립했다. 첫째, 갓 식민 지배에서 벗어난 중국은 독립 후, 기타 피압박 민족의 민족독립 쟁취와 민족경제 발전을 필연적으로 지원한다. 이는 서방국가가 중국에 대한 경제와 정치적 봉쇄를 타파할 수 있고 아울러 식민 지배에서 벗어난 국가가 정치적 독립뿐만 아니라 경제적 독립으로까지 니이

---

2) 「毛澤東主席接見非洲朋友的談話」, 『人民日報』 1963年 8月 9日.
3) 「第三屆全國人民代表大會第一次會議上周恩來總理作政府工作報告」, 『人民日報』 1964年 12月 31日.

갈 수 있도록 도울 수 있다. 둘째, 경제 후진국으로서의 중국은 기타 개발도상국과 마찬가지로 공정하고 합리적인 세계 정치·경제 질서를 요구한다. 개발도상국을 돕는 것은 중국의 외부 조건을 개선하는 것이기도 하다.

모택동과 주은래는 중국 대외관계의 총체적인 구성과 기본적인 원칙에 입각하여 중국 대외원조에 대한 정책적 견해를 밝혔다. 여기에서 중국 대외정책의 국제주의 성격을 확실히 했으며 동시에 중국의 국익도 고려했다. 또한 중국 대외원조의 기본 취지는 개발도상국과의 평등 호혜를 적극 추진하여 최종적으로 공동 발전을 이룩하는 것이라고 설명했다.

상술한 중국 대외원조 목표를 실현하기 위해서는 체제와 구조를 확보해야 한다. 전란에서 갓 벗어난 신중국은 빈곤하고 낙후된 농업국이었다. 공업은 막 발전하기 시작했으나, 그 기초가 취약하고 공업기지가 분산되어 있었다. 효과적인 대외원조를 제공하려면 강력한 조직체계가 필요했다. 그러나 이러한 체계의 구축은 원조 내용의 확장과 전환으로 상부상조해야 한다.

건국 초기, 신중국 대외원조의 주요 형식은 물자원조와 소량의 현금 원조였다. 중앙정부가 대외원조 업무를 관련 부서에 직접 하달하여 시행했으므로 관리 구조는 매우 간단했다. 1952년 8월, 신중국은 대외무역부(對外貿易部)를 설립하여 대외원조를 일괄 관리하게 했으며, 산하에 각 수출입 회사를 설립하여 물자원조를 시행했다. 이후 중국은 원조를 통해 전쟁으로 파괴된 베트남과 북한의 철도, 도로, 항구, 교량, 시내 교통 등의 복구를 도왔다. 이로 인해 대외원조 업무의 내용과 절차는 더욱 복잡해졌다. 1954년 새로운 상황의 요구에 응하기 위해 중국 대외원조 관리는 '2개 부문'으로 나누어 시행하게 되었다. 대외무역부는 대외 담판과 계약 체결을 통일적으로 책임지고, 각 수출입 회사를 통해 물자원조 사항을 시행했다. 국가계획위원회(國家計劃委員會)는 전문 업무의 구분에 따라 국무원 산하의 관련 부서에 임무를 하달했다.

신중국 건립 초기의 대외원조 체제의 상징은 '총납품담당부서제도(總交

貨人部制)'와 '납품협력부서제도(協作交貨部制)'였다. 1958년, 중국 대외원조 프로젝트의 양과 종류가 크게 증가했다. 중국 정부는 '총납품담당부서제도'를 시행하기로 결정함으로써 대외원조 프로젝트를 기한 내에 완수하도록 했다. '총납품담당부서제도'는 국가계획위원회가 대외원조 프로젝트의 전문 업무 성질에 따라 관련 부서를 지정하여 납품을 책임지게 하는 것이다. 이를테면 경공업부(輕工業部) 혹은 농업부(農業部) 등이 이에 해당한다. 지정된 부서는 대외원조의 구체적인 사항에 따라 인원을 선발하고 자료를 준비하며, 원조 건설 부지에 대한 현장 조사를 진행하고 원조 예산을 편성하여 설비와 자료를 제공하고 설계와 설치를 진행하며, 기계 성능 시험과 인원 양성을 책임졌다. 이를테면 철도 원조 건설 프로젝트에서 철도부(鐵道部)가 '총납품담당부서'를 담당하고 기타 관련 부서가 이 대외원조 프로젝트의 '납품협력부서'를 담당한다. '납품협력부서'는 대외원조 사업의 수요에 의해 설치되었다. 일부 수원국은 중국에 외국어로 된 자료의 제공을 요구하기도 했는데 번역, 심의 등 업무에 적지 않은 예산이 소요되었다. 수원국은 오랜 기간 서방의 식민 지배를 받았으므로 전기 제품 설비의 기준 등이 중국과 달랐다. 번역, 부품 등 세부적인 문제를 해결하기 위해서는 기타 부서의 협력이 필요했다. 그러므로 '납품협력부서'가 설치된 것이다. '총납품담당부서'나 '납품협력부서'는 성, 직할시, 자치구에 위탁하여 원조 건설 공사를 완성하게 할 수도 있었다. '총납품담당부서'와 '납품협력부서'는 대외무역부와 국가계획위원회의 이중 지도를 받도록 되었다. 1960년 신설된 대외경제총국(對外經濟總局)은 대외무역부와 국가계획위원회를 대체하여 직접 관리했다. '총납품담당부서'와 '납품협력부서'를 기본 구조로 하는 중국 대외원조 관리 체제가 기본적으로 확립되었다.[4]

---

4) 石林의 『當代中國的對外經濟合作』(中國社會科學出版社, 1989)에 '총납품담당부서제도'와 '납품협력부서제도'에 대해 논술되어 있다.

공업 기초가 취약하고 국토가 넓으며 자원이 분산되어 있는 국가에서 '총납품담당부서제도'와 '납품협력부서제도'는 가장 빠른 속도로 자원을 동원하여 대외원조를 효과적으로 시행할 수 있다. 이러한 체제의 기본 특성은 고도의 계획성과 각 부서 간의 효과적인 협조이다.

2. 1960~70년대의 중국 대외원조: '8항 원칙'과 그 실시

1960년대 소련은 중국에 대한 원조를 중단하고 중국에 있던 자국 전문가를 철수했다. 이로부터 중국의 대외경제 관계는 또 다른 전환기에 접어들게 되었다. 중국과 소련 간의 경제 무역은 대폭 줄어들었지만 중국과 아시아–아프리카 개발도상국 간의 경제 · 기술 협력은 중국 대외원조의 강력한 추진에 힘을 입어 크게 발전했다. 이 발전과 중국 대외원조 사업의 발전은 상부상조하는 것으로 서방 국가의 중국에 대한 봉쇄와 수출입 금지 조치를 타파하고 아시아–아프리카 국가와의 외교 전략을 발전시키는 데 중요한 역할을 했다.

중국 대외원조 사업의 효과적인 전개와 개선을 위해 주은래 총리는 대규모 조사연구를 거쳐 친히 중국 대외원조의 '8항 원칙'을 제정했다. 그리고 1964년 1월 14일, 은크루마 가나 대통령과의 회담시 정식으로 제기했다.[5] 이 '8항 원칙'은 다음과 같다.

> 첫째, 중국 정부는 시종일관 평등 호혜의 원칙에 입각하여 대외원조를 제공한다. 이러한 원조는 일방적인 지원이 아니라 상호적 이익을 전제로 한다.
>
> 둘째, 중국 정부는 대외원조 제공시 수원국의 주권을 존중하며 그 어떤 부가조건이나 특권을 요구하지 않는다.

---

5) 『人民日報』1964年 4月 26日.

셋째, 중국 정부는 무이자 혹은 저금리 형식의 경제원조 제공시, 수원국의 수요에 따라 상환 기한을 연장하여 수원국의 부담을 최대한 줄인다.

넷째, 중국 정부가 대외원조를 제공하는 목적은 수원국을 중국에 복속시키기 위한 것이 아니라 수원국으로 하여금 자력갱생하고 경제적으로 독립 발전하도록 돕기 위한 것이다.

다섯째, 중국 정부가 지원하는 수원국 건설 프로그램은 적은 투자로 빠른 시일 내에 성과를 창출할 수 있는 것으로 수원국 정부로 하여금 수입을 증대하고 자본을 축적하도록 한다.

여섯째, 중국 정부는 자국에서 생산할 수 있는 최상품의 설비와 물자를 제공하며 국제시장가로 가격을 협상한다. 만약 중국 정부가 제공한 설비와 물자가 규격이나 품질에 부합되지 않으면 중국 정부가 교환을 책임진다.

일곱째, 중국 정부가 기술원조를 제공시, 수원국 기술자가 동 기술을 완전히 숙지하도록 보장한다.

여덟째, 중국 정부가 수원국 건설을 지원하기 위해 파견한 전문가는 수원국의 전문가와 동일한 대우를 받는다. 중국 전문가는 특별대우를 요구해서는 안 된다.

1964년 12월 21일, 제3차 전국인민대표대회 정부 보고에서 주은래 총리는 '8항 원칙'에 대한 추가 설명을 했다.

이 몇 년래 우리나라 사회주의 건설의 발전에 따라 대외원조 규모가 점차 커졌다. 대외원조 사업에서 우리는 다년간의 실천 경험을 총괄하여 대외 경제·기술 원조의 '8항 원칙'을 제정했다. 이 원칙에 따라 우리는 다른 나라를 도왔다. 무상원조나 저금리, 무이자 차관으로 원조를 제공했다. 금후 우리는 실제 사업에서 이 원칙을 보충하고 발전시켜야 한다.[6]

---

6)   第三屆全國人民代表大會第一次會議上周恩來總理作政府工作報告」, 『人民日報』 1964年 12月 31日.

'8항 원칙'은 제기되자마자 중국 대외원조의 지도방침이 되었다. 중국의 전 대외원조 업무 종사자는 다음과 같이 회고했다. "당시 중앙에서 지방에 이르기까지 무릇 대외원조 업무 관련 부서나 종사자들은 모두 '8항 원칙'을 참답게 관철했다. 어떤 원조를 제공하며 어떤 건설공사를 하며 규모가 어느 만큼 되며 기준이 어떠한지를 모두 '8항 원칙'과 대조했다. 모든 대외원조 업무에 종사하는 부서나 종사자들은 모두 '8항 원칙'으로 사상을 통일했다. '8항 원칙'에 부합되면 관철 시행했고 부합되지 않으면 수정했다. 이 기준이 있으니 업무를 진행하기가 비교적 쉬웠다."[7]

'8항 원칙'은 중국 대외원조 사업의 시금석이기도 했고 중국과 기타 서방 원조국 간의 분수령이기도 했다. '8항 원칙'은 평등, 협력, 호혜를 강조하여 국제 경제협력 분야에서 새로운 국면을 개척한 것으로 수원국 사이에서 커다란 공감을 불러일으켰다. 개발도상국 특히 식민 지배를 받아온 국가들은 중국의 원조를 통해 중국 정부와 인민을 접하게 되었고 중국에 대해 더 잘 알게 되었다. 이를테면 '8항 원칙'에서 중국 정부는 원조를 일방적인 지원이 아니라 상호적 이익이 있어야 한다고 했는데 이러한 현실적인 설명은 중국과 수원국의 평등한 동반자 관계를 잘 구현하고 있다. 그러나 선진국은 시사(施舍)하는 모습에서 벗어나기 어려웠다. 또한 '8항 원칙'에서 중국 정부는 수원국에 원조 제공시 수원국의 주권을 존중하며 그 어떤 정치 조건을 부가하거나 특권을 요구하지 않는다고 했다. 아울러 수원국에 최상품의 설비와 물자를 제공하며 모든 지식과 기술을 모두 전수한다고 했다. 투자가 적고 빠른 시일 내에 성과를 창출할 수 있는 건설 프로젝트를 원조하여 수원국 정부가 수입을 증대하게 하고 중국 전문가들이 수원국 전문가와 동일한 대우를 받게 함으로써 특별대우를 요구하지 못하게 했다. 이는 중국의 국제주의 정신을 잘 구현한 것으로 수원국의 민심을 얻었

---

7) 2007년 이승위(李承爲) 전 대외원조사(援外司) 사장(司長) 방문 기록.

을 뿐만 아니라 중국 또한 수원국의 도움으로 서방의 정치적 포위와 경제적 봉쇄에서 벗어날 수 있었다.

'8항 원칙'을 모든 원조 프로젝트의 관리와 시행에 관철시켜 중국 대외원조 사업의 지도 원칙과 핵심이 되도록 했다. 평등 호혜와 내정 불간섭 및 국제주의 원칙의 관철과 시행을 보장하려면 허다한 세부적 관리에 공들여야 하고 관리 체제와 구조를 통해 보장받아야 한다. 1960~70년대의 중국 대외원조 체제는 '총납품담당부서'와 '납품협력부서'의 상호 협동을 기초로 지속적인 발전을 가져왔다. 1964년 대외경제총국은 대외경제위원회(對外經濟委員會)로 격상되었고, 1970년에는 대외경제부(對外經濟部)를 설립하여 중국 대외원조 업무를 총괄하게 했다. 1971년부터 '총납품담당부서'와 '납품협력부서'는 '승건부(承建部, 건설 담당부)'와 '협력부(協作部)'로 명칭을 변경하여 건설 계획 부서, 협력 부서, 대외무역 회사 등 대외원조 프로젝트 시행 부문을 총괄했다. 승건부는 일반적으로 국무원의 주요 관련 부서(이를테면 농업 원조는 농업부, 철도 건설 원조는 교통부)가 담당하며 협력부(국무원 관련 부서)의 협동하에 관련 성, 시, 자치구 인민정부에 임무를 하달했다. 승건부는 본 업무 분야의 대외원조 프로그램 관리를 책임졌다.

대외원조 수량의 증가로 인해 그 기준에 대한 제정이 의사일정에 올랐다. 이 단계에서 중국 대외원조 주관 부문에서는 세부적인 관리에 대한 대안을 준비하기 시작했다. 이를테면 수원국 현지 근로자의 노동 보호 대안에 대해서는 안전벨트, 헬멧, 절연 고무신, 고글 등의 제공과 기준에 대해서까지 자세하게 언급했다. 중국 대외원조 종사자들이 맹목적으로 교만하게 행동하는 경향이 '8항 원칙'의 평등 정신 구현에 영향을 주고 나아가 중국 대외원조 사업에 부정적인 영향을 주는 것을 피하기 위해 대외원조 주관 부서는 물론 주은래 총리까지도 "대차(貸借)와 양성 업무 종사자들은 겸허하고 신중하며, 교만함과 성급함을 경계하며 쇼비니즘을 단호히 반대해야 한다. 기술을 전수하고 생산 경험과 과학기술 성과를 소개하며 실사구시해야 한다. 두 가지 측면으로부터 관찰하고 생각해야 하는데 성과에 대해서도 언급해야지만 결점에 대해서도 언급해야 한다. 성과에 대해 언급할 때 여지를 남겨야 하고 자화자찬하지 말며 결점을 언급할 때 대충 넘어가지 말아야 한다. 그리고 상대방으로부터 배우고 적절한 기회에 경험 교류를 해야 한다."라고 강조했다. 하노이에서 중국이 원조 건설한 비누공장을 시찰할 때 주은래 총리는 친필로 다음과 같이 제사했다.

> 나는 이 공장에서 베트남-중국 양국의 근로자와 전문가의 양호한 협력을 보았습니다. 이는 아주 기쁜 일입니다. 그러나 나는 우리나라에서 온 모든 전문가와 근로자들이 베트남의 전문가와 근로자와 잘 협력하고 있는지 걱정스럽습니다. 쇼비니즘은 없는지, 거만하고 자만하지는 않는지, 자신의 능력을 모두 베트남 동지들에게 전수하고 있는지, 베트남 동지들의 장점과 베트남 인민들의 간고하고 소박한 태도를 배우려 하는지 모두 걱정스럽습니다. 이 모든 것은 중국의 전문가와 근로자가 주의하고 경계해야 할 것들입니다. 베트남 동지들이 우리들에게 더 많은 교육과 비평을 하기 바랍니다. 나의 이 말은 하노이 비누공장의 전문가와 근로자에만 한한 것이 아닙니다. 나는 당신들이 이 말을 중국에서 온 모든 전문가와 근로자들에게, 그리고 우리와 업무 관계를 맺는 모든 베트남 동지들에게 전해주기 바랍니다.[8]

주은래 총리는 일부 중국 대외원조 종사자들이 '은인' 혹은 '전문가'로 자처하거나 평등하지 않은 시각으로 사람을 대하고, 현지 정부의 법률을 지키지 않거나 현지 인민들의 풍속 습관을 존중하지 않으며 조직성과 규율성이 없으며 맡은 업무를 수행하지 않는 현상들에 대해 엄숙하게 비평했다. '8항 원칙'을 위반한 행위에 대해 주은래 총리가 직접 관여하고 처벌을 내렸다. 주백평(周伯萍) 전 주탄자니아 대리공사는 회고록에서 중국 경제

중국 대외원조 60년

---

8) 『方毅傳』編寫組, 人民出版社, 2008, pp.247~248.

원조 전문가를 도와 면세품을 구매하게 했다가 주은래 총리의 심한 비평을 받은 이야기를 적었다.[9]

주은래 총리는 일부 사람들이 큰일을 하여 공을 세우기를 좋아하고 실효를 따지지 않는 흠을 보아냈다. 그는 "우호는 정신에 있는 것이지 물질에 있는 것이 아니고 겉치레에 있는 것은 더욱 아니다."[10]라고 여러 번 경고했다. 주은래 총리의 뜻은 꾸밈이 없으면서 심원한 것이었다. 우의는 은연중에 자연스레 형성되는 것이지 억지로 만들어지는 것이 아니다. 대외외교에서는 때로 태도가 매우 중요한데 이는 태도가 물질보다 더 많은 호의와 우정을 전달할 수 있기 때문이다. 주은래 총리는 수원국이 불합리한 요구나 합리적이지만 중국이 해낼 수 없는 요구를 제기할 때 사실을 들어가며 이치를 설명하고 인내심 있게 설복, 해석해야 하지 너무 성급하게 일을 대하거나 애매모호한 태도를 취해서는 안 된다고 했다. 자세에 성의가 있어야 하고 관점이 명확해야 한다는 것이다. 주은래 총리의 이 요구는 수원국의 장구한 이익을 고려한 것이다. 만약 양국의 우의를 위해 경제기술의 합리성을 따지지 않는다면 프로젝트에 폐해가 잠복해 있을 수 있으며 이는 나중에 수원국의 부담이 되어 양국의 우의를 해칠 수 있기 때문이다.

총괄적으로 보면 중국의 대외원조 사업은 물질적인 것과 정신적인 것 두 가지 부분으로 이루어졌다. 중국 대외원조 효과가 가끔 세인들의 예측을 넘어선 것은 주은래 총리가 중국 대외원조 종사자의 자세나 행위 등에 대해 높은 표준으로 엄격하게 요구한 데에서 비롯된 것이다. 주은래 총리의 가르침 아래, 중국 대외원조 종사자들은 힘든 일, 어려운 일을 마다하지 않고 수원국 기층에 내려가 조사연구했다. 현지인들과 발전 대계를 함께 상의하여 중국을 위해 명예와 우의를 획득했다. 이를테면 호치민은 방의(方

---

9)　周伯萍,『非常時期的外交生涯』(1964. 9~1982. 1), 世界知識出版社, 2004, pp.69~71.

10)　중국 대외원조 종사자에 대한 집필진 탐방 기록.

毅) 주베트남 경제대표를 "나의 고문"이라고 평가했다.[11] 이 밖에 많은 중국 대외원조 종사자들은 수원국 정부의 신임과 찬양을 받았다.

당시의 여건에서 중국의 대외원조는 간접적으로 중국 국내 생산을 추진했다. 대외경제위원회(대외경제부)의 지도하에 '승건부'와 '협력부'가 상호 협력한 중국 대외원조 체제는 계획경제의 일부분이 되었다. 계획경제 체제는 대외원조 시행 과정에서 나타나는 문제점을 효과적으로 조정할 수 있었다. 또한 대외원조의 요구에 따라 국내 생산을 배치하여 사실상 국내 생산을 촉진했다. 이를테면, 대외원조 기계설비의 부품을 선진국에서 사면 매우 비쌌다. 이러한 수요는 중국의 연구개발을 촉진했다. 대외원조 설비는 중국에서 생산한 최상품일 뿐만 아니라 수원국의 기후나 지리 조건 및 특별한 요구에도 적합해야 했다. 중국 최고 기술 토대 위에서 수원국의 수요에 따라 기술적으로 한 단계 업그레이드되어야 했다. 이는 대외원조 분야의 생산 연구에서 대내 대외가 상호작용하는 국면을 형성했다.

3. 대외원조의 외교 추진

광활한 국토, 유구한 역사, 풍부한 문화, 번잡한 제도 등 여러 가지 원인으로 외부 세계는 중국을 제대로 이해하지 못했다. 게다가 서방 국가들은 공산당 지도하의 신중국에 대해 악의적인 비방과 중상으로 끝없는 반공 선전을 했다. 만약 장구한 외교 전략과 구체적 사무에 대한 다각적인 외교 책략이 없다면 중국은 외부 세계에 의해 부호화나 기호화, 간단화되기 쉬우며 더 나아가 의심과 오해, 공격을 받게 되는 것이다. 중국 초기의 대외원조 사업은 외부 세계의 중국에 대한 기호화된 인식을 성공적으로 전환했다. 이 성공의 비결은 선시에 있는 것이 아니라 중국 대외원조 종사자들의

---

11) 『方毅傳』, p.261.

일언일행을 통해 수원국 정부와 인민들이 중국이라는 신비한 국가의 진심과 성의를 직접 체험하면서 중국에 대해 호감이 생긴 것이다. 수원국 정부는 성심성의껏 중국을 도와 유엔에 가입하도록 했으며 많은 국제 문제에서 중국을 지지했다.

중국이 유엔에 가입하기 전, 주은래 총리가 발표한 대외원조 관련 담화문을 보면 중국은 대외원조 사업에서 세부적인 정책에 이르기까지 모두 수원국을 이해하고 배려했다. 이로써 중국 외교가 위풍당당한 면이 있을 뿐만 아니라 더욱이 말없이 묵묵히 수원국을 돕는 것임을 알 수 있다. 대외원조는 중국 외교가 민심을 얻기 위해 공리적으로 이루어지는 것이 아님을 시사한다.

중국의 전 대외원조 종사자의 회고에 따르면 주은래 총리는 수원국 지도자를 접견할 때마다 중국의 대외원조 정책을 언급했다. 그리고 언급할 때마다 세세한 것까지 고려하며 수원국의 시각에서 문제를 고려했다. 주은래 총리는 중국의 원조 건설 프로그램이 당지의 현실 사정에 적합한지, 수원국에 부담을 주지 않는지, 수원국에 이익이 되는지, 수원국의 시장 수요에 부합되는지, 중국의 설비가 수원국 당지의 기후 조건에 부합되는지 등에 관심을 가졌다. 또한 수원국을 돕는 것을 자신의 일처럼 생각하기를 바랐으며 수원국이 점차 자력갱생하여 자국의 국내시장을 확대하고 대외원조에 더 의지하지 않기를 희망했다. 1970년 7월 9일, 탄자니아와 잠비아 대표단 접견시 "우호 국가를 돕는 건설 프로젝트는 …… 완성해야 할 뿐만 아니라 수원국 인민들로 하여금 모든 기술과 경영 관리를 전수받게 해야 합니다. 기술자와 근로자를 잘 양성하고 완성된 프로젝트는 수원국이 사용하도록 해야 합니다. 이렇게 해야만 진정한 원조인 것입니다."[12]라고 했다. 상

---

12) 中共中央文獻研究室 編, 『周恩來年譜』(1949~1976)(下), 2007, p.378
　　『黨的文獻』2012年 第3期, pp.12~13.

대방의 입장에서 문제를 생각하는 자세에서 자연스레 사람을 감동시키는 힘이 느껴지는 것이다.

주은래 총리는 요구가 엄격하기로 소문이 자자했다. 그는 중국의 외교관들에게 멀리 볼 것을 요구하며 상대방의 흠집을 끄집어내지 말도록 항상 당부했다. 그는 중국 대외원조 전문가들에게 현지의 법률과 관세제도를 지킬 것을 요구했고 특별대우를 요구하지 말고 면세품 구매시에 세금을 추가 납부할 것을 요구했다. 그리고 주관주의, 쇼비니즘, 신식민주의 잘못을 범하지 않도록 경계해야 한다고 당부했다.

담판 과정에서 주은래 총리는 원칙성과 실제성, 융통성을 유기적으로 연관시켜 원칙을 견지하고 실사구시를 성취하면서 우의도 유지했다. 크레가 알바니아 각료회의 제1부주석 접견시 알바니아 측에서 제기한 요구에 대해 주은래 총리는 "양국 무역과 경제협력 문제에 관해 응당 세 가지 원칙을 지켜야 합니다. 첫째, 당신들은 우리에게 도움을 청할 권리가 있고 우리는 당신들을 도울 책임이 있습니다. 둘째, 당신들은 당신들의 실제 수요에 따라 요구를 제기할 수 있고 우리는 우리들의 능력에 따라 당신들의 요구를 만족시킬 것입니다. 셋째, 어떤 방법과 절차를 밟아 원조하고 협력할 것인가에 대한 것입니다. 이 세 가지를 간단히 말하면 곧 국제주의, 실사구시와 그 해결책입니다."[13]라고 강조했다. 이는 이후의 경제기술 담판에 실제적이고 우호적인 분위기를 만들었다.

중국 대외원조는 식민주의와 쇼비니즘을 명확하게 반대했고 국제주의 정신을 뚜렷하게 했다. 당시 서방 국가들은 부가조건이 있는 원조로 수원국에 대해 영향력을 행사하려 했으며 수원국의 생산과 판매를 통제하는 새로운 식민주의 방식으로 세계 질서를 유지하려 했다. 중국과 서방 국가의 원조는 천양지차로 달랐다. 정책적 차이 외에도 주은래 총리는 개인의 솔

중국 대외원조 60년

---

13) 『方毅傳』, p.289.

직하고 사심이 없는 인격적 매력은 중국으로 하여금 더 많은 이해와 우의를 획득하게 했으며 중국 외교의 품격을 높였다. 이러한 품격의 특징은 입장이 선명하고 태도가 명확하며, 외교에서 힘을 믿고 약소국을 괴롭히거나 부자연스럽게 꾸미며 과실을 덮어 감추거나 진실하지 않은 말을 하는 등 고질을 모두 없앴다. 이러한 정신의 전도적 작용은 물자원조의 작용보다 더 큰 것이다.

이러한 외교 품격의 감화로 중국 대외원조의 가장 큰 프로젝트인 탄자니아-잠비아 철도 부설 공사에서 중국 외교 사업은 큰 성과를 거두었다. 1971년 10월 25일, 제26차 유엔 총회에서 찬성 76표, 반대 35표, 기권 17표로 예상 밖의 압도적인 우세로 알바니아, 알제리 등 23개국이 제안한 중화인민공화국 유엔 가입 결의안이 통과되었다. 결의안을 제안한 알바니아와 알제리를 비롯한 23개국에서 유고슬라비아를 제외한 22개국은 모두 중국의 원조를 받은 수원국들이었다. 이들은 중국의 원조를 통해 중국을 알게 되었던 것이다.[14]

다년간 중국 대외 경제협력 업무를 주관한 방의는 당시의 중국 대외원조 사업을 8가지로 총괄했다. 첫째, 모든 사업은 국제 투쟁의 전반적 국면에서 출발한다. 둘째, 대외원조 사업은 복잡하고 세부적인 기술 업무일 뿐만 아니라 엄숙한 정치 업무이기도 하다. 셋째, 대외원조 사업은 세계를 향해, 그리고 우리가 아직 인식하지 못한 분야와 대면해야 하기 때문에 끊임없는 학습이 필요하다. 넷째, 적극적으로 담당하는 것과 능력껏 담당하는 것을 상호 결합해야 한다. 다섯째, 중점을 장악하는 것과 일반적 특성을 고려하는 것을 상호 결합해야 한다. 여섯째, 민족주의 국가의 특징에 대해 잘 이해해야 하며 중국의 역할을 잘 파악해야 한다. 일곱째, 원조의 방식에서 수원국을 도와 자력갱생하는 것에 치중하고 수원국의 장구한 수요를 해결해

14) 「光輝的 歷程 — 程飛談外援」『對外援助工作通訊』 2008年 第3~5期.

야 하며 목전의 급박한 수요도 적당하게 고려해야 한다. 여덟째, 대외원조 사업은 세계를 향하면서 동시에 국내에 입각하여 국내의 생산 건설과 기술 진보도 추진해야 한다.[15]

4. 계획경제 체제 조건하의 중국 대외원조 관리 체제

'총납품담당부서제도'와 '승건부책임제'를 기본 제도적 구조로 하는 중국 대외원조 관리 체제는 특정한 역사적 조건과 제도적 조건에서 중국 국정에 부합되었다. 이 제도적 구조는 신중국 건립 후 근 30년간 중국의 대외 관계 통로를 확장하고 신중국에 대한 서방 세계 봉쇄를 분쇄하는 데 지대한 공헌을 했다. 구체적으로 말하면, 생존과 발전을 위해 중국은 제3세계의 개발도상국에 대외원조를 제공했다. 그러나 당시 중국의 원조에 대한 수요에 비하면 당시 중국 국력이 강하지 못했다. 자원이 부족하고 한계가 있었지만 이를 집중하여 대외원조 프로젝트를 완성하고 외교 전략의 돌파를 실현하기 위해서 각 기관부서를 협조 조정하고 각종 자원을 효과적으로 배치할 수 있는 체제를 출범시켰다. 중국 국력의 증대와 대외원조 수요의 확대로 인해 중앙에서 계획하고 각 부서가 협동하는 것을 주요 특징으로 하는 체제는 중앙에서 직접 대외원조 정책을 제정하고 관련 부서가 대외원조 정책을 시행하며 프로젝트를 관리하는 체제로 점차 전환되었다.

이러한 체제에서 중국 대외원조 기본 사업 절차는 다음과 같다. 당중앙과 국무원에서 대외원조 업무를 총괄한다. 특히 주은래 총리가 대외원조 업무를 관여하고 지도했다. 각 담당 부서들은 직접 중앙에 대해 책임졌으며 부서책임제를 실행했다. '총납품담당부서제도'에서는 '납품담당부서'와 '총납품담당부서'가 책임졌고 '승건부책임제'에서는 '건설담당부서'가 책임

15) 『方毅文集』, 人民出版社, 2008, pp.73~77.

졌다. 책임 범위로는 업무 고찰, 업무 기획, 계획 관리, 시공 관리, 설비 자료의 공급과 관리, 재무 관리, 출국 인원 선별 파견과 사상교육, 인턴 양성, 프로젝트 준공 관리, 총화와 기습 협력 등 세부적 행정 관리 절차를 포함하고 있으며 필요 사항 기입 통계 보고서를 작성해야 했다. '납품담당부서'와 '건설담당부서', 각 지방자치단체와 부처의 전문 대외원조 기관에 전문적 행정책임 관계망을 구축했다. 각 지방자치단체와 부처의 '대외원조판공실(援外辦公室)'을 통해 상호 협조, 협력하여 상급기관의 명령을 하달하고 전체적 국면을 총괄하여 대외원조 정치 임무의 순조로운 집행을 보장했다.[16]

'승건부책임제'의 발생은 자연스러운 발전 과정이다. 당시 중국과 수원국이 원조 건설 프로젝트에 대해 협상한 후 일반적으로 국무원에서 관련 부처에 공문을 보냈다. 대외원조 '8항 원칙'에 의해 기한 내에, 품질을 보장하면서 임무를 완수하게 했다. 또한 건설 프로젝트의 기술적, 경제적 책임을 지게 했다. 그러나 대외원조 항목은 철도, 농업, 경공업, 문화 등 많은 분야를 포괄했다. 그러므로 국무원은 기타 부처에 재차 공문을 보내 협력부로 일임하고, 승건부와 협력하여 업무를 완수하게 했다. 협조에 편리를 제공하기 위해 승건부는 '대외원조판공실'을 설립했다. 각 분야의 전문가를 선발하여 프로젝트 건설 과정과 건설 후의 일상 관리 업무를 책임지게 한다. 각 지방지치단체도 '대외원조판공실'을 설립했다. 승건부는 각 지방지치단체에 대외원조에 필요한 설비와 자료, 포장과 발송, 해외 시공, 품질 검사, 설비 안전 성능 시험 등 업무를 실행에 옮기도록 구체적으로 지정했다. 그리고 승건부는 국무원에 직접 책임졌다. 책임 관계의 명확성은 중국 경제가 발달하지 못한 상황에서 품질이 뛰어난 프로젝트를 건설할 수 있도록 보장했다.

계획경제의 결합 또한 선명했다.

---

16) 周弘, 「中國對外援助與改革開放30年」, 『世界經濟與政治』 2008年 第5期.
    王逸舟 編, 『中國對外關係轉型30年』, 社會科學文獻出版社, 2008.

승건부책임제와 총납품담당부서제도는 행정 관리 수단으로 경제원조 사항을 관리하고 재무관리는 결산제를 실행한다. 모든 비용은 실제 지출에 의해 청산하고 프로젝트의 투자 액수, 건설 주기, 공사의 질의 우열 등은 집행 부처의 경제 이익과 관계가 없기 때문에 프로젝트 집행 부처와 대외원조 종사자들의 적극성 동원에 불리했다. 이러한 폐단은 70년대 말에 더 선명하게 나타났다.[17]

행정 관리 수단의 결함 외에도 지나친 행정 관리는 정치상의 이해득실만 따지고 경제상의 이해득실은 따지지 않는 폐단을 초래했다. 중국 지도자가 자국의 가장 훌륭한 기술과 물자를 원조하겠다는 약속에 의해 대외원조 종사자들은 정치적인 입장에서 수원국의 일부 불합리적인 요구도 만족시켜야 했다. 그러므로 주은래 총리는 "현지의 실제와 결합하지 않는다.", "조사 연구를 하지 않는다."고 비평했다. 간혹, 중국은 임무를 완성하기 위해 모든 힘을 기울여 수원국의 공업 생산을 도왔지만 설계, 시공, 설치, 시범 운영까지 일괄 책임지는 월권행위가 발생했다. 그 결과, 수원국의 의존성을 초래하여 원조국과 수원국 사이에 불평등의 씨앗을 심어주었다. 방의 부장은 "일부 대외원조 종사자들 사이에서 쇼비니즘과 민족적 이기주의가 대두된다. 일부 동지들은 …… 우리가 민족주의 국가를 돕는 것은 모두 가난한 친구를 사귀거나 부담을 스스로 지는 것이라고 생각한다. 일부 동지들은 일부 국가의 인민들의 생활 수준이 비교적 높고 공업 기술 수준도 낮지 않은 것을 보고 우리가 그들을 돕는 것은 가난한 자가 부자를 구제하는 것이라고 생각한다. 일부 동지들은 원조의 상호적 도리를 모른 채 우리가 그들을 돕는 것만 보고 그들이 우리를 지지하는 것을 보지 못한다. 이러한 동지들은 문제를 볼 때 단편적으로 보는데, 국부적인 면만 보고 전체적인 면을 보지 못하고 경제적인 면만 보고 정치적인 면을 보지 못하며 눈앞의 이익

---

17) 石林 主編, 『當代中國的對外經濟合作』, 社會科學文獻出版社, 1989. p.89.

만 보고 장구한 이익을 보지 못한다. 일부 동지들은 공로가 있다고 자만하거나 자신의 생각대로 결정하며 전문가라는 입장을 내세워서 불평등을 조장한다. 극소수 종사자들은 수원국 정부의 법률과 풍속, 습관을 존중하지 않는다. 비록 그 수는 많지 않지만 대외관계에 아주 나쁜 영향을 끼친다. 일부 프로그램 설계는 그 기준이 너무 높고 현실과 동떨어졌으며 맹목적으로 선진 수준을 추구하는데 이는 수원국의 국정과 어긋나서 낭비를 조성한다. 일부 국가는 날씨가 매우 무더운데도 공장 건물 설계에서 통풍 시설을 고려하지 않고 오히려 지붕창을 열어놓은 탓에 여름에 태양빛의 직사를 받아 실내 온도가 매우 높다. 일부 프로젝트 팀원들은 수원국에 대한 조사연구가 깊고 철저하지 못해 현지 조사와 설계가 연관성을 잃었다. 일부 대외원조 설계에 대한 기준과 품질 심사에 대한 요구가 엄격하지 못하다. 일부 출국 인원들의 업무 수준이 낮고 일부 프로젝트 파견 인원이 너무 많으며 대외원조에서의 근검절약 방침이 잘 시행되지 않는다. 관리 제도가 엄격하지 않아 '대외원조가 특수하다'는 이유로 돈을 물 쓰듯이 하면서 낭비를 조성했다."라고 비평하면서 대외경제부는 '8항 원칙'과 대외원조에서의 근검절약 선전을 더욱 강화해야 한다고 강조했다.[18]

사실상, 중국 대외원조 주관 부처(즉 대외경제부)는 대외원조에 참여하는 관계자와 기관 단체에 실사구시, 근검절약하고 각지의 구체적인 실정에 맞게 적절한 대책을 세우도록 하며 공사 건설비를 합리적으로 낮추고 예산 낭비와 경제 채산, 생산비를 따지지 않는 현상을 반대한다고 여러 차례 경고를 보냈다. "투자가 적고 수익 창출이 빠르며 대외원조 자금의 효능을 충분히 발휘할 것"[19]을 요구했을 뿐만 아니라 대외원조 각 부문에서 "계획 관리를 강화하고 근검절약하여 대외원조를 시행하는 방침을 진지하게 관철

---

18) 『方毅文集』, pp.91~95, pp.99~104.
19) 商務部對外援助司, 『對外援助管理規章制度文件匯編』, 2005, p.171.

할 것"[20]을 요구했다. 그리고 조사연구를 강화하고 경험을 총괄하여 "대외원조 전체 프로젝트 설계 총개산 편제 방법" 등 규정을 출범시켰다. 그러나 시행 과정에서 행정 구속력이 경제 구속력보다 많이 컸기 때문에 행정 관리가 경제 관리보다 우선시되고 중요시되었다. 또한 효과적인 경제 관리 수단이 부족했기 때문에 체제적으로 '임무 완수'를 위해 어떠한 대가도 아끼지 않는 상황을 피할 수 없었다. 시간이 길어질수록 중국 대외원조 규모는 중국이 감당할 수 있는 한도를 초과하게 되었다. 중국이 유엔에 가입한 후 국제적 지위가 전례 없이 제고됨에 따라 중국에 대한 개발도상국의 원조 요구는 나날이 많아졌으며 중국의 대외원조 규모도 급격히 확대되었다. 1971~1975년, 중국 대외원조 지출은 매우 빨리 증가되었는데 동시기 국가 재정지출의 5.88%를 차지했다. 이 중 1973년에는 무려 6.92%에 달했다.[21] 그러므로 개혁은 필연적인 추세가 되었다. 여기서 관건이 되는 것은 개혁의 시기나 발단 그리고 방향과 방식의 선택이었다. 1970년대, 중국의 대외원조 개혁이 비록 명확한 슬로건이나 목표가 되지는 않았지만 대외경제연락부가 소집한 여러 차례의 전국적 대외원조공작회의(全國性援外工作會議, 1971, 1972, 1973, 1975, 1977)의 토론 주제에서 보면 개혁은 이미 의사일정에 올랐다. 이 회의에서 대외원조 사업의 요지는 수원국의 자력갱생을 추진하는 것이라고 여러 번 강조했다. 또한 중국 대외원조 사업에 대국주의 사상 경향이 존재하고 있으며, 현실을 벗어나 무엇이든 대규모적으로 하려 하면서 외국 것만을 추구하고 낭비를 조성하는 경향이 있다고 지적했다. 그리고 대외원조 정책과 집행기관은 각지의 구체적인 실정에 맞게 적절한 대책을 세워야 하고 실효를 중요시해야 하며 근검절약을 해야 한다고 요구했다.

---

20) 『方毅文集』, pp.91~95, pp.99~104.
21) 石林 主編, 앞의 책, p.68.

개혁개방 정책을 시행하기 전에 중국은 대외원조 체제 면에서 규칙과 제도를 이미 구축했다. 이를테면 대외원조 공사의 착·준공 제도와 절차를 구축하여 재무 관리 방법과 경제원조 설계비용 계산 방법을 명확하게 했고, 대외원조 종사자들의 각종 수당과 출국 인원 교육과 기율 등 관련 규정을 마련했다. 규정 제도에서 대외원조 공사의 고찰 규범을 상세하게 제정했고 출국 고찰 전의 준비 사업을 규정했으며 대외원조 종사자들의 전문 업무, 사상과 신체 건강 상황 등에도 모두 구체적인 기준이 있었다. 대외원조 업무의 특수 상황에 의해 "전문 업무를 두루 겸비하고 전문 업무와 작업이 거의 일치하며 여러 가지 능력과 독자적인 업무 능력을 갖출 것"을 요구했다. 이 밖에 대외원조 고찰 인원이 설계에 참여하는 규정을 제정하여 대외원조 설계와 현실 요구가 연관성을 잃어 설계가 불합리해지거나 낭비를 조성하는 결과를 피했다.

대외경제연락부는 업무를 세부적으로 나누었다. 주은래 총리의 지시에 따라, 수원국을 존중하는 견지에 입각하여 수원국의 공업 분포 상태에 관련한 기획 의견을 연구 제기했다. 관련 프로젝트의 원자재 공급, 생산품 판매, 에너지 확보와 수원지, 자연지리, 교통 운수, 협력 관계 등의 방면에 대해 종합적 분석을 하고 이해득실을 따지면서 경제적이고도 합리한 방안을 제정하도록 규정했다. 심지어 수원국의 불합리한 요구에 어떻게 응할 것인가에 대한 명확한 규정도 있었다. 진실한 태도, 인내심 있는 설득, 평등한 협상 등 형식으로 의견 충돌을 해결해야 하며 지나치게 성급한 태도나 불확실한 태도를 보여서는 안 된다고 했다. 집행 과정에서 원칙을 견지하지 않고 능력을 고려하지 않으며 경제·기술적 합리성을 따지지 않아 대외원조 공사에 부담이나 후환을 남기는 상황을 피해야 한다고 했다. 이러한 상황은 최종적으로 중국과 수원국의 우의에 손해를 끼치기 때문이다. 대외경제연락부와 외교부는 공문을 보내 중국 측 인원들이 수원국을 권장하여 중국이 원조 건설한 공사에 기념비를 세우지 말게 하는 등 대국주의 경향을 미연에 방지하게 했다. 상무부는 각 외국 주재 기관 단체와 수원국의 협력시 "상대방이 주도하고 우리 측은 참모 역을 잘 담당해야 한다."고 하면서 각 방면에서 수원국의 주권을 존중할 것을 요구했다. 바로 이러한 사상이 개발도상국의 신임을 얻게 한 힘이 된 것이다. 당시의 중국 대외원조 사업은 전략 지도나 원칙 제정, 공사 설계나 인원 파견 및 물자 조달의 보장 등 견지에서 보면 중국의 최고 수준을 집결한 것이다. 다시 말하면, 중국은 대외원조 사업을 통해 중국의 각 분야의 가장 우수한 면을 수원국에 펼쳐 보인 것이다.

중국 대외원조에서 구현된 높은 수준은 전국의 전반적 조직과 협력 구조에 의한 것이다. 대외원조 임무가 날로 많아지던 1970년대, 주은래 총리의 지시에 의해 전국 대부분 지방자치단체는 모두 대외원조 사업 기관을 설립했다. 이러한 기관은 중국의 국제주의를 홍보했을 뿐만 아니라 중국의 대외원조 프로젝트를 책임졌다. 대외원조 업무에서 나타나는 문제점들을 관리, 심사, 조정, 협조 해결하여 대외원조 적극성을 형성했다.

그러나 앞에서 언급했듯이 정치상의 이해득실만 따지고 경제상의 이해득실을 따지지 않았기 때문에 중국 대외원조 사업은 끊임없이 중요하게 여겨지면서도 실제적 내용을 추구하지 않고 각지의 구체적인 실정에 맞게 적절한 대책을 세우지 못했으며 나아가 대국주의 경향도 자주 나타났다. 행정 수단으로만 정치체제 내의 폐단을 해결하려는 것은 탁상공론밖에 되지 않았다. 그러므로 비록 관련 부서가 각종 행정 조치를 취할 것을 강조했으나 대외원조의 체제, 시스템, 정책, 방식 등에 대한 전면적 개혁은 전국적인 개혁개방 정책을 시행할 때까지 미루게 되었다. 국제정치 분야에서 중국의 원조를 받은 알바니아와 베트남은 새로운 국제 형세하에 중국과 반목했다. 이는 중국 대외원조 사업에 경종을 울렸으며 중국으로 하여금 대외원조 정책을 반성하고 대외원조의 전략적 조절을 추진하도록 했다.

중국 대외원조 60년

2절 개혁 시기의 중국 대외원조

중국 공산당 11기 3중 전회부터 중국은 개혁개방 시기에 들어선다. 중국의 모든 사업은 전례 없는 구조와 정책 개혁을 겪게 되며 이러한 정책과 기구의 개혁은 대외원조 업무 분야에도 필연적으로 영향을 주었다. 그러나 중국 대외정책의 일환인 중국 대외원조 정책은 원칙적인 연속성을 기본적으로 유지했다. 중국 개혁개방의 설계사인 등소평(鄧小平)은 '문화대혁명(文化大革命)' 후기 정계에 복귀한다. 1974년 4월, 중국 대표단을 인솔하여 '자원과 그 개발'에 관한 유엔 총회 제6차 특별회의에 참석한 등소평은 주은래 총리의 '8항 원칙'을 거듭 천명했다. 즉 "개발도상국에 대한 경제원조는 응당 수원국의 주권을 존중해야 하고 그 어떠한 정치적, 군사적 조건을 부가해서는 안 되며 그 어떠한 특권도 요구해서는 안 된다. 개발도상국에 제공하는 차관은 무이자 혹은 저금리여야 하며 필요시 상환 기한을 연장해주거나 채무를 감면하여 수원국 부담을 줄여야 한다. 개발도상국에 대한 기술원조는 실용적이고 효과적이며 저렴하고 편리해야 한다. 수원국에 파견되는 전문가와 인원은 수원국 인민에게 진심으로 기술을 전수해야 한다. 수원국의 법률과 민족 습관을 존중하고 특수한 요구사항을 제기해서는 안 되며 불법 활동을 해서는 더욱 안 된다."[22] 등이다. 이 원칙은 개혁개방 시기에도 적용되는 것으로 줄곧 연속되어왔다.

11기 3중 전회의 성명은 중국 대외원조 사업에 대해 중요한 지도적 의의가 있다. 이 중의 주요 결책으로는 "세계 각국의 평등 호혜적 경제협력을 적극 발전시키고 세계 선진 기술과 선진 설비를 힘써 채용할 것", "사회주의 현대화 실현은 두 가지 자원 즉 국내 자원과 해외 자원을 이용하고, 두 개의 시장 즉 국내시장과 해외시장을 개척하며, 두 가지 능력 즉 국내 건설

제1장 중국 대외원조 정책과 구조

---

22) 韓念龍 編, 『當代中國外交』, 中國社會科學出版社, 1988, pp.263~264.

을 조직하는 능력과 대외 경제 관계를 발전시키는 능력을 배워야 한다."[23) 등이다. 이는 중국과 개발도상국 간의 경제협력과 밀접한 관련성이 있다. 중국의 개혁개방 초기 대외원조에 대한 정책과 시스템의 조정으로 보면 각 방면에서 평등 호혜 협력의 발전과 두 가지 자원의 이용 및 두 가지 능력의 제고에 대한 노력을 구현하고 있다. 이러한 노력은 일련의 정책과 체제에 대한 개혁과 조정을 수반하고 있는 것이다. 오늘날까지 이러한 개혁과 조정은 여전히 지속되고 있다.

1. 개혁의 주제

중국의 개혁개방 전후, 등소평은 국제원조에 관한 일련의 발언에서 세 가지 방면에 중점을 두었다. 첫째, 대외원조는 전략 임무이다. 개발도상국인 중국은 기타 개발도상 우호국을 힘껏 원조할 것이다. 둘째, 중국은 매우 크지만 아직도 빈곤하다. 인류에 더 큰 공헌을 하기 위해서는 먼저 사력을 다해 국민경제를 발전시키고 네 가지 현대화를 실현하며 중국의 대외원조 수요를 적극 개혁해야 한다.[24) 셋째, 개발도상 대국으로서 중국은 기타 개발도상국과 마찬가지로 서방 선진국의 자금, 기술, 지식과 경험을 빌려야 한다. 자국을 빨리 건설해야만 인류에 대해 더 큰 공헌을 할 수 있다. 첫 번째에서 대외원조 사업의 전략적 의의와 중국의 지위 및 책임을 강조했다. 두 번째에서 중국이 부딪친 곤란과 대외원조 분야에서 시행해야 할 개혁의 필요성을 강조했다. 세 번째에서는 중국과 선진국 및 개발도상국 간의 평등 호혜 관계에 대해 강조하면서 중국도 기타 개발도상국과 마찬가지로 서방의 원조를 필요로 한다는 것을 천명했다. 등소평의 이 간단하고 현실적

---

23) 三中全會以來重要文獻滙編」, 人民出版社, 1982, 第1版, p.5.
24) 『鄧小平文選』(第二卷), 人民出版社, 1993, p.112.

인 발언은 중국의 지위 및 중국과 기타 국가, 특히 제3세계 개발도상국의 경제원조 관계를 명확하게 밝혔다.

공산당 내 동지들과 외국 친구들의 이해를 얻기 위해 등소평은 인내심을 가지고 친히 해석하고 설복했다. 등소평은 중국 대외원조의 기본적 관점을 반복적으로 강조했다. "우리가 과거에 제3세계 국가를 원조한 것은 정확하다. 우리나라 경제가 곤란했지만 우리는 일정한 액수의 원조금을 제공했다. 전략적으로 말하면 우리가 진정으로 발전하면 상당한 액수로 원조해야 한다. 중국은 발전한 후에도 이를 잊어서는 안 된다.", "우리의 일인당 소득이 1천 달러에 달할 때 우리는 제3세계의 빈곤국을 조금이라도 더 원조할 수 있다. 현재 우리의 힘으로 안 된다.", "좀 숨을 돌려야 한다.", "원조의 문제에서 방침을 줄곧 견지해야 하며 기본적 원조의 원칙은 여전히 그 여덟 가지이다. 구체적 방법을 개정해야 한다."[25], 대외원조 지출을 적당히 줄여 "돈을 적게 쓰고 큰일을 하며", 대외원조의 구체적인 방법을 개정하여 "수원국이 진정으로 혜택을 받게 해야 한다." 이와 함께, 중국은 다각적 국제원조를 대량으로 이용하기 시작했다. 1979년, 중국은 유엔개발계획과 세계은행의 중요한 협력 동반자가 되었으며 일본, 독일 등 선진국의 원조를 받아 세계 최대의 수원국이 되기도 했다.[26]

대외원조의 지출을 줄이고 서방의 원조를 받은 것은 중국이 대외원조 분야에서의 원칙과 입장에 본질적인 변화가 생긴 것을 뜻하지는 않는다. 등소평은 공산당 내부와 사회에서 발생한 중국 대외원조 정책에 대한 오해와 의심에 관련해 "대외원조는 없어서는 안 될 전략적 지출"이라고 명확하게 지적했다. 그는 대외원조 사업 부서에 "수많은 간부와 군중에 대

---

25) 石林 主編, 앞의 책, p.70.

26) 1994년, 중국은 32.25억 달러의 원조를 받아서 세계 최대의 수원국이 되었다. Davies, Penny. China and the End of Poverty in Africa — towards mutual benefit? Sundbyberg, Sweden: Diakonia, August, 2007, p.33.

해 국제주의와 애국주의 선전 교육을 강화하여 많은 사람들로 하여금 대외원조 사업에 대해 정확하게 인식하도록 해야 한다."[27]고 요구했다. 또한 "……우리의 자손 후대를 교육하여 우리가 발전하더라도 우리를 계속 제3세계 국가로 간주해야 하며 전 세계의 모든 빈곤한 우호국을 잊어서는 안 된다.", "장래 중국이 발전하더라도 사회주의를 견지해야 한다. ……빈곤한 우호국을 빈곤에서 벗어나도록 돕는 것이 우리의 임무이다."[28]라고 했다. 중국은 원조국과 수원국의 정상적 관계를 발전시키는 것을 통해 자국을 발전시키고 인류에 대해 더 큰 공헌을 하려고 했는데 이는 등소평의 기본적 사고이다.

위의 요구에 따라 국무원과 관련 부서는 1980년, 개혁개방 시기의 중국 대외원조 주요 방침을 다시 제정했다. 국제주의와 '8항 원칙'을 견지하고 국제 경제·기술 협력을 광범위하게 전개하며 원조를 받는 것과 원조를 제공하는 것 및 평등 호혜 등의 주장을 제기했다. 1983년 초, 중앙은 "평등 호혜, 실효 추구, 형식 다양, 공동 발전" 등 네 가지 원칙을 제기했다.[29] 이것을 총괄하면 바로 원래의 국제주의 원칙의 기초 위에 '실사구시' 내용을 추가한 것이다. 이는 중국이 사회주의 대국으로서 대외원조를 할 국제적 책임과 의무가 있음을 확인했고 또한 중국의 대외원조는 "능력껏 힘껏 해야 한다."고 제기했다. 여기서 '능력껏'은 금전적인 면이고, '힘껏'은 정신적인 면이다. 정신적인 힘은 매우 중요하다.[30] 중국은 국제원조 자금과 프로젝트에서 원조를 받는 동시에 원조를 제공했다. 원조를 받음과 동시에 원조를 제공하기

---

27) 1980년 11월 8일, 등소평의 「中共中央, 國務院關於認眞做好對外援助工作的幾點意見」에서의 지시.
28) 「鄧小平會見馬裡總統特拉奧雷時的講話: 中國將來髮展了仍屬第三世界」, 『人民日報』 1986年 6月 22日.
29) 陳慕華, 「打開對外經濟貿易的新局面」, 『人民日報』 1982年 9月 20日.
30) 石林 主編, 앞의 책, p.70.

위해 중국은 일련의 원조 수용 관리 체제와 시스템을 구축했다.[31]

등소평의 지시에 따라 중국은 '8항 원칙'을 견지하는 토대 위에서 대외원조 개혁을 진행했다. 그러므로 개혁은 모든 것을 뒤집어버린 것이 아니라 조절적으로 진행한 것이다. 즉 과거의 성과를 부정하지 않았는데 특히 중국이 개발도상국의 발전을 도운 목적이 훌륭하다고 충분히 긍정했다. 그러나 구체적인 운영 분야에서 부족한 점을 찾아 개정했다. 이를테면 대외원조로 공장을 건설했지만 수원국에서 관리하지 못하거나 생산을 하지 못하는 경우가 있고 일부 국가에서 탐오 부패로 건설한 공장을 망쳐 중국 원조의 예상 목적에 이르지 못한 경우도 있었다. 그러므로 개혁은 반드시 이러한 문제점에 대해 더 좋은 운영 방법을 찾아야 했다.

중공중앙 11기 3중 전회 이후 중국은 정책, 방식, 관리와 기구의 조정 등 몇 가지 면에서 대외원조 방면의 개혁을 했다.[32] 정책의 개혁은 주로 대외원조 지출을 삭감하는 것인데 그 삭감은 양적인 면에 한한 것이다. 1979~1982년, 중국은 대외원조 지출과 새로 맺는 원조금의 계약을 엄격하게 통제했다. "실사구시적으로 능력에 따라 힘껏 해야 한다."는 요구에 의해 대외원조의 규모가 재정지출의 6~7%로부터 삭감되기 시작했다. 그러나 등소평은 수적 삭감이 대외원조의 품질과 효과에 영향을 주어서는 안 된다고 했다. 양적으로는 적더라도 효과는 더욱 좋아야 한다는 것이다. 그러므로 대외원조 방식의 개혁을 제기한 것이다.

대외원조 방식의 개혁은 원래의 일부 방법을 변화시킨 것이다. 이를테면 수원국이 일정한 '로컬 비용'을 지불하도록 요구하는 것이다. 주요한 원인의 하나는 공사가 연기되거나 비용의 증가 등 예측 불가능한 요소 때문에 중국 원조 건설공사 비용이 대폭적으로 증가하면서 '로컬 비용' 통제가 어려워지

31) 周弘·張浚·張敏, 『外援在中國』, 社會科學文獻出版社, 2007.
32) 周弘, 「中國對外援助與改革開放30年」, 『世界經濟與政治』 2008年 第5期.

기 때문이다. 수원국의 '로컬 비용' 지불은 중국 측의 대외원조 총지출 통제에 유리하다. 더욱 중요한 것은 수원국이 원조 건설공사나 원조 건설 프로젝트에 소액의 '로컬 비용'을 지불하고 관리하면 수원국은 처음부터 경제원조 프로젝트의 진정한 협력자가 되는 것이다. 또한 원조 건설 프로젝트에 대한 '경제 정산'을 배울 수 있고 이로부터 경제 관리 방법을 배울 수 있기 때문에 수원국이 자력으로 경제를 발전하는 능력적 토대를 닦을 수 있다.

대외원조 개혁에는 투자 방향의 전환도 포함한다. 중국은 수원국의 실제 생산과 관리 수준에서 출발하여 생산적 프로젝트의 원조 건설을 줄이고 랜드마크 원조 건설로 전환했다. 원조 건설한 랜드마크는 회의청사, 인민궁 (人民宮), 체육관, 병원 등이다. 랜드마크의 관리는 생산적 프로젝트의 관리보다 더 쉽다. 이러한 전환의 목적은 중국의 부담을 줄이고 프로젝트의 지속성을 증가시켰다.

이후 얼마 안 되어 중국은 대형 프로젝트의 원조 건설을 조정하여 각국의 구체적 실정에 맞게, 인민 생활과 밀착되는 중소형 프로젝트로 바꾸었다. 이를테면, 농업시범단지, 시골 학교 및 일부 필요한 인프라 건설을 원조했다. 수원국에 전문가를 파견하여 강연을 하고 기술을 전수했으며 소형 시범적 설비를 제공했다. 또한 수원국의 업무 종사자들이 중국에 와서 시찰, 학습하고 기술을 양성하도록 경제적으로 지원했다.

개혁개방 시기, 중국의 대외원조는 대형 원조 건설공사를 중소형화, 다양화로 전환했으며 평등 협력의 원칙을 두드러지게 했다. 계획경제 시기, 중국 대외원조는 주로 플랜트 프로젝트 원조로 중국 대외원조의 60~70%를 차지했다. 일반적으로 중국이 프로젝트의 고찰과 설계를 책임졌으며 전부 혹은 일부분의 설비와 건축 재료를 제공했다. 기술자를 파견하여 시공, 설치와 시범적 생산을 조직 지도했고 프로젝트 건설 과정의 전면적 기술 원조를 제공했으며 현지 양성 등 방식으로 관련 기술을 수원국 업무자에게 전수했다. 이런 것을 '열쇠를 주는 공사(交鑰匙工程)'나 '물고기를 잡아주는 공사(授人以魚工程)'라고 한다.[33] 그러나 이러한 프로젝트에는 지속성과 관련한 문제점이 나타났다. 중국이 원조 건설한 시설은 비교적 선진적인 것으로 수원국의 상응한 관리와 기술자를 필요로 하며 합리적인 제도나 절차를 제정해야만 시설 운행을 유지할 수 있다.[34] 하지만 기술자는 일조일석에 양성되지 않는다. 그러므로 수원국을 도와 자력갱생할 수 있는 능력을 얻게 해야 한다. 곧 "물고기를 잡는 기술을 가르치는 것", 수원국 인민들이 바다에 들어가 물고기를 잡을 수 있도록 가르치는 것이 중국 대외원조 사업의 난제가 되었다. 이 난제를 해결하는 첫 번째 절차가 바로 협력을 확대하고 심화하는 것이다.

1984년, 중국 대외경제무역부는 「완성된 경제원조 플랜트 프로젝트 성과를 공고히 할 의견」을 발표하여 프로젝트 완성 후의 기술협력 강화를 제기했다. 그리고 수원국의 요구에 따라 원조 건설 기업의 경영 관리에 참여할 수 있다고 했다. 완성된 프로젝트를 정부와 공동으로 경영, 관리할 수 있을 뿐만 아니라 개인과 공동 경영하거나 공동 출자하여 경영할 수 있게 하여 기업이 발언권과 경제권을 가지게 했다. 수원국은 자국 화폐로 채무를 상환할 수 있으며, 상환금을 현지의 투자에 사용할 수 있다. 이 경우, 투자금을 중국 측 지분으로 간주하여 경영 관리에 참여하게 한다. 이 새로운 정책을 시행한 전형적인 사례가 중국이 원조 건설한 말리 제당공장 개조이다.

1960~1970년대 중국은 신생국인 말리공화국에 원조를 했다. 중국 대외원조 종사자들은 말리에서 사탕수수를 재배했으며 세구주의 니오노에 사탕수수 기업체 연합을 설립했다. 1965년 말리를 원조하여 두가부구 제당공

---

33) '열쇠를 주는 공사'는 대형 건설공사 청부를 줄 때 일괄 도급을 주어 완공될 때 문 열쇠만 받으면 사용할 수 있게 되는 공사를 이르는 말이다. '물고기를 잡아주는 공사'는 물고기를 잡는 기술을 배우는 것이 아니라 잡은 물고기를 받는다는 뜻에서 온 용어로서 사후 공사의 관리에 대한 장기적 계획이 없이 눈앞의 성과만 좇는 것을 말한다. (역자 주)
34) 2008년 1월 24일, 탄자니아-잠비아 철도 전문가팀과의 회담 기록.

장을 건설하여 하루에 사탕수수 400톤을 가공했다. 1973년에는 시리바라 제당공장을 건설하여 하루에 사탕수수 1,000톤을 가공했다. 그러나 경영 관리의 부실로 이 제당공장들은 심각한 결손을 보았다. 1984년 말리 정부는 중국에 원조를 요청했다. 대외원조에서 각자 경영의 새 정책을 시행할 수 있다는 새로운 정책에 준하여 중국과 말리는 '관리합작협의'를 체결했으며 중국 경공업대외경제기술합작공사(輕工業對外經濟技術合作公司)가 경영인을 파견하여 경영 관리에 참여했다. 중국이 회사를 경영 관리한 것은 한편으로 사탕수수를 많이 심지만 관리가 소홀하여 수확이 적은 말리의 현황을 변화시켰다. 그리고 다른 한편으로 설비 점검을 중시하고 수공업 기술을 개진하고 안전 생산을 하며 관리 체제를 개혁하고 총지배인, 공장장 책임제를 도입하여 직원들의 기술 조업 수준을 제고했다. 말리에서는 전체적 경제체제가 낙후하고 제당공장의 설비가 노화되었으며 자금이 부족하고 토양이 퇴화되고 생산력이 낮은 등의 원인으로 기업 경영 상황의 개선 실적이 제한적이었다. 그러므로 최종적으로 상환금 대신 지분을 양도받아 합자 경영하게 되었다.

상술한 조치로 중국의 1979년 이후의 대외원조 지출이 1970년대 전기에 비해 현저하게 감소되었다. 그러나 수원국과의 접촉면은 더욱 확대되어 원조를 제공하는 내용이나 형식은 개혁개방 전에 비해 더 풍부해졌고 프로젝트도 수원국 인민대중에게 더욱 밀착되었다. 중국과 수원국 간의 협력은 단순한 기술 협력으로부터 기술 관리 협력 및 기타 다각적 형식의 협력으로 전환했는데 이를테면 기술 서비스, 자문 서비스, 합자 경영 기업의 설립 등이다.

2. 관리 체제·구조의 개혁

대외원조 내용과 형식의 변화는 필연적으로 대외원조 관리 방법과 체제의 변화를 가져온다. 1979년 10월, 중국 대외경제부는 '경제 계약 관리의 약간 문제에 관한 연합 통지'를 전달했다. 계약의 형식으로 기업 간의 생산, 공급, 운송, 판매의 상호 협력과 책임 관계를 규정했으며 기업 경영 관리 수준을 제고하기 위해 경제 계산을 강화하고 경제적 방법으로 경제를 관리하는 일련의 중요한 조치들을 시행하기 시작했다. …… 경제계약제는 공업, 농업, 물자, 교통운수, 상업 등 부문에 사용될 수 있었는데 이러한 경제 부문은 마침 중국 대외원조 사업의 주체였다. 주체의 행위 규칙이 변하면 그들에 대한 관리 방식도 필연적으로 변화된다. 그러므로 중국 국내 경제체제 개혁의 심화에 따라 중국 대외 경제원조에도 대폭적인 조정이 발생했다. 1980년 8월 1일, 대외 경제원조 프로젝트는 투자도급제를 시행했다. 이는 중국 대외 경제원조 관리의 중대한 개혁 중의 하나이다. 이때 중국은 이미 대외원조 규모를 줄이기 시작했고 원조의 방식과 내용도 변화되고 있었으며 따라서 정부의 대외원조 업무량도 줄어들었다. 시장 시스템의 도입으로 국가가 직접 경제생활을 통제하는 방식에 변화가 생겼다. 기업은 시장의 행위 주체로 전환하여 시장 경쟁 법칙과 이윤 원칙에 따라 일을 처리했다. 대외원조 행정 주관 부문은 더는 행정 명령으로 전문 부서를 동원하여 대외원조 프로젝트를 시행하지 못하게 되었다. 그러므로 승건부를 거치지 않고 프로젝트를 담당하려는 기업을 직접 찾아야 했다. 행정 체계인 승건부책임제는 비록 정식적인 해체를 공표하지는 않았지만 점차 해체 수순을 밟고 있었다.

1982년 3월부터, 중국 대외원조를 관리하게 된 경제무역부[35]는 시장화 개혁의 법칙에 따라 투자도급제와 도급책임제를 선후로 시행했다. 주요한 의도는 대외원조 시행 과정에서의 정부 기능의 전환이다. 석림(石林)은 이

---

35) 1985년 이후에 새로 늘린 대외원조 의료단, 과학기술 교육 원조, 경찰과 안전 협력 등 프로젝트는 경제무역부의 관할이 아니다.

두 체제가 발생한 원인과 특징, 관리 방법에 대해 자세히 말하고 있다. 개혁개방 초기 업적이나 능력과 관련이 없이 똑같이 대우를 받고, 경제적인 이해득실을 따지지 않으며 프로젝트에서 경제 계산을 하지 않기 때문에 폐단이 매우 심각했다. 그러므로 1980년부터 대외경제연락부는 국가경제 체제 개혁의 요구에 의해 경제 수단과 행정 수단을 결합시킨 방식으로 경제원조 프로젝트를 관리했다.[36] '투자도급제'는 각 경제원조 프로젝트의 전부 업무를 하나의 부서나 지역(도급 부문)에 준다. 그리고 이들이 대외원조 공사의 제반 경제ㆍ기술적 책임을 담당한다. 국가 대외원조 방침 정책과 규정 제도 및 대외 협의의 범위 내에서 도급 부문은 프로젝트의 실시와 관리에서 일정한 자주권을 가진다. 프로젝트에 필요한 비용은 대외적으로 상의 결정한 계약 가격과 관련 정책 조례에 따라 도급 부문이 책임지고 분배한다. 투자도급제의 적용 범위는 플랜트 프로젝트와 대규모 건설 프로젝트(고찰에서 설계, 시공, 인도까지), 실습생 양성(플랜트 프로젝트의 견습생과 단일 프로젝트의 견습생), 지질 전면 조사 프로젝트, 자원 고찰(탐사) 프로젝트, 화학 분석 프로젝트, 단일 설비 프로젝트, 부품 프로젝트 및 기술협력 프로젝트 등이다. 국무원 산하의 각 부, 위원회, 총국과 지방자치단체는 모두 도급 부문이 될 수 있으며 본 부문이나 본 지역의 대외 경제 무역기구에 운영을 지시할 수 있다. 도급 부문은 프로젝트의 일부 업무를 기타 부문에 재도급을 줄 수 있으며 엄격한 경제 정산을 실시하여 비용을 도급받아 사용한다.

많은 전 대외원조 종사자들은 다음과 같이 회고했다. 당시, 이러한 개혁의 목적은 "정부의 기구를 간소화하고 권한을 하부 기관에 이양"하기 위해서이다. 그러나 개혁개방 초기 대외원조 공사 도급 부문은 대부분 각 부나 각 성의 대외원조판공실을 개조하여 설립된 기업이기 때문에 그들은 다소

---

36) 石林 主編, 앞의 책, p.89.

업종 독점적 지위에 있었다. 그리고 시장 체제가 아직 구축되지 않았기 때문에 그들은 시장 법칙과 가격 법칙으로 일을 처리하는 것을 제대로 배우지 못했다. 그러므로 "도급 비용의 상한선을 긋지 못하는" 현상이 나타나서 제대로 된 효율성과 공정성을 실현하지 못했다.

투자도급제를 시행한 지 얼마 안 되어 '도급책임제'를 시행했다. 1983년, 중국의 경제 상황이 점차 호전되기 시작했다. 국가경제 체제 개혁과 국가기관 부문의 기능을 전환하는 개혁도 새로운 진전을 가져왔다. 많은 도급 부문은 각급 정부 산하의 국제경제기술합작공사나 기타 법인 지위를 갖추고 있는 국유기업, 비영리부문으로 바뀐 정부 부서이다. 정부와 기업을 분리하고 독립 경영하며 스스로 손익을 책임졌다. 이와 함께 중국 대외원조도 슬럼프에서 벗어나 규모를 확대하기 시작했다. 1983년 12월, 대외경제무역부는 '대외 경제원조 프로젝트 도급책임제 잠정적 조치'를 반포하여 본래의 투자도급제를 도급책임제로 바꾸었다. 각 국제경제기술합작공사나 기타 법인 지위를 가지고 있는 국유기업, 비영리부문은 경쟁 입찰하여 도급을 맡게 되었다. 경쟁 기업들의 응찰 가격, 공사 기한, 기술 능력 등 요소에 대한 평가를 거쳐 도급 부문을 선정하고 이와 함께 도급 부문의 자주권을 확대하며 책임, 권리, 이익을 통일하는 원칙에 따라 도급 부문의 경제적, 기술적 책임을 명확하게 했다. 각종 비용의 계산 기준을 명확하게 규정하고 입찰 공고를 하는 형식으로 도급 기업을 확정했다. 이 밖에 도급 형식과 도급 범위에 대해 비교적 융통성 있는 방법을 채택했는데 프로젝트에 대한 고찰, 설계와 시공 등을 나누어 도급을 주거나 전체 프로젝트에 대해 총도급을 줄 수도 있도록 허용했다.[37]

'도급책임제'의 관리 체계에서 대외경제무역부는 중앙의 요구와 재정부가 하달한 재정지표에 의해 대외원조 방침 정책을 제정하고 총괄 배치하며

---

37) 石林 主編, 앞의 책, p.73.

대외원조 계획과 예산 편성을 제정한다. 대외 담판을 책임지고 정부 간의 원조 협정서를 체결하며 원조 프로젝트의 타당성에 대한 조사를 조직한다. 입찰자를 모집하고 낙찰 기업에 원조금을 지불하며 수원국과 원조 사무에 대해 협상한다. 프로젝트의 진전을 검사 감독하고 중국 정부를 대표하여 프로젝트 인도 행사를 거행하며 각종 통계 업무를 책임지고 규정 제도를 제정한다. 도급 부문은 프로젝트의 고찰을 책임지고 프로젝트의 체결과 설계, 설계도, 견적을 협조하며 중국플랜트설비수출공사(中國成套設備出口公司)를 협조하여 시공 계약 체결과 실시를 책임진다. 공사의 질과 건설 속도를 보장하고 수원국에 준공 설계도와 관련 기술 자료를 제출한다. 책임 부문은 시공 방안 결정권과 출국 인원 관리권이 있으며 국가 규정에 따라 소득을 지배할 수 있다.[38] 다시 말하면 대외원조 공사와 관련된 직권, 인사권, 경제권을 모두 도급 부문에 이양했다.

시장 법칙에 따라 계획한 입찰 공고 절차, 도급책임제는 중국 대외원조 사업에서 시장의 힘을 빌린 것으로 '승건부제도' 시기의 행정 관리 체계를 대체했다. 뿐만 아니라 대외원조 구조, 방식 나아가 기관 부문의 조정과 변화까지 선도했다. 상술한 대외원조 관리 방식의 조정과 전환에서 중국 대외원조 기구의 기능은 행정적 주관으로부터 시장을 관리하고 협력하는 주체로 전환했다. 그러나 이러한 전환은 하나의 과정을 겪었는데 1990년대에 이르러서야 대외원조 도급 공사의 입찰 제도를 정식으로 확립했다. 여기에는 온전한 자격 허가 제도, 독립적인 심사 평가 전문가 제도와 폐쇄형 평가 기준 제도 등이 포함된다.

1982년 중앙의 기구를 간소화하는 정책의 영향으로 대외무역부와 대외경제연락부, 외국투자관리위원회(外國投資管理委員會), 국가수출입관리위원회(國家進出口管理委員會)를 합병했다. 대외원조 업무를 주관하던 대외경

38) 石林 主編, 앞의 책, pp.90~93.

제부는 신설된 대외경제무역부(對外經濟貿易部)에 흡수되어 사국(司局)급 부서가 되었다. 또한 중국플랜트설비수출공사를 설립하여 대외원조 프로젝트의 실행을 책임지게 했다. 이후 대외경제무역부는 정부와 기업을 분리하고 정부의 기구를 간소화하고 권한을 하부 기관에 이양하는 원칙에 따라 1985년 5월, 부분적 관리권을 중국플랜트설비수출공사에 이양했다. 그리고 국무원 관련 부처와 지방정부도 프로젝트를 모두 산하의 국제경제기술합작공사에 맡겨 책임지고 실시하도록 하여 관리 체제를 간소화했다. 정부와 기업을 분리하기 위해 중국플랜트설비수출공사는 1993년에 독자적 기업이 되었다. 대외원조사가 대외원조 프로젝트의 실시를 책임지고, 각 부문이 긴밀하게 일체가 되어 서로 협력하도록 관리를 했는데 직접 총도급 기업을 관리하고 프로젝트의 입안과 실시 기업의 선정 및 실시 관리를 책임졌다.

개혁 후, 중국 대외원조 관리 체제에서 가장 큰 문제점은 책임 관계가 복잡해진 것이다. 개조 후의 각 '국제공사'와 기업이 중국 대외원조 프로젝트의 주요 책임자가 되었으나 이러한 기업은 시장 운영을 실행하여 주로 경제적 이익을 고려했다. 경제적 효익이 정치적 목적을 위해 복무하도록 동원하거나 경제와 정치가 잘 조화되고 결합되도록 하는 것이 쉬운 일이 아니었다. 체제의 탐색 과정에서 중국은 큰 노력을 들였다. 많은 세부적인 관리에서 입법, 규정, 공문, 검수, 감독 등만으로는 각종 맹점을 근절할 수 없다. 중국 대외원조 주관 부서의 책임자는 각 회의에서 대외원조 사업의 정치의식, 책임의식, 조직 기율성과 신용 기준을 강조했다. 도급 부문이 재차 하청을 주는 문제나 하청을 주고 안전, 품질 관리를 하지 않는 문제, 품질 검사가 엄격하지 않는 문제 등을 비판하면서 기업에게 국가의 이미지를 수호한다는 책임감에 입각해서 행동할 것을 요구했다. 그리고 새로운 관리 방법을 탐색했는데 목적은 시장과 정부의 적극성을 결부하는 것이며 또한 시장 실패가 중국 대외원조 사업의 발전을 교란하는 것을 피하기 위한 것이다.

3절 시장 체제와 중국 대외원조

1. 대외원조에 참여하는 시장의 힘

중국 사회주의 시장경제 체제는 1990년대에 구축되었다. 시장은 사회주의 국가의 거시적 조절하에서 자원 배치에 대해 기초적 역할을 한다.[39] 중국 대외원조에 대한 시장의 역할은 날로 강화됐다. 시장은 대외원조 프로젝트의 시행에 활력과 동력 및 경쟁 구조를 가져다준 한편 일부 새로운 문제점도 양산했다. 경제 효익 추구와 대외원조의 정치적 임무 간의 관계 처리는 날로 심각한 문제점으로 불거졌다.

시장은 중국 대외원조 조직 관리 방식을 변화시켰다. 1990년대 글로벌 시장화의 물결에 따른 수원국의 사유화는 중국 대외원조 프로젝트에 심각한 영향을 주었다. 세계은행의 추진에 따라 많은 수원국은 중국이 원조 건설한 프로젝트에 대해 사유화 개조를 실시했다. 이때, 중국은 이미 체제 개혁을 통해 서방 자본주의 국가의 투자를 대규모로 받았으며 외국 자본과 합자 경영을 시작했다. 자본주의 국가와 합자 경영을 할 수 있으면 개발도상국과도 합자 경영을 할 수 있는 것이다. 당시 중국이 원조 건설한 공장이 낙성된 후 수원국 측은 경영 관리를 할 줄 모르거나 중국이 원조 건설한 공장을 사유화하여 자산을 이전하려고 했으므로 중국은 다각적 자금 조정의 형식을 거쳐 수원국 측과 합자 관리를 시작했다. 어려운 담판을 통해 중경대외공사(中經對外公司)는 1994년 말리와 공동 출자 경영 계약을 체결했다. 중국은 말리에 제당공장을 원조 건설한 것을 기반으로 '수카라제당연합주식유한회사'를 설립했다. 중국 측이 지분 60%를 소유하고 말리의 합자법이 규정한 각종 특혜를 누렸다. 직원 2,100명에 대해 인원 감축을 하지 않

---

39) 江澤民, 「加快改革開放和現代化建設步伐奪取有中國特色社會主義事業的更大勝利 ─ 在中國共産黨第十四次全國代表大會上的報告」, 『人民日報』 1992年 10月 21日.

고 봉급과 복지를 인하하지 않으며 수십억 세파프랑에 달하는 채무 상환을 약속했다. 기업 개조를 거쳐 합자회사의 운영은 양호한 상태를 보였으며 한 가지 업종을 주로 하고 다각적 경영을 하는 방침을 채택했다. 직원은 4,500명이었는데 절정기에는 7,000명에 달했다. 이는 중국 대외원조 프로젝트 사상 최초의 '외채 주식 전환'의 전형적인 사례가 되었다. 기타 프로젝트, 이를테면 말리에 원조 건설한 방직공장도 80%의 지분을 중국해외공정공사(中國海外工程公司)에 양도하여 중국 정부에 진 말리 정부의 채무를 중국해외공정공사가 상환하도록 했다. 양국 정부는 합자 기업에 특혜를 주었으며 이로써 시장화의 협력을 도왔다.[40]

사유화는 모든 문제점을 해결할 수 있는 방법이 아니다. 중국의 투자 규모가 가장 큰 대외원조 프로젝트인 탄자니아-잠비아 철도 사유화 진행 과정은 아주 긴 시간을 끌었다. 신생국인 탄자니아와 잠비아의 국민경제를 발전시키고 식민주의 지배를 타파하기 위해 원조 건설한 이 대형 철도 공사는 1975년에 전선 개통되었다. 유지와 투입이 부족한 상황에서 30여 년을 운행했으나 기초 시설 상황은 시종 양호하여 '스틸 로드'로 평가받았다. 그러나 1990년대 이후, 남부 아프리카 정치적 환경의 변화에 따라 잠비아 화물의 수출 통로가 증가했고 철도 운영비의 인상 등 원인으로 인해 탄자니아-잠비아 철도는 연속 적자를 보았다. 탄자니아, 잠비아 양국과 중국은 탄자니아-잠비아 철도 사유화 문제를 놓고 10여 년 동안 조사와 협의를 했다. 세계은행, 유럽연합과 미국, 스웨덴 등 국제기구와 국가들이 개입했으나 합자에 필요한 투자가 너무 많이 소요될 뿐만 아니라 기타 여러 가지 원인 때문에 누차 보류되었다.

시장 요소의 개입으로 인해 일부 파산에 직면한 원조 건설 프로젝트는

제1장 중국 대외원조 정책과 구조

---

40) 李安山, 「改革開放以來中國對非政策的三種轉變」, 楊光 編, 『中東非洲發展報告 (2006~2007) ─ 中國與非洲關係的歷史與現實』, 社會科學文獻出版社, 2007, p.21.

양호한 경제적 이익을 얻었으며 대외원조 관리 협력에 '주식 출자 합작' 이라는 새로운 형식을 더해주었다. 간혹 중국 기업은 이 토대 위에 투자를 추가했는데 당연히 투자할 때에 현지의 실제 수요와 경제 발전의 가능성에 의해 비정치적이고 경제적인 결단을 내렸다. 이를테면, 중국 상품을 판매하는 '차이나 랜드'를 합자 건설하여 소형 농기계, 농기구, 조립 설비 등을 생산하는 합자 공장을 발전시켰다. 이러한 협력의 규모가 커짐에 따라 중국과 수원국 간의 이익은 더욱 융합되었으며 기술과 관리 협력도 발전하여 중국은 자국의 시장경제를 발전시킨 발상과 방법을 개발도상국에 전수했다. 중국과 개발도상국도 원조의 힘을 빌려 새로운 관계를 발전시켰다.

글로벌 세계시장의 신속한 발전에서 중국은 인적 자원을 이용하고, 개발도상국은 광산 자원을 이용하여 자본과 기술의 다국적 유동과 리엔지니어링을 선도함으로 쌍방의 깊이 있는 발전을 추진했다. 이를테면 중국과 수원국 간에 합자의 방식을 통해 일부 오래된 프로젝트를 관리하고 일부 경영이 부실하여 상환할 수 없는 프로젝트의 채무를 중국 측 지분으로 전환했다. 중국 기업은 경영 관리에 참여하고 수원국을 도와 관리자와 기술자를 양성하며 경영 관리와 근로 규율을 강화하여 수원국에 대한 중국의 영향력을 강화했다. 또한 중국은 원조 프로젝트를 관리하는 과정에서 세계시장의 수요에 따라 경제적 효익과 프로젝트의 지속성을 강조하여 건축물 완공을 단일한 정치적 임무로 간주하던 예전의 원조 형식을 변화시켰다. 이 밖에 중국 원조 건설 기업은 수원국에서 더욱 많은 분야의 경제 건설 프로젝트에 참여했다. 이는 수원국의 수력발전소, 화력발전소, 도로, 철도, 교량, 저수지 등 시설 건설에 대한 중국의 투자를 이끌어 개발도상국 건설 부문 발전에 크나큰 기여를 했다.

중국의 시장경제 체제 개혁과 거의 비슷한 시기인 1993년 이후 중국 대외원조 관리 체제와 형식에도 비교적 큰 변화와 조정이 생겼다. 가장 중요한 변화는 수원국의 수요에 의해 대외원조 자금의 규모를 확대한 것이었는데 특히 양허성 차관을 제공했다. 양허성 차관은 1993년 10월 '아프리카 개발을 위한 도쿄 콘퍼런스'에서 시작되었다. 당시 아프리카 국가의 대표단은 대외무역의 증가와 외국 자본의 유치는 정부 간의 전통적 원조 방식에 비해 더욱 효과적인 발전 방식이라고 했다. 그리고 개발도상국에 대한 원조국의 투자 확대를 요청했는데 이는 중국 자국의 발전 경험과도 비슷한 것이었다. 개혁개방 초기, 국제원조는 중국 외환의 중요한 출처였으나 그 이후 국제원조보다 훨씬 많은 외국 상사의 투자 자금이 중국에 들어왔으며 이는 중국의 발전을 추진한 중요한 수단이 되었다. 그리고 또 한 가지 중요한 변화는 중국 국내 체제 개혁의 총방침에 응하여 중국 대외원조 관리 기관은 "정부의 기구를 간소화하고 권한을 하부 기관에 이양하고 정부와 기업을 분리"하는 개혁을 실행했으며 시장에 대한 관리를 강화한 것이었다.

원조 자금의 규모를 확대하기 위해 중국은 수원국의 상환금으로 '합작합자기금'을 설립하여 수원국과의 협력을 지속해나가는 데 사용했다. 1995년부터 중국은 양허성 차관을 제공하기 시작했다. 재정부와 인민은행이 1994년에 설립된 중국수출입은행에 자금을 전달하면 중국수출입은행이 대외차관으로 제공했다. 정부의 원조금을 이자 보조금으로 충당함으로써 이자율을 인하하여 대출에 특혜를 주었다. 이러한 변화에 응하여 1995년 10월, 중앙은 대외원조 사업회의에서 중국 대외원조 형세에 대해 연구 판단을 했다. 회의에서는 중국의 대외원조가 직면한 국내외 환경에 심각한 변화가 발생했으며 개발도상국의 정치적, 경제적 형세도 크게 달라졌다고 인정했다. 개발도상국은 외국 기업의 더욱 많은 투자 유치로 자국의 경제를 발전시키고 정부의 채무 부담을 경감하며 수입과 취업을 늘리려고 했다. 이러한 상황에서 중국 정부는 중국 기업과 수원국 기업이 합자 경영이나 공동 경영 혹은 중국 기업의 단독 자본 방식으로 중국의 대외원조 프로젝트를 시행할 것을 격려했다. 그리고 중국 시장화 개혁의 성공적인 경험을 수원국의 원조에 운용했는데 이를테면 수원국에 경제개발구를 설립하는 것 등이었다. 이 회의에서는 중국 기업과 수원국 기업의 원조 프로젝트에서의 합자와 협력은 "정부의 대외원조 자금과 사업 자금의 상호 결합에 유리하고 자금의 출처와 규모 확대에 유리하며 프로젝트의 성과를 공고히 하고 원조 효익 제고에 유리하다."[41]고 인정했다.

수원국은 양허성 차관으로 중국의 설비와 재료를 구매하고 중국 기술자를 초빙하며 중국과 협상한 후 제3국에서 필요한 설비, 자료를 구매하거나 수원국 건설의 로컬 비용으로 사용할 수 있었다. 양허성 차관 형식은 중국 대외원조 사업에 더욱 많은 원조 자금과 방법을 제공했다. 양허성 차관을 통해 수원국은 일부 경제 효익이 높은 생산적 프로젝트를 수립했으며 플랜트 설비나 동력 전기 설비 제품을 구매했다. 독립적인 지적 재산권을 가지고 있는 중국 기계설비, 이를테면 대형 동력 전기 설비 제품, 비행기, 컨테이너 검측 설비, 전신 설비 등은 모두 양허성 차관의 형식으로 수출되었다.

양허성 차관의 연 이자율은 최대 5%를 초과하지 않으며 차관 기한은 15년을 초과하지 않는다. 양허성 차관의 대출과 관리 절차는 다음과 같다. 중국수출입은행이 대출을 담당하고 대외경제무역부가 전문 관리한다. 국무원이 연간 특혜 차관 규모를 허가하며 대외경제무역부와 외교부, 중국수출입은행이 양허성 차관의 한도와 차관의 주요 조건을 항목에 따라 국무원에 보고하고 비준을 받는다. 그리고 부본을 인민은행에 보내고 국무원의 비준을 얻는다. 그 후 경제무역부가 중국 정부를 대표하여 수원국 정부와 기본적 협의서를 체결하며 부본을 재정부에 보낸다. 협의서에는 차관의 상한도, 조건, 집행기구, 사용 범위 등의 조항이 포함된다. 협의서 범위 내에서 수원국 정부나 특혜 차관 사용을 신청하는 기업(쌍방 합자 기업도 포함)은 구체

---

41) 王昶, 『中國高層決策·外交卷』, 陝西師範大學出版社, 2001, pp.168~169.

적인 사항을 제기하며 대외경제무역부의 첫 번째 심사를 통과한 후 중국수출입은행에 추천한다. 중국수출입은행은 특혜 차관이 사용되는 프로젝트의 신청에 대해 평가하고 그 결과 및 관련 자료를 대외경제무역부에 비치한다. 특혜 차관의 제공과 사용, 상환 과정에서 정부 간에 해결할 문제가 있으면 대외경제무역부와 수원국 정부의 관련 부서가 협의한다.[42] 이러한 절차에 의해 양허성 차관은 기업의 행위와 국가의 행위를 함께 결합하고 기업의 자원과 우세를 동원하여 국가 대외원조 정책을 위하는 목적을 이루었다.

중국의 양허성 차관은 서방 세계로부터 적지 않은 오해와 비방을 받았는데 이는 대부분의 경우 이 정책에 대한 서방 세계의 이해가 부족했으며, 일부 사람들이 중국 대외원조에 대해 진정으로 이해하려고 하지 않은 것과 관련된다. 양허성 차관은 서방 원조국이 자주 이용하는 방식이기도 하다. 중국수출입은행의 대출 방식은 중국 전통적 대외원조 방식과 다르다. 시장의 법칙에 따라 발전 가능성이 있는 대형 프로젝트에 투자(일반적으로 1,000만 달러 이상)하며 관리에 참여하고 그 지속성을 보장한다. 일반적으로 개발도상국의 발전 가능한 분야를 고려하는데 이를테면 에너지, 교통, 정보 등 분야이다. 이러한 프로젝트에 대한 투자는 현지의 사회 민생 발전을 촉진했다. 중국의 시각에서 보면 중국은 자국 발전의 경험에 의해 특혜 차관을 개발도상국의 발전을 돕는 방식으로 간주했다. 중국은 대외원조금을 계산할 때 정부가 이자금 보조를 하는 부분만 계산했을 뿐 중국수출입은행의 차관은 계산하지 않았다. 전체적 사고에서 보면 대외원조의 제한적인 자원을 관건이 되는 부문과 분야 및 더 큰 시장 자원 개발에 사용하여 경제 사회가 진정으로 발전하도록 했다. 이는 중국의 발전 경험의 하나이다.

시장 자본이 중국 대외원조 분야에 합류한 새로운 현상은 중국 은행과 사회의 자본을 동원했을 뿐만 아니라 수원국의 자본과 자원도 동원했다.

---

42) 商務部援外司,『對外援助管理規章制度文件匯編』(1958~2004), 第八集, pp.1779~1784.

그리고 쌍방이 기업과 금융 기구 차원의 합자와 협력을 통해 수원국 자국의 발전 및 발전 능력의 건설을 촉진했다. 또한 중국과 수원국 간의 발전원조를 포함한 다방면 협력을 추진했다.[43] 대외원조 사업에서 상업과 공익, 시장과 정부가 쉽게 혼동되는 문제점 발생에 대해 호금도(胡錦濤) 주석은 "시장이 정부를 인도하는 것이 아니라 정부가 시장을 인도하게 해야 한다."[44]고 했다. 중국 정부 원조의 중점은 사회, 문화, 공익사업 등으로 전환했으며 효익이 있는 분야는 더 효율적인 시장에 넘겨주고 정부는 민생과 사회에 관심을 가지면서 균형적인 발전을 인도했다.

2. 대외원조 분야를 관리하는 시장의 힘

1990년대에 발생한 대외원조 분야의 변화에 적응하기 위해 중국의 대외원조 관리 체제도 부단한 개혁과 조정을 했다. 1992년, 국무원은 '사회주의 시장경제' 요구에 따라 정부기구를 개혁했다. 중앙의 경제 주관 부서를 통폐합하거나 해산했다. 해산된 일부 부서와 그 부서 직원들은 업종별 협회나 법인회사를 설립했다.[45] '정부와 기업의 분리' 정책에 의해 1993년 대외원조 프로젝트 관리 기능을 담당하던 중국플랜트설비수출공사는 대외경제무역부에서 분리되어 스스로 손익을 책임지는 기업화 관리를 시행했으며 대외원조 플랜트 프로젝트의 건설은 시장의 주체인 기업이 담당했다. 대외경제무역부 대외원조사는 대외원조 정책의 제정과 프로젝트의 진행에 관련한 감독 관리를 책임졌다. 후에 설립된 중국수출입은행이 대외원조 특혜차관 업무 및 기타 업무를 책임졌다.

---

43) 周弘, 앞의 글.
44) 본 프로젝트 팀의 방문 기록을 정리한 것임.
45) 李鵬, 『市場與調控 : 李鵬經濟日記』(中卷), 新華出版社, 2007, pp.935~936.

전통적인 대외원조 프로젝트가 민생과 사회 분야로 발전하고 중국의 대외원조와 관련된 기구가 점점 많아졌으며 연결고리와 절차도 점점 많아졌다. 대외원조사는 입찰 기업의 자격 선정을 책임졌다. 원래의 100여 개 '국제회사'는 대부분 각 지방자치단체 부문의 '대민봉사 부서'로 해외에서 경제활동에 종사할 수 있는 자격이 있지만 도급을 맡은 후 법인회사에 재도급을 주었다. 시장화 개혁을 실행한 후 법인회사도 대외 경영의 자격을 가지게 되었으므로 '국제회사'의 재도급을 맡지 않고 직접 입찰에 응하려 했다. 그러므로 중국 대외원조 주관 부서는 자격 관리 절차와 자격 심사 절차 등을 도입했다. 대외원조 주관 부서는 회계사무소를 이용하여 대외원조 진행 부서의 프로젝트 관리 비용을 심사 결정했다. 이후, 일부 민영기업도 대외원조 프로젝트 입찰 자격을 가지게 되었으므로 대외원조 관리 부서의 기획과 총괄, 품질 검사와 검수 등 절차도 그에 상응하여 증가했다.

행위 주체의 변화는 대외원조 관리 체계와 절차에 점점 영향을 주었다. 행정 간섭은 점차 감소했고 전문 절차가 점차 증가했다. 외교부, 재정부, 상무부가 정책 면에서 밀접한 협상을 하는 것 외에 기타 절차, 이를테면 발의, 고찰, 협상, 결책, 지출금, 항목 입안, 입찰, 실시 등 전체 대외원조 사업 과정에서 모두 새로운 행위 주체가 나타났다. 그러나 대외원조 행정 관리 기구는 줄곧 축소되었다. 1998년 정부기구 개혁에서 대외원조사는 64명의 직원으로 간소화되어 일인당 평균 4개국을 관리해야 했다. 이러한 상황은 2003년 국제경제합작사무국(國際經濟合作事務局)의 설립으로 어느 정도 개선되었다. 대외원조사는 항목 입안 전의 사업을 책임졌고 국제경제합작사무국은 항목 입안 후의 사업을 책임졌나.

대외원조 사업에서 시장 자원을 동원하려면 시장의 힘을 규범화해야 한다. 그러므로 1990년대는 중국 대외원조의 규정 제도를 구축하는 시기이기도 했다. 1992년 국가는 「대외원조 프로젝트 도급책임제 관리 방법의 시행」 등 5개의 대외원조 공문서를 배포했다. 도급책임제의 절차와 방법에서 입찰 기획과 형식, 도급 책임 부문의 정치 경제적 기술 책임 및 프로젝트 관리 자주권 등을 규범화했다. 시장 적극성을 동원하고 건설 주기를 단축하며 건설 투자를 절약하고 대외원조 효율을 제고하는 토대 위에 프로젝트 품질 보장을 제도적으로 규범화했다. 그리고 대외경제원조 입찰위원회 규정을 만들었다. 투자액이 1,000만 위안 이상은 공개 입찰을 통해, 1,000만 위안 이하는 지정된 업체와 직접 협상하는 방법을 통해 도급 업체를 확정했다.

시장화 조건에서의 중국 대외원조는 발의와 결책 면에서 '8항 원칙'을 지켰다. 수원국을 평등하게 대했고 여전히 수원국이 제출한 요구에 따라 적절한 외교 경로를 통해, 그리고 전문가의 현지 고찰을 거쳐 결책 과정에 들어갔으며 결책 절차에서 각 관련 부서 간에는 협상 관계가 존재했다. 실시 과정에서 비교적 충분하게 시장의 힘을 도입했다.

시장의 다층적인 참여로 중국 대외원조의 정책 제정과 프로젝트의 실시는 더없이 복잡해졌다. 상무부 대외원조사와 국제경제합작사무국은 중대한 협조 임무를 맡았다. 대외원조사는 각 관련 부문 즉 외교부, 재정부, 위생부, 농업부, 교육부, 중국수출입은행 등 부문과 각 지방자치단체를 조화시켜야 했으며 국제경제합작사무국은 대외원조와 관련되는 시장 행위 주체를 조화시켰다. 1993년부터 정식으로 실행한 '총도급책임제'와 '감독관리책임제'는 시장 발전의 조건하에서 대외원조 관련 시장 주체를 관리하는 전형적인 절차였다. 경제무역부(상무부로 명칭 변경)는 대외원조 프로젝트의 전문적 성격에 따라 입찰 공고를 거쳐 설계 부문, 시공 부문 및 감독 관리 부문을 선정했다. 이 세 부문은 상호 협력하고 상호 제약한다. 수원국 시공 현장에 공사단을 파견할 뿐만 아니라 설계 대리단과 감독 관리단도 파견했다. 이러한 제도는 비록 실시 과정에서 많은 어려움과 문제점에 봉착했지만 제도 설계에서 시장에 권력을 이양하고 시장이 상호 제약하는 방향으로 발전하도록 시험했다. 전체적 시행의 시각에서 보면 각 대외원조 관련 부문의 연간 대외원조 프로젝트 진출 예산 편성은 재정부의 심의를 거치고 국무원과 전국인민대표대회에서 통과된 후에 최종적으로 시행된다. 각 부문의 대외원조 프로젝트 자금에 대해서는 예산 통제 관리를 실행한다. 재정부와 국가심계서(國家審計署)는 예산 실행 상황에 대해 감독 검사를 한다.[46] 개혁 후의 결책과 시행 절차에서 보면 중국은 이미 시장의 힘을 수용하는 대외원조 구조를 구축했다.

앞서 언급했듯이 시장화의 발전에 나타나는 여러 가지 문제점을 해결하기 위해 1990년대, 중국 대외원조에 관한 여러 규정이 대량으로 만들어졌다. 1994년 중국은 대외 플랜트 프로젝트 실시 관리 방법을 시행하며 이후 시장 건설 상황에 따라 여러 차례 개정했다. 대외원조 방식의 부단한 개혁에 적응하기 위해 대외경제무역부, 재정부, 중국인민은행, 중국수출입은행 등 부서들이 연이어 규정과 통지, 조례를 반포하여 각종 실천 활동을 규범화하고 지도했다. 시장 주체를 도입한 후 시장 간의 비교 평가 활동을 도입했으며 품질이 높은 원조 건설공사로 국가와 회사를 위해 명예를 쟁취한다는 구호를 제기했다. 이를테면 1997년, 마다가스카르 체육관 원조 건설 품질 현장 회의에서 양질의 원조 건설공사를 공개 표창했다. 여기에는 방글라데시의 마하난다 대교, 몽골국의 모피 가공공장, 캄보디아의 제1제약공장, 몰디브의 제3동 주택, 수단의 옴두르만 우의병원, 말리의 회의청사, 키리바시의 공항 활주로 증축 등 건설공사가 포함되었다. 이와 함께 질에 문제점이 있는 프로젝트와 그 프로젝트 주관 부문은 지명 비판을 받았다. 이러한 현장 회의, 프로젝트 실행자 간의 상호 경험 교류와 상호 경쟁 및 서로 본보기로 삼는 방법은 대외경제무역부가 대외원조를 관리하는 일종의 정기적 시스템이 되었다.

---

46) 中華人民共和國國務院辦公室,『中國的對外援助』(2011年 4月), 人民出版社, p.7.

3. 대외원조 종사자의 관리

중국 대외원조에 시장화 요소를 도입하는 과정에서 대외원조 종사자 관리는 중요한 고리이다. 대외원조 주관 관계자의 말에 의하면 세계상의 "모든 물건을 돈을 주고 살 수 있는 것은 아니다." 중국이 개발도상국에 수립한 신용과 위망은 정책과 종사자들에 의지한 것이다. 탄자니아-잠비아 철도를 부설할 때 중국은 선후하여 5만 6,000명에 달하는 원조 종사자를 동원했는데 가장 많을 때에는 한 번에 1만 6,000명에 달했다. 많은 사람들이 철도 부설의 제일선에서 목숨을 바쳤다. 개혁개방 이후 특히 국내 체제가 전환된 후 이러한 정성과 투입으로 바꾸어온 신뢰를 어떻게 지속할 것인가에 대해 여러 차례 토론했다. 개혁개방 초기, 대외원조 주관 부문은 공문을 여러 차례 반포하여 대외원조 사업의 경제 결산 강화와 대외원조 종사자의 사상 의식, 외국어 수준 및 업무 소양 제고를 요구했다. 대외원조 의료단의 경우, 개혁개방 후 중국 대외원조 의료단 비용은 수입과 지출의 도급으로 시행되었는데 비용의 잔금은 일정한 비례에 따라 파견 부서에 지급되었다. 의료단 비용은 두 가지 경로에서 나왔다. 하나는 수원국이 양국 간의 협의 규정에 따라 일부분을 지급하고 중국 위생부가 그 자금을 수납하여 지출을 부담하는 것이다. 다른 하나는 중국 정부의 무상원조로 대외경제부가 비용을 위생부에 지불하는 것이다. 의료단은 이 두 가지 경로를 통한 비용을 모두 도급제로 실행한다. 그러나 관리 부문에서는 이러한 도급제가 대외원조 의료단의 사기를 진작하지 못함을 발견했다. 국내 조건의 개선에 따라 대외원조 의료단의 흡인력이 떨어져서 일부 지역에서는 '우수 선정'이 아니라 '강제 파견'으로 취급되었다.

대외원조 종사자 관리의 또 다른 문제점은 대외원조 종사자의 비용 관리에 대한 융통성 없는 규정이다. 이와 달리 기타 방면의 관리는 융통성이 있는 요구이다. 「대외경제원조 프로젝트의 도급책임제 시행 관리 방법」 등 공문서는 대외원조 종사자들이 대외원조 정책을 실행하고 수원국의 법률을 준수하며 임용한 출국 인원의 양호한 자질을 보장하고 사상 정치 사업과 가족 사업을 잘해야 한다고 요구했다.[47] 그러나 실행 과정에서 건성으로 흉내만 내는 경우도 있었다. 전체적으로 보면 중국 대외원조 종사자들은 훌륭한 전통을 계승했다. 고달픔을 참고 힘든 일을 견디며 부지런히 배우고 유능하며 사람을 평등하게 대하는 태도는 보편적으로 수원국의 존경을 받았다. 반면에 사상 정치 사업에 힘쓰지 않아 대외원조 종사자의 정치 업무 소양이 낮아졌고 기강이 해이해졌으며 단결을 하지 않는 조짐이 나타났다. 이는 중국 대외원조 종사자의 대외 이미지와 국가의 명예를 실추시켰다. 계획경제 시기 행정 관리는 중요하고도 효과적인 수단이었다. 시장경제 단계에 이르러 행정 관리는 더는 원래의 구속력을 지니지 못한다. 이는 도급 부문이 경제 결산을 중요시한 것뿐만 아니라 사상 정치 지표를 유연하게 요구한 것과 관련이 있다. 그리고 대외원조 종사자 개인 역시 더욱 많은 시장 기회와 자아실현의 가능성에 직면해 있었다. 대외원조 임무는 일부 기술자들에게 있어 '차선' 목표가 되었다. 이러한 상황에서 제도화된 관리로 종사자들의 사상 품성과 사업 태도를 규범화하기 어렵다. 특히 규범화의 주체, 즉 중국 대외원조 주관 부문은 이미 대외원조 프로젝트의 실행자가 아니었다. 그리고 실시자의 주요 목표는 임무 완성과 효익 보장인 것이다.

하지만 인적 요소는 여전히 중국 대외원조의 우세적인 면이다. 주관 부문에서는 최선을 다해 이 우세를 계승하고 발양하려고 했다. 1992년 상무부는 「대외원조 출국 인원 사상 정치 사업의 진일보 강화에 관한 몇 가지 의견」을 제기하여 각 외국주재 대사관 경제침사처가 대외원조 출국 인원의 사상 정치 사업을 중요한 의사일정에 올리도록 요구했다. 대외원조 출국

제1장 중국 대외원조 정책과 구조

---

47) 中華人民共和國商務部援外司, 『對外援助管理規章制度文件匯編』(1958~2004), 2005, 第七集, pp.1596~1604.

인원의 자질 상황을 정기적으로 파악하여 분석하고 좋지 않은 조짐과 잠복해 있는 화를 근절하며 현실과 연계하여 대국주의, 무정부주의 및 극단적인 개인주의를 반대했다. 훌륭한 인물과 사실을 표창하고 현실적인 문제점을 해결했다. 그리고 「대외원조 인원 수칙」을 제정하여 대외원조 종사자들이 애국주의, 국제주의를 발양하고 대국주의를 반대하며 대외원조의 '8항 원칙'을 관철할 것을 호소했다. 그리고 행동거지가 문명할 것, 의복이 정결할 것, 규율이 엄숙할 것, 본직 사업을 잘할 것, 수원국과 협력하여 함께 일할 것, 대외원조에서 근검절약할 것, 재정 규율을 엄격하게 집행할 것, 공사의 질과 진도를 확보할 것, 자산계급 생활 방식에 대한 추구를 반대할 것, 전문 지식과 외국어를 애써 공부할 것, 기술 수준을 제고할 것, 동지들 사이에 서로 관심을 갖고 도울 것 등 14가지 행위 준칙을 제창했다.[48]

1990년대, 중국 대외원조는 역사적으로 새로운 시기에 들어섰다. 그 기본 원칙은 '평화 공존 5항 원칙'과 대외원조의 '8항 원칙'이다. 개발도상국에게 진심으로 우호적이고 평등하게 대하며 상호 혜택을 주고 공동으로 발전하는 것이다. 원조시, 어떠한 정치적 조건도 부가하지 않고 국제적 사무에서 밀접한 협력을 실시했다. 그리고 계승의 토대 위에 개혁과 창조를 하고 국제상의 효과적인 원조 방법을 참고로 하여 특혜 차관 방식을 보급했다. 대외원조 자금의 경로를 확장했고 원조 규모를 확대했으며 대외원조 구조를 조정하여 대외원조 방식을 다양화하였다. 여기에는 합자합작 기금, 무상원조(소형 프로젝트 원조, 기술원조, 물자원조), 혼합 차관, 양허성 차관 등이 포함되었다. 영구성 시설 건설로부터 단독 자본 기업, 합자 기업, 상업 합작 등 일부 기업을 설립하여 중국 기업과 개발도상국 기업의 직접적인 협력을 추진했다. 1990년대는 중국 대외원조에서 관리식 개혁을 탐색

---

48) 中華人民共和國商務部援外司, 『對外援助管理規章制度文件匯編』(1958~2004), 2005, 第八集, p.1605.

하고 각종 새로운 규정 제도를 시행하는 시기였다. 이 시기에 중국 대외원조는 주식 출자 경영, 입낙찰 제도 등을 실행했으며 정부와 시장의 힘이 협력하는 가운데 대외원조를 전개하는 새로운 시기를 시작했다. 그러나 시장의 효과적 이용은 줄곧 대외원조 주관 부문이 고려한 난제이기도 하다. 또한 정부로 하여금 효과적으로 과학적 정책 결정과 합리적인 감독의 기능을 발휘하게 하는 것은 중국 대외원조 체제 개혁이 현재까지 탐색하고 해결해야 할 문제점이다.

4절 중국 대외원조와 21세기

21세기, 중국 대외원조 사업은 아주 빠른 발전기에 들어섰다. 원조금 액수가 해마다 두 자리 수로 급격하게 증가[49]했을 뿐만 아니라 원조 방향과 원조 방식도 신속하게 조정되고 개선되었다. 사회 민생 프로젝트와 국제 응급 인도주의 원조가 흡인력을 지니게 되었다. 대외원조의 관리 체제와 구조 역시 상응하고 지속적인 개진을 했다.

1. 규모 확대, 분야 확장, 구조조정

2000년 10월 10일~12일, 북경에서 중국-아프리카 협력 포럼 장관급 회의가 개최됐다. 중국과 외교관계를 수립한 44개 아프리카 국가의 외무부 장관 혹은 해당 업무 관계자가 회의에 참석했다. 회의에서 채택한 '중국-

---

49) 2011년 4월 중화인민공화국 국무원 신문판공실은 처음으로 『중국의 대외원조』 백서를 발표했다. 백서에 의하면 2004년부터 2009년에 이르기까지 중국의 대외원조 자금은 빠르게 증가했는데 연평균 증가율은 29.4%에 달한다.

아프리카 협력 포럼 북경 선언'과 '중국-아프리카 경제와 사회발전 협력 강령'을 21세기 중국과 개발도상국의 행동강령과 지침으로 삼았다. '중국-아프리카 협력 포럼 북경 선언'은 중국이 주장한 평등 호혜의 원칙을 견지하고 다양화한 발전 형식과 원조 내용을 주장하며, 실효성이 있는 발전을 이행하고 우호적인 방식에 입각하여 불일치를 제거하는 등을 포함한 일련의 방침과 정책을 채택했다. 이는 중국과 아프리카 사이의 평등 협력, 공동 발전의 기본 원칙과 방향을 보여주었고 중국과 아프리카 국가가 장기적으로 안정된 평등 호혜의 새로운 동반자 관계를 공통의 인식으로 하고 있음을 말한다. '중국-아프리카 경제와 사회발전 협력 강령'은 중국과 아프리카가 경제무역 분야에서 공동 협력한 구체적인 사항과 조치를 열거했다. 이를테면 중국은 처음으로 과다한 외채를 짊어진 32개 빈곤국과 후진 개발도상국의 외채 100억 위안을 탕감했다. 그리고 전문 자금을 들여 실력과 신망이 있는 중국 기업이 아프리카에 투자하도록 격려했고 '아프리카 인적 자원 개발 기금'을 설립하여 아프리카 국가를 도와 전문 인재를 양성했다.

중국-아프리카 협력 포럼은 중국과 아프리카 국가 간의 제도적 협력 장치가 되어 3년에 한 번씩 북경과 아프리카 국가에서 윤번으로 개최한다. 제2차(2003) 아디스아바바 중국-아프리카 협력 포럼에서 통과한 행동 강령에서 중국은 후진 개발도상국의 일부 상품에 대해 수입 관세를 면제하기로 했다. 제3차(2006) 북경 중국-아프리카 협력 포럼과 같은 시기에 중국-아프리카 지도자와 상공업계 대표 고위층 대화 및 제2차 중국-아프리카 기업가 대회도 개최되었다. "정부가 무대를 제공하고 기업이 재능을 보이는" 방식으로 실질적 협력과 평등 호혜의 정신을 발양하여 아프리카 경제사회 발전과 인민 생활 수준의 제고를 추진하려고 했다. 이와 함께 중국의 실력 있는 기업들인 중흥(中興), 화위(華爲), 상해패이(上海貝爾) 등은 서방 기업들이 장기간 아프리카 통신 시장을 독점하던 상황을 타파했다. 이는 전례 없는 발전 기회일 뿐만 아니라 이 기업들의 아프리카에서의 발전은 현지의 경제와 사회 발전을 추진했다. 이집트의 샤름 알 셰이크에서 개최된 제4차(2009) 중국-아프리카 협력 포럼에서 중국은 더 많은 원조를 약속했다. 원조 농업시범단지를 15개에서 20개로 늘렸고 농업 기술자를 증파했다. 중소기업 발전 전문 대출 프로그램을 만들어서 메탄가스, 태양 에너지, 소형 수력발전소 등 청정 에너지 개발 사업과 소형 수리공사 프로젝트를 원조 건설했다. 그리고 현지의 경제 발전에 적합한 물류 센터를 설립했으며 특혜 차관 100억 달러를 제공하여 아프리카의 전면적 발전을 도왔다. 약속한 양성 인원의 숫자도 대폭 증가했는데 2010년의 연 5,862명에서 2011년의 연 7,619명으로 늘어났다. 중국이 약속한 이질 예방 치료 센터 30개소의 설비와 약품 2억 위안, 50개소의 우호학교와 30개소의 병원 설립 및 채무 감면과 면세 조치 등이 잇따라 실현되었다. 제5차(2012) 중국-아프리카 북경 협력 포럼에 이르러서는 중국과 아프리카의 관계가 이미 전면적인 발전을 이룩했다. 중국은 아프리카에 대한 투자 융자 협력을 더욱 확대하여 아프리카의 인프라, 농업, 제조업 및 중소기업의 발전을 도왔다. 아프리카에 대한 원조를 지속적으로 확대했는데 '아프리카 인재 계획'을 실시하여 각 부류 인재 3만여 명을 양성했고 정부 장학금 1만 8,000건을 제공했으며 의료 종사자 1,500명을 파견했다. 그리고 아프리카 일체화 건설을 지지했고 중국과 아프리카의 민간 교류를 추진했으며 "중국 아프리카 평화 안전 협력 동반자 제안"을 발기하여 아프리카의 평화와 발전을 추진했다. 미국 학자 브라우티갬(Brautigam)은 "서방에서 말하고만 있을 때 중국은 이미 행동하고 있었다."라고 했다.

아프리가에 대한 중국 원조의 확대와 함께 중국과 아프리가의 기타 경제 관계도 빠른 발전을 가져왔다. 제1차 중국-아프리카 협력 포럼에서 중국과 아프리카는 총액 3억 달러가 넘는 협력 프로젝트 20건을 체결했다. 2000년 중국과 아프리카의 무역액은 110억 달러였으나 2006년에는 550억 달러로 증가했고 2011년에는 무려 1,663억 달러에 달했다. 아프리카에 대한 중국의 직접적인 투자액은 150억 달러에 달했다. 2002년부터 아프리카에 대한 중국의 투자는 아주 빠르게 증가했는데 2010년 말, 아프리카에 대한 중국의 직접적인 투자액은 130.4억 달러로 2005년 말의 8.2배에 달했다.

이를 더 큰 범위에서 보면 중국과 아프리카의 경제 관계 잠재력은 비록 크지만 차지하는 비중은 크지 않다. 아프리카에 대한 중국의 투자는 중국 대외 직접 투자액의 4.1%밖에 안 되는데 이는 아시아와 라틴아메리카에 대한 투자(아시아 71.9%, 라틴아메리카 13.8%)보다 훨씬 적다. 2010년 아프리카에 대한 국제 투자는 5,539.7억 달러이므로 중국은 2.4%밖에 차지하지 못했다.[50] 2006년 말, 중국 국무원은 50억 달러 규모의 중국-아프리카 협력 기금(1기 투입은 10억 달러임) 설립을 비준하여 중국국가개발은행에서 관리하게 했다. 2007년 5월, 중국-아프리카 협력 기금이 정식으로 운영됨에 따라 투자 협력, 공사 도급 등 경제 관계가 신속하게 발전했다. 중국은 대외원조에서 연결하고 선도하는 역할을 했다. 중국은 아프리카 및 광범한 개발도상국에 대한 전면적 투자를 확대했는데 대외 경제 발전에서 관건이 되는 역할을 하는 인프라 건설 분야뿐만 아니라 각 개발도상 수원국의 국제적으로 비교적 우위가 있는 산업에 활력을 불어넣었다. 이를테면 쿠바의 관광업을 발전시켰고, 말리의 상품시장을 발전시켰으며, 봉고 가봉 대통령 요구에 응해 자원 개발과 목재 가공을 발전시켰다. 이러한 협력에서 중국의 원조는 교량적 역할을 했고 기술을 전수하고 자금을 제공하는 역할을 했다. 중국의 원조는 이러한 사업을 통해 개발도상 수원국의 발전에 영향을 주었다.

중국 대외원조는 수적으로 해마다 증가했을 뿐만 아니라 증가 속도도 매우 빠르다. 그러나 중국 국민경제의 발전 속도에 비하면 중국 대외원조가

---

50) 黃梅波 · 任培强,「中國對非投資的現狀和戰略選擇」,「中國權威經濟論文庫」, 2012年 5月 17日

차지하는 비중은 여전히 적다. 중국 대외원조는 수적으로 제한적이나 그 어떤 정치적인 조건도 부가하지 않았으며 여러 시장 요소를 동원하여 개발도상국의 발전을 도왔기 때문에 아주 성공적이었다.

구조조정 역시 뚜렷했다. 조정의 주요 방향은 수원국의 사회 민생 및 공익사업에 주목한 것이다. 중국의 발전은 경제 발전의 단계로부터 점차 사회 발전의 단계로 진입했다. 그러므로 중국은 수원국의 수많은 방면의 수요와 기회를 발견했다. 이를테면 아프리카 국가의 방송업은 매우 낙후했다. 10여 개국은 대통령이 장관회의를 소집할 때 트랜지스터 라디오를 사용했고 일부 국가에는 텔레비전 방송국이 있지만 매우 낙후했다. 그러므로 중국은 방송 관련 원조 프로젝트를 제공했다. 많은 국가에 기술자가 부족한 실정에 대비하여 중국은 학교를 원조 건설하고 기술자 양성을 확대했다. 현재 중국은 경제 기초 시설에 대한 원조 건설을 중요시함과 아울러 병원, 농업양성센터, 학교, 질병예방센터 등 사회 공익사업과 민생 프로젝트에 대해서도 원조하고 있다. 쌍무 원조 외에 중국 정부는 여러 경로를 통해 협상과 협력을 강화하고 농업, 인프라, 교육, 의료, 인적 자원 개발과 협력, 청결 에너지 등 분야에 대한 원조를 강화했다.[51]

2. '인본 위주' 대외원조 주제

'인본 위주'는 중국 대외원조의 새로운 주제이다. 경제사회의 심화와 발전에 따라 인적 자원을 중국 발전의 가장 중요한 자원으로 인식했을 뿐만 아니라 광범한 수원국 역시 이를 인식하게 되었다. 에티오피아 교육부의 한 차관은 "에티오피아는 중국의 원조와 투자를 환영할 뿐만 아니라 에티오피아에 학교를 건설해줄 것을 더욱 원합니다. 학교 건물을 짓는 것뿐이

---

51)　中華人民共和國國務院辦公室,『中國的對外援助』(2011年 4月), 人民出版社, p.4

아니라 중국으로부터 교장과 교사, 그리고 교재와 교육 방법 등 모든 교육 내용을 도입할 것을 원합니다. 에티오피아의 지하자원에 중국인들처럼 근면하고 성실한 근로자를 합한다면 에티오피아의 발전은 걱정하지 않아도 될 것입니다."[52]라고 말했다.

그러므로 중국 대외원조는 무상원조나 무이자 차관, 저금리 차관 등 자본의 제공에 머물지 않았고 플랜트 프로젝트 건설, 물자와 기술의 협력, 인적 자원 개발과 협력, 의료단과 봉사자 파견, 과다한 외채를 짊어진 빈곤국의 채무 탕감 등 경제적 도움 제공에만 국한되지도 않았다. 수원국에 전수한 것은 중국과 수원국 인민의 우의와 상호 인정하는 발전적 이념이다. 이는 병원, 농장, 체육관, 기념비보다 더욱 큰 역할을 할 수 있는 원조이다.

인간 발전의 중요성에 대한 인식은 2005년 호금도 주석이 유엔에 대한 '5대 조치'[53] 약조에서 비롯되었는데 초점은 바로 수원국 인민에 대해 봉사를 제공해야 한다는 것이다. 첫째, 인간의 기본적 요구에 대한 것으로 인민의 건강 수준을 제고하기 위해 의료 보건과 질병 예방 치료에 대한 원조를

---

52) 2008년 1월 16일, 에티오피아 교육부 탐방 기록.
53) 첫째, 중국은 중국과 외교관계를 맺은 39개 후진국의 일부 상품에 대해 관세를 면제한다. 특혜 범위는 이 국가들이 중국에 수출하는 대부분 상품을 포함한다.
　　둘째, 중국은 과다한 외채를 진 빈곤국과 최빈개도국에 대한 원조 규모를 확대하며 쌍무 경로를 통해 금후 2년 내에 중국과 외교관계를 맺은 모든 과다한 외채를 진 빈곤국이 2004년까지 중국에 상환해야 할 무이자 혹은 저금리 차관을 탕감하거나 기타 방식으로 청산한다.
　　셋째, 중국은 금후 3년 내 개발도상국에 100억 달러 특혜 차관과 수출 구매자 측 특혜 신용대출을 제공하여 개발도상국이 인프라 건설을 강화하고 쌍방 기업 합자 협력을 전개하도록 추진한다.
　　넷째, 중국은 금후 3년 내 개발도상국, 특히 아프리카 국가에 대한 원조를 늘린다. 이질 예방 치료제를 포함한 의약품을 제공하며 아프리카 국가들을 도와 의료시설을 개선하거나 설립하고 의료 종사자를 양성한다. 구체적인 것은 중국-아프리카협력포럼 등을 통해 실행한다.
　　다섯째, 중국은 금후 3년 내 개발도상국을 위해 각 부류의 인재 3만 명을 양성하며 관련 국가의 인재 양성을 돕는다.
　　『胡錦濤宣佈中國支持髮展中國傢五大擧措』(2005年 9月 16日)에서 인용.

제공한다. 둘째, 인간의 능력 건설에 관한 것으로 개발도상국의 인재 양성에 도움을 제공한다. 원조의 중심을 인간의 발전 능력 제고로 전환한 것이다. 오의(吳儀) 부총리는 "대외원조 인적 자원의 개발과 협력을 발전시키는 것은 우리나라 대외원조의 중요한 내용이며 새로운 시기에 우리나라가 대외 인문 교류를 전개하는 중요한 형식"으로 "개발도상국을 위해 인재를 양성하는 정책 주장"이라고 했다. 또한 대외원조 부문에 "양성 대오를 최적화하고 양성 방식을 창조하며 양성 효과를 제고해야 한다."[54]고 당부했다.

'인본 위주' 원조 이념의 발전은 중국으로 하여금 국제적인 돌발 사건과 자연 재해에 더욱 적극적으로 나서게 했다. 21세기에 들어서서 중국은 국제 인도주의 원조 제공을 뚜렷하게 강화했다. 2002년, 중국 상무부는 돌발 사건 응급 구원 시스템을 구축하여 상응한 예방책을 제정했다. 2004년, 상무부는 외교부 등 관련 부서와 함께 중국의 대외 인도주의 긴급 재난 구조 물자 원조 등의 사항을 마련하는 데 관한 업무 시스템을 구축하여 빈번하게 발생하는 돌발 사건에 대처하도록 했다. 대처 과정에서 '인본 위주'의 기본적 이념을 관철하여 중국인들의 인문적, 인도주의 정신을 구현했다.

인도주의 원조의 효과적인 실시를 위해 중국은 3개 부서가 중심이 되어 여러 부서가 참여하는 부서 간 업무 시스템을 설립했다. 상무부와 외교부가 원조를 필요로 하는 대상과 원조 액수에 대해 협상, 결정한 후 응급 임무를 가동 실시한다. 실시에 있어서 상무부와 총참모부(總參謀部)는 전문 인원을 지정하여 24시간 전문 연락 제도를 설립한다. 총참모부는 인도주의 긴급 구원 물자의 조직과 협조 업무를 책임지고 제공한다. 그리고 "특수 상황 시, 특수 방법 대처" 원칙에 따라 항공 부문에 연락하여 구원 물자를 가장 빠른 시간에 수원국 재해 지역에 운송하는 등 모든 필요한 조치를 취할 수 있다. 이로써 중국 원조의 효율성이 확실히 구현되었으며 번다한 보고

---

54) 「吳儀緻信全國援外培訓工作會議」, 『人民日報』 2007年 7月 27日.

와 심사 절차는 줄어들었다.

인력 양성을 위해 중국은 장학금을 늘려서 수원국 인원이 중국에 와서 기술과 관리를 주요 내용으로 하는 양성에 참가하도록 요청했다. 그리고 중국 청년 자원봉사자를 수원국의 기층 조직에 파견하여 건설 발전에 참여하게 했다. 1983년부터 중국은 유엔개발계획 등 국제기구 및 관련 수원국과 협력하여 개발도상국을 위해 각종 실용 기술 양성반을 개설했다. 양성반의 여비는 유엔개발계획에서 부담하고 중국에서의 양성 비용은 중국 정부가 부담했다. 양성 내용에는 일부 기본적인 기능인 일기예보, 민물고기양식, 채소 재배, 벼 재배, 소형 수력발전, 태양에너지, 메탄가스 기술 등 30여 가지 전문 기술이 포함되어 있었는데 아주 좋은 효과를 거두었다. 1998년부터 중국은 아프리카 국가를 위해 경제관리관료연수반을 개설하여 각 분야의 정부 관료들을 양성했다. 양성을 통해 관료들은 사상에 변화가 생기고 시야가 넓어졌으며 현실적인 발전 경험과 사용 기술을 접했다. 21세기에 들어선 후 중국 대외 양성 원조는 신속한 발전을 가져왔다. 2003년 이후 개발도상국을 위해 양성한 인수는 연평균 25배로 증가했으며 투입된 자금도 수천만 위안에서 3~4억 위안으로 증가했다. 대외원조 양성 업무를 담당하는 부문도 150~160여 개로 증가했다. 이 중 핵심적인 양성 기구(과학연구나 교육 분야)는 50여 개소로 150여 개 국가에서 학습자들이 몰려왔다.[55] 불완전한 통계에 따르면 2009년 연말, 중국은 개발도상국을 위해 각 부문 인재 12만 명을 양성했다. 만약 초기의 공사 양성까지 포함하면 이 숫자를 훨씬 넘어선다.

초기 양성의 내용은 주로 구체적인 기술과 기능을 전수하는 것으로 버섯 재배, 광주리 엮기, 침구 치료와 한방약 사용 등이었다. 그러다가 점차 경제 관리, 발전 추진, 법률 연구 토론, 녹색 에너지 사용 등 전문 주제의 양

---

55) 2007년 11월 21일 상무부 대외원조사 양성처 탐방 기록.

성으로 발전했으며 관련된 분야도 20여 개에 달했다. 최근 중국에서 개설한 양성반의 명칭에서도 중국과 수원국 간의 관계의 깊이를 알 수 있는데 '아프리카 심계서장 연구토론반', '중국-아프리카 발전 경험 공유 부급 연구토론반', '개발도상국 행정 관리 석사 과정반', '고위급 경찰관 양성반' 등이다. 양성 인원에는 기술자와 정부 각 분야의 관료들이 포함되었다. 양성을 받은 학습자들은 중국 양성자와 함께 발전 경험을 연구 토론하고 중국 현지에서 빈곤 감소와 경제 발전을 경험했으며 자국 국정에 적합한 빈곤 지역 원조 방법이나 빈곤 감소 정책을 서로 토론 연구했다.[56]

중국에서 양성을 받는 동안 개발도상국에서 온 학습자들은 중국 기업의 자동화 설비, 품질 감독 제어 수단과 현대화 관리를 직접 목격하고 중국 제품은 "등급이 낮고 성능이 나쁘다"는 편견에서 벗어났다. 그들은 중국과 수원국 간의 경제협력과 무역을 추진했고 중국의 선진적 기계설비(방직 기계설비 등)의 구매 계약을 체결했다. 더욱 중요한 것은 양성 협력이 각국 관료들에게 발전 경험을 평등하게 교류할 수 있는 장소를 제공하여 중국과 이들 국가 간의 상호 이해와 우의를 심화했다는 점이다.

중국은 발전 과정에서 인적 자원 개발에 진력하였다. 이는 중국뿐만 아니라 서방 국가와도 밀접한 관련성이 있다. 개혁개방 초부터 등소평은 세계은행에 중국 간부들을 양성해줄 것을 부탁했다. 1980년 9월, 중국 대표단은 세계은행 연례회의에 참석하여, 중국 정부가 결정한 개혁, 개방, 사상 해방의 정책에 의거해 세계은행에 중국 간부 양성을 요구했다. 세계은행은 중국의 요구를 매우 중요시했으며 중국이 정식으로 요구를 제기한 지 두 달 후, 실무자를 중국에 파견하여 양성에 관한 구체적인 사무를 상의했다. 그리고 이듬해 5월, 워싱턴에서 제1기 중국 고위급 관료 일반 프로그램 계획 관리 연구토론회를 개최했다. 연이어 상해에서 제1기 중급 관료 강습반

---

56) 『人民日報』 2004年 9月 24日(李安山, 앞의 글, p.23에서 재인용).

을 개설했고 상해에 협력 양성 기구를 설립했다. 이후에 다각적 원조 기구나 쌍무 원조 기구가 중국과 외국에서 개설한 각종 양성반은 헤아릴 수 없이 많았다. 중국은 자국 발전의 수요에 맞춰 이러한 양성을 통해 현대적인 과학기술 지식과 시장경제를 관리하는 방법을 많이 습득했다.[57] 이러한 지식과 방법은 중국에 널리 전파되었을 뿐만 아니라 중국이 개발도상국 인력을 양성하면서 지속적으로 전파되었다.

지식의 전파 과정에서 중국의 역할은 간단한 중개자로 끝나지 않고 서방의 지식과 기능을 습득하는 과정에 '중국 요소'와 '중국 경험'을 첨가했다. 이는 식민 지배를 겪은 중국의 경험에서 비롯된 것이므로 비슷한 경험이 있는 개발도상국의 입장에서 더욱 잘 이해할 수 있고 배울 수 있는 것이며 개발도상국 현실 수요에 더 접근한 것이다.[58] 양성을 통해 개발도상국에 전수한 중국의 발전 경험은 현실성과 중국 특색을 띠고 있다. 이를테면 중국의 발전 목표에 대한 선택은 현실 상황에 의한 것이지 교조적인 것이 아니다. 서방 국가는 줄곧 민주화를 완성한 후 현대화를 시행할 것을 주장하나 중국은 장기간 등한시한 분야에 먼저 투자해야 한다는 경험을 얻었다. 이를테면 경제 발전을 위한 필수적인 인프라 분야 건설 등이다. 중국은 자국 발전 과정에서의 경험을 총괄했다. 그리고 이러한 경험을 아프리카를 포함한 기타 개발도상국에 전수했다. 결과적으로 중국의 경험은 "아프리카 국가들이 글로벌 경제에 더 잘 융합"[59]되도록 했다. 또한 중국은 환경 보호가 지속적인 발전의 관건임을 인식한 후 양성 원조와 기타 원조 형식을 통해 개발도상국에 친환경 발전 정보, 이념과 방식 등을 대량 전수했다. 이

중국 대외원조 60년

---

57) 周弘·張浚·張敏, 앞의 책, p.26, 243.

58) Davies, Penny. China and the End of Poverty in Africa — towards mutual benefit? Sundbyberg, Sweden: Diakonia, August, 2007, p. 36.

59) Gill, Bates, Chin-hao Huang, and Stephen J. Morrison. China's Expanding Role in Africa — Implications for the United States. A Report of the CSIS Delegation to China on China-Africa-U. S. Relations. November 28 – December 1, 2006, p.v.

는 전 세계의 친환경 발전을 추진했다. 일부 아프리카 학습자들은 중국 인민의 '부지런함'을 보았고 중국이 고급 브레인의 도입과 교육의 강화를 통해 뚜렷한 성과를 올리는 것을 보았다. 그들은 중국의 경험에서 희망을 보았고 믿음을 얻었다. 직업교육 등 분야에서 중국을 학습했으며 이로부터 발전의 응집력이 생겼다.[60] 이러한 경험의 전수와 공유는 개발도상국의 발전에만 유리한 것이 아니라 개발도상국을 협력 동반자로 하는 우의도 촉진하여 협력이 구르는 눈덩이마냥 커졌다. 알제리 농업부 관료는 "중국농업과학원은 알제리에 농업기술을 보급하여 알제리가 몇 년 내에 채무를 모두 갚도록 했다. 이러한 형식의 협력 효과는 원조 액수로만 계산할 수 있는 것이 아니다."[61]라고 했다.

이 밖에 중국은 양성의 절차와 내용에 대해서도 각별한 관심을 가졌다. 2008년 오의 상무부 부장은 "인적 자원 양성의 구체적 배치에 있어서 양성 담당 부문은 국가별과 학습자를 잘 선택해야 한다. 양성기지를 잘 선정(초보적으로 상무부 양성센터, 외교학원, 포동 간부학원, 복건 대외경제무역 간부 양성기지, 호북 농업관원양성센터 등)하고 다각적 양성과 맞춤형 양성을 결부하여 개성화의 수요를 만족시켜야 한다. 양성 교재를 잘 편찬하며 교재에서 중국 국정과 국책, 중국의 외교정책과 발전 경로를 잘 구현해야 한다. 빈곤에서 벗어나거나 곤란을 해결하며 질병의 예방과 치료 및 경제 발전에 관련된 양성 내용을 중점적으로 전개해야 한다. 양성 효과에 대해 평가하고 과학적이고 합리적인 평가 방법을 제정하여 양성의 질을 보장해야 한다."라고 했다. 총괄하면 양성 계획은 매우 세부적인 것으로 실시 가능성과 조준성이 있는 것이다.

---

60) 중국 대외원조 양성반의 에티오피아 학습자와의 좌담회 기록. 2008년 1월 14일.
61) 알제리 농업부 방문 기록, 2010년 2월 21일 오후.

3. 발전에 응한 관리 구조 개혁

21세기에 들어서서 중국 대외원조는 규모가 확대되고 분야가 확장되어 더욱 큰 우위를 발휘할 수 있게 되었다. 이와 함께 대외 체제와 구조 방면에서도 큰 변화가 생겼다.

이 시기 중국 대외원조 관리 체제의 조정에 관한 내용은 다음과 같다. 첫째, 전문화 분업을 더욱 중요시한다. 둘째, 부문 간의 협동을 더욱 강화한다. 업무 협조팀(이를테면 아프리카경제무역업무협력팀)부터 고급별 협조 시스템(이를테면 대외인적자원개발협력국제협동시스템)까지 모두 협력과 협동을 강조했다. 대외사업이 각 전문 분야로 확장됨에 따라 전문화와 세밀화 관리에 대한 요구도 갈수록 높아졌다. 분할 관장하는 전문 부문이 많아져서 부문 간의 협동이 순조롭지 못하고 정보 소통이 원활하지 못한 경우가 불가피하게 나타났다. 그러므로 각 단계와 전문 분야에서의 협동 시스템 재구축이 필요했다. 일차적으로 전문 분업을 하고 이차적으로 부문 간 협동을 하는 이러한 관리 조절은 계획경제 체제 시기의 부문 간·구역 간 공조적 대외원조 관리와는 다르다. 계획경제 체제 시기 대외원조 행정 네트워크는 중앙에서 맡긴 임무를 완수하기 위해 위로부터 아래로 구축한 것으로 행정 주도적 체제이다. 개혁개방 이후 각 부문 간의 협동 시스템은 비록 계획경제 체제 시기처럼 질서정연하고 절차가 있는 것이 아니고 또한 결함과 중복이 따랐지만 대부분 관리의 수요에 의해 제정된 것이다. 그리고 관리 수요에 따라 변화했는데 여기에는 행정적인 요소가 있을 뿐만 아니라 다른 요소도 있다.

중국 대외원조 관리에서 '투자도급제'와 '책임도급제'가 실행된 후, 도급 기업이라는 시장의 힘이 대외원조 사업 분야에 진출했다. 주관 부문은 이러한 시장의 힘으로 입찰과 감독 평가 관리를 실행해야 했으므로 상응한 기구가 운행되어야 했다. 품질을 통제하기 위해 관리 부문에서는 ISO9000

품질인증 규격(총도급 기업은 반드시 ISO9000 품질인증 자격을 얻어야 함)을 도입했다. 대외원조 프로젝트에서 감독 관리 기술자, 기술팀장, 수석 기술자, 수석 회계사의 사전 직무 교육을 시행했다. 그리고 수원국이 감독과 같은 역할을 맡아줄 것을 요구했으며 정부 주관 부서를 위임 파견하여 프로젝트 검수 업무를 담당하게 했다. 또한 상응한 상벌제도를 제정하여 전문화 관리를 시도했다. 2003년에 설립한 상무부 국제경제합작사무국도 프로젝트의 실시, 검수 등의 중간고리에서 대외원조사의 일부 업무를 분담했다. 국제경제합작사무국에 입찰처(招標處), 자격심사처(資格審査處) 등 기구를 설치한 것도 시장 시스템을 도입한 결과이다. 입찰 절차가 날로 복잡해지고 자격심사 대상 기구도 날로 증가하여 정보 구축도 매우 빠른 발전 단계를 거쳤다. 시장화 상황에서 대외원조 종사자들에게 '비직장화'와 자유롭게 직장을 옮기는 경향이 나타났다. 그러므로 대외원조 인적 자원 관리에서 '사전 교육'과 '자격증 소지자 임용' 등 새로운 내용을 추가했다.[62]

각 대외원조 업무는 여전히 뒤엉켜 있어 상무부는 2008년 주관 부문에 대한 구조 재조정을 시행했다. 국제경제기술교류센터(國際經濟技術交流中心)와 국제상무관원연구학원(國際商務官員研究學院)을 증설하여 물자 프로젝트와 양성 프로젝트를 분담했다. 국제경제합작사무국은 플랜트 프로젝트와 기술협력 프로젝트를 담당하고 중국수출입은행은 특혜 차관 프로젝트를 담당한다. 대외원조 의료단은 위생부가 관리하며 각 지방자치단체에서 선별 파견한다. 자원봉사자는 중국공산주의청년단 중앙위원회에서 관리한다.

정책적 방면에서 관련 부서와 더 잘 협조하기 위해 상무부(주임 부문), 외교부(부주임 부문), 재정부(부주임 부문) 등 3개 부문을 주요 책임자로 하는 24개 중앙 부서와 기구가 2008년 10월 '대외원조 부서 간 연락 시스템'을 구축했다. 이것은 2011년에는 부서 간 협조 시스템으로 승격하여 대외

---

62) 2007년 9월 20일 상무부 경제합작국 종합처 방문 기록.

원조의 집중 관리와 다방면의 연락을 총괄할 뿐만 아니라 각 분야의 전문 기능의 우세를 이용하여 중국 대외원조 문제점에 대해 소통한다. 그리고 정책적인 문제점에 대해 정기적으로 협조하며 대외원조 분야의 발전 전략 계획과 정책 계획 및 제도 건설을 강화한다.

21세기에 들어선 후, 대외원조 관리의 또 한 가지 중요한 주제는 정보 관리이다. 신속하게 확대된 대외원조 규모와 날로 방대해지는 대외원조 종사자, 그리고 대외원조가 직면한 복잡다단한 외부적 환경으로 인해 충분한 정보가 없으면 정책적 조정과 효과적인 관리를 할 수 없게 되었다. 2000년 상무부 대외원조사는 업무 자동화를 가동했다. 그리고 정보실을 설치하여 정보의 수집, 정리, 보충, 통계 등을 처리했다. 또한 통일된 기술 기준을 시행하고 경제기술 감독을 실시하는 것으로 과학적 결책, 엄격한 관리, 공평 경쟁을 추진했다.

대외원조 관리에서 대외원조 종사자에 대한 관리는 매우 중요한 부분이다. 만약 서방 원조의 장점이 충분한 자금이라면 중국 원조의 장점은 고달 픔을 참고 힘든 일을 견디며 맡은 바 일에 진지하게 책임지는 대외원조 종사자들의 정신이다. 중국과 수원국 간에 오랜 세월 동안 쌓인 우의는 중국 대외원조 종사자가 수원국 사회 각 계층에 대한 전도를 통해 이루어진 것이다. 그러므로 중국 지도자는 중국 대외원조 종사자의 선발, 양성과 파견을 특별히 중시했다. 계획경제 체제에서는 집중적 행정 관리 조치를 통해 중국 대외원조 종사자의 정치사상, 도덕 품성, 업무 기술과 훌륭한 신체조건을 확보했다. 종사자들은 수원국에서 "몸을 사리지 않고 일하며 피곤을 모른다."[63]는 좋은 평판을 얻었다. '문화대혁명' 시기 주은래 총리는 외국

---

63) 중국 회사 직원들은 현지에서 일하는 유럽이나 일본의 직원보다 업무 시간이 더 길고 더 노력하며 더 책임적이었다. Kaplinsky, Raphael, Dorothy McCormick and Mike Morris. The Lmpact of China on Sub-Saharan Africa. IDS Working Paper 291, p.8.

파견 인원의 정치적 조건만 중시하고 업무 능력과 기술 수준을 소홀히 하는 경향에 대해 관련 부문에서 책임지고 개진하도록 했다.[64] 개혁개방 초기 국무원은 중국 대외원조가 빛나는 명예를 얻은 원인을 다음과 같이 정리했다. 하나는 정확한 방침과 정책에 의거한 것이고 다른 하나는 대외원조 종사자들의 말과 행동으로 모범을 보이고 평등하게 사람을 대하며 간고분투의 훌륭한 태도에 의거한 것이다. 따라서 이러한 종사자들의 장점을 계속적으로 발휘할 것을 요구했다.[65] 21세기에 들어선 후 중국 대외원조 프로젝트는 많은 경우 수원국 사회와 직접 마주했다. 그러므로 중국 대외원조 종사자들은 수원국 사회와 접할 수 있는 기회가 더욱 많아졌다. 개혁의 성공으로 중국 국내 생활 수준의 제고 속도는 개발도상의 여타 수원국보다 훨씬 빨라졌다. 에리트레아 원조에 참여한 의료 종사자는 아프리카 원조 의료단의 고달픔을 다음과 같이 말했다. "해마다 천여 차례의 수술을 한다. 점심은 사람당 두 조각의 검은 빵이다. …… 어떤 이는 희생되었고 어떤 이는 병통을 참아야 했으며 어떤 이는 부음을 받고도 집으로 돌아가지 못했다. …… 그러나 여전히 땀과 눈물로 나아가 생명으로 약속을 이행해야 한다."[66] 이러한 조건에서 중국은 개발도상국에 의료단을 파견하여 수원국 인민을 위해 봉사했다. 이 의의와 역할은 매우 심원했다.

중국 대외원조 사업의 발전에 따라 중국의 여러 법인 기구는 수원국 사회에 진출했다. 도급 기업의 사장과 직원에 이르기까지, 대외원조 의료단의 의료 종사자와 청년 자원봉사자에 이르기까지 이들은 수원국에서 오랜 세월 동안 생활하고 일했다. 일상생활과 업무에서 직접 수원국의 동료들과 교류하고 협력하여 중국과 수원국 간의 민간 교류를 추진하고 상호 이해를

---

64) 石林 主編, 앞의 책, pp.268~269
65) 國務院, 「關於認眞做好對外援助工作的意見」, 1980年 12月.
66) 劉營杰, 「行在非洲」, 『中國經貿』(中國對外援助60年特刊), 2010年 8月, pp.38~39.

증진했다. 그리고 이들의 일상 업무는 외교 교섭이나 각서 교환 등이 아니라 이보다 훨씬 어렵고 구체적인 경제외교와 민간외교이다. 이들은 양국과 양국 인민 간의 매개 역할을 했고 이들의 활동과 업무는 수원국 지도자의 깊은 관심을 받았으며 나아가 국가 간 관계의 중요한 의제가 되었다.

대외원조 프로젝트가 끝난 후, 일부 대외원조 종사자는 수원국에서 구축한 신용과 인맥으로 기타 개발 프로젝트의 시장 경쟁에 참여했고 수원국의 요구로 개발 임무를 담당하기도 했다.[67] 이러한 기업의 사장과 대표는 수원국 지도자의 귀빈이 되었고 양국 간의 우호적 관계를 추진하는 사절이 되었다. 그리고 수원국 시장의 개척자와 협력 개발자 역할을 맡아 수원국 각 계층을 은연중에 감화시켰다.

주은래 총리가 일부 대외원조 종사자의 자질과 관리에 대한 문제점을 비판했지만 새로운 시기에도 이러한 문제점은 여전히 존재하며 일부 방면에서는 더욱 심해지는 추세를 보였다. 사회의 발전에 따라 국가와 대외원조 종사자의 관계는 상명하복의 관계에서 다중적인 위탁 대리 관계로 변했다. 이러한 상황에서 시장화의 관리 방법과 전통적인 행정 방법이 상호 결부되게 하여 대외원조 사업이 적재한 정치적, 전략적 임무를 완성해야 한다. 정부가 더욱 효과적으로 과학적 결책과 합리적 감독의 기능을 발휘하게 하고 기업과 기타 대외원조 부문이 적극적으로 중국 대외원조 사업에 참여하게 하는 것이 중국 대외원조 체제 개혁이 아직도 탐색하고 시험해야 할 임무이다.

총괄적으로 말하면 중국 대외원조 정책과 구조는 과거 60여 년 사이 국제 형세의 변화와 중국 대외 전략의 요구에 부응했다. 수원국을 도와 자주 발전 능력을 제고했고 그 어떤 정치적 조건도 부가하지 않았으며 평등 호혜, 공동 발전을 견지했다. 능력을 헤아려서 행하고 전력을 다해서 행하며

---

67) 2008년 1월, 에티오피아주재 "화위" 회사, 플랜트설비 회사 대표 회담 기록.

시대의 요구에 응하여 개혁과 창조를 했다.[68] 그리고 개혁과 창조, 조정과 리엔지니어링을 행하여 국내 체제와 국제 형세의 발전 변화에 적응했다. 이러한 견지와 발전, 개혁의 태도는 형세의 변화에 따라 지속될 것이다.

---

68)　中華人民共和國國務院辦公室, 앞의 책, pp.5~6.

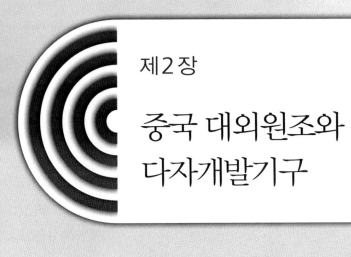

제 2 장

중국 대외원조와
다자개발기구

중국 대외원조 60년

—

中國援外60年

제2장 중국 대외원조와 다자개발기구

다자 대외원조는 중국 대외원조의 중요한 구성 부분이다. 다자 대외원조
는 중국의 다자외교의 발전에 따라 부단히 발전하였는바 근년에 이르러 규
모가 점차 커지고 방식도 다원화되고 있다. 현재 중국은 절대다수의 다자
개발기구에 자금이나 봉사를 제공한다. 이는 중국의 국제적 책임의식 강화
와 국제적 의무에 대한 이행을 보여줄 뿐만 아니라 이러한 기여가 세계의
보편적 발전을 추진하고 공동 발전을 실현하는 중요한 수단이 되고 있음을
보여준다.

　지금까지 중국의 다자 대외원조를 연구한 사례는 많지 않다. 석림[1]과 장
욱혜[2]는 중국 다자 대외원조의 역사 발전과 관련해 총괄적인 논술을 했다.
그레고리 친과 마이클 프롤릭은 일부 사례와 결부하여 다자 대외원조의 관
리와 의사결정 시스템에 대해 분석했다.[3] 브라운은 1980년대 다자 대외원

---

1)　石林 主編, 『當代中國的對外經濟合作』, 社會科學文獻出版社, 1989.
2)　張郁慧, 『中國對外援助研究』, 中共中央黨校國際戰略研究所 博士論文, 2006, pp.143~
　　145.
3)　Gregory Chin and B. Michael Frolic, "Emerging Donors International Development Assis-
　　tance: The China Case", Chapter 4 of the Emerging Donors Study, International Develop-
　　ment Research Centre(IDRC), 2007.

조의 규모에 대해 대략적으로 추정했다.[4] 총적으로 중국의 다자 대외원조에 대한 연구는 거의 이루어지지 않았는데 이는 서방 국가와 사뭇 다른 양상이다. 중국의 각계는 다자 대외원조의 개념에 대해 아직 공감하는 정의를 내리지 못했다. 정부, 매스컴과 학계는 다자 대외원조와 관련하여 서로 다른 시각으로 정의를 내리고 있다.

경제협력개발기구(OECD)는 다자 정부개발원조는 회원국 정부가 다자 개발기구에 제공하는 정부개발원조라고 정의함과 아울러 두 가지 기본 조건을 제시했다. 첫째, 원조를 받는 다자기구는 지원금의 전부나 일부분을 개발에 사용해야 한다. 또한 그 회원국은 각국 정부의 국제사무처나 기구, 혹은 이러한 기구들이 자주적으로 관리하는 기금이어야 한다. 둘째, 원조는 다자 참여의 융자 형식을 통해 그 기구의 금융자산이 되며 원조국은 원조금의 구체적인 사용에 관여하지 못한다. 만약 원조국이 수원국을 확정하거나 자금의 특정 용도를 지정(이를테면 원조 목적, 규정, 자금 총액, 상환 자금의 재사용 등)하면 이를 쌍방적 원조라고 한다.[5] 또한 경제협력개발기구는 회원국이 일부 유엔 전문기구(이를테면 식량농업기구, 세계보건기구)에 납부한 분담금을 모두 정부개발원조로 하는 것이 아니라 분담금의 일정한 비율을 정부개발원조로 한다.

다자 대외원조에 대한 중국의 개념은 일치하지 않다. 상무부는 중국이 다자개발기구에 제공하는 기부금과 기술원조, 그리고 여러 개발도상국에 제공하는 기술 양성 등의 지출도 다자 대외원조의 범주에 넣었다.[6] 장욱혜는 "다자 대외원조는 국제기구를 통해 허용 자원의 공급과 분배 사무에 대한 원조를 조정해야 한다. 즉 원조국 정부가 먼저 원조금이나 원조물자를

4)   Stephen Browne, Foreign aid in practice, London: Printer Reference, 1990, p.233.
5)   OECD, Dac Statistical Reporting Directives, 2007, p.6.
6)   中國將進一步改革援外工作」,『人民日報』1995年 10月 8日.

국제기구에 제공하고 국제기구가 다시 개발도상국에 제공한다. 그러므로 중국이 설립한 중국-아프리카협력기금 등은 한 국가가 여러 국가나 지역에 대한 원조이므로 다자 대외원조라고 할 수 없다."[7]고 했다. 다수의 중국 내 매체는 중국의 다자 대외원조를 보도할 때 중국의 기부금에만 관심을 가지고 기술원조나 국제 금융기구의 지분 융자에 대해서는 거의 언급하지 않는다. 이로부터 중국의 다자 대외원조의 구체적 내용과 형식에 대한 보편적 정의가 내려지지 않았음을 알 수 있다.

대외원조가 증여성과 발전을 추진하는 특성을 지니고 있음을 고려하여 이 장의 중국 다자 대외원조(명확하게 설명하지 않는 경우는 제외)는 중국 정부가 다자기구 특히 다자개발기구에 제공하는 기부금, 지분 융자와 기술협력, 인도주의 원조 등을 주로 가리킨다. 이 장에서 연구하는 중국의 다자 대외원조 개념과 서방 국가 특히 OECD의 다자 대외원조 개념은 서로 다르다. OECD의 원조기구에서 중국의 대외원조 체계를 받아들인 적이 없으므로 중국의 다자 대외원조는 자기만의 독자적인 이해와 인식을 지니고 있는 것이다.

이 장에서는 "첫째, 중국의 다자 대외원조는 정책의 조정에 의해 어떻게 변화했는가? 둘째, 중국의 다자 대외원조 자금 규모의 변화 특성은 어떠한가? 셋째, 중국의 다자 대외원조의 시행 방식에는 어떠한 것이 있는가? 넷째, 중국의 다자 대외원조는 어떻게 관리하는가? 다섯째, 중국의 다자 대외원조의 성과와 도전, 즉 다자 대외원조는 중국의 전체적인 대외 전략에서 어떠한 역할을 하는가?"와 같은 문제를 논의하고자 한다.

---

7) 張郁慧, 앞의 책, p.17.

1절 중국 다자 대외원조의 역사

중국의 대외원조는 1950년대부터 시작되었다. 세계의 보편적 발전과 공동 번영을 추진하려는 염원에 따라, 60여 년의 발전을 거쳐 중국은 절대다수의 다자개발기구에 자금과 봉사를 제공한다. 유엔개발계획, 세계은행, 아시아개발은행 등 세계적 혹은 지역적 다자개발기구와 밀접한 협력 관계를 구축했다. 중국의 다자 대외원조는 각 시기의 정책에 따라 다섯 단계로 나눌 수 있다.

1. 맹아 단계(1950년대~1971년)

신중국 성립 이후, 당시의 국제적 환경에 근거하여 모택동은 "예전의 굴욕적인 외교와 철저히 결별하고, 중국에서의 제국주의 특권과 영향을 모두 일소하며, 사회주의 진영에 치우치는" 외교정책을 제기했다. 1960년대 이후 국제 형세의 변화에 따라 외교정책을 "미국을 반대하고 소련을 반대"하는 것으로 조정했다. 중국은 유엔 등 다자기구들이 미국을 포함한 패권주의 국가에 의해 통제되었다고 인정했다. 따라서 중국이 다자기구에 가입하는 것은 "패권주의를 반대"하는 외교정책에 부합하지 않는다는 입장이었다. 이러한 외교정책에 따라 중국은 서방 국가들이 주도하는 국제기구, 국제조약이나 협정에 자발적으로 참여하지 않았거나 참여하려 해도 거절을 당했다.[8] 그러므로 간혹 일부 다자기구에 참여했을 따름이다. 사회주의 진영 내에서 중국은 옵서버로 바르샤바 조약기구에 참여했다. 1954년 중국은 한반도 문제와 인도차이나 문제와 관련된 제네바 회의에 참석했고 1955년에는 반둥 회의에 참석했다. 이 시기 중국은 유엔개발계획, 세계은행 등 주

---

8)　盧晨陽, 「中國參與多邊外交的進程和特徵」, 『新視野』 2007年 第6期, p.94.

요한 다자개발기구에 가입하지 않았지만 이러한 기구를 통해 인도주의 원조를 제공했다. 1952년 7월, 중국 정부와 적십자회 대표단은 제18차 국제적십자 연례 연회에 참석했다. 국제적십자회는 중국 적십자회를 중국의 유일한 합법적 대표로 인정했다. 국제적십자회는 신중국이 가장 먼저 합법적지위를 회복한 국제기구이다. 중국 적십자회는 국제적십자위원회의 요구에 따라 1956년 국제적십자위원회에 1만 스위스프랑을 기부했으며 그 이후 몇 년간 해마다 1만 스위스프랑씩 기부했다.[9] 이 시기 중국의 다자 대외원조는 체계적이지도 못하고 지속적이지도 못한 시작 단계에 불과했다.

2. 초기 단계(1972~1977)

1971년, 중국의 유엔 가입으로 중국의 다자 대외원조는 전체 대외원조업무 중의 일부분이 되었으며 제1단계와 제2단계를 구분하는 계기가 되었다. 중국은 유엔을 각국의 경제·기술 협력을 촉진하고 '남북대화'와 '남남협력'을 추진하는 도구로, 새로운 국제경제 관계를 발전시키는 중요한 무대로 삼았다. 이는 중국 대표가 1972년 유엔 총회에서 "우리 아시아-아프리카-라틴아메리카 국가들은 모두 거의 비슷한 경험이 있고 비슷한 처지에 처해 있다. 반제국주의 반식민주의라는 공통된 투쟁, 각자의 조국을 건설하려는 공통된 염원은 우리를 밀접히 연결시켰다. 우리는 지금 가난하다. 그러나 우리들이 모두 가난하기 때문에 서로 상대방의 수요를 더 잘 알수 있다. 우리들의 협력은 진정으로 평등하고 호혜적인 협력으로 발전성이크다. 중국은 다른 개발도상국과 함께 새로운 국제경제 관계를 발전시키려고 한다. 또한 평등 호혜의 원칙에 따라 세계 각국과 경제무역을 발전시키

---

9)   「給紅十字國際委員會捐款, 中國紅十字會匯出一萬瑞士法郎」, 『人民日報』1958年 6月 24日.

려고 한다."[10]라고 한 발언에서 확인할 수 있다.

중국 대표 장현무(張賢務)는 1972년 유엔 총회 제2위원회에서 원조와 관련해 다음과 같이 명확하게 지적했다. "쌍방적 원조나 유엔의 다자원조를 막론한 그 어떤 형식의 경제·기술 원조이든 수원국의 주권과 평등한 지위를 존중해야 한다. 그 어떤 부가적 조건이나 특권을 요구해서는 안 된다. '원조'라는 명목으로 수원국을 통제하고 약탈해서는 안 되며 수원국의 내정을 간섭하거나 전복 활동을 벌여서는 안 된다."[11] 이데올로기의 차이와 유엔개발기구에 대한 이해의 부족으로 중국은 여러 다자기구 가입과 다자원조 제공에 있어서 신중한 태도를 보였다. 이러한 상황에서 중국은 일부 다자기구에 선택적으로 가입하여 실제적인 행동으로 약속을 지켰고 자국의 이념에 따라 원조를 제공했다. 1972년 중국은 유엔환경계획, 유엔개발계획, 세계보건기구, 유네스코, 유엔산업개발기구에 가입했고 1973년에는 유엔식량농업기구에 가입했다. 그리고 이러한 다자기구에 기부금을 제공했다(표 2-1).

표 2-1. 1970년대 중국이 가입한 유엔개발기구

시 기	기구 명칭	시 기	기구 명칭
1972년 3월	유엔환경계획	1972년	유엔산업개발기구
1972년 5월	세계보건기구	1972년 10월	유엔개발계획
1972년 10월	유네스코	1973년 9월	유엔식량농업기구

자료 출처 : 『世界知識年鑑』, 世界知識出版社, 2008.

중국은 세계은행, 유엔인구기금, 유엔아동기금 등 기타 중요한 다자개발

중국 대외원조 60년

---

10) 「一些發展中國家代表在聯大第二委員會上發言, 反對世界經濟領域中的霸權主義. 我代表說中國願同其他發展中國家一道發展新型國際經濟關系」, 『人民日報』 1972.10.9.

11) 『人民日報』 1972.10.9.

기구에 가입하지 않았다. 서방의 시장경제와 중국의 계획경제는 서로 저촉되고 이 기구들의 운영 방식도 많이 다르다는 것이 그 이유였다. 이를테면 미국은 세계은행과 국제통화기금에서 부결권을 비롯한 아주 큰 발언권을 가지고 있었으므로 중국은 가입하지 않고 원조도 제공하지 않았다.

이 시기 중국의 다자 대외원조의 특징은 다자원조를 제공할 뿐 다자원조를 받지 않은 것과 정치외교가 다자 대외원조에 큰 영향을 준 것이다. 중국이 유엔에 납부한 회비는 처음에 비교적 많았다. 1970년대 부담한 회비는 4%~5.5%에 달해 유엔이 규정한 분담 비율보다 훨씬 높았다. 1976년 중국이 부담한 회비는 회원국 중 6위로 1,700만 달러에 달했지만 이 당시 중국의 1인당 국민소득은 세계 101위밖에 안 되었다.[12] 당시의 전체적인 대외 전략의 영향으로 중국은 국내의 경제적 조건이 국제적 책임에 주는 제약을 충분히 고려하지 않은 채 국력을 초과하는 다자원조를 제공했다. 이 단계에서 중국은 일부 중요한 다자원조기구의 회원국이 되었으며 제공하는 원조도 해마다 증가했다. 다자 대외원조는 일정한 발전 경험을 쌓게 되었다.

3. 조정 단계(1978~1982)

1978년에 시작된 개혁개방은 중국의 다자 대외원조에 큰 변화를 가져왔다. 중국은 경제 건설을 중심으로 하는 정책을 정하고 자금과 선진적인 기술의 도입으로 국내 경제를 발전시켰다. 1978년 6월 2일, 등소평은 마다가스카르 정부 경제대표단 접견시 "우리는 세계의 모든 선진적 기술과 선진적 성과를 받아들여 우리나라 발전의 출발점으로 삼으려고 한다."[13]라고 했다. 1978년에 소집된 중공중앙 11기 3중 전회에서 "자력갱생의 토대 위

---

12) http://www.people.com.cn/digest/200010/12/gj101204.html.
13) 『鄧小平文選』(第二卷), p.111.

에 세계 각국과 평등 호혜적인 경제협력을 적극 발전시키고 세계의 선진적인 기술과 장비를 채용해야 한다."고 제안했다. 또한 "중국 사회주의 현대화 건설은 국내 자원과 해외 자원을 이용하고, 국내 시장과 해외 시장을 개척하며 국내 건설을 조직하는 능력과 대외 경제 관계를 발전시키는 능력을 키워야 한다."[14]고 했다.

그러나 현실적인 문제는 자금과 선진적 기술을 어디에서 얻는가 하는 것이었다. 이때 유엔 경제사회이사회에 참석했던 유엔 주재 중국 대표단이 "유엔은 해마다 250억 달러를 원조하는데 이 중 약 50억 달러는 무상원조이다. 인류 경제 사회와 관련된 분야는 모두 원조를 받을 수 있다. 만약 이를 잘 이용하면 중국의 발전에 도움이 될 것이다. 중국은 유엔의 중요한 개발도상국이므로 유엔의 원조금을 받을 자격이 있다."라고 보고했다. 이는 중국 정부의 관심을 끌었다.[15]

유엔개발기구의 원조를 효과적으로 이용하려면 중국은 이러한 기구들의 행동에 적극적으로 참여해야 했다. 중국은 1978년에 유엔인구기금에 가입했으며 1979년에는 유엔아동기금, 유엔세계식량계획에 가입했고 1980년에는 세계은행, 국제통화기금, 국제농업개발기금에 가입했다(표 2-2). 이로부터 중국은 유엔의 주요한 개발기구의 회원국이 되었다.

표 2-2. 개혁개방 초기 중국이 가입한 유엔개발기구

시 기	기구 명칭	시 기	기구 명칭
1978년 5월	유엔인구기금	1980년	세계은행
1979년	유엔아동기금	1980년	국제통화기금
1979년	유엔세계식량계획	1980년	국제농업개발기금

자료 출처 : 『世界知識年鑑』, 世界知識出版社, 2008.

---

14) 『三中全會以來重要文獻滙編』, p.5.
15) 王昶, 앞의 책, p.172.

중국은 자금과 선진적 기술을 도입하는 가장 효과적인 경로가 세계은행임을 알게 되었다. 1980년 중국은 세계은행과 국제통화기금에 가입하여 세계에서 가장 큰 개발원조기구인 세계은행의 회원국이 되었다. 1985년 중국은 거의 모든 다자외교 분야에 참여했는데 가입한 국제기구는 383개에 달했고 체결한 협정은 132개에 달했다.[16] 1979년부터 중국은 다자원조를 많이 이용했던바 쌍방적 원조에서 얻을 수 없는 선진적 기술과 많은 자금을 얻을 수 있었다.

이러한 국제개발 원조기구에 가입한 중국의 목적은 국내 경제 건설에 필요한 자금과 선진적 기술을 얻는 것이었다. 그러나 수원국이자 원조국이라는 이중 신분 때문에 중국은 하여금 원조를 받음과 동시에 다자기구에 원조를 제공했다. 중국은 유엔아동기금, 유엔인구기금에 가입한 즉시 기부금을 내기 시작했고 이미 가입한 유엔개발계획 같은 기구에도 기부금을 내기 시작했다.

중국은 개발도상에 있는 대국으로 서방 선진국의 자금, 기술, 지식과 경험을 이용하여 되도록 빨리 국가를 건설하려 했다. 이와 함께 개발도상국의 일원으로 기타 개발도상국에 능력껏 원조를 제공하려고 했다.[17] 이는 공동 발전하려는 중국 대외원조 사업의 특성에 의해 결정된 것이다. 이 단계에서 중국은 경제력을 고려하면서 다자개발기구에 기부금을 제공했다. 중국이 유엔에 납부하는 분담금도 경제력에 걸맞은 수준으로 감소하여 과중한 부담에서 벗어났다.

종합하면 이 단계는 중국 다자 대외원조의 조정기로 실용성을 강조하기 시작했다. 중국은 "원조를 받는 것과 원조하는 것을 병행"하는 대외원조의 새로운 이념에 따라 다자개발기구에 능력껏 원조를 제공했다. 그러나 원조

---

16) 凌靑, 『從延安到聯合國』, 福建人民出版社, 2008, p.178.
17) 周弘, 「中國對外援助與改革開放30年」.

를 받는 것이 원조를 하는 것보다 더 많았다. 중국이 가입한 다자개발기구가 많아지면서 중국이 제공하는 다자원조도 여러 다자개발기구에 나타나기 시작했다.

4. 발전 단계(1983~2004)

1983년 초, 중국 정부는 "평등 호혜, 실효 추구, 형식 다양, 공동 발전"이라는 네 가지 원칙을 제기했다.[18] 이는 중국의 다자 대외원조가 전면적인 발전 단계에 들어선 것을 의미한다. 새로운 원칙에서의 '평등 호혜'와 '공동 발전'은 '8항 원칙'의 주요 사상의 연장이다. '실효 추구'는 새로운 시기의 실용적인 사상을 구현했고 '형식 다양'은 등소평의 효율적 원칙에 대한 실행이다. 1983년 9월 27일, 국무원의 주요 지도자들이 제6차 전국대외원조공작회의(第六次全國援外工作會議) 전체 대표를 접견하면서 "우리는 사회주의 국가로 비록 가난하나 대국이다. 우리는 제3세계 국가들에 대해 능력이 닿는 데까지 원조해야 할 책임과 의무가 있다. 이는 우리나라의 특성에 의해 결정된 것이다. 전당은 인식을 통일해야 한다. 우리는 능력껏 대외원조를 해야 할 뿐만 아니라 힘껏 열심히 해야 한다. '능력껏'은 금전적인 면을 말하고, '힘껏'은 의지를 말한다. 우리는 제3세계를 위해 좋은 일을 해야 한다. 비록 자금이 제한적이지만 그 열정과 의지가 없어져서는 안 된다. 할 수 있는 일은 반드시 잘해야 한다. 각 부서와 각 지방자치단체는 중앙정부에서 제정한 대외원조 임무를 적극적으로 수행해야 한다. 이는 정치 임무이다."[19]라고 했다.

대외원조 조정 단계에서 중국의 다자 대외원조는 실용성을 도입하여 "원

---

18) 陳慕華, 「打開對外經濟貿易的新局面」, 『人民日報』 1982年 9月 20日.

19) 石林 主編, 앞의 책, p.70.

조를 받는 것과 원조를 하는 것", "능력껏 원조를 하는 것과 힘껏 원조를 하는 것"을 강조했다. 새로운 네 가지 원칙은 경제와 정치를 유기적으로 결합시킴으로 '원조를 하는 것'과 '원조를 받는 것'이 점차 균형을 이루어 중국의 다자 대외원조가 전면적인 발전 단계에 들어서도록 했다. 1983년, 아시아-태평양 지역 개발도상국기술협력회의가 북경에서 열렸다. 중국 정부는 이 회의를 중요시했고 국무원 총리가 회의 참석자들을 친히 접견했다. 이 회의는 실용성에 입각하여 충분히 협상하고 경험을 교류했으며 기술협력의 새로운 경로를 탐구하고 다자 대외원조의 형태를 확장했다. 1986년 회의의 규모는 확대되었다. 유엔의 지역을 뛰어넘은 개발도상국 정부 간의 기술협력 협상회의가 북경에서 열렸다. 이 회의에서 206개의 사항에 대해 합의를 보았다.[20]

중국은 1985년과 1986년에 아프리카개발은행과 아시아개발은행에 가입했다. 중국이 이 두 기구에 가입한 것은 아프리카와 아태 지역의 빈곤 퇴치와 개발에 기여하기 위한 것이다.

아프리카개발은행에 가입한 중국은 융자와 기부금에 있어서 정치적 영향력을 고려했을 뿐만 아니라 아프리카 국가들을 단합했으며, 개발도상국에 대한 중국의 시종일관적인 지지를 보여주었다. 특히 아프리카 국가가 발전해야 한다는 주장은 중국과 아프리카 국가의 경제협력의 새로운 경로를 열었다. 아프리카개발은행에 가입한 중국은 아프리카개발은행에 차관을 제공했다. 이는 중국과 아프리카 국가의 경제협력과 노무 송출을 대대적으로 추진했다. 아프리카개발은행 주재 중국 대표는 아프리카개발은행 이사회에 옵서버로 참석할 뿐만 아니라 중국의 대외공사 관련 회사에 입찰 공고를 신속하게 제공할 임무를 맡고 있다.[21] 중국은 아시아개발은행에 가

---

20) 葉成壩, 『親歷聯合國高層』, 世界知識出版社, 2006, p.195.

21) 車培欽 · 郭豫楷, 「非洲開發銀行集團槪述」, 『中國金融』, 1988年 第2期, pp.64~65.

입하여 아시아 국가와의 정치·경제 협력을 강화했다. 또한 중국은 아시아 개발은행의 자금과 지적 자원을 얻어 중국 경제 건설을 추진했다. 중국이 아시아개발은행과 아프리카개발은행에 제공한 융자와 기부금은 경제적으로 부담할 수 있는 범위였다.

새로운 네 가지 원칙을 제기한 후 중국의 다자 대외원조는 성숙된 지도 사상을 갖추게 되어 경제, 정치, 외교 등 요소를 종합적으로 고려하면서 다자 대외원조를 제공했다. 다자 대외원조의 형식도 여러 가지 기부금, 프로젝트에 대한 지원, 지분 융자 등으로 다양했다.

1986년, 제6기 전국인민대표대회 제4차 회의 정부공작보고서에서 처음으로 다자외교 정책에 대해 언급했다. 이후, 중국은 각 국제기구에 참여하면서 적극적으로 다자외교 활동을 전개했고 각국과 여러 분야의 협력을 도모하여 중국의 다자외교가 전면적으로 발전하는 새로운 단계에 들어섰음을 보여주었다. 이는 중국의 다자 대외원조의 단계적 발전을 추진했는데 특히 실용성을 구현했다.

개혁개방의 추진과 세계 형세의 변화에 따라 중국 대외원조가 직면한 국내외 환경에도 큰 변화가 발생했다. 중국이 사회주의 시장경제 체제를 구축할 무렵 기업은 이미 경제활동의 주체가 되었고 금융기구는 시장경제 사무에서 큰 역할을 하기 시작했다. 이와 함께 개발도상국의 정치·경제 형세에도 큰 변화가 생겼다. 더욱 많은 외국 기업의 투자를 원했으며 외국 기업의 투자로 경제를 발전시키고 정부의 채무 부담을 줄이며 수입을 늘리고 일자리를 창출하고자 했다. 국내외 형세의 변화에 적응하기 위해 1995년 대외경제무역부는 대외원조 업무를 더욱 개혁할 회의를 소집했다. 중국 대외원조 업무의 개혁은 주로 두 가지 새로운 방식을 보급하는 것이었다. 하나는 국제적으로 통용되는 양허성 차관이다. 중국 정부는 원조 성격을 지닌 특혜 차관을 제공했다. 즉 중국 정부가 은행 이자를 대신 지불하여 수원국에 제공되는 차관의 이자율을 낮춘다. 이자율이 낮은 것이 특혜 조건이 되어 원조의 성격을 지니게 되는 것이다. 또 하나, 대외원조 프로젝트의 공동 출자와 협력의 방식을 적극적으로 추진했다. 이는 대외원조의 새로운 방식으로 중국 정부와 수원국 정부가 협의한 범위 내에서 양국 정부가 중국 기업과 수원국 기업에 정책적, 경제적 지원을 하는 것이다. 주로 합자 경영, 합작 경영의 방식이나 중국 기업 단독투자 경영 방식으로 대외원조 프로그램을 시행하는 것이다.[22]

1995년의 대외원조 개혁은 다자 대외원조에 큰 영향을 미치지 못했다. 이는 이번 대외원조 개혁의 중점을 다자원조에 둔 것이 아니라 쌍방적 원조에 둔 것이라는 점과 새로운 대외원조 방식과 다자 대외원조 방식이 일치하지 못한 것과도 관련된다. 이번 개혁이 다자 대외원조의 심층적 원인에 착안하지 못한 것은 다자 대외원조 관리 구조와 관련된다. 다자 대외원조 관리권은 각 부서가 나누어 가졌다. 외교부는 유엔개발을 담당하고, 재정부는 세계은행이나 아시아개발은행을 담당하며 대외경제무역부는 다자 기술 대외원조 업무만을 담당하기 때문에 다자 대외원조에는 쌍방적 대외원조와 같은 주도권이 없었다.

이 시기 중국의 다자 대외원조는 성숙하고 명확한 지도 원칙이 있어서 전면적으로 발전하고 단계적으로 강화될 수 있었다. 중국의 다자 대외원조는 관련된 범위가 넓고 기구가 많으며 방식 역시 원조금이나 자본금이 제한되지 않았으며 다자 기술협력 등을 포함하고 있다. 중국이 제공하는 다자 대외원조는 유엔의 관련 기구나 세계은행 등 국제적 기구에서 볼 수 있었을 뿐만 아니라 아프리카개발은행, 아시아개발은행 등 지역적 기구에서도 볼 수 있다.

22) 鄒春義,「中國進一步改革援外工作, 主要推行政府貼息優惠貸款和援外項目合資合作」, 『人民日報』1995年 10月 18日.

5. 심화 단계(2005~현재)

2005년 9월, 호금도 주석은 유엔 총회 세계정상회의 재정 지원 고위급 회의에서 '보편적 발전 추진과 공동 번영 실현'이라는 연설을 했다. 그리고 중국 대외원조의 '다섯 가지 조치'를 선포했다. 이는 중국의 다자 대외원조 사업이 심화 단계에 들어섰음을 표시한다. 호금도 주석은 "국제개발 협력을 강화하고 빈국과 부국의 격차를 축소하여 새천년 개발목표를 실현해야 한다."고 했다. 새천년 개발목표를 시행하고 국제개발 협력을 강화하고 보편적 발전을 추진하며 공동 번영을 실현하기 위해 네 가지 제안을 했다. "첫째, 개혁을 더욱 심화하여 국제경제 체제와 규칙이 더욱 공평하고 합리해야 한다. 특히 개발도상국에 대한 관심을 충분히 반영하여 경제의 글로벌화는 균형적이고 보편적 특혜와 이익을 함께 얻는 방향으로 발전해야 한다. 둘째, 발전 유형의 다양성을 존중하고 발전 경험의 교류를 추진해야 한다. 자국의 실정에 맞는 발전 루트와 유형을 자주적으로 선택하는 것은 각국의 발전을 실현하는 관건이다. 셋째, 공평하고 합리하며 효과적인 새천년 개발목표의 진행 과정 평가 제도를 구축하여 각국의 진행 과정을 신속히 평가해야 한다. 이로써 국제협력과 개발 원조에 대한 약속의 시행을 감독하고 촉진해야 한다. 넷째, 국제 개발 협력에서 유엔의 역할을 강화해야 한다. 유엔은 개발을 중요한 목표로 인식해야 한다. 체계를 완벽하게 하고 기능을 개선하며 공동된 인식의 달성, 규칙의 제정, 참여의 추진 등에서 우세를 발휘해야 한다."[23]

호금도 주석의 연설은 중국 다자 대외원조 발전에 전통의 유지와 함께 새로운 요구를 제기했다. 중국은 공동 발전을 추진한다는 본래의 사상을 견지했다. 경제의 글로벌화는 균형적이고 보편적 특혜와 이익을 함께 얻는

---

23) 『胡锦涛在联合国首脑会议发展筹资高级别会议上的讲话』, http://news.xinhuanet.com/world/2005-09/16/content_3496858.htm.

방향으로 발전해야 하며 여러 가지 발전 유형을 수용해야 한다. 그리고 협조협력 구조를 구축하고 자원을 조정하며 합력을 이루어야 한다. 이는 등소평의 "자국의 장구한 전략적 이익에 착안함과 동시에 상대방의 이익도 존중해야 한다. 역사적 은혜와 원한을 따지지 말고 사화제도와 이데올로기의 차이도 따지지 말며 나라의 크기나 국력에 상관없이 서로 존중하고 평등하게 대해야 한다."[24]는 사상이 새로운 형세와 조건에서 구체화된 것이다. 예전에 비해 호금도 주석은 발전 유형의 다양성을 더욱 강조하면서 발전 경험의 교류를 추진했다. 여기에서 중국의 자국 발전 유형에 대한 자신감을 볼 수 있다.

2008년, 온가보(溫家寶) 총리는 유엔 새천년 개발목표 고위급 회의에서 "여러 나라가 자국의 국정에 적합한 발전 유형을 선택하고 자국의 발전과 빈곤 퇴출에 유리한 개발 모형을 선택하는 것을 지지한다. 여러 나라 인민들이 자주적으로 발전 유형과 모형을 선택할 수 있는 권리를 존중하는 것은 민주정치의 토대와 전제가 되어야 한다. 국제원조를 강화해야 한다. 특히 선진국은 후진국을 책임지고 도와야 하며 원조에 그 어떤 조건도 부가하지 말아야 한다. 기아 문제, 의료 문제, 아동 취학 문제 등을 중점적으로 해결해야 한다. 원조국은 향후 5년 내에 세계식량계획에 대한 기부금을 배로 늘려야 한다. 국제사회는 빈곤국의 채무를 탕감해주고 빈곤국의 수출품에 대해 영관세율을 적용해야 한다."라고 제안했다.

중국은 국제원조를 강조했으며 실제적 행동으로 그 주장을 구현했다. 온가보 총리는 유엔식량농업기구에 3,000만 달러를 기부하여 신탁기금을 설립, 개발도상국의 농업생산 능력을 제고하는 프로젝트나 활동을 돕겠다고 선포했다.[25] 온가보 총리는 이번 회의에서 중국이 더욱 많은 다자 대외

---

24) 『鄧小平文選』(第三卷), 人民出版社, 1993, p.330.
25) 溫家寶在联合国千年發展目標高級別会议上的讲话」, http://www.gov.cn/ldhd/2008-

원조를 제공하겠다는 태도를 보여주었다. 이는 2004년부터 중국의 다자 대외원조 규모가 점차 확대된 것으로부터 알 수 있다. 2004년 중국 정부는 아프리카개발기금에 5,000만 달러를 기부했고 아시아개발은행의 아시아 개발기금에 3,000만 달러를 기부했다. 이후 아시아개발은행에 2,000만 달러를 추가 기부했다. 그리고 아시아개발은행에 중국 빈곤 퇴치와 지역협력 특별기금을 설립하여 아태 지역의 빈곤 퇴치와 지역협력을 지원했다. 2007년 연말, 중국은 세계은행 국제개발협회에 3,000만 달러를 기부했는데 이는 중국이 세계은행에 처음으로 기부한 것이다. 2008년 중국 정부는 조류 독감 예방 다각적 원조 시스템을 구축할 것을 제안하면서 1,000만 달러를 기부했다. 2008년 2월 25일 세계무역기구의 제안에 따라 중국 정부는 처음으로 세계무역기구의 '무역원조(Aid for Trade)'에 20만 달러를 기부했는데 이는 개발도상국, 특히는 후진국의 국제무역 참여 능력을 높이는 데 사용되었다.

이 시기 중국의 다자 대외원조는 다음과 같은 특징이 있다. 첫째, "원조를 받고 원조를 하는 것"으로부터 점차 "원조를 많이 하고 원조를 적게 받는 것"으로 변했다. 다자개발기구로부터 필요한 지식과 관리 경험을 습득하는 데에 치중하고 개발 자금을 얻는 것에 대해서는 더 이상 중요시하지 않았다. 일부 다자개발기구가 중국에 대한 다자원조를 취소하거나 줄인 것과 함께 중국의 다자 대외원조는 현저하게 증가했다. 국제개발협회 같은 기구에까지 기부를 하기 시작했다. 1999년 7월부터 국제개발협회는 중국에 연화 차관을 제공하지 않았고 2005년 연말, 세계식량계획은 중국에 대한 25년간의 식량 원조를 중지했다. 둘째, 주권 독립을 존중하는 원칙을 바탕으로 발전 경험을 보급하고 기회를 창조하고 민생을 개선하며 균형적인 발전을 추진하는 것이다. 2006년 중국 정부와 유엔개발계획, 세계은행, 아

09/26/content_1106073.htm.

시아개발은행 등 국제기구들은 함께 중국국제빈곤퇴치센터를 설립했다. 이 센터는 빈곤 퇴치 이론과 정책을 추진하고 국제교류를 증가하며 '남남 협력'을 촉진하는 것을 목적으로 개발도상국의 발전에 지적 자원을 제공했다. 셋째, 다자 대외원조 주체의 다원화이다. 일부 개인이나 민간기구가 다자 대외원조에 참여하기 시작했다. 이를테면 호리래(好利來) 그룹은 2007년 유엔환경계획에 200만 위안을 기부했는데 이 중 100만 위안은 케냐의 나쿠루 호수 환경 개선에 사용되었다.

중국 다자 대외원조의 신속한 발전과 심화의 원인은 여러 방면으로 이루어졌다. 주요 원인은 국내외 형세의 변화이다. 경제 글로벌화의 심화에 따라 각국의 이익은 서로 교차되고 의존하게 되었다. 보편적 발전을 추진하는 것과 공동 번영하는 것은 각국의 근본적 이익에 부합된다. 그러나 객관적으로 볼 때 빈국과 부국의 격차는 더욱 심해졌다. 국제 개발 협력을 강화하고 빈국과 부국의 격차를 줄이며 새천년 개발목표를 실현하는 것은 여러 나라들의 가장 급박한 임무가 되었다. 중국 국내의 상황으로 보면 개혁 개방 30여 년의 발전을 거쳐 중국의 종합적 국력은 현저하게 제고되었다. 1978~2007년, 중국의 국내 총생산액은 3,645억 위안으로부터 24조 9,500억 위안으로 증가했다. 연평균 증가율은 9.8%로 동시기 세계경제 연평균 증가율의 3배에 달한다. 중국의 경제 총량은 세계 제4위로 상승했다.[26]

국내외 형세의 변화가 내포하고 있는 적극적인 의의는 두 가지이다. 첫째, 중국은 종합적 국력의 증가로 다자 대외원조에 대한 자신감이 더욱 커졌다. 중국의 경제력은 과거에 비해 현저하게 발전하여 개발도상국에 더 많은 기여를 할 수 있게 되었다. 국제사회도 세계의 발전에 대한 중국의 더 큰 기여를 바라고 있다. 개혁개방 시기, 등소평은 중국의 원조국 역할과 관

---

26) 『胡錦濤在紀念黨的十一屆三中全會召開30周年大會上的讲话』, http://30.people.com. cn/GB/8545199.html.

련해 "지금 우리는 가난해서 무산계급 국제주의 방면에서 많은 일을 할 수 없으므로 기여가 아주 적다. 네 가지 현대화를 실현하고 국민경제가 발전하면 우리가 전 세계 인류, 특히 제3세계에 대해 더 크게 기여할 것이다."[27]라고 했다. 현재 중국은 이 약속을 지켰다. 이는 중국의 일관된 대외원조 정책을 구현했으며 중국이 다자개발기구로부터 원조만 받고 기여를 하지 않는다는 터무니없는 일부 주장을 반박한 것이다. 이러한 자신감은 경제력에서 오는 것뿐만 아니라 지난 30여 년 동안 중국이 창조한 발전 모형에서 오는 것이다. 중국은 세계 여러 나라 인민들과 발전 경험을 공유하고 공동 발전을 추진해야 한다. 둘째, 현실 수요에서 보면 발전하는 국제사회는 중국의 진일보 발전에 중요한 의의가 있다. 중국의 지난 30여 년의 발전은 국제협력과 불가분의 관계를 가진다. 2007년 중국의 대외무역 총액은 2조 1,737억 달러에 달해 세계 3위이다. 외화 보유액은 세계 1위로 대외 투자는 대폭적으로 증가했으며 실제 사용한 외자는 1조 달러에 달한다.[28] 날로 밀접해진 국제협력은 중국의 경제 발전을 추동했는데 "보편적 발전과 공동 번영하는" 세계는 중국에 백익무해하다. 대외원조의 능력이나 현실 수요에서 볼 때 중국의 대외원조 업무는 모두 제고할 필요가 있다.

21세기에 들어서서 다자외교에 대한 중국의 인식이 점차 제고되었다. 2002년 중국 공산당 제16차 전국대표대회에서 다자외교를 외교 전략의 중요한 구성 부분으로 인정했다. 이후 다자외교를 언급할 때 사용하던 어휘는 '적극적 참여'에서 '적극적 제창'이나 '적극적 전개'로 점차 변했다. 2005년 제10기 전국인민대표대회에서 온가보 총리는 중국이 "적극적으로 다자주의를 제창"[29]할 것이라고 명확하게 표시했다. 다자 대외원조는 중국이

---

27) 『鄧小平文選』(第二卷), p.112.

28) 『胡錦濤在紀念黨的十一屆三中全會召開30周年大會上的讲话』, http://30.people.com.cn/GB/8545199.html.

29) 盧晨陽, 앞의 글, p.94.

합리적인 국제경제 체제를 추진하고 다자적인 외교 목표를 기획하고 실현하는 중요한 도구이다. 중국의 다자외교에 대한 인식의 제고는 다자 대외원조의 발전을 선도했다. 여러 요소의 종합적 영향에 의해 중국의 다자 대외원조는 새로운 발전 단계에 들어서게 되었다.

2절 중국 다자 대외원조 규모의 발전 변화

중국의 다자 대외원조는 1950년대부터 점차 발전했다. 중국이 원조를 제공하는 다자기구는 점차 증가하여 세계의 주요한 다자원조기구가 모두 포함되었다. 이와 함께 중국이 제공하는 다자원조금도 날로 증가했는데 특히 21세기에 그 증가는 아주 뚜렷했다.

1. 중국이 다자 대외원조를 제공하는 다자개발기구

중국이 원조를 제공하는 다자기구의 범위를 보면 중국은 단계별로 점차 다른 국제원조기구에 기부금을 제공했다. 현재 중국은 세계의 주요한 다자원조기구에 모두 다자 대외원조를 제공하고 있다. 〈표 2-3〉에서 볼 수 있듯이 중국이 제공하는 다자 대외원조는 유엔개발기구와 세계은행뿐만 아니라 아시아개발은행, 아프리카개발은행 등 지역성 다자기구 및 국제적십자위원회 등 기타 유형의 다자원조기구도 포함하고 있다. 중국은 회원국 자격과 상관없이 가입하지 않은 다자기구, 이를테면 미주기구에도 원조를 제공했다. 중국이 이러한 다자기구에 원조를 제공하기 시작한 시기는 일치하지 않다(그림 2-1). 중국은 다자 대외원조의 맹아 단계에서 극소수의 다자원조기구에만 기부금을 냈다. 1970년대 유엔에 가입한 후 일부 유엔 원조기구에 원조를 제공하기 시작했다. 그러나 이는 현재 중국이 원조를 제공하는 다자기구에 비하면 25%밖에 되지 않는다. 조정 단계와 발전 단계에 들어서면서 중국이 원조를 제공하는 다자기구 수는 신속한 증가세를 보여 거의 모든 다자원조기구를 포함하게 되었다. 이 단계에서 원조를 제공한 다자기구는 현재의 60%를 차지했다. 중국이 처음 여러 다자기구에 기부금을 낸 시간은 주로 1970년대와 1980년대이며, 당시 중국이 인정한 다자기구의 70%를 차지했다. 21세기에 들어서서 중국은 거의 모든 다자개발기구에 가입했다. 세계 형세에 근거하여 일부 신설된 개발원조기구에도 원조를 제공했다.

표 2–3. 중국이 다자원조를 제공한 주요 다자기구 리스트

회원 자격	유형	다자기구 명칭	가입 시기	첫 헌금 시기
중국이 참가한 기구	유엔 기구	세계보건기구(WHO)	1972년 5월	1972년(회비)
		유엔자본개발기금(UNCDF)	–	1973년
		유엔개발계획(UNDP)	1972년 10월	1973년
		유엔산업개발기구(UNIDO)	1972년	1973년
		유네스코(UNESCO)	1972년 10월	1973년(회비)
		유엔식량농업기구(FAO)	1973년 9월	1974년(회비)
		유엔환경계획(UNEP)	1972년 3월	1976년
		유엔인구기금(UNFPA)	1978년 5월	1979년
		유엔난민기구(UNHCR)	미상	1979년
		유엔아동기금(UNICEF)	1979년	1979년
		국제농업개발기금(IFAD)	1980년	1980년
		국제여성연구훈련원 (INSTRAW)	1980년	1981년

회원 자격	유형	다자기구 명칭	가입 시기	첫 헌금 시기
중국이 참가한 기구	유엔 기구	유엔팔레스타인난민구호 사업기구(UNRWA)	1972년	1981년
		세계식량계획(WFP)	1979년	1981년
		국제원자력기구(IAEA)	1984년	1984년
		국제무역센터(ITC)	1978년	1984년
		유엔인간거주정착센터 (UN Habitat)	1988년	1988년
		세계무역기구(WTO)	2001년	2008년
		국제노동기구(ILO)	1983년 6월	미상
	세계은행 그룹	국제부흥개발은행(IBRD)	1980년	1980년 출자
		국제투자보증기구(MIGA)	1988년	1988년 출자
		국제개발협회(IDA)	1980년	2007년
	지역 개발은행	아프리카개발은행그룹 (Afr. DB)	1985년	1985년
		아시아개발은행(AsDB)	1986년	1986년
	지역 개발은행	카리브개발은행(CDB)	1997년	1997년
		범미개발은행(IDB)	2008년	2008년
	기타 다자기구와 기금	국제적십자위원회(ICRC)	–	1956년
		국제적십자사 적신월사 연맹 (IFRCRCS)	1952년	–
		지구환경기금(GEF)	1994년	1994년
참가하지 않고 다각적 원조를 제공하는 기구		태평양공동체사무국(SPC)	–	1998년
		미주기구(OEA)	2004년 3월 옵서버	2004년

자료 출처 : 『世界知識年鑑』, 世界知識出版社, 2008. 자료의 제한으로 일부 기구는 누락되었을 가능성이 있음.

그림 2-1. 중국이 다자기구들에 원조하기 시작한 시기 분포

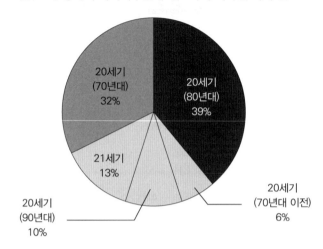

20세기
(70년대)
32%

20세기
(80년대)
39%

21세기
13%

20세기
(70년대 이전)
6%

20세기
(90년대)
10%

연대에 따른 중국 다자원조 비례도

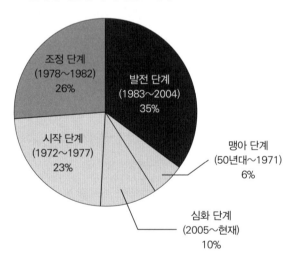

조정 단계
(1978~1982)
26%

발전 단계
(1983~2004)
35%

시작 단계
(1972~1977)
23%

맹아 단계
(50년대~1971)
6%

심화 단계
(2005~현재)
10%

발전 단계에 따른 중국 다자원조 비례도

자료 출처 : 〈표 2-1〉에 의해 계산했음.

2. 중국의 다자 대외원조 자금 규모의 변화

중국은 현재까지 다자 대외원조의 구체적인 통계치를 공표하지 않았으므로 중국의 다자 대외원조금의 액수를 분석할 때 어려움이 따른다. 그러나 정부에서 공표한 산발적 통계수치와 일부 국제원조기구의 재무 보고서 및 연구자들의 통계수치에서 중국의 다자 대외원조금의 액수를 파악할 수 있다. 이러한 분석과 판단에는 어느 정도의 부정확성이 따른다. 중국 다자 대외원조를 분석할 때에는 세계은행, 아시아개발은행에서의 중국의 지분 요소를 제거하고 분석해야 한다. 이러한 은행의 지분은 해마다 조정하는 것이 아니므로 중국이 다자개발은행에 자산 주입을 하는 연도에 다자 대외원조금의 액수가 불규칙적으로 증가하기 때문이다. 다른 설명이 없으면 여기에서 분석하는 중국의 다자 대외원조금의 액수는 중국이 유엔개발기구에 기부한 기부금의 액수를 가리킨다. 중국의 다자 대외원조금 액수의 변화는 다음과 같은 특징이 있다.

첫째, 중국의 다자 대외원조금의 액수는 1970년대에 그 증가가 비교적 빨랐다. 1973년 중국은 처음으로 유엔개발계획, 유엔산업개발기구와 유엔자본개발기금에 미화 40만 달러와 인민폐 380만 위안을 기부했다. 1978년에 이르러 유엔개발기구에 도합 미화 40만 달러와 인민폐 1,620만 위안을 기부했다.

둘째, 중국의 다자 대외원조금의 액수는 조정 단계(1978~1982)에서 감소하는 추세를 보였다. 중국의 기부금은 1980년 355만 달러에서 1982년의 290만 달러로 감소했다(표 2-4). 중국은 1980년대에 세계은행, 아시아개발은행 등 다자개발은행에 가입했다. 일부 국제기구와 외국학자들은 중국이 보유한 다자개발은행의 지분을 원조로 인정했다. 그러므로 중국의 다자 대외원조금의 액수는 큰 기복을 보인 것이다. 이를테면 1980년 중국은 세계은행에 가입했는데 이때 다자 대외원조금의 액수는 1.4억 달러에 달해 다른 해보다 훨씬 많았다.

표 2-4. 1980~1985년 중국의 다자 대외원조 추산 금액

단위 : 백만 달러

	1980년	1981년	1982년	1983년	1984년	1985년
유엔 기구	3.55	3.93	2.9	3.27	3.87	4.2
유엔개발계획	1.42	1.4	1.5	1.65	1.75	1.88
유엔자본개발기금	0.14	0.13	0.12	0.11	0.15	–
유엔인구기금	0.27	0.28	0.2	0.33	0.4	0.45
유엔난민기구	1	1.3	0.2	0.2	0.5	0.25
유엔산업개발기구	0.72	0.36	0.34	0.33	0.37	0.72
유엔아동기금	–	0.21	0.27	0.3	0.35	0.4
유엔팔레스타인난민 구호사업기구	–	0.05	0.07	0.05	0.05	–
세계식량계획	–	0.2	0.2	0.3	0.3	0.5
국제농업개발기금	0.99	–	0.07	0.6	–	–
세계은행	135.72	–	101.62	–	–	–
국제부흥개발은행	135.72	–	101.62	–	–	–
지역 개발은행	–	–	–	–	–	26.3
아프리카개발은행	–	–	–	–	–	2.7
아프리카개발기금	–	–	–	–	–	23.6
합계	140.26	3.93	104.59	3.87	3.87	30.5

자료 출처 : OECD, The Aid Programme of China, Paris, 1987, p.14.

셋째, 중국의 다자 대외원조금의 액수는 1980년대와 1990년대에 크게 변하지 않았으나 여전히 감소하는 추세를 보였다. 1983년부터 1986년까지 유엔개발기구에 대한 중국의 기부금 액수는 일정한 증가세를 보였지만 1987년부터 감소되는 추세를 보인다(표 2-5). 1990년대에 들어서면서 중

국의 다자 대외원조금의 액수는 1992년과 1995년에 조금 상승했으나 전체적으로는 하락하는 추세였다. 이러한 하락세는 21세기에 들어서면서 변화를 가져왔다. 2000년 이후 중국의 다자 대외원조금의 액수는 점차 증가하기 시작한다(그림 2-2).

표 2-5. 1986~1988년 중국 다자 대외원조 추산 금액

단위 : 백만 달러

	1986년	1987년	1988년
쌍방적 원조	144	160	160
다자원조	222	50	25

자료 출처 : Stephen Browne, Foreign in practice, Printer Reference, London, 1990. p.233.

그림 2-2. 1991년 이래 중국 유엔 개발 기부금 통계

단위 : 천 달러

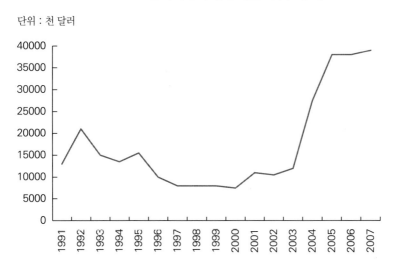

자료 출처 : 1991년 이래 유엔 예산 외 자금 재무 보고서. 데이터 출처가 완벽하지 못할 수 있으므로 추세 변화의 분석에만 사용됨.

넷째, 중국의 다자 대외원조금의 액수는 2000년 이후 증가하기 시작하는데 특히 2004년과 2005년에 대폭적으로 증가한다. 중국의 다자 대외원조금의 액수는 2000년의 700만 달러에서 2003년의 1,200만 달러로, 2005년의 4,000만 달러로 증가한다. 중국의 다자 대외원조금의 액수는 몇 년간에 4배로 현저하게 증가했다. 만약 2007년 세계은행에 기부한 3,000만 달러와 2008년 미주개발은행에 주입한 자본과 기부금을 고려하면 중국의 다자 대외원조금의 액수는 더욱 많은 것이다. 중국은 1인당 국민소득이 세계 100위권 밖인 개발도상국임을 감안할 때 중국이 세계의 발전에 대한 기여는 더욱 두드러진다.

중국의 다자 대외원조금 액수의 변화 추세와 납부하는 유엔 회비의 변화 추세는 일정한 연관성이 있으나 다자 대외원조금 액수의 변화는 상대적으로 적었다. 중국의 다자 대외원조 정책은 부분적으로 중국의 다자외교 정책을 위한 것으로 외교정책과 일정한 시간 간격을 두고 있었다. 중국이 납부하는 유엔 회비는 처음에 좀 많았다. 1970년대 중국이 납부한 유엔 회비는 유엔 총회비의 4~5.5%로 유엔이 규정한 분담비보다 훨씬 많았다. 1976년 중국이 납부한 회비는 유엔 회원국 중 6위로 1,700만 달러에 달했다. 1980년대부터 중국이 납부하는 회비는 점차 줄어들기 시작했는데 1980년의 1.62%에서 1997년의 0.74%로 줄어들었다.[30] 1999년에는 1,000만 달러를 납부했다.[31] 이는 1970년대의 회비와 거의 비슷한 수준이다. 그러나 이후 중국의 회비는 빠른 속도로 증가해 2009년에는 유엔 총회비의 2.667%인 6,497만 달러를 납부했다.[32]

총체적으로 중국의 다자 대외원조금의 액수는 1970년대에 증가하다가

---

30) 원서에서는 "1980年的0.67%下降到1997年的0.74%(1980년의 0.67%에서 1997년의 0.74%로 줄어들었다"라고 했는데 여기서 '0.67%'는 '1.62%'의 오기이다. (역자 주)

31) http://www.people.com.cn/GB/channel2/19/20001012/268224.html

32) http://news.qq.com/a/20061225/001947.htm

1970년대 말부터 1980년대 초까지 감소한다. 1980년대와 1990년대에 변동이 적었는데 처음에는 증가하다가 감소하는 추세를 보였다. 이러한 감소 추세는 1990년대 말까지 지속되며 21세기에 들어서면서 급격한 증가세를 보였다.

중국이 주요한 다자기구에 제공한 원조를 보면 상황이 조금 다르다(그림 2-3).

그림 2-3. 1990년대 이래 유엔 각 개발기구에 대한 중국 기부금 변화

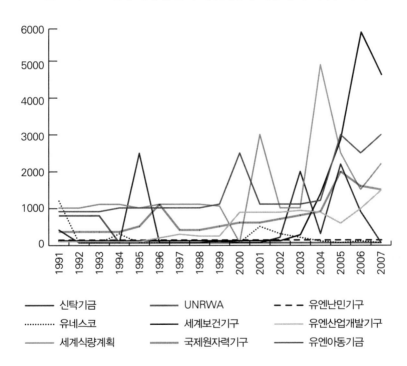

자료 출처 : 1991년 이래 유엔 예산 외 자금 재무 보고서. 데이터 출처가 완벽하지 못할 수 있으므로 추세 변화의 분석에만 사용됨.

중국이 유엔개발계획에 기부한 기부금은 기타 다자기구에 비해 훨씬 많다. 2007년 중국은 유엔개발계획에 2,132만 달러를 기부했지만 유엔난

민기구에는 25만 달러밖에 기부하지 않았다. 이러한 차이가 발생한 주요 원인은 다자개발기구의 서로 다른 융자 수요에 의한 것이다. 유엔개발계획, 유엔식량계획 등은 주요한 다자개발기구로 해마다 제공해야 할 원조금이 아주 많다. 그러므로 원조국이 제공하는 자금도 많을 수밖에 없다. 이 밖에 중국이 다자기구에 원조하는 액수의 변화 추세도 서로 다르다. 일부 다자기구, 이를테면 유엔아동기금에 대한 원조금은 증가하는 추세이다. 유네스코 등 기구에 대한 원조금은 증가하다가 감소했지만 다시 증가하는 추세이다. 유엔신탁기금 등 기구에 대한 원조금은 거의 변화가 없다. 총체적으로 중국이 제공하는 대외원조금 액수는 증가하는 추세로 중국의 대외원조 정책의 방향과 일치하다. 그러나 일부 다자기구에 대한 원조금 액수는 다년간 변하지 않았다. 중국 정부가 다자 대외원조의 재정 예산과 정책 근거를 공표하지 않았기 때문에 이러한 차이점이 발생한 정확한 원인에 대해 알기 어렵다. 기본적으로 판단할 때 중국은 개발을 목적으로 하는 다자기구에 대해서는 원조를 늘리고 일부 정치적으로 예민한 다자기구 이를테면 유엔난민기구, 유엔팔레스타인난민구호사업기구 등에 대해서는 신중하게 원조를 제공하는 것으로 보인다. 이는 중국의 다자 대외원조가 주로 개발을 목표로 하는 것임을 구현한 것으로 중국의 대외원조 정책의 방향과 일치한다.

3. 중국의 다자 대외원조와 쌍방적 대외원조 자금 규모의 비교

중국의 다자 대외원조와 쌍방적 대외원조를 비교하면 어느 시기를 막론하고 다자 대외원조의 액수가 쌍방적 대외원조의 액수보다 적다. 그러나 2000년 이후부터 다자 대외원조의 중요성이 점차 부각된다(표 2-4).[33]

---

33) 중국이 세계은행, 아시아개발은행 등 다자은행에 자금을 투입한 개별적 연도는 제외한다.

1970년대 쌍방적 대외원조가 절대적인 지위를 차지하면서 다자 대외원조는 총 원조의 0.08%밖에 미치지 못했다. 1980년대 다자원조금의 액수는 감소했지만 쌍방적 대외원조금의 액수가 훨씬 더 많이 감소했기 때문에 다자 대외원조가 총 원조에서 차지하는 비중이 늘어났다. 그러나 중요한 지위를 차지하지는 못했다(표 2-6). 21세기에 들어서면서 다자 대외원조의 신속한 증가로 2007년에 3.42%를 차지하게 되었다.

표 2-6. 각 시기 중국 다자 대외원조 금액과 쌍방적 대외원조 금액 비교(추산)

단위 : 백만 달러

	1973년	1987년	1997년	2007년
쌍방적 원조	2787.7	375	420	1103
다자원조	2.3	25	8	39
합 계	2790	400	428	1142
다자 대외원조 백분율	0.08%	6.25%	1.87%	3.42%

자료 출처 : 1973년과 1987년 쌍방적 대외원조 자료 출처는 張郁慧의 『中國對外援助研究』(中共中央黨校國際戰略研究所 博士論文, 2006)이다. 1997년과 2007년 쌍방적 대외원조 자료 출처는 『中國統計年鑒』이다. 1973년 다자 대외원조 자료 출처는 『世界知識年鑒』이다. 1987, 1997, 2007년 다자 대외원조 자료 출처는 〈표 2-3〉과 〈그림 2-2〉이다. 출처가 여러 곳이므로 분석의 정확성에 영향을 줄 듯하지만, 추세를 판단하는 데는 나름 의의가 있다고 생각된다.

3절 중국 다자 대외원조의 주요 방식

중국의 다자 대외원조의 시작 단계에서 중국이 다자 대외원조를 제공한 주요한 방식은 기부금과 회비였다. 다자 대외원조의 발전에 따라 중국이 제공하는 다자 대외원조의 방식과 수단은 점차 다원화되었다.

1. 기부금과 회비

중국이 다자개발기구에 제공하는 가장 중요한 방식은 기부금과 회비이다. 중국이 제공하는 기부금과 회비는 다음과 같은 몇 가지가 있다.

첫째, 회원국인 중국은 다자개발기구에 기부금을 낸다. 이러한 기부금은 의무적이지 않으며 가입국이 자국의 상황에 따라 제공하는 것이다. 다자기구의 관리기관은 기부금을 통합 계획하여 개발도상국의 경제 건설, 제도 건설 및 사회발전 등을 원조한다. 중국이 유엔개발계획, 세계식량계획, 유엔아동기금, 유엔인구기금, 세계은행, 아시아개발은행, 아프리카개발은행 등 기구에 제공하는 기부금은 모두 이와 같은 기부금에 속한다.

이러한 기부금은 또 두 가지로 나눌 수 있다. 하나는 정기 기부금이다. 중국은 유엔의 다자개발기구들인 유엔개발계획, 세계식량계획, 유엔아동기금 등에 제공하는 기부금이 모두 정기 기부금이다. 특수한 사유가 없는 한 중국은 해마다 이러한 기구에 기부금을 제공하는 것이다. 다른 하나는 비정기 기부금이다. 중국은 기구의 자금 수요와 자국의 상황에 따라 기부한다. 이를테면 중국은 해마다 유엔식량농업기구, 유네스코에 회비를 내는 동시에 구체적인 상황에 따라 이러한 기구에 기부금을 낸다. 2007년 중국은 세계은행 국제개발협회에 3,000만 달러를 기부했는데 이 역시 비정기 기부금에 속한다. 이 밖에 중국은 여러 차례 아프리카개발기금과 아시아개발기금에 기부를 했다. 2002년 아프리카개발기금에 2,000만 달러를 기부했고 2008년 아시아개발기금에 3,500만 달러를 기부했다.

중국의 기부금은 미국이나 일본 등 선진국에 비하면 적다. 그러나 기부를 가장 많이 하는 개발도상국의 하나이다. 2007년 『중국외교연감』에 의하면 중국은 유엔개발계획에 도합 7,407만 달러와 4,480만 위안을 기부했으며 세계식량계획에 2,505만 달러, 유엔아동기금에 1,500만 달러를 기부했다. 또한 2007년 세계은행 국제개발협회에 일차적으로 3,000만 달러를 기부했다.

둘째, 중국이 유엔개발기구에 내는 회비이다. 이런 회비는 강제성을 띤 것으로 이러한 기구에 가입하면 회비를 내야 할 의무를 진다. 회비 납부 비율은 기구의 관리기관과 각 회원국이 공동으로 의논하여 결정한다. 일반적으로 일정한 기간, 이를테면 1년이나 2년에 한 번씩 회비 총액과 각 회원국의 분담액을 조정한다. 중국은 해마다 유엔식량농업기구, 유네스코, 세계보건기구 등 기구에 회비를 납부한다. 중국이 유네스코에 납부하는 회비를 보면 1970년대에는 3,165만 달러에 달했다. 1980년대와 1990년대 회비의 비율이 감소하는 추세였으나 2000년에 들어서면서 다시 증가했다. 현재 회비 비율은 1970년대처럼 높지 않으나 납부하는 액수는 1970년대보다 많다(표 2-7).

표 2-7. 유네스코에 납부한 중국의 회비

단위 : 백만 달러

	1973년	1979년	1983년	1988년	2003년	2008년
회비 백분율	3.73%	5.45%	1.6%	0.78%	2.014%	3.667%
회비 금액	816.4224	3165.36	1274.624	307.436	2189.6116	3365.754

자료 출처 : http://www.unesco.org/new/en.

셋째, 중국은 여러 다자기구에 인도주의 기부금을 제공한다. 세계의 일부 국가와 지역이 자연재해나 대규모 전쟁의 피해를 입으면 중국은 다자기구를 통해 인도주의 원조를 제공하여 난민 구호과 재해 복구에 사용하게 한다. 2005년, 인도양 쓰나미가 발생했을 때 중국은 유엔을 통해 피해국에 인도주의 원조금 2,000만 달러를 제공했다. 2006년에는 유엔평화구축기금에 300만 달러를 기부했고[34] 2008년 유엔 다르푸르 문제 정치행정 신탁

제2장 중국 대외원조와 다자개발기구

---

34) 「中國向聯合國建設和平基金捐款300萬美元」, 新浪網 http://news.sinacom.cn/c/2006-
09-24/070710094048s.shtml.

기금에 50만 달러를 기부했는데 이는 개발도상국으로서는 첫 번째 기부이다.[35]

넷째, 중국은 비회원국으로 일부 지역적 기구에 기부금을 제공했다. 일부 지역과의 경제적, 정치적 연계를 강화하기 위해서이다. 중국은 1990년대 말부터 아프리카통일기구와 아프리카연합에 여러 차례에 걸쳐 기부금을 냈다. 2006년에는 아프리카연합에 30만 달러를 기부했고, 2004년에는 100만 달러를 출자하여 중국-미주국가기구협력기금을 설립했으며, 2005년 안데스공동체에 100만 위안을 기부했다. 중국은 주로 아프리카와 아메리카의 지역 기구에 기부금을 냈는데 이러한 기부금을 통해 그 지역과의 경제적 연계를 강화하고 그 지역 국가와 중국의 외교관계를 공고히 발전시킬 것을 희망했다.

2. 지분 융자와 차관

중국이 다자 대외원조를 제공하는 또 다른 주요한 형식은 지분 융자이다. 중국은 세계은행, 아시아개발은행, 미주개발은행, 아프리카개발은행 등 다자개발은행에 가입할 때 이러한 은행의 지분을 보유하는 방식으로 자금을 투입했다. 중국의 지분 비율은 이러한 기구에서의 투표권을 결정한다. 지분이 많을수록 중국의 투표권도 커진다. 현재 중국은 세계은행, 아시아개발은행, 아프리카개발은행, 미주개발은행, 서아프리카개발은행, 동남아프리카 무역 및 개발은행, 카리브해개발은행에 가입했으며 이 은행들의 지분을 보유하고 있다.

이 은행들의 중국 지분은 전체 지분의 증가와 비율의 조정으로 인해 점차 증가되었다. 중국이 보유한 세계은행의 지분은 1990년의 42억 달러에

---

35) http://news.163.com/08/0329/04/48663180000120GU.html.

서 2008년에는 54억 달러로 증가했다(표 2-8). 중국이 보유한 여러 은행의 지분에서 보유율이 가장 높은 것은 아시아개발은행으로 6.429%에 달해 중국은 일본에 이어 두 번째로 지분을 많이 보유한 회원국이다(표 2-9). 2004년 서아프리카개발은행에 가입할 때 중국은 서아프리카개발은행 지분 160주를 구입하여 서아프리카개발은행의 타 지역 회원국 중 최대 주주가 되었다.[36) 2008년 중국은 세계은행 산하의 국제부흥개발은행의 지분 2.85%를 보유하여 지분 보유율이 비교적 높은 개발도상국이지만 선진국에 비해서는 낮은 편이다. 이러한 상황은 변화되기 시작했다. 국제사회는 중국에 더 많은 할당을 주어 중국의 발언권과 기여도를 제고하려 했다. 중국은 아프리카개발은행, 미주개발은행 등 기구에서 보유한 지분은 그리 많지 않다. 2008년 미주개발은행에 가입할 때 중국은 3.5억 달러를 투자했지만 지분보유율은 0.004%밖에 안 된다.[37)

표 2-8. 1990년 이래 중국이 보유한 국제부흥개발은행 지분 및 관련 상황

단위 : 주, 백만 달러, %

연도	지분	금액	실제 지불 금액	주식 보유 비율	투표권	투표권 가중치
1990	34971	4218.73	299.48	3.37	35221	3.27
1991	34971	4218.73	299.48	3.03	35221	2.95
1992	34971	4218.73	299.48	3.03	35221	2.95
1993	44799	5404	355.00	3.26	45049	3.18
1994	44799	5404	355.00	3.18	45049	3.1

---

36) 「中國進出口銀行與西非開發銀行開展信貸合作, 加大支持非洲發展力度」, http://www. eximbank.gov.cn/xwzxarticle/xwzx/yaowen/200612/8711_1.html, 2006年 2月 1日.

37) china to join the lnter-American Development Bank, http://www.iadb.org/NEWS/detail. cfm? id =4828, 2008年 10月 23日.

연도	지분	금액	실제 지불 금액	주식 보유 비율	투표권	투표권 가중치
1995	44799	5404.30	355.00	3.06	45049	2.99
1996	44799	5404.30	355.00	2.99	45049	2.92
1997	44799	5404.30	355.00	2.96	45049	2.89
1998	44799	5404.30	355.00	2.9	45049	2.83
1999	44799	5404.30	355.00	2.87	45049	2.81
2000	44799	5404.30	355.00	2.87	45049	2.8
2001	44799	5404.30	355.00	2.85	45049	2.79
2002	44799	5404.30	355.00	2.85	45049	2.79
2003	44799	5404.30	355.00	2.85	45049	2.79
2004	44799	5404.30	355.00	2.85	45049	2.78
2005	44799	5404.30	355.00	2.85	45049	2.78
2006	44799	5404.30	355.00	2.85	45049	2.78
2007	44799	5404.30	355.00	2.85	45049	2.78
2008	44799	5404.30	355.00	2.85	45049	2.78

자료 출처 : 세계은행그룹 예년 재무 보고서.

중국 대외원조 60년

표 2-9. 중국의 아시아개발은행과 아프리카개발은행 지분 보유 상황

단위 : 주, 천 달러, %

	연도	지분	금액	실제 지불 금액	주식 보유 비율	투표권	투표권 가중치
아프리카개발은행	2007	24300	263792	29410	1.121	24925	1.126
아시아개발은행	2007	228000	329069	-	6.429	241232	5.442

자료 출처 : 아프리카개발은행 사이트 http://www.afdb.org/en/documents/financial-information/financial-statements-and-data/, 아시아개발은행 사이트 http://www.adb.org/About/membership.asp.

최근 다자개발은행의 지분 융자 외에 새로운 원조 형식이 나타났다. 바로 중국 정책성은행이 일부 다자개발은행에 장기 차관을 제공하는 것이다. 2006년 11월 중국인민은행과 서아프리카개발은행은 '중국 경제의 날' 포럼을 개최했다. 중국수출입은행과 서아프리카개발은행은 토고의 수도 로메에서 7,000만 유로에 달하는 대부금 협력 협정을 체결했다. 목적은 서아프리카경제통화연맹과 중국, 중국과 국교를 수립한 회원국과 중국 사이의 경제무역 협력, 투자 업무, 기업 간의 협력에 대출을 제공하는 것이다.[38) 2008년 8월 중국국가개발은행은 케냐의 수도 나이로비에서 신용대출 협정을 체결하여 동남아프리카 무역 및 개발은행에 10년 기한의 5,000만 달러에 달하는 차관을 제공했다. 중국국가개발은행이 제공한 이 차관은 동남아프리카 무역 및 개발은행이 단일한 금융기구에서 얻은 가장 많은 차관이다. 이 차관은 동남아프리카의 지역 경제 발전, 특히 많은 자금을 필요로 하는 광산업, 통신과 인프라 건설 등 분야에 사용된다. 이 차관의 목적은 동남아프리카 무역 및 개발은행과의 협력을 강화하여 동남부 아프리카 지역의 경제 건설을 돕는 것으로 2006년 중국-아프리카 협력 포럼 북경 고위급 회의의 성과를 시행하는 구체적 조치의 하나이다.[39)

3. 중국과 다자개발기구의 프로그램 협력

다자 대외원조의 발전에 따라 중국은 새로운 다자 대외원조의 방식을 탐구했다. 곧 프로그램의 협력이 중국과 일부 다자기구가 협력을 전개하는 연장선이 되었다. 중국 상무부는 중국과 다자기구의 프로그램 협력을 책임

---

38) 「中國進出口銀行與西非開發銀行開展信貸合作, 加大支持非洲發展力度」, http://www. eximbank.gov.cn/xwzxarticle/xwzx/yaowen/200612/8711_1.html, 2006年 12月 1日.

39) http://www.caijing.com.cn/2008-08-15/110005608.html.

졌다. 1978년 중국은 유엔개발계획과 협력하여 중국의 기부금과 기타 자금으로 중국에서 여러 가지 프로그램을 시행했다. 그중 가장 큰 프로그램은 북경 국제경제협력 정보처리와 양성센터 프로그램으로 이 분야 국제협력의 효시이다.[40]

1) 중국과 유엔 기구의 프로그램 협력

중국과 유엔의 협력 사례는 비교적 많다. 대표적인 것은 1980년대에 시작한 개발도상국간기술협력(TCDC)이다. TCDC 양성반은 상무부(전 대외경제무역부)가 주최한 중국 대외원조와 기술협력의 일종으로 중국과 개발도상국 간의 다자 협력의 유대이다. 1980년대 초부터 현재까지 20여 년의 역사를 지니고 있다. 1980년대와 1990년대에는 민물고기 양식, 태양에너지, 메탄가스 기술, 소형 수력발전, 대나무 재배와 이용, 침구 기술 등 기술양성을 주로 했다.

TCDC 기술양성반의 성공적인 실행에 따라 중국은 TCDC로부터 점차 개발도상국간경제협력(ECDC)으로 전환하고자 했다. ECDC는 개발도상국간의 경제·기술 협력이다. 1999년 5월 중국이 설립한 유엔남남협력시범기지는 중국이 TCDC에서 ECDC로 전환하는 표징이다.

유엔남남협력시범기지는 아태 지역 식용균 양성센터를 기초로 중국 정부의 '남남협력' 사무를 주관하는 상무부 중국국제경제기술교류센터와 유엔개발계획, 산업개발기구 등 다자기구 및 복건성(福建省) 인민정부가 공동으로 설립했다.

유엔남남협력시범기지 설립 배경은 다음과 같다. 1980년대 말, 중국은 스파크 프로그램 진행 중 복건성의 우세산업인 식용균 재배를 '남남협력'에 넣었다. 1995년 복건성 각급 간부와 복건성 과학기술청(科技廳)의 지원

---

40) 「北京市計算中心的基本資料」, http://www.gkong.com/comm/userdetail.asp?id=120111.

으로 전문 '남남협력'의 양성 임무를 담당하는 아태 지역 식용균 양성센터
가 설립되었다. 1999년 '남남협력'을 더욱 잘 수행하고 중국의 성공적인 경
험을 개발도상국에 전수하기 위해 유엔개발계획과 산업개발기구 등 다자
기구는 종합적 시범기지인 유엔남남협력시범기지를 설립하기로 결정했다.
중국국제경제기술교류센터의 허가를 거쳐 복건성이 시범기지를 건설하는
임무를 맡았으며 본부는 복주(福州)에 두었다.[41]

유엔남남협력시범기지의 구체적 기능은 유엔 '남남협력'의 목적에 따라
유엔과 기타 국제기구의 기술원조와 중국이 '남남협력'에 참여한 기술적 성
과를 충분히 이용하는 것이다. 중국에서 '남남협력' 회원들의 기술적 우위
를 집중하여 '남남협력'의 시범 모형을 설립하고 '남남협력'의 분야에서 기
술협력으로부터 경제협력으로 전환하는 발전 구조를 탐색하고 실행하는
것이다. 여러 산업이 다층적으로 협력하는 네트워크를 편성하고 기술의 도
입, 기술과 제품의 수출 및 경제 교류와 협력을 전개하여 중국과 개발도상
국의 협력에 기회를 제공하는 것이다. 그리고 '남남협력'의 시행 가능한 모
형을 탐색하고 중국이 '남남협력'에 참여한 최신 성과를 전시하여 개발도상
국에 시범 표준을 제공하는 것이다.[42]

남남협력시범기지가 전개하는 구체적인 업무는 다음과 같다. 첫째,
TCDC 국제양성반을 주축으로 중국의 대외원조 임무를 참답게 실행했다.
1995년부터 남남협력시범기지(아태센터)는 중국 상무부, 과학기술부, 유엔
식량농업기구(FAO)가 위임한 식용균 기술과 화초원예 기술 국제양성반을
무려 19차례 개설하여 60여 개국의 500여 명 정부 관료, 과학기술자, 경영
자 등을 체계적으로 양성했다. 둘째, 국세 우호 교류 활동을 전개했다. 유
엔의 '남남협력'을 통해 남남협력시범기지와 유엔개발계획(UNDP), 남남

---

41) http://fj78.com/?action-viewnews-itemid-1.
42) http://zhidao.baidu.com/question/88836998.html.

협력국(SU/TCDC), 유엔산업개발기구(UNIDO), 아시아태평양경제사회위원회(ESCAP) 등 유엔 기구와 양호한 관계를 수립했다. 또한 베트남의 국가 농업농촌발전부 등 20여 개국의 관련 부처와 연락 관계 및 프로그램 협력을 구축했다. 20여 차례에 걸쳐 50여 명을 유엔 기구의 시찰과 교류 활동에 파견했고 유럽, 동남아, 동아시아, 남아시아, 아프리카, 대양주, 미주 등 지역의 30여 개국을 시찰하고 상무 교섭을 했다. 이와 함께 유엔개발계획, 산업개발기구, 아시아태평양경제사회위원회 등 유엔 기구와 베트남, 브라질, 한국 등의 관련 부서의 방문을 무려 10여 차례나 받았다. 셋째, 국제회의 교류를 전개했다. 1996~2008년 남남협력시범기지는 무려 9차례의 국제적 남남협력포럼과 남남협력국제 연구토론회를 주최했다. 일련의 국제회의를 주최하여 남남협력시범기지는 중국 국내 특히는 복건성 정부 관리층과 과학기술 종사자, 산업계가 국제 관련 분야에 참여할 수 있게 했고 "중국 제품의 국제시장 수출, 외국의 선진적 과학기술 도입"을 위한 조건을 제공했다. 또한 세계가 중국을 이해할 수 있는 효과적인 방법을 제공했다. 넷째, 유엔개발계획과 산업개발기구의 프로젝트를 수행하면서 유엔 기구와 양호한 관계를 맺었다. 유엔개발계획의 남남협력 프로그램인 CPR/91/605 "Technical Cooperation Between China and Other Developing Countries in Selected Priorities"를 훌륭하게 완성했다. 현재 유엔 산업개발기구의 프로그램인 "Assistance to Enhance ECDC/TCDC Information Network and Formulate Demonstration Programme to Promote Cooperation Partnerships"를 진행 중이다. 정보 네트워크를 건립하고 포럼을 개최하며 상호 교류하는 방식으로 국내 기업의 수출 경로와 방식을 연구 토론했다.[43]

국내에서 개최한 TCDC 기술양성반 외에 중국은 유엔식량농업기구의 '남남협력' 틀 안에서 아시아, 아프리카, 남태평양과 카리브해의 20여 개 국

---

43) http://fj78.com/?action-viewnews-itemid-1.

가와 지역에 700여 명에 달하는 농업 전문가와 기술자를 파견했다. 그로써 경작, 목축, 수산, 농기계, 원예 등 다양한 분야에 걸쳐 각 국가의 식량 생산력을 제고에 기여하여 세계적으로 높은 평가를 받았다.

21세기에 들어서서 중국은 유엔개발계획과 협력하여 새로운 다자 대외원조 시스템을 시험했다. 그중 하나는 공공부문과 민간부문을 결합한 중국-아프리카 민간 상공회(China-Africa Business Council, CABC) 프로그램이다. 이 프로그램은 중국 정부와 유엔개발계획, 중국광채사업촉진회(中國光彩事業促進會)가 공동으로 가동한 것으로 '남남협력' 틀 안에서 중국과 아프리카 간의 투자와 무역의 추진을 목표로 한다. 이 프로그램은 평행적 시스템을 형성하여 한편으로는 정부 부처와 함께 중국-아프리카 포럼에 참가하는 것이고 다른 한편으로는 실용적인 상업 도구로 중국과 아프리카 회사를 도와 상업 목표를 실현하고 투자와 무역에서 성공을 거두게 하는 것이다. 중국-아프리카 민간 상공회 프로그램은 자본금 100만 달러로 출범했으며 유엔개발계획에서 출자했다. 초기 단계에 중국과 카메룬, 가나, 모잠비크, 나이지리아, 탄자니아 등 아프리카 5개국이 참여했다. 중국에서 이 프로그램의 주요 회원은 1.4만여 개의 민간 기업을 회원으로 하는 비정부기구인 중국광채사업촉진회이다. 중국-아프리카 민간 상공회 프로그램의 시행은 중국과 아프리카의 효과적인 협력을 추진하는 새로운 창의적 시험으로 중대한 의의가 있으며, '남남협력'을 정치적 범위에서 경제적 범위로 발전시킨 노력이기도 하다.[44]

또 다른 프로그램은 2006년에 설립한 중국국제빈곤퇴치센터(International Poverty Reduction Centre, IPRC)이다. 중국국제빈곤퇴치센터는 중국 정부와 유엔개발계획, 세계은행, 아시아개발은행 등 국제기구가 공동으로 발기하고 출자하여 설립하였으며 빈곤 퇴치의 창의적 이론, 정책 전환

---

44) http://www.cppcc.gov.cn/rmzxb/myzkz/200504010049.htm.

의 추진, 국제 교류의 강화, '남남협력'의 추진 등을 목적으로 한 국제적 기구이다. 영국의 국제개발부(DFID)와 독일의 기술협력유한책임회사(GTZ)도 이 센터에 자금을 제공한다. 2004년 5월 중국 국무원빈곤퇴치판공실과 상무부, 유엔개발계획은 '중국국제빈곤퇴치센터 설립 관련 양해각서'를 체결했다. 이는 상해 글로벌빈곤퇴치총회의 중요한 성과 중의 하나이다. 중국국제빈곤퇴치센터는 글로벌 빈곤 퇴치 분야의 응용적 정책 연구와 인적 자원 협력에 힘쓰고 있다. 이 센터의 기본 기능은 중국에 입각하여 세계를 향하며 특히 개발도상국의 빈곤 퇴치 분야에 대한 정책을 연구하고 경험을 통합하는 것이다. 그리고 국제기구와 중국 정부의 위탁으로 인재 양성과 역량 강화에 관련된 국제 프로그램을 담당하고 외국 자본을 이용한 빈곤 퇴치 프로그램의 조직과 논증, 입안과 관리 등을 전개한다. 또한 빈곤 퇴치 분야의 국제 협력과 교류를 시행한다. 중국국제빈곤퇴치센터의 설립은 중국 정부가 국제 빈곤 퇴치 사업에 적극적으로 참여하고 '남남협력'을 추진하고 있음을 구체적으로 구현한 것이다. 이는 중국과 국제사회의 빈곤 퇴치 교류와 협력이 새 역사의 단계에 들어섰음을 보여준다.

2) 중국과 아시아개발은행의 협력

중국과 아시아개발은행의 협력은 비교적 많다. 그 구체적 프로그램이 메콩강 유역 프로그램(The Greater Mekong Sub-region, GMS)과 중앙아시아 경제협력체프로그램(Central Asia Regional Economic Cooperation, CAREC)이다.

메콩강 유역 프로그램은 1992년 아시아개발은행에서 발기했으며 중국, 미얀마, 라오스, 태국, 캄보디아, 베트남 등 6개국이 관련된다. 목적은 각 회원국 사이의 경제 연계를 강화하여 메콩강 유역의 경제와 사회발전을 추진하는 것이다. 중국의 운남성(雲南省)과 광서장족자치구(廣西壯族自治區)는 이 협력 프로그램에 참여하는 주요 지역이다. 중국은 예전부터 메콩강 유역 프로그램을 중요시했으며 이 지역 국가와의 선린 우호 관계를 추진해 왔다. 2005년 메콩강 유역 경제협력 제2차 정상회담 이후 중국 정부는 이 지역 경제협력을 더욱 추진했고 여러 가지 조정 시스템에서 적극적인 역할을 했다. 중국은 라오스를 원조하여 220KV, 110KV 송전선을 건설했고 캄보디아, 라오스, 미얀마 등 세 나라의 정보고속도로 프로그램과 아시아횡단철도의 캄보디아와 미얀마 경내 구간 탐사 작업을 원조했으며 생물다양성보호구역 프로그램과 에이즈예방퇴치시험 프로그램을 제안하고 추진했다. 또한 메콩강 유역의 경제협력 관광 발전 전략을 적극적으로 시행했다. 중국과 메콩강 유역 여러 국가의 협력은 부단히 확장, 심화되고 있다.[45]

중앙아시아경제협력체프로그램은 2002년 아시아개발은행이 발기하여 수립한 지역경제협력 프로그램이다. 그 목표는 중앙아시아 지역의 빈곤 퇴치와 발전을 추진하여 공동 번영을 촉진하는 것이다. CAREC의 정식 회원국은 중국, 카자흐스탄, 키르기스스탄, 우즈베키스탄, 타지키스탄, 아제르바이잔, 아프가니스탄, 몽골 등 8개국이다. 러시아는 옵서버 자격으로 관련 협력에 참여한다. 현재 각 회원국은 교통, 에너지, 무역의 편리화와 무역 정책 등 네 가지 분야를 중심으로 지역 협력을 전개하고 있다. CAREC는 세계의 주목을 받고 있다. 아시아개발은행, 세계은행, 국제통화기금, 유엔개발계획, 유럽부흥개발은행, 이슬람개발은행 등 6개 국제기구와 미국, 일본, 유럽연합 등 일부 선진국과 동반자 협력 관계를 구축했다. 현재까지 아시아개발은행을 비롯한 국제기구는 CAREC에 양허성 차관 4.4억 달러와 기술원조금 8,300만 달러를 제공했다. 중국 정부는 CAREC에 적극적으로 참여했다. 중국은 국가의 명의로 CAREC에 참여할 뿐만 아니라 신강위구르자치구를 주요 프로그램 실행 지역으로 삼았다. 구체적 프로그램 협력에서 중국은 회원국으로서 정상적인 의무를 이행했을 뿐만 아니라 여러 가지

---

45) http://fj78.com/?action-viewnews-itemid-1.

형식으로 각 회원국을 지원했다. 이를테면 중국이 아시아개발은행을 통해 설립한 중국빈곤퇴치및지역협력기금은 중앙아시아 국가의 농업, 환경, 건설에 기술원조를 제공한다. 중국-키르기스스탄-우즈베키스탄 도로 건설에서 중국은 중국 경내의 구간을 기한 내에 완성했을 뿐만 아니라 키르기스스탄 경내의 일부 구간을 원조 건설했다. 이 밖에 중국은 적당한 시기에 새로운 협력을 제창하여 협력이 점차 심화되도록 추진했다. 2006년 중국은 50만 달러를 기부하여 각 회원국의 기구 역량을 강화했다.[46]

3) 중국과 기타 국제기구의 프로그램 협력

중국과 기타 국제조직의 협력에서 대표적인 프로그램은 중국과학기술부, 중국과학원과 제3세계과학아카데미 프로그램 협력이다. 1983년 11월 10일 설립된 제3세계과학아카데미(The Third World Academy of Science, TWAS)는 본부가 이탈리아의 트리에스테에 있는 비정부적, 비정치적 및 비영리적 국제과학기구이다. TWAS는 설립된 이래 개발도상국의 과학 연구를 지원하고 추진했다. 개발도상국의 우수한 과학기술자들에게 과학 연구를 하는 데 필요한 여건을 제공하고 제3세계 국가에 공통적인 문제점을 연구하고 탐구하도록 격려했다. 개발도상국의 과학기술자와 과학 연구기관 간의 교류와 협력을 추진하여 제3세계 국가 과학자들의 과학 연구 수준을 제고했으며 전도유망한 과학자를 양성했다. 나아가 제3세계 국가의 기초과학과 응용과학의 발전을 추진했다.

TWAS의 경비는 주로 이탈리아 정부, 국제원자력기구, 유네스코 및 기타 정부기구와 비정부기구의 기부에 의해 충당된다. 1983년부터 현재까지 TWAS는 기부금 1,000만 달러를 얻었다. 중국은 1994년에 10만 달러, 1996년과 2002년에 각각 50만 달러를 기부했다.

---

46) http://www.gov.cn/gzdt/2006-10/19/content_418110.htm.

지난 20여 년간 중국과 TWAS는 줄곧 밀접한 관계를 유지하면서 광범위하게 협력했다. 현재 중국의 15개 과학 연구기관이 TWAS의 우수센터로 선정되었다. 그리고 중국은 '남남협력' 기금을 이용하여 600여 명의 제3세계 국가 과학자가 중국에서 협력 연구를 할 수 있도록 했으며 5,000여 명의 제3세계 국가의 과학자가 중국에서 개최하는 국제학술회의와 양성반에 참가할 수 있도록 지원했다. 중국은 해마다 TWAS와 공동으로 CAS-TWAS-WMO 기후포럼을 개최하며 여러 유형의 학술회의와 양성반을 개최한다. 2004년 중국과학원과 TWAS는 박사과정 공동 양성 프로그램 협정을 체결했다. 협정에 의해 중국과학원은 향후 5년 내에 해마다 제3세계 국가의 학자 50명에게 장학금을 제공한다. 이 프로그램은 2005년에 시작했는데 30여 개 개발도상국의 학자 116명이 CAS-TWAS 장학금을 받았다. 이 프로그램의 공식적 명칭은 중국과학원-제3세계과학아카데미 펠로십 프로그램(CAS-TWAS Fellowship Program)이다. 목표는 제3세계 국가의 과학기술 발전을 지원하고 개발도상국의 과학기술자와 과학 연구기관 간의 협력과 교류를 추진하며 제3세계 국가를 도와 과학기술 인재를 양성하여 제3세계 국가의 과학기술 능력을 제고하는 것이다.[47]

위의 내용을 정리하면 중국의 다자 대외원조의 형식은 날로 다원화되고 있으며 새롭고 효과적인 다자 대외원조 형식을 부단히 탐구하고 있다. 중국의 다자 대외원조 형식의 다원화는 실제 사업 변화의 현실적 수요이다. 이를테면 베냉 주재 중국 대사관의 한 보도에서 "중국은 관련 국제기구나 기타 국가에서 전개하는 의료 원조의 효과적인 방법을 배워야 한다. 다자협력의 모형을 통해 유엔 기구나 선진국의 대외원조 자금을 이용하여 의료 협력 분야를 확대하고 원조 프로그램을 조정하며 중국 대외원조 의료단의 생활과 업무 조건을 개선해야 한다. 우리는 새로운 의료 협력 관계를 구축

---

47) hyyp://www.twas.org/twascn/cooperate.asp.

하는 것은 새로운 형세에서 발생한 국제적인 인적자원 협력의 새로운 방식이라고 생각한다. 이로써 중국 의료 위생의 협력 발전을 실현하고 아프리카의 의료 조건 개선과 의료 체제 개혁을 추진해야 한다."[48]고 했다.

4절 중국 다자 대외원조의 관리와 결책

현재 중국 대외원조 관리 체제는 비교적 복잡하고 분산되어 있다. 다자 대외원조는 쌍방적 대외원조의 관리보다 더욱 분산되어 있다. 쌍방적 대외원조의 관리에서 상무부 대외원조사가 비교적 중요한 역할을 하지만 다자 대외원조의 관리에서 주도적 역할을 하는 기구는 거의 없다. 현행 다자 대외원조 관리 체제에서는 여러 부서들이 상응한 국제기구를 제각기 책임진다. 이러한 부서들은 본부서가 관할하는 다자기구의 상황만 파악하고 그 기구에 대한 다자 대외원조를 주도한다. 중국의 다자 대외원조의 관리 체계를 다음과 같은 두 가지로 나눌 수 있다.

1. 다자기구에 대한 중국의 기부금 관리

중국의 여러 부서들이 서로 다른 다자개발기구의 사무를 책임진다. 외교부는 유엔의 다자개발기구의 사무를 책임지고 재정부는 세계은행과 아시아개발은행 등 지역적 개발금융기구를 책임지며 상무부는 세계무역기구와 유엔무역개발회의 등 다자개발기구를 책임진다. 과학기술부, 위생부 등 부서들은 해당되는 다자기구의 사무를 책임진다. 각 주관 부서들은 해당한 다자기구의 상황에 근거하여 외교부와 재정부 등 부서와 다자기구의 기부

---

48) http://bj.mofcom.gov.cn/aarticle/zxhz/200606/20060602501345.html.

금에 대해 공동으로 상의하고 결정한다. 외교부가 국무원에 보고하고 국무원의 비준을 거쳐 재정부가 자금을 지출한다. 이러한 관리 체계는 각 주관 부서가 모두 정책 결정의 핵심적 지위에 있음을 결정했다. 국가의 외교 방침과 경제적 부담 능력에 부합되면 각 부서의 제안은 일반적으로 모두 통과된다.

다자기구의 인도주의 기부금은 외교부가 주도한다. 외교부가 인도주의 기부금의 액수를 정하고, 관련 부서가 시행한다. 인도주의 대외원조는 일반적으로 상무부 대외원조사가 구체적 시행을 담당한다.

2. 중국의 다자 대외원조 프로그램 관리

중국의 다자 대외원조 프로그램에 대한 관리는 대외 기부금에 대한 관리처럼 명확하지 않다. 일반적으로 공사 건설에 관련된 대외원조 프로그램은 상무부가 담당하고 기술 교육, 공동 연구 개발 등 역량 강화는 관련 부서가 담당한다.

상무부는 유엔 등 국제기구의 경제 · 기술 협력과 관련된 업무 관리를 담당한다. 다자기구와 원조의 형식이나 방식을 협상하는 과정에서 외교부의 의견을 수렴하고 상황에 근거하여 기타 관련 부서들의 참여를 요청하기도 한다. 이러한 시스템은 쌍방적 원조 시스템과 비슷하다. 이를테면 중국수출입은행이나 국가개발은행에 양허성 차관을 제공하도록 요구할 수 있다. 메콩강 유역 개발과 중앙아시아 지역 협력 대외원조 프로그램에서는 상무부가 주도적 역할을 했다. 상무부는 일부 역량 강화 프로그램도 담당하는데 유엔의 다자개발기구와 협력하여 TCDC 프로그램을 전개했다.

역량 강화 프로그램을 보면 각 부서에는 모두 일정한 자주적 관리 능력이 있다. 국가발전개혁위원회(國家發展與改革委員會) 국제경제협력센터는 일부 다자기구와 공동으로 다자 기술 양성과 공동 연구를 진행한다. 중국과학원과 제3세계과학아카데미는 공동으로 장학금 프로그램을 만들어 제3세계 국가의 과학기술 발전을 지원하고 개발도상국의 과학기술자와 과학연구기관 간의 협력과 교류를 추진하며 제3세계 국가를 도와 과학기술 인재를 양성하여 제3세계 국가의 과학기술 능력을 제고하고 있다. 중국국제빈곤퇴치센터도 국가빈곤퇴치판공실의 지도에 따라 유엔개발계획, 세계은행, 아시아개발은행 등 다각적 기구와 함께 기술 교육과 공동 연구를 전개한다. 역량 강화 프로그램을 전개할 때에는 이러한 부서와 외교부가 협상하여 국가의 외교 방침에 부합되는 것을 원칙으로 삼는다.

이 밖에 다자기구에 주재원을 파견하는 제도 역시 중국 대외원조 관리체제의 중요한 구성 부분이다. 다자기구에 파견한 주재원은 중국의 다자대외원조 관리 체제에서 중요한 역할을 한다. 주재원의 역할은 두 가지 방면에서 구현된다. 첫째, 다자기구의 최신 동향과 방침 정책을 관찰하고 분석하여 중국의 관련 부서에 즉각 보고한다. 둘째, 중국의 입장과 요구를 신속하고도 정확하게 그리고 효과적으로 다자기구에 전달한다. 다자개발기구의 중국 주재원은 중국이 영향력을 행사하는 중요한 수단이다. 현재 중국의 주재원 파견 제도는 교대제이다. 일반적으로 3년에 한 번씩 주재원을 교대한다. 이러한 교대제는 합리적인 면도 있지만 폐단도 뚜렷하다. 일부 주재원은 주재 기구의 업무에 익숙해지면 금방 다른 기구로 차출된다. 새로 파견된 주재원은 처음부터 다시 업무를 숙지해야 한다. 다자기구는 기타 관료기구와 마찬가지로 사업을 진행하는 데 인맥이 아주 중요하며 자격과 서열을 중요시하는 관념도 여전히 존재한다. 다자기구에 이러한 병폐가 있는 만큼 새로 업무를 맡은 주재원은 처음에 비교적 힘이 들며 시간을 들여 기구의 운영 방식을 숙지해야 한다. 타국을 설득하여 중국의 주장을 받아들이게 할 때도 경험이 있는 사람보다 애로를 겪게 된다. 그러므로 다자대외원조 업무를 더 잘 수행하기 위해 중국은 다자기구에 주재원을 파견하는 제도를 개혁하고 최적화해야 한다.

5절 중국의 다자 대외원조와 대외교류 전략

대외원조는 현대 외교에서 가장 형식이 다양한 수단이다. 대외원조는 정치 양상이나 경제 생산, 재정 예산, 건설공사, 사회 서비스, 의료 위생, 교육 문화 등 여러 방식으로 나타난다. 이 밖에 대외원조가 담당하는 역할도 아주 풍부하다. 그 목표는 건축의 준공, 서비스의 제공, 자금의 지불에 한정되지 않고 이러한 완수된 임무를 통해 더욱 높은 차원의 국익과 국제 발전 나아가 인류의 수요를 구현한다.[49] 그러므로 중국의 다자 대외원조가 중국의 전체적인 대외관계에 주는 영향은 여러 방면으로 중국의 대외 경제 교류, 다자외교 교류 등에 일정한 촉매 역할을 한다.

1. 중국과 개발도상국의 공동 발전 추진

중국이 다각적 경로를 통해 원조를 제공하는 주요 목적은 개발도상국의 공동 발전을 촉진하는 것이다. 중국은 유엔에 갓 가입했을 때 다자원조를 제공하는 목적을 다음과 같이 명확하게 제시했다. "쌍방적 원조나 다자원조를 막론하고 그 목적은 모두 수원국이 독립 자주적으로, 자력갱생하여 자국의 경제를 발전시키는 것이다. 외세의 통제를 벗어나 민족독립을 이루고 장기적 식민 지배가 초래한 가난하고 낙후한 상황을 개선해야 한다."[50] 중국은 자국이 제공하는 것이 원조가 아니라 개발도상국과의 개발 협력이라고 했다. 중국은 지난 30여 년간 외부 세계 발전의 혜택을 받아 국내의 발전을 이루었다. 중국의 국내총생산은 1978년의 3,645억 위안에서 2007

---

49) 周弘, 「中國援外60年回顧與展望」, 『外交評論』 2010年 第5期.
50) 「經社理事會討論聯合國開發署的報告和活動, 我代表主張幫助受援國發展本國經濟」, 『人民日報』 1972年 7月 22日.

년의 24조 9,500억 위안으로 증가하여 연평균 9.8%의 증가율을 보였다. 동시기 세계경제 연평균 증가율의 3배에 달한다. 중국의 경제 총규모는 세계 4위이다. 중국의 발전은 세계와의 공동 발전을 떠날 수 없으며 기타 개발도상국의 발전은 중국의 지속적인 발전에 도움이 된다.

이러한 사상에 따라 개발도상국인 중국은 다자원조를 받는 한편 다자기구에 능력껏 원조를 제공했다. 그러나 공동 발전을 추진한다는 것만으로 다자 대외원조를 제공해야 하는 이유를 설명할 수 없다. 쌍방적 원조도 공동 발전을 추진할 수 있기 때문이다. 쌍방적 대외원조에 비하면 다자 대외원조는 레버리지 효과가 크다. 다자기구의 자금은 중국뿐만 아니라 미국, 일본 및 유럽의 선진국에서 제공한다. 다자원조를 적당히 이용하면 중국의 발전 이념과 방식이 더욱 넓은 범위에서 인정을 받을 수 있으므로 더욱 많은 자원을 얻어 중국의 방식대로 배치할 수 있다. 근년에 이르러 중국은 다자 대외원조를 통해 다자개발기구의 원조금이 지역 발전에 유리한 프로그램으로 유입되도록 적극적으로 이끌었다. 이는 원조금 그 자체를 넘어서는 효과를 창출했다. 이를테면 중국은 아시아개발은행이 발기한 메콩강 유역 프로그램과 중앙아시아지역경제협력체프로그램에 참가했다. 이 두 프로그램에는 아시아개발은행의 자금이 많이 유입되어 중국 변방 지역과 주변국의 경제 일체화를 추진하여 만족스러운 효과를 거두었다. 중국은 아프리카개발은행에 가입했다. 융자와 기부금을 통해 아프리카 개발도상국의 발전을 추진했는데 이는 중국과 아프리카국가의 경제협력에 조건을 제공했다.[51]

2. 다자외교의 전개를 효과적으로 지원

중국의 다자 대외원조는 국가 전체 대외 전략의 일부분으로 기타 외교

중국 の 대외원조 60년

---

51) 車培欽 · 郭豫楷, 앞의 글, pp.64~65.

전략의 배합과 협조를 필요로 한다. 가장 중요한 것은 다자외교관계의 전개에 협력하는 것이다. 다자외교는 중국 전체 외교에서 없어서는 안 될 중요한 구성 부분으로 쌍방적 외교가 대체하지 못하는 역할을 담당한다. 중국이 다자외교를 발전시키려면 다자기구가 설립한 다자 대외원조와 연관을 가져야 한다. 또한 중국은 공동 발전을 견지해왔으며 이를 위해 능력껏 기여를 해야 하는 것이다. 다자원조는 중국이 다자외교에서의 지위와 영향력을 확대하는 데도 유리하다.

다자외교 발전을 위해 중국 다자 대외원조의 추진은 주로 두 가지 방면에서 구현된다. 첫째, 다자 대외원조는 다자외교의 변화에 의해 조정되고 다자외교를 위해 복무한다. 이 특성은 중국 다자외교와 다각적 외교정책 발전의 제반 과정과 연결되어 있다. 1950년대 초 중국 적십자회가 국제적십자회의 인정을 받게 된 후 중국은 국제적십자회에 기부금을 내기 시작한다. 1970년대 초 유엔에 가입한 후 중국은 유엔을 패권주의를 반대하고 개발도상국을 지원하는 중요한 무대로 삼았으며 유엔의 행동에 선택적으로 참여하기 시작했다. 중국은 일부 기구의 행동에 참여하면서 기부금을 제공하기 시작했다. 개혁개방 이후 중국의 외교정책은 국내 경제 건설 중심으로 전환된다. 그러므로 중국의 다자 대외원조 금액은 소폭 증가하다가 감소하기 시작한다. 2002년 중국은 "다자외교에 참여하고 다자외교를 전개하여 국제적, 지역적 사무에서 건설적 역할을 발휘할 것"을 제안한다. 이후 중국은 다자 대외원조 시스템의 구축과 주도를 시행한다. 2006년 1월 세계보건기구의 틀에서 조류독감 예방 다자원조 자금 시스템을 구축하고 이 기금에 1,000만 달러를 기부했다.[52] 둘째, 중국의 다자 대외원조는 다자외교의 전개에 양호한 조건을 마련했다. 이를테면 대만 문제는 중국의 핵심 이익과 관련이 크다. 중국은 다자개발기구에 가입하고 원조를 제공하면서 국

---

52) 羅春華, 「全球應對禽流感」, 『人民日報』 2006年 1月 19日.

제기구에서의 대만 독립 세력 활동을 효과적으로 저지했다. 근년에 이르러 중국의 세계은행에 대한 기여가 커짐에 따라 세계은행에서의 지위가 날로 높아졌다. 중국의 발전 경험은 점차 세계은행의 인정을 받아 보급되기 시작했는데 이는 국제사회가 중국의 발전을 인정한 것이다. 뿐만 아니라 다자 대외원조는 중국이 책임감 있는 대국으로서의 이미지를 확립하는 데 중요한 수단이다. 전체적으로 보면 다자 대외원조는 중국의 다자외교의 전개에 유리한 조건을 마련했다.

중국의 다자 대외원조가 다자외교를 위해 이루어지는 것은 1970년대에 특히 뚜렷했다. 1970년대 중국에는 다자외교에 대한 인식이 부족했다. 중국의 다자외교 활동은 모두 유엔을 중심으로 전개되었다. 그러므로 중국의 유엔에 대한 정책이 그 시기 다자외교의 주요 내용을 대표했다. 1971년 중국이 유엔에 가입할 때 확립한 지도 원칙에는 다음과 같은 두 가지가 있다. "제국주의의 침략과 전쟁 정책을 반대하고 제3세계 국가의 민족독립을 쟁취하며 민족경제를 발전시키는 투쟁을 지지한다. 유엔의 각 기구와 기관에 참여할 때 점진적으로 진행해야지 생각 없이 한꺼번에 진행하면 안 된다. …… 조급해하지 말고 상황을 천천히 살피면서 고려해야 한다."[53] 중국이 유엔 기구를 통해 제공하는 다자 대외원조는 거의 이 두 기본 원칙에 충실했다. 중국은 1973년부터 1978년까지 유엔개발계획에 지속적으로 기부했다. 유엔개발계획에 내는 기부금의 목표는 개발도상국의 발전을 이룩하는 것이다. 중국도 개발도상국이지만 능력이 되는 범위에서 후진국을 힘껏 도우려고 했다.[54] 유엔 기구에 대한 이해 부족과 이데올로기의 영향으로 중국은 선택적으로 일부 기구에 기부금을 냈다. 1973년 유엔개발계획과 산업개발기구에 기부하기 시작했으며 1976년에는 유엔환경계획에 기부하기 시

---

53) 凌凌靑, 앞의 책, pp.143.
54) 凌凌靑, 앞의 책, pp.192.

작했다. 그러나 유엔의 일부 중요한 다자원조기구인 유엔인구기금, 유엔아동기금, 세계식량계획 등에는 가입하지 않았기 때문에 기부금을 내지 않았다. 이 시기 중국은 독립자주적인 정책과 대외원조를 받지 않는 정책의 영향으로 다자기구에 일방적으로 원조를 제공했을 뿐 다자기구의 원조를 받지 않았다.

개혁개방 이후 당과 국가 사업의 중심은 경제 건설로 전환되었다. 경제가 외교를 위하던 상황은 점차 개선되었으며 대외교류는 더욱 실용적으로 변했다. 중국의 다자외교 정책은 패권주의 반대로부터 공동 발전의 추진으로 전환됐다. 중국의 다자 대외원조는 다자외교의 실용적인 특성을 구현했다. 다자 대외원조는 경제적 원칙을 견지했다. 첫 번째는 대외원조를 제공함에 있어서 자국의 능력에 알맞게 능력껏, 힘껏 다자기구에 기부했다. 두 번째는 공동 발전을 추진하는 것으로 구현되었다. 유엔개발계획, 세계은행, 아시아개발은행 등 다자기구에서 자금과 기술원조를 받았다. 원조를 받는 것과 함께 원조를 제공하면서 평등 호혜, 공동 발전을 실현했다. 이 시기는 1970년대에 비해 다자 대외원조가 다각적 외교정책을 위하는 사상이 상대적으로 약화되었으나 아직 그 사상에서 완전히 벗어나지 못했다. 이는 일부 다자기구에 대한 원조에서 비교적 뚜렷하게 나타난다. 중국은 미주국가기구와 안데스공동체에 100만 달러와 100만 위안을 기부했다. 기부의 목적은 에너지 등 경제무역 분야의 협력을 발전시키고 대만 독립 세력의 활동을 저지하려는 것과 관련된다.

21세기에 들어 중국 국력의 상승과 국제 형세의 변화에 따라 다자외교에서의 지위도 상승했다. 중국은 "적극적으로 다자외교를 발전시킬 것"과 "다자기구에서 건설적 역할을 발휘할 것"을 제기했다. 2005년 중국은 처음으로 '조화로운 세계의 건설'을 제기했다. 중국이 근년에 발기한 새로운 질서관, 새로운 안전관, 새로운 발전관, 새로운 문명관 등을 유기적으로 결합하여 국가와 국가 간의 평화, 인간과 인간 간의 화목, 인간과 자연 간의 조화 등을 강조했다. 이는 세계의 발전 전망에 대한 중국의 의견과 주장으로 국제질서의 발전에 더욱 많은 중국 요소를 주입했다.[55] 다자외교의 발전에 따라 중국의 다자 대외원조는 신속하게 발전했다. 개발도상국의 경제 발전을 추진하는 다자기구를 중점적으로 원조하는 것이 중국이 국제정치에 참여하는 주요한 수단이 되었다. 2004년 중국은 아프리카개발기금에 5,000만 달러를 기부했고 아시아개발은행의 아시아개발기금에 3,000만 달러를 기부했다. 또한 아시아개발은행에 별도로 2,000만 달러를 기부하여 아시아개발은행에 중국 빈곤퇴치와 협력특별기금을 설립하여 아태 지역 빈곤 퇴치와 지역 협력을 지원했다. 2007년 중국은 처음으로 세계은행 국제개발협회에 3,000만 달러를 기부했다. 2008년 온가보 총리는 유엔 새천년 개발목표 고위급 회의에서 유엔식량농업기구에 3,000만 달러를 기부했다. 이 기부금으로 신탁기금을 설립하여 개발도상국을 도와 농업 생산 능력을 제고하겠다고 약속했다.

중국의 다자외교와 다자 대외원조 관계의 뚜렷한 특징은 양자 사이에 일정한 시간 간격이 있다는 것이다. 일반적으로 먼저 다자외교 정책이 조정되면 다자 대외원조 정책이 조정도 조정된다. 이 특성은 중국의 다자외교와 다자 대외원조 정책의 제반 발전 과정의 연결고리가 되었다. 1950년대 초 중국 적십자회는 국제적십자회의 인정을 받았으나 1956년에 이르러서야 기부금을 냈다. 1970년대에 유엔에 가입한 후 중국은 유엔을 패권주의를 반대하고 개발도상국을 지원하는 중요한 무대로 삼았으며 유엔의 행동에 선택적으로 참여하기 시작했다. 중국은 일부 기구에 참여한 즉시 기부금을 제공한 것이 아니라 일정한 시간 간격을 두었다. 개혁개방 이후 중국의 외교 정책은 국내 경제 건설을 위하는 것으로 전환되어 실용적인 외교를 시작했다. 이 시기 중국의 대외원조 금액은 소폭 증가를 보이다가 1980년대 들어

---

55) 楊潔勉, 「改革開放0年的中國外交和理論創新」, 『國際問題研究』 2008年 第6期.

서면서 점차 감소한다. 1990년대에 들어서서 중국의 다자외교 정책은 날로 중요해졌지만 그 효과가 다자 대외원조 분야에 곧바로 전달된 것은 아니다. 다자 대외원조 금액은 1990년대에도 전체적으로 감소세를 보였다. 2002년 중국은 "다자외교에 참여하고 다자외교를 전개하여 국제적, 지역적 사무에서 건설적 역할을 발휘할 것"을 제안한다. 이후 2006년 1월 세계보건기구에 1,000만 달러를 기부하여 조류독감 예방 다각적 원조 자금 시스템을 구축했다. 2005년 유엔 새천년 개발회의에서 중국은 자국의 다자 대외원조 정책을 명확하게 설명하여 다자 대외원조의 중요성을 제고시켰다.[56]

중국의 다자외교 발전과 다자 대외원조 발전 사이에 시간 간격이 존재하는 원인은 두 가지이다. 첫째, 다자외교 정책의 조정이 다자 대외원조의 조정에 영향을 주려면 일정한 시간이 필요하다. 한 정책의 변화가 다른 정책과 협조를 이루려면 일정한 협상 시간이 필요한 것이다. 둘째, 중국의 대외원조 정책은 자국의 특수성이 있으므로 일정한 시간을 거쳐 조정해야 한다.

3. 중국의 다자 대외원조의 특성

대외원조 자금은 원조국 정부의 재정 지출에서 오고 원조국 정부기구나 원조국 국가와 관련된 여러 국제원조 기구에서 실행한다. 그러므로 대외원조는 엄격한 의미에서 국가가 관여하는 형식으로 이루어지는 국가 행위이며 게다가 국가의 국제적 행위이다. 대외원조는 원조국의 국익, 국가 형태, 행위 방식의 연장이다.[57] 이는 중국의 다자 대외원조에도 적용된다. 중국의 대외원조는 중국의 국익과 밀접한 관련이 있다. 이렇듯 원조정책과 외교정책이 밀접하게 관련되어 있고 외교와 원조가 국익을 위한 것이지만 양자

56) 羅春華, 앞의 글.
57) 周弘 · 張浚 · 張敏, 앞의 책, p.8.

는 중첩된 것이 아니라 일정한 차이점이 있다. 중국의 다자외교 정책의 발전은 그 특수성이 있을 뿐만 아니라 경제 발전 등 기타 요소의 영향을 받는다. 그러므로 중국의 대외교류만을 위하는 것이 아니다.

중국의 다자 대외원조 발전의 특수성은 개발도상국의 발전을 지원하고 정치적 조건을 부가하지 않는 데에서 구현된다. 그러므로 다자 대외원조 정책이 다자외교만을 위한다면 정치적인 조건이 부가될 것이다. 정치적 조건을 부가하지 않는 것이 중국의 다자 대외원조 발전의 중요한 특성임을 중국의 대외원조 발전 과정에서 파악할 수 있다. 1970년대 중국은 "유엔의 다자원조를 포함한, 진정으로 타국을 원조하는 모든 국가는 수원국을 돕되 착취해서는 안 된다. 차관은 무이자거나 저금리여야 하며 상환 기간을 연장해주되 빚 독촉을 해서는 안 된다. 차관이나 기타 원조를 제공할 때 수원국의 주권을 존중하고 그 어떤 부가적 조건이나 특권을 요구해서는 안 된다. 대외원조의 목적은 수원국을 도와 자력갱생하여 독립된 민족경제를 발전시키는 것이다."[58]라고 제안했다. 이 원칙은 제기하면서부터 현재까지 시종일관 집행되고 있다. 그러므로 중국의 다자 대외원조는 개발도상국의 발전을 돕고 정치적 조건을 부가하지 않는다는 기준을 견지하는 것이다. 이는 중국의 다자 대외원조의 중요한 특징이기도 하다.

중국의 다자 대외원조는 국내 자금의 영향을 받기도 한다. 1970년대 중국의 다자 대외원조 정책은 원조를 제공할 뿐 원조를 받지 않았다. 이는 "경제가 외교를 위해 복무함"을 구현한 것이다. 개혁개방 이후 중국의 다자 대외원조 정책은 실용적으로 변화하여 원조를 받기도 하고 원조를 제공하기도 했다. 이는 중국의 국내 경제가 외국의 자금과 기술을 필요로 했기 때문이다. 중국은 다자 대외원조를 제공할 때 자국의 능력을 고려했다. "능력껏 하고 힘껏 하는" 원칙을 구현하여 자국의 능력을 벗어나는 원조를 제공

중국 대외원조 60년

---

58) 「在聯合國第;屆全體會議上中國代表團團長喬冠華的發言」, 『人民日報』 1972年 10月 5日.

하지 않았다. 21세기에 들어서서 중국의 경제력이 커졌다. 적극적으로 다 각적 대외원조의 제공에 참여했으며 제공하는 액수도 더욱 많아졌고 참여 하는 분야도 더욱 넓어졌다. 현재 중국은 가장 큰 인도주의 다자 대외원조 제공 국가 중의 하나이다. 이러한 변화는 중국의 다자 대외원조 정책이 외 교정책의 영향을 받을 뿐만 아니라 국내의 경제 발전 같은 요소의 영향을 받는다는 것을 보여준다. 원조 자금의 사용 효율과 이용 능력은 다자 대외 원조의 발전을 구속한다. 원조는 무상 증여의 성격을 어느 정도 지니고 있 는데 중국은 개발도상국이므로 자금이 충분하지 않다. 중국은 제공된 원조 가 발휘하는 역할을 중요시하며 원조의 제공에 있어 아주 신중하다. 중국 은 새로운 형세에서 제한된 원조 자금의 더욱 효과적인 활용을 고려함으로 써 실제 운영에서 실용적 원칙을 중시해야 한다.

이 밖에 중국의 다자 대외원조 관리 체제도 다자 대외원조 발전에 영향 을 준다. 중국의 다자 대외원조는 분산적인 관리를 실행한다. 외교부는 다 자 대외원조의 정치 지도 업무를 책임지고 각 부서는 본부서와 관련되는 다자기구의 업무를 책임지며 다자기구에 주재원을 파견한다. 상무부는 세 계무역기구 등 기구의 업무를 책임지고 재정부는 세계은행과 아시아개발 은행의 업무를 책임지며 환경부는 유엔환경계획의 업무를 책임진다. 그 외 의 관련 부서들은 일부 관련 다자기구를 책임진다. 각 부서가 다자기구에 제공하는 원조 예산은 반드시 재정부와 협상해야 한다. 분산적인 관리 체 제에서 볼 수 있듯이 외교부는 중국의 다자 대외원조의 유일한 제공자가 아니다. 상무부, 재정부, 환경부 등 주관 부서들이 다자 대외원조의 제공에 서 비교적 큰 결정권을 지니고 있다. 이러한 주관 부서는 다자 대외원조 정 책의 조정과 실행을 책임진다. 주관 부서는 필연적으로 본부서의 상황에 따라 계획을 세우므로 다자 대외원조 분야에서 여러 부서의 이익이 잘 조 정되지 않을 때도 있다. 이는 효율을 떨어뜨리는 문제를 초래할 뿐만 아니 라 중국의 대외교류 전략과 서로 일치하지 않는 결과도 초래한다.

4. 소결

다자기구에 제공하는 중국의 원조는 중국을 포함한 개발도상국의 공동 발전을 촉진했고 중국의 국제적 책임을 구현했으며 세계에 중국의 발전 경험을 보급함으로써 중국의 국제적 영향력을 제고했다.

중국이 다각적 경로를 통해 원조를 제공하는 주요 목적은 개발도상국의 발전을 촉진하는 것이다. "쌍방적 원조나 다자원조를 막론하고 그 목적은 수원국으로 하여금 독립 자주적이고 자력갱생하여 자국 경제를 발전시키도록 돕는 것이다. 외세의 통제에서 벗어나 민족독립을 공고히 하도록 하고 장기적인 식민통치로 인한 가난하고 낙후한 상황을 개변시키는 것이다."[59] 이러한 사상에 의해 개발도상국인 중국은 다자원조를 받는 동시에 다자기구에 능력껏 원조를 제공했다.

중국의 다자 대외원조는 적은 자금으로 큰 효과를 거두었다. 중국은 다자 대외원조를 통해 다자개발기구의 원조 자금이 지역적 발전에 유리한 프로그램에 유입되도록 하여 원조 자금에 비해 큰 가치를 올리는 효과를 얻었다. 이를테면 아시아개발은행이 발기한 메콩강 유역 프로그램과 중앙아시아경제협력체프로그램이 바로 그러하다. 아시아개발은행의 많은 투자를 받은 이 두 프로그램은 중국 변방 지역과 인근 국가의 경제 일체화를 추진하여 양호한 효과를 얻었다.

중국이 다자 대외원조를 제공하는 다른 중요한 목적은 다자외교의 발전을 촉진하기 위한 것이다. 다자외교는 중국 전체 외교에서 중요한 구성요소로 쌍방적 외교가 대체할 수 없는 역할을 담당하고 있다. 다자 대외원조는 다자외교를 발전시키는 데 매우 필수적이다. 현재 국제적으로 다자외교는 다자 시스템의 역할을 특히 중요시한다. 성숙된 다자 시스템이 없으면

---

59) 「經社理事會討論聯合國開發計劃署的報告和活動, 我代表主張帮助受援國發展本國經濟」,『人民日報』1972年 7月 22日.

성숙된 다자주의도 없다. 국가 지도자나 외교가의 힘으로는 다자주의를 실현할 수 없으며 일정한 계획과 시스템을 갖추어야만 지속적이고도 효과적으로 다자 협력을 확대하고 참여국의 전체적 영향력을 제고할 수 있다.[60] 중국이 다자외교를 발전시키려면 다자기구와 다자원조 체계를 구축해야 한다. 그리고 이로써 중국이 줄곧 견지해온 공동 발전에 기여해야 한다. 다자기구에 가입하는 것은 유익하기도 하지만 폐해도 있다. 현재의 다자원조 기구는 미국 등 선진국의 주도를 받는다. 중국이 제공하는 원조 액수는 상대적으로 적어 기존 시스템에서의 역할은 아주 제한적이지만 적극적 요소로서의 역할을 포기해서는 안 된다.

중국의 다자 대외원조는 다음과 같은 측면에서 다자외교의 발전을 촉진한다. 첫째, 다자 대외원조는 다자외교의 변화에 의해 조정된다. 이 특징은 중국의 다자외교와 다자 대외원조 정책 발전의 옹근 과정에 연결되어 있다. 1950년대 초 중국 적십자회는 국제적십자회의 인정을 받았지만 몇 년 후부터 기부를 하기 시작했다. 1970년대 유엔에 가입한 후 중국은 유엔을 패권주의를 반대하고 개발도상국을 지원하는 중요한 무대로 삼았으며 선택적으로 유엔 행동에 참여하기 시작했다. 중국은 유엔의 일부 기구에 가입한 후 기부금을 내기 시작했다. 개혁개방 이후 중국의 외교정책은 국내 경제 건설을 위하는 것으로 전환하며 실용적 외교를 주장한다. 그러므로 중국의 다자 대외원조 금액은 소폭 증가세를 보이다가 점차 감소한다. 2002년 중국은 "다자외교에 참여하고 다자외교를 전개하여 국제적, 지역적 사무에서 건설적 역할을 발휘할 것"을 제안한다. 이후 2006년 1월 세계보건기구에 1,000만 달러를 기부하여 조류독감 예방 다자원조 자금 시스템을 구축했다.[61]

둘째, 중국의 다자 대외원조는 다자외교의 전개에 유리한 조건을 마련했

---

60) 王逸舟, 「中國與多邊外交」, 『世界經濟與政治』 2001年 第10期, p.7.
61) 羅春華, 앞의 글.

다. 이를테면 중국의 세계은행에 대한 기여가 커짐에 따라 세계은행에서의 지위도 날로 중요해졌다. 중국의 발전 경험은 점차 세계은행의 인정을 받아 보급되기 시작했으며 국제사회에서 중국의 발전을 인정받았다. 뿐만 아니라 다자 대외원조는 중국이 책임감 있는 대국으로서의 이미지를 확립하는 중요한 수단이다. 총체적으로 중국의 다자 대외원조는 다자외교의 전개에 유리한 조건을 마련했다.

지난날을 되돌아보면 중국의 다자 대외원조는 발전 과정에서 수많은 '변화'와 '불변'을 경험했다. '불변'은 세계의 보편적 발전과 공동 번영을 촉진하는 것과 원조에 그 어떤 정치적 조건도 부가하지 않는 사상이다. '변화'는 시대의 흐름에 따라 원조만 하고 원조를 받지 않던 것에서 원조를 받고 원조를 하는 것으로, 원조를 받고 원조를 하는 것에서 많이 원조하고 적게 원조를 받는 것으로 원조정책이 변화했다. 각 단계에서 각 다자기구에 대해 편차를 둔 것이다.

총적으로 중국의 다자 대외원조는 다자외교의 발전에 따라 날로 성숙되어 큰 성과를 거두었으며 역으로 다자외교의 발전을 촉진했다.

21세기에 들어서서 중국의 다자 대외원조는 새로운 도전에 직면해 있다. 중국의 경제력이 커짐에 따라 세계 각국에서 중국 다자 대외원조에 대한 기대치가 높아졌고 중국으로 하여금 더욱 많은 기여를 할 것을 요구한다. 다자외교의 발전은 다자 대외원조를 시급히 요구하고 있다. 첫째, 다자 대외원조의 제공을 통해 세계에 중국의 독특한 발전 경험을 보여주고 유엔기구를 개혁하며 제2차 세계대전 이후 미국 등 선진국이 구축한 브레튼우즈 체제를 변화시켜야 한다. 둘째, 중국의 국제적 위상의 제고에 유리하다. 중국은 유엔안전보장이사회, APEC, 핵확산금지조약 등 주요한 국제기구의 회원국이다. 이러한 기구에서의 중국의 결정 ─ 이를테면 자국의 이익에 따라 유엔안전보장이사회 부결권을 사용하는 것, 평화 유지 참여가 적은 것, 유엔 회비를 대폭 늘린 것, 온실가스 배출 감소에서 "공동의 그러나 차

별화된 책임 원칙"을 견지하는 것 때문에 일부 국가들은 중국이 권리와 의무를 제대로 처리하지 못한다고 오해한다. 이로부터 중국이 원조를 받기만 할 뿐 원조를 하지 않는다는 오해가 생긴 것이다. 다자 대외원조를 제공하는 것은 이러한 오해를 해소하고 중국의 영향력을 확대하여 국익을 수호하는 가장 직접적이고 효과적인 수단이다.

중국은 경제 발전의 과정에서 다자원조의 혜택을 보았으며 당연히 이를 갚아야 한다. 그러나 현재의 다자원조 체계는 아직도 서방 국가들이 장악하고 있다. 중국이 제공하는 원조를 어떻게 필요한 곳에 사용되게 할 것인가는 반드시 해결해야 할 문제들이다. 중국의 다자 대외원조는 개발도상국의 국익을 지키고 개발도상국의 발전을 도우며 개발도상국에 불리한 기획을 개선해야 한다. 이렇게 하려면 중국이 다자원조 체계에서 더욱 큰 발언권과 역할을 얻어야 한다.

서방 국가가 다자원조 체계를 주도하는 현실은 단기간 내에 개선되기 어렵다. 국제사회에 대한 중국의 기여를 다자 대외원조의 자금에 의해서만 강조해서는 안 되며 기술 양성과 공동 연구 등 인력을 양성하는 다자 대외원조를 더욱 중시해야 한다. 다자 대외원조 방식은 중국의 발전 경험을 여러 루트를 통해 세계에 보급하며 인류 발전 모형의 다양화에 기여해야 한다. 이로써 각 발전 모형이 서로 참고하고 경쟁하면서 공동 발전을 추진하도록 해야 한다. 구체적으로 의료, 농업, 인프라 건설 등 분야의 기술을 양성시켜야 한다. 다자 대외원조는 중국과 기타 국가의 협력 공간을 마련하고 더욱 많은 원조 자금을 정합하여 중국의 다자 대외원조 자금 사용의 효율을 제고해야 한다.

중국은 분산된 다자 대외원조 체계를 잘 관리해야 할 문제에 직면해 있다. 기존의 다자 대외원조 자금의 효율을 제고해야 하며 힘을 모아 큰일을 해내려면 반드시 다자 대외원조 결책의 투명성과 과학성을 제고해야 한다. 그리고 합리적인 감독 평가 시스템을 구축해야 한다. 향후 중국의 다자 대외원조는 이러한 문제점들을 어떻게 해결하느냐에 따라 더욱 발전할 것이다.

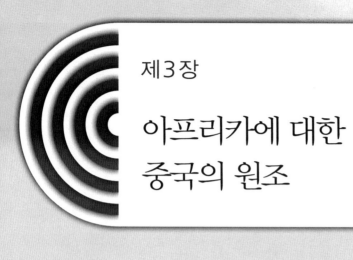

제3장

아프리카에 대한
중국의 원조

중국 대외원조 60년

一

中國援外60年

제3장 아프리카에 대한 중국의 원조

지리적으로 보면 아프리카는 중국과 아주 요원하다. 그러나 근현대사에서 아프리카와 중국은 서로 같거나 비슷한 경험을 했으며 새로운 국제정치와 경제 질서의 구축에서도 비슷한 입장에 있다. 이러한 비슷한 경험과 입장은 중국과 아프리카 간 관계가 전면적으로 발전하는 데 튼튼한 기초가되었다. 아프리카에 대한 중국의 원조는 주변국에 대한 원조보다 늦게 시작했고 규모도 아시아 국가에 대한 것보다 훨씬 작아 선진국의 아프리카 국가에 대한 원조와는 비교도 안 된다. 그러나 아프리카에 대한 중국의 원조는 아주 큰 국제적 영향을 초래했다. 1971년 제26차 유엔 총회는 알바니아와 알제리 등 국가가 제안한 중화인민공화국의 유엔 가입 결의안을 통과시켰다. 제안한 23개국 중 11개국이 아프리카 국가였다. 유엔 총회의 찬성표 76표 중 26표는 아프리카 표였다. 그러므로 모택동은 '흑인 형제'들이 중국을 유엔에 가입시켰다고 말했다.

아프리카에 대한 중국의 원조의 과정과 중국의 전체적 대외원조의 과정은 단계적으로 일치한다. 아프리카에 대한 원조는 각 시기별 중국 대외원조의 기본 원칙을 지켰다. 그러나 아프리카 국가의 지위와 아프리카 국가만의 특성상 아프리카에 대한 중국의 원조는 아시아 주변국, 사회주의 국가, 라틴아메리카 개발도상국에 대한 원조와 다르다. 총체적으로 시간의 흐름과 중국의 개혁 발전으로 아프리카에 대한 중국의 원조정책은 조정되었지만 수원국을 도와 민족경제를 발전시키는 원조의 주요한 목표는 변함이 없다.

아프리카에 대한 중국의 원조는 역사적으로 여러 시기를 거쳤다. 이 중 중요한 사건들로는 1955년 반둥 회의, 1964년 주은래 총리가 아프리카를 방문하여 제기한 중국 대외원조의 '8항 원칙', 1970년대 중국 대외원조 정책의 조정과 '16자 방침', 2005년 호금도 주석이 유엔 재정지원 고위급 회의에서 제기한 '다섯 가지 조치', 2006년 북경 중국-아프리카 포럼에서 제기한 아프리카에 대한 중국 원조의 '8항 정책 조치' 등이다. 이러한 사건들에 의해 아프리카에 대한 중국의 원조를 대체적으로 3단계로 나눌 수 있다. 첫 번째 단계는 1955년부터 1975년까지이다. 원조 규모의 확대와 원조 방식도 점차 정해졌으며 아프리카 국가의 국민경제 발전과 경제 독립에 대한 도움을 주요 목표로 삼았다. 두 번째 단계는 1975년부터 2005년까지이다. 이 시기 중국 국내의 개혁개방으로 대외원조의 규모가 줄어들었다. 또한 중국 사회주의 시장경제의 발전에 따라 중국은 새로운 원조 방식과 관리 모형을 탐구하여 아프리카에 대한 원조의 효율을 제고했다. 그러나 총적인 원조 방침에는 큰 변화가 없었다. 세 번째 단계는 2005년부터이다. 원조 규모는 다시 커졌으며 새로운 시기의 일부 특징이 나타났다.

이 장에서는 아프리카에 대한 중국 원조의 발전 역사에 따라 원조의 상황을 단계적으로 분석하고자 한다.

1절 아프리카에 대한 중국 원조의 초기 발전
: 기니에 대한 원조를 사례로

1995년 중국은 인도네시아 반둥에서 열린 아시아-아프리카 회의에 참석했다. 그리고 이듬해 아시아와 아프리카 민족국가에 경제·기술 원조를 제공하기 시작했다.[1] 반둥 회의를 전후하여 중국의 지도자들은 아시아와 아프리카 개발도상국에 대한 원조와 관련해 다각적인 고려를 했다. 1956년 부터 개혁개방 전까지 아프리카에 대한 중국의 원조는 발전 변화를 경험했지만 시종일관 이러한 기본적인 전략적 고려를 해왔으며 이를 지침으로 이 시기의 아프리카 각국에 대한 원조 업무를 지도했다.

아프리카에 대한 중국 원조의 내용과 형식은 중국과 아프리카의 쌍방 교류 과정에서 부단히 발전해왔다. 아프리카에 대한 중국의 원조는 경제·기술 원조를 위주로 했다. 그러나 아프리카의 신생독립국이 직면한 문제는 매우 복잡했으며 그들의 수요도 아주 다양했다. 이를테면 이집트는 독립 이후 반제국주의, 반식민주의와 민족독립을 수호하려는 입장을 견지했다. 서방 국가는 이집트와의 목화 무역 규모를 대폭 줄였다. 이집트는 목화가 적체되어 경제에 큰 영향을 받았다. 1954~1955년 중국은 3,000만 달러에 달하는 이집트의 목화와 면사를 구입했으며 1956년에는 1억 파운드에 달하는 목화를 구입했다. 이 중 590만 파운드는 현금으로 지불했다. 이는 이집트에 센세이션을 일으켰으며 1956년 이집트에서는 '중국 붐'이 일었다.[2] 기타 국가에도 이러한 무역 원조를 제공했다. 그러나 아프리카에 대한 중국의 원조는 경제·기술 원조를 위주로 했다. 민족경제를 발전시키는 것은 아프리카 국가가 독립 초기 시급히 해결해야 할 문제이며 이는 현재도 마찬가지이다. 경제·기술 원조는 아프리카 국가들의 경제 발전을 돕는 중요한 역할을 한다. 그러므로 이 절에서는 아프리카에 대한 중국의 경제·기술 원조를 중심으로 논의하고자 한다.

이 절에서는 기니에 대한 중국의 원조 상황을 사례로 아프리카 신생독

---

1) 石林 編, 앞의 책, p.37.
2) 陳敦德, 『周恩來飛往非洲』, 解放軍文藝出版社, 2007, p.12.

립국에 대한 중국의 경제·기술 원조의 발전 상황을 논의하고자 한다. 기니를 선택한 이유는 다음과 같다. 첫째, 기니는 사하라 이남의 아프리카 국가 중 가장 먼저 중국과 수교한 국가이며 가장 먼저 중국의 경제·기술 원조를 받은 국가이다. 둘째, 기니는 서아프리카에서 가장 먼저 프랑스의 지배에서 벗어나 독립을 이룩한 국가로 독립 이후에 봉착한 문제점은 아프리카 국가에서 대표적이다. 셋째, 기니는 독립 이후 친소련 정책을 고수했으며 사회주의 진영의 원조를 받았다. 기니에 대한 중국의 원조를 살펴보면 기타 사회주의 국가의 원조와 다른 중국 원조의 특징을 알 수 있다.

1. 국가 간의 새로운 관계와 새로운 형식의 원조

신중국 성립 이후 미국을 주축으로 하는 서방 국가들은 신중국을 적대시하는 정책을 고수했다. "중국을 군사적으로 위협하고 정치적으로 고립시키며 경제적으로 말살"하려고 시도했다. 신중국의 발전을 위해 중국은 평화로운 국제 환경을 마련하고자 하는 일변도의 정책을 채택했다. 소련을 주축으로 하는 사회주의 국가와의 우호 관계를 발전시키는 한편 아시아─아프리카─라틴아메리카 민족해방운동을 적극적으로 지원하고 신흥국가와의 관계를 발전시켰다.[3]

1955년 인도네시아 반둥에서 열린 아시아─아프리카 회의에 주은래 총리가 참석한 것은 신중국 성립 이후 가장 중요한 외교 행사였다. 반둥 회의 이전 중국 지도자들은 중국이 직면한 국제 형세를 전면적으로 고려하여 반둥 회의에서 '세계통일평화전선'을 확대할 정책을 제정했다. 회의 전 제정한 「아시아─아프리카 회의 참석 방안」(초안)에서 다음과 같이 지적했다.

---

3) 韓念龍 編, 앞의 책, p.2.

아시아-아프리카 회의는 제국주의 국가가 참석하지 않고 아시아와 아프리카 절대다수 국가가 참석하는 국제회의이다. 아시아-아프리카 회의는 중국-인도, 중국-미얀마 연합 성명이 아시아와 아프리카에 큰 영향을 주는 시기에 소집된다. 아시아와 아프리카 인민의 평화적인 독립을 이룩하려는 투쟁이 고조에 달하고 한 면으로 미국이 아시아와 아프리카 국가에 대한 통제를 강화하려고 침략 세력을 조직, 확대하여 새로운 전쟁을 적극 준비하고 있다. 미국은 아시아-아프리카 회의에 참석하는 추종국들을 통해 이번 회의를 파괴하려고 한다. 그러나 이번 회의에는 중국과 베트남민주공화국뿐만 아니라 많은 '평화중립주의' 국가와 '평화중립주의'를 염원하는 국가가 참석한다. 대다수 국가들은 모두 평화, 독립, 자국 경제와 문화의 발전을 갈망한다. 이는 우리가 아시아-아프리카 회의에서 아시아와 아프리카 지역, 나아가 전 세계에서 평화를 염원하는 국가와의 단합에 유리하다.

이러한 상황에 따라 우리는 아시아-아프리카 회의의 총괄적 방침으로서 세계평화통일전선을 확대하고 민족독립운동을 촉진하며 중국과 일부 아시아, 아프리카 국가의 외교관계 수립을 위한 조건을 마련해야 한다.[4]

세계평화통일전선의 구축은 신중국의 일시적인 대책이 아닌 신중국 지도자가 신중국 국가 성격에 대한 이해를 바탕으로 한 것이다. 신중국이 표방하는 제도는 서방 자본주의 국가와 전혀 다른 새로운 제도이다. 그러므로 신중국이 표방하는 국제관계의 준칙과 힘써 구축하려는 국제질서 역시 서방 자본주의 국가와 본질적으로 다르다. 반둥 회의가 끝난 후 주은래 총리는 전국인민대표대회 상무위원회에서 아시아-아프리카 회의의 기본 상황을 다음과 같이 말했다.

식민주의를 반대하고 민족독립을 쟁취하는 것은 아시아-아프리카 회의의 기본 문제입니다.

제3장 아프리카에 대한 중국의 원조

---

4) 「參加亞非會議的方案(草案)」(1955年 4月 4日~5日), 外交部開放檔案 207-00004-01.

식민주의가 무엇인가에 대해서는 식민주의의 침해를 받은 아시아와 아프리카 인민들이 가장 잘 압니다. 서방 식민국가가 몇백 년 동안 아시아와 아프리카를 식민 지배한 것보다 식민주의 본질을 더 잘 설명할 수 있는 것은 없습니다. 식민주의는 자본주의의 산물입니다. 식민지와 반식민지는 모두 자본주의 국가의 침략을 받아 주권을 상실한 국가입니다. 식민지와 반식민지의 민족은 외세의 식민 지배와 억압으로 독립하지 못했습니다. 식민주의의 본질은 곧 자본주의 국가가 후진국에 대한 약탈과 착취입니다. 후진국을 자국의 시장, 원료 생산지와 투자 장소, 군사 전략 기지로 만들어 후진국의 생산력 발전을 저해했습니다. 그러므로 후진국은 발전이 침체되고 극도로 가난하며 파탄의 경지에 이르렀습니다. 식민주의는 국가 주권의 상호 존중, 민족독립 및 평등 호혜의 원칙과 병존할 수 없습니다. 회의 참석국은 여기에 대해 반대 의견이 없었습니다.

……서방 식민국가가 몇백 년 동안 아시아와 아프리카를 식민 지배한 죄상은 명백합니다. 식민주의자들은 사회주의도 식민주의의 또 다른 방식이라고 모함하여 아시아와 아프리카 인민들로 하여금 반식민주의 투쟁의 상대가 헛갈리게끔 오도하고 있습니다. 그러나 사회주의 국가가 자국의 자본주의를 전복한 것은 자국의 식민주의 기초를 전복한 것입니다. 사회주의 국가 간의 관계는 국가 주권과 민족독립의 상호 존중, 평등 상조, 경제 발전 공동 추진을 기초로 하는 새로운 국가 관계입니다. 한 국가가 다른 국가를 지배하는 것은 사회주의 국가의 제도와 정책과는 전혀 다릅니다.[5]

이렇듯 신중국 지도자들의 신중국 국제적 역할에 대한 인식은 서방 선진국과 다르다. 애국주의와 국제주의의 상호 결합은 이 시기 대외 관계를 해결하는 중국의 근본 기점이 되었다. 1950~1970년대 모택동은 "혁명의 승리를 얻은 인민들은 해방을 얻기 위해 싸우는 인민들을 원조해야 한다. 새로 독립한 중국은 인류에 더 큰 기여를 해야 한다."[6]라는 입장을 여러 차례

5) 「周恩來總理在全國人民代表大會常務委員會上關于亞非會議的報告」(1955年 5月 13日),
   外交部開放檔案 207-00014-01, pp.5~6.
6) 石林 編, 앞의 책, pp.14~15.

보여주었다. 중국은 민족해방운동에 대한 지원과 신생독립국에 대한 원조를 당연한 국제적 의무로 간주했다. 1967년 모택동이 카운다 잠비아 대통령을 접견하여 발표한 담화는 신중국 지도자로서 중국의 국제적 역할과 국제적 지위에 대한 입장을 잘 표명했다.

> 먼저 독립한 국가는 후에 독립할 국가를 도울 의무가 있습니다. ……전 세계가 해방되지 않는다면 …… 중국의 종국적 해방도 없습니다.[7]

모택동은 이 주장을 '중화인민공화국헌법'에 수록했고[8] 이는 중국이 대외원조를 제공하는, 특히 중국과 멀리 떨어진 아프리카 국가에 원조를 제공하는 가장 근본적인 동력이 되었다.

따라서 신중국 지도자가 아시아와 아프리카 신생독립국과의 관계 발전, 특히 호혜적이고 협력적인 경제 관계의 발전과 신생독립국 대한 원조 제공에 대해 입장은 분명하다. 주은래 총리는 아시아-아프리카 회의 상황 보고 시 다음과 같이 말했다.

> ……아시아와 아프리카 국가와의 우호적인 관계를 촉진하기 위해 아시아-아프리카 회의는 경제협력과 문화협력에 관한 결의를 통과했습니다.
> 대다수 아시아와 아프리카 국가는 경제적으로 뒤떨어졌습니다. 그들은 장기간 불평등하고 각박한 조건으로 서방 국가로부터 소위 '원조'를 받았

---

7) 陳敦德, 앞의 책, p.287.
8) 제5기 전국인민대표대회 제5차 회의에서 통과한 '중화인민공화국헌법' 선언에서 "중국은 발전은 세계의 발전과 밀접하게 연결되어 있다. 중국은 독립 자주적인 외교정책을 견지하고 주권과 영토 보전의 상호 존중, 상호 불가침, 상호 내정 불간섭, 평등 호혜, 평화 공존의 5항 원칙을 견지하며 각국과의 외교관계와 경제 건설의 교류를 발전시킨다. 제국주의, 패권주의, 식민주의를 반대하며 세계 각국 인민과의 단결을 강화한다. 피압박 민족과 개발도상국의 민족독립의 쟁취와 수호, 민족경제의 발전을 지원하며 세계 평화와 인류의 진보적 사명을 추진하기 위해 노력한다."(石林 編, 앞의 책, p.15에서 인용)

습니다. 현재 이러한 상황에 변화가 생기기 시작했습니다. 아시아–아프리카 회의는 아시아, 아프리카 국가와 서방 국가의 경제협력을 반대하지 않지만 아시아, 아프리카 간의 협력의 중요성에 대해 제기했습니다.

식민주의 국가는 후진국과의 경제 교류에서 언제나 여러 가지 특권을 요구합니다. 이러한 특권은 식민주의의 구현입니다. 이러한 경제 교류는 후진국을 더욱 가난하게 만들므로 진정한 원조가 아닙니다.

아시아–아프리카 회의에서 주장한 경제협력은 이와 다릅니다. 아시아–아프리카 회의에서 경제협력은 호혜와 국가 주권에 대한 상호 존중을 바탕으로 해야 한다고 했습니다. 이러한 협력 범위는 현재 넓지 않지만 아시아와 아프리카 국가들이 이미 상조하기 시작한 것입니다. 이러한 상조는 발전 전망이 좋습니다. 대다수 아시아와 아프리카 국가는 모두 자금과 기술이 부족합니다. 그러나 자금은 모을 수 있고 기술은 배울 수 있습니다. 이 중 가장 기본적인 것은 각자의 생산력을 발전시키고 자력갱생을 제창하는 것입니다. 그러므로 아시아와 아프리카 국가의 경제협력은 상조로부터 시작하여 각자의 생산력을 발전시키는 것을 바탕으로 해야 합니다. 생산력을 발전시킨 기초에서 자금을 모으고 기술을 제고해야 합니다.

중국과 소련의 경제 관계는 곧 이러한 새로운 경제협력 관계의 예증입니다. 이러한 협력의 기초는 상조와 경제의 공동 발전에 대한 염원입니다. 중국은 아시아와 아프리카 국가와 경제협력을 하려고 합니다. 우리는 그 어떤 특권도 요구하지 않습니다. 일본은 아시아와 아프리카 국가에서 산업이 비교적 발달한 국가입니다. 만약 식민주의의 사고를 버린다면 일본도 기술적으로 기타 아시아와 아프리카 국가에 원조를 제공할 수 있을 것입니다. 평등 호혜의 경제협력은 그 어떤 국가도 배척하지 않습니다.[9]

이러한 입장은 신속히 중국의 대외원조 업무에 실행되었다. 1958년 중공중앙은 진의(陳毅), 이부춘(李富春)이 제기한 「대외 경제 · 기술 원조 업무 강화 관련 지도자 지시 보고」에 다음과 같이 의견 표시를 했다.

---

9) 「周恩來總理在全國人民代表大會常務委員會上關于亞非會議的報告」, pp.10~11.

대외 경제와 기술 원조 업무를 참답게 수행해야 한다. 이는 엄숙한 정치 임무이며 우리나라 인민이 형제국과 민족주의 인민에 대한 국제적 의무이다. 이는 사회주의 진영의 단결과 번영을 증진하고 우리나라와 민족주의 국가의 우호적 관계를 발전시키며 미국을 주축으로 하는 제국주의 진영의 침략과 확장 행위를 타격하는 데도 중요한 의의가 있다. ······

우리가 대외 경제와 기술 원조를 제공하는 주요한 상대는 사회주의 진영의 경제가 발달하지 못한 형제국과 아시아와 아프리카의 이미 민족독립을 이룩했거나 민족독립을 이룩하고 있으며 평화를 갈망하는 중립국가이다. 이러한 국가에 대해 우리는 상대방의 요구와 우리의 경제, 기술 등의 가능성에 의해 적당한 원조를 하여 경제를 발전시켜야 한다. 우리가 제공하는 경제·기술 원조의 더욱 빠른 효과를 위해 우리의 대외원조 업무는 반드시 이러한 국가의 구체적 상황에 따라야 한다. 각국의 구체적인 실정에 맞게 적절한 대책을 세우고 규모가 크지 않은 것으로부터 시작하며 외국과 자국의 것을 결합하는 방법으로 그들을 도와 산업 기지를 설립해주어야 한다. 우리가 그들을 원조하는 목적은 그들이 우리에게 의지하도록 하기 위한 것이 아니라 그들의 자력갱생을 돕고 촉진하려는 것이다.[10]

이러한 기본 원칙은 이후 끊임없이 세분화되고 완벽해져서 1964년 주은래 총리가 아프리카를 방문하며 제기한 중국 대외원조의 '8항 원칙'에서 충분히 구현되었다.

2. 아프리카에 대한 중국의 원조와 세계평화통일전선의 확대 : 정책 도구로서의 아프리카에 대한 원조

반둥 회의 후 중국과 아프리카 국가의 관계는 지속적으로 발전했다. 반둥 회의에서 중국은 아시아-아프리카 국가의 관계를 발전시킬 방침을 제정했

---

10) 中共中央批轉陳毅, 李富春『關于加強對外經濟, 技術援助工作領導的請示報告』(1958年 10月 29日).

다. 이는 세계평화통일전선을 확대하고 민족해방운동을 추진했다. 아프리카 신생독립국에 대한 중국의 원조는 필연적으로 이 목표를 위한 것이었다.

아프리카 국가가 식민 지배에서 벗어나고 민족독립을 쟁취하는 과정에서 국제적, 국내적 상황은 지극히 복잡하며 필요로 하는 원조도 각양각색이다. 중국의 도움도 경제·기술 원조를 제공하는 것에 제한되지 않았다. 수에즈 운하 위기 기간 중국과 이집트의 관계를 사례로 보자.

1956년 7월 26일 나세르 이집트 대통령은 수에즈 운하의 국유화를 선언했다. 이 소식을 들은 모택동은 당시 부임한 지 얼마 안 되는 중국 주재 하산 라가브 이집트 초대 대사를 접견했다. 모택동은 라가브 대사에게 중국 혁명의 경험을 소개했으며 나세르 대통령에게 신변 안전을 조심해야 한다고 당부했다.

> 당신들의 국왕은 나쁜 일을 하여 인민에게 전복되었습니다. 그러나 그는 이집트 사람입니다. 현재 이집트 인민과 아랍 인민, 아시아와 아프리카 인민은 단결했습니다. 그도 애국주의를 강조해야 합니다. 이집트에 불리한 발언을 해서는 안 되며 제국주의의 앞잡이가 되어서도 안 됩니다. 당신들은 그를 설득해야 합니다. 중국의 지주들도 토지개혁 때 땅을 모두 빼앗겼습니다. 그러나 항미 원조 시기 그들은 우리를 도와 미국과 싸웠습니다. ……
>
> 나세르 대통령은 요즘 안전하지 못한 곳에 가지 말아야 합니다. 제국주의는 계획이 실패하면 암살을 포함한 각종 수단을 취할 것입니다. 서방 국가는 나세르 대통령을 야심가, 히틀러라고 말하며 아랍 세계를 지배하려 한다고 합니다. 그러나 우리는 나세르 대통령이 아시아, 아프리카 지역의 민족 영웅이라고 생각합니다. 그러므로 제국주의는 나세르 대통령을 좋아하지 않는 것입니다.

1956년 10월 29일 수에즈 전쟁이 발발한 후 주은래 총리는 이집트 주재 중국 대사관의 관련 보고를 받는다. 그리고 11월 1일 오후 라가브 이집트 대사를 접견한다. 주은래 총리는 영국과 프랑스의 무장 침입을 비난하고 이집트 인민의 정의로운 투쟁을 성원했다. 주은래 총리는 「영국, 프랑스의 이집트 무장 침입에 관한 중국 정부의 성명」을 라가브 대사에게 전달하며 향후 이집트에 대한 지원을 고려하겠다고 한다. 11월 3일 북경의 50만 군중과 전국 각지의 1억에 달하는 군중들은 연속 사흘 동안 집회를 가지고 영국과 프랑스의 무장 침입을 비난하고 이집트 인민의 정의로운 투쟁을 성원했다. 11월 10일 중국은 이집트가 급히 필요로 하는 물자를 제공하기 시작했다. 여기에는 콩 6,000톤, 냉동 소고기와 양고기 1,000톤이 포함되었다. 이후 대량의 강재, 식량, 찻잎, 광석, 면실유 등을 제공했다. 또한 중국 정부는 이집트에 현금 2,000만 스위스프랑을 지원했으며 중국 적십자회도 10만 위안을 지원했다. 그리고 이집트에 파견할 의료 봉사단도 준비했다.

이 밖에 모택동은 수에즈 전쟁의 진전에 관심을 보였는데 이집트군이 시나이 반도를 고수하는 것이 적당하지 않다는 등 이집트의 반침략 전쟁에서의 군사 배치와 전략 방침에 대한 의견을 주은래 총리를 통해 이집트 정부에 전달했다.[11]

여기에서 볼 수 있듯이 중국과 아프리카 국가의 상조 협력 관계는 상당히 넓은 것으로 원조는 그중의 일각에 불과하다. 중국과 아프리카의 관계 발전에서의 아프리카에 대한 원조의 역할과 중국이 아프리카 국가에 원조를 제공하는 과정에서 원조를 통한 자국 전략적 목표의 실현에 대해 살펴보자.

1) 아프리카에 대한 중국 원조의 전략 목표 : "중간지대를 쟁탈하라"

민족해방운동 이후에도 식민주의는 여전히 아프리카에서 만연했다. 새

---

11) 陳敦德, 앞의 책, pp.17~22.

로 독립한 아프리카 국가는 민족경제를 발전시키고 종주국에 대한 의존에서 벗어나서 정치적 독립을 공고히 하려고 했다.

냉전 시기 아프리카는 두 진영이 극력 쟁탈하려는 대륙으로 이해관계가 특히 복잡했다. 1964년 주은래 총리는 아프리카 방문 보고서에서 아프리카에서의 여러 세력의 치열한 쟁탈전을 명확하게 지적했다.

신구식민주의 …… 아프리카 민족해방운동의 발전을 필사적으로 저지하여 아프리카를 지속적으로 지배하려고 한다. 신구식민주의 간에도 치열한 쟁탈전이 있다.

구식민주의는 압박에 못 이겨 양보했지만 신식민주의 수단으로 군사, 정치, 경제, 문화 등 면에서 신생독립국을 지배한다. 영국, 프랑스, 벨기에의 수법은 서로 다르다. 포르투갈과 중앙아프리카, 남아프리카의 식민주의자들은 최후의 발악을 한다.

영국 식민주의자들이 가장 교활하다. 그들은 압박에 못 이겨 영국 식민지 국가들의 '단계적 독립'을 허락했다. 그러나 이러한 국가에 영국이 장기간 양성한 대량의 관료와 군사장교를 남겨 신생독립국의 정부기구와 군대를 실질적으로 장악하고 있다. 탄가니카, 케냐 등의 정부에서 영국인이 장관직을 맡고 있다. 우간다의 군대 사령관과 경찰총감은 모두 영국인이다. 영국이 양성한 관료들은 가나의 정부 부서에 가득하다. 영국은 케냐 등에 군사기지를 가지고 있다. 영국 독점자본은 동부아프리카 대부분 농업 경제 작물의 생산, 광산업, 가공 공업을 통제하고 있다.

프랑스 식민주의자들은 베트남, 알제리에서 실패한 후 아프리카 식민지의 관계를 점차 조정했다. 현재 프랑스 식민주의자들은 '아프리카-마다카스카르 연맹'을 결성했다. 14개국이 이 연맹에 가입했는데 르완다를 제외한 국가들은 모두 프랑스의 옛 식민지이다. 이들 국가는 독립을 선언한 후에 프랑스와 여러 가지 쌍방적 혹은 다각적인 부가적 조약과 협정을 맺었으며 정치 · 군사적으로 프랑스 식민주의의 일정한 지배를 받고 있다. 이들 국가의 정부 부서나 군대에서 프랑스 식민주의자들이 요직을 맡고 있으며, 프랑스는 이들 국가에 군사를 주둔시키거나 군사기지를 두고 있다. 알제리에도 10만여 명에 달하는 프랑스 군대가 주둔해 있으며 금년 연말이 되어야 철군한다. 프랑스는 알제리의 해군기지와 사하라 사막의 미사일과 핵무기 기지를 계속 보유할 것이다. 경제 면에서 프랑스는 '아프리카–마다가스카르 연맹' 국가 경제의 주요 부분을 통제하고 있다. 알제리의 사하라 유전을 차지했고, 모로코에 대한 투자는 모로코 산업 총투자의 80%에 이른다.

미국 신식민주의는 음험하고 교활한 수단으로 장기적인 계획을 구상하면서 구식민주의 지위를 대체하여 아프리카 신흥국가를 자국의 지배하에 두려고 한다. 미국은 식민주의를 반대하고 아프리카 신흥국가를 동정하는 모습을 보이고 있다. '원조' 수단을 통해 많은 아프리카 국가에 그 세력을 뻗쳤다. 미국은 이미 '평화봉사단' 1만여 명을 아프리카에 파견하여 침투 활동을 벌이고 있다. 미국의 독점자본이 아프리카에 빠른 속도로 유입되었다. 아프리카에 직접 투자한 미국의 민간자본 총액은 제2차 세계대전 전에 비해 11배 증가했으며 아프리카의 자원을 대규모로 약탈하고 있다. 미국은 라이베리아, 리비아, 에티오피아 등 국가에 군사기지를 두었다. 미국은 아프리카 국가에 군사고문단을 파견하고 군사장비를 제공하여 아프리카 국가의 군대를 통제하고 있다. 미군은 유엔군을 이용하여 콩고의 민족독립운동을 탄압했으며 콩고는 이미 미국의 식민지가 되었다. 미 제국주의의 잔혹한 본성과 신식민주의의 반동적 입장은 이미 폭로되고 있으며 앞으로 철저히 폭로될 것이다. 그러나 현재 아프리카에서 여전히 일정한 기만성을 지니고 있다.[12]

이러한 상황에서 아프리카 국가를 도와 여러 가지 의존 관계에서 벗어나야만 그들이 대외관계에서 외세의 통제와 영향을 받지 않고 중국이 추구하는 세계평화통일전선의 전략 목표를 확대할 수 있다. 독립 후에도 대다수 아프리카 국가들은 경제적으로 여전히 종주국이나 강대국의 통제를 받으므로 자주적으로 외교정책을 제정하지 못하게 되고 나아가 자주적으로 자국의 발전 모형을 선택하지 못하게 되었다. 당시 중국과 에티오피아의 관

---

12) 「十四个國訪問報告提綱」, 外交部開放檔案 203-00494-01, pp.20~22.

계에서 이를 볼 수 있다.[13]

제2차 세계대전이 끝난 후 에티오피아와 미국은 줄곧 밀접한 관계를 유지했다. 1960년대 중반, 미국이 에티오피아에 제공하는 군사원조는 아프리카에 대한 군사원조의 절반을 차지했다. 하일레 셀라시에 국왕은 여러 차례 미국을 방문했다. 에티오피아와 미국은 '공동안전협정'을 체결했으며 미국은 에티오피아의 아스마라에 대형 통신기지를 설립했다. 비록 하일레 셀라시에 국왕은 중국과의 관계를 발전시키려 했지만 장기간 중국과 수교도 하지 않고 장개석(蔣介石) 정권도 승인하지 않는 입장을 취했다.

1963년 12월 주은래 총리의 아프리카 순방 소식이 전해지자 비록 에티오피아는 중국과 수교를 맺지 않았지만 하일레 셀라시에 국왕은 진가강(陳家康) 이집트 주재 중국 대사를 통해 에티오피아 방문 요청을 했다. 1963년 12월 2일 주은래 총리가 이집트 방문을 마치자 진가강은 주계정(朱啓禎), 왕염당(王炎堂) 등 이집트 주재 중국 대사관 직원들과 함께 에티오피아로 가서 주은래 총리의 에티오피아 방문을 협상했다. 양측이 방문 일정을 모두 확정지을 무렵 에티오피아 궁정대신이 와서 모든 협의를 번복했다. 그는 주은래 총리가 에티오피아를 방문할 때 수도인 아디스아바바의 방문을 보류하고 에티오피아의 최대 도시 아스마라를 방문해야 한다고 했다. 진가강은 에티오피아의 국제 관례를 위반하는 이러한 번복에 대해 총리의 방문을 취소하겠다고 했다. 당시 담판에 참석했던 주계정은 다음과 같이 회고했다.

대표단에 보고를 올리자 총리님께서는 아시아와 아프리카 국가의 단결 협력을 강화하기 위해 아스마라에 가시겠다고 했다. 총리님께서는 에티오피아는 외세의 압력을 받았다고 하면서 우리는 약소국의 어려움을 이

---

13) 1964년 주은래 총리가 에티오피아를 방문하기 전후의 상황은 陳敦德(「周恩來飛往非洲」, pp.230~236)을 참고하기 바람.

해해주어야 한다고 하셨다. 우리가 에티오피아 측의 말에 따라 아스마라에만 가겠다고 하니 에티오피아 외교대신은 재차 감사를 표했다. ……

에티오피아 국왕은 총리님과 함께 아스마라 왕궁에 머물렀다. 셀라시에 국왕은 총리님과 세 차례의 회담을 가졌고 직접 총리님을 수행하여 고도 악숨을 방문했다. 총리님 일행의 안전을 보장하기 위해 에티오피아 정부는 대표단과 한 호텔에 들기로 한 미국 군사 고문단을 호텔에서 내보냈으며 그들이 사흘 내에 아스마라에서 공식 활동을 못 하도록 했다.

1964년 1월 31일 주은래 총리는 하일레 셀라시에 국왕과의 두 번째 회담에서 중국과 에티오피아의 수교와 양측이 발표할 공동성명의 내용을 의논했다. 셀라시에 국왕은 튀니지처럼 곧장 중국과의 수교를 선언하려고 하지 않았다. 셀라시에 국왕은 다음과 같이 말했다.

우리의 의견은 양측이 협의하고 조치를 취하여 에티오피아와 중화인민공화국의 관계를 강화하는 것입니다. 여기에는 멀지 않은 향후 양국 관계의 정상화를 포함합니다. …… 에티오피아는 줄곧 중화인민공화국의 유엔 가입을 지지했습니다. 우리와 중국의 수교는 미국과의 관계를 고려하지 않을 수 없습니다. …… 우리가 미국의 정책을 추종하는 것은 아닙니다. 우리의 정책은 비동맹이고 또한 이 정책이 옳다고 생각합니다.

비록 에티오피아는 중국과 수교를 맺지는 못했지만 1964년 주은래 총리의 에티오피아 방문부터 1971년 제26차 유엔 총회가 열릴 때까지 해마다 유엔 총회에서 찬성표로 중국의 유엔 가입을 지지했다. 닉슨 미국 대통령이 중국을 방문하기 3개월 전 에티오피아는 중국과 대사급 외교관계를 맺었다.

아프리카 방문 과정에서 주은래 총리는 외세가 어떤 방법으로 원조를 통해 아프리카 국가의 경제가 그들에 의존하게 하여 정치적으로 아프리카 국가를 통제하는지를 간파했다. 주은래 총리는 아프리카 방문 보고서에서 다음과 같이 지적했다.

아프리카 신흥국가의 민족경제 발전에는 다음과 같은 문제점이 존재한다.

첫째, 절대다수 아프리카 국가의 식량은 수입에 의존한다. 일부 국가는 농업을 발전시켜 식량을 자급하려고 노력한다. 적지 않은 국가는 인식의 부족으로 조치를 취하지 않아 서방의 통제에서 벗어나기 어렵다.

둘째, 일부 아프리카 국가는 중소 가공 기업에서 시작하여 자국의 민족산업을 건설하려고 한다. 이는 가능성이 있다. 일부 국가는 대규모의 서양식 건축공사를 바란다. 제국주의와 소련은 대규모 서양식 건축공사로 이들을 구속한다. 이는 아프리카 국가가 경제적으로 외국 자본과 기술에 의존하게 되고 정치적으로 제국주의와 수정주의의 통제를 받게 된다.

셋째, 현재 대다수 아프리카 국가의 건설은 거의 대외원조에 의존한다. 신생독립국인 아프리카 국가를 대외원조에서 벗어나 자력갱생하라고 요구하는 것은 현실적이지 못하다. 그들에게 비교적 현실적인 것은 대외원조를 이용하되 대외원조에 의존하면 안 되고, 민족경제의 규모를 확대하여 향후 대외원조에서 벗어나야 하는 것이다. 적지 않은 아프리카 국가의 지도자들은 대외원조 의존의 위험성을 보지 못하고 있다.[14]

대부분 아프리카 국가가 이러한 상황에 놓여 있으므로 대외원조는 아프리카에 대한 중국의 전략적 목표를 위해 대체할 수 없는 수단이다. 그렇지 않으면 경제가 강대국의 통제를 받는 아프리카는 국제사무에서 신흥국인 중국을 지지하지 않을 것이다. 아프리카 국가에 원조를 제공하는 과정에서 중국은 아프리카 국가에 중국의 발전 경험을 소개하고 국민경제 발전에서의 독립자주와 자력갱생의 중요성을 강조했다. 한편, 중국이 아프리카 국

---

14) 「十四个國訪問報告提綱」, pp.18~19.

가를 원조하는 과정에서 제정한 원칙과 방법은 기타 대외원조와 선명한 대비를 이루었다. '8항 원칙'이 제기되자 큰 반향을 불러일으켰으며 아프리카 국가들로부터 보편적인 선호와 높은 평가를 받았다.[15] 주은래 총리는 아프리카 방문 보고서에서 다음과 같이 총괄했다.

> 아시아와 아프리카에 대한 우리의 원조는 우리가 제국주의와 수정주의와 중간지대를 쟁탈하는 중요한 의의가 있다. 이번 방문에서 제기한 우리의 대외원조 '8항 원칙'은 아시아와 아프리카의 신생독립국을 도와 민족경제와 민족문화를 발전시키려는 우리의 진실한 소망을 구현했다. '8항 원칙'은 제국주의, 수정주의, 쇼비니즘을 폭로하고 반대하는 수단으로 아프리카 국가들의 열렬한 환영을 받았다. 우리는 '8항 원칙'에 의해 일을 실행하여 이미 좋은 효과를 보고 있다. 우리는 형세의 발전을 근거하여 실제 운용에서 풍부하고 완벽하게 만들려고 한다.[16]

2) 아프리카에 대한 원조의 원칙, 중점과 형식: '8항 원칙'

1964년 1월 주은래 총리가 가나 방문시에 제기한 중국 대외 경제·기술 원조의 여덟 가지 원칙을 '8항 원칙'이라고 약칭한다. '8항 원칙'은 현재까지 여전히 중국의 대외원조 업무를 지도하는 기본 원칙이다. '8항 원칙'은 중국의 대외원조 목표, 원조의 주요 내용과 형식에 대해 자세히 설명했다. 일부 대외원조 전 종사자들의 회고에 따르면 1960~1970년대에 대외원조 업무는 '8항 원칙'에 따라 전개했는데 '8항 원칙'에 부합되면 실행했고 부합되지 않으면 실행하지 않았다고 한다.[17]

아프리카에 경제·기술 원조를 제공하는 것은 아프리카 국가를 도와 자

---

15) 江翔, 『我在非洲十七年』, 上海辭書出版社, 2007, pp.51~55.
16) 「十四个國訪問報告提綱」, p.39.
17) 2007년 8월 30일, 이승위 전 대외원조사 사장 탐방 기록.

주적인 국민경제 발전과 함께 원조 프로그램 실행 과정의 협력을 통해 수원국에 중국의 발전 경험을 직접 전수하기 위한 것이다. 또한 원조 관계를 통해 경제, 정치, 문화 등 분야의 교류를 발전시키고 수원국에 중국의 발전 경험을 소개함으로써 수원국의 발전 방향을 바로잡으려는 것이다. 국제원조의 실제에서 보면 원조국이 원조를 통해 수원국에 자본, 기술, 제도, 규범 등을 수출하는 것은 일반적인 현상으로 중국도 예외가 아니다.

아프리카 국가와의 교류에서 중국은 아프리카 국가들의 실제 상황에 근거하여 자국의 경제 건설과 정권 유지의 비결을 전수함으로써 중국식 발전 경로를 걷도록 인도했다. 1964년 주은래 총리가 아프리카 방문을 마치고 귀국한 후, 그해 6월에 쿠야트 말리 경제발전부 장관이 중국을 방문한다. 중국 정부는 쿠야트로 하여금 먼저 북한을 방문하여 북한의 경제 건설 성과를 참관하도록 한다. 쿠야트가 중국에 돌아온 후 주은래 총리가 접견하며 북한의 경험을 참고로 후진국의 자주적인 경제 발전 가능성을 가리켜주었으며 말리의 경제 건설, 정권 건설에 대해 자세하게 논의했다. 또한 국제적 · 국내적 적대 세력을 경계해야 한다고 했다. 대화문은 다음과 같다.

> 주은래 : 북한은 폐허 위에서 복구 건설된 사회주의 국가로 10여 년의 시간을 들여 지금과 같이 건설되었습니다. 중국과 북한은 전쟁기나 건설기를 모두 함께했습니다. 우리는 북한을 자주 방문하는데 해마다 그 발전이 다릅니다. 그들이 이룩한 성과에 대해 우리는 진심으로 탄복합니다.
>
> …(중략)…
>
> 주은래 : 북한의 모든 것은 수정주의가 터무니없음을 증명했습니다. 수정주의는 폐허에서의 복구 건설을 믿지 않았습니다. 이 문제를 어떻게 봐야 하겠습니까?
>
> 첫째, 폐허는 우리가 만든 것이 아니라 제국주의가 만든 것입니다.
>
> 둘째, 폐허가 되었더라도 복구 건설을 할 수 있습니다. 북한

이 이미 증명했습니다. 어디에 의지했겠습니까? 바로 자국의 노력에 의지한 것입니다. 북한의 인구는 천만 남짓밖에 안 되지만 10년의 시간으로 폐허를 복구했습니다. 수정주의는 이러한 사실을 인정하지 않고 전쟁이 발발하면 모든 것이 파멸된다고 주장합니다. 수정주의는 전쟁으로 사람을 위협하는 것입니다. 저항하면 파멸되기 때문에 사람들에게 저항하지 말라고 합니다. 수정주의는 제국주의에 대해 이렇게 말하지만 사실상 세계 인민의 궐기를 반대하는 것입니다. 전 세계 인민은 핵전쟁을 어떻게 대해야 하겠습니까? 반대해야 하지만 무서워하지도 말아야 합니다. 그러면 핵전쟁이 터지지 않습니다. 그러나 수정주의는 사람들에게 겁을 먹게 하고 제국주의에게 평화를 구걸하도록 합니다.

쿠야트 : 옳은 말씀입니다.

주은래 : 어떻게 복구 건설해야 하겠습니까? 바로 자력갱생해야 합니다. 북한은 자력으로 건설된 것입니다. 만약 모든 민족독립국가가 자력갱생한다면 제국주의의 경제적 협박이나 상품 투매 등이 모두 효과를 보지 못하게 될 것입니다.

쿠야트 : 옳은 말씀입니다.

주은래 : 수정주의는 우리의 자력갱생을 민족고립주의라고 우깁니다. 북한은 그렇지 않습니다. 그들의 건설에는 국제주의가 있습니다. 북한은 많은 국가들을 요청하여 참관하도록 했습니다.

쿠야트 : 옳은 말씀입니다.

주은래 : 사실상 수정주의는 자력하지 말고 경제적으로 강대국에 의존하라는 것입니다. 그 결과 여러 나라들은 모두 발전하지 못했습니다. 강대국에게 쇼비니즘 경향이 없다 하더라도 이러한 국가들의 경제 발전을 돕지 않을 것입니다.

…(중략)…

주은래 : 구체적인 경제 건설에 대해서는 방의와 의논할 수 있습니다. 당신들의 가장 큰 문제는 교통입니다. 당신들은 항구가 없습니다. 이와 관련해 나와 코네 국무장관이 의견을 교환했습니다. 당신들은 인접 국가와의 관계에서 코트디부아르와 관계가 더 좋지 않습니까? 코트디부아르는 도로운수입니다. 도로운수는 철도운

수보다 비용이 더 많이 듭니다. 케이타 대통령은 북쪽으로 도로를 닦아 알제리를 통해 바다로 나가려 했습니다. 그러나 도로는 부설에도 시간이 많이 걸리고 운수에도 시간이 많이 걸립니다. 장점이 있다면 정치적 조건이 좋은 것입니다. 이러한 상황에서 당신들은 경제 건설을 고려할 때 먼저 국내의 수요를 고려하고 해결해야 합니다. 대부분을 자급하고 일부 필요한 것, 정밀기계 같은 것만 외국에서 수입해야 합니다. 이러면 외국이 가하는 경제적 압력을 줄일 수 있습니다.

쿠야트 : 이것이 바로 우리가 하려는 것입니다.

주은래 : 먹는 문제는 해결할 수 있습니다. 식량과 육류가 충분하고 양도 많고 소도 있습니다. 당신들에게는 동물유와 식물유도 있습니다. 야자유는 있습니까?

쿠야트 : 야자는 있지만 기름을 내지 않습니다. 우리는 다른 식물을 가공하여 식용유로 만들 수 있습니다.

주은래 : 농민들은 닭과 오리를 사육합니까?

쿠야트 : 주로 닭을 사육합니다.

주은래 : 늪도 많으니 이에 대해서는 방의와 의논하십시오. 우리가 돕겠습니다. 당신들에게는 먹을 것이 문제되지는 않을 겁니다. 바나나, 망고 등 과일도 많지 않습니까? 국무장관이 가져온 망고를 맛보았습니다. 아주 맛있었습니다. 당신들의 망고는 세계에서 가장 훌륭합니다.

쿠야트 : 유럽 시장에서 1위입니다.

주은래 : 사탕수수도 많으니 이후 제당공장을 지읍시다. 1천 톤짜리 제당공장은 너무 크지 않는지 모르겠습니다.

방　의 : 현재 짓고 있는 제당공장이 350톤짜리입니다.

주은래 : 제당공장은 분산해서 지을 수 있습니다. 지역마다 작은 제당공장을 지으면 생산지와 가까워 편리하고 운수비용도 절감할 수 있습니다. 만약 너무 크게 지으면 생산지와 너무 멀어 운수하는 동안 사탕수수가 썩을 수 있습니다. 제당공장 노동자들은 노동자이기도 하고 농민이기도 한 계절 노동자로 해야 합니다. 말리처럼 인구가 많지 않은 국가가 매우 유리합니다. 당즙을 짜는 계절이 지나면 계절 노동자들은 농민으로 돌아가고 공장에는 일부 기술자

만 남겨 기계 정비를 하게 하면 됩니다. 다른 식량, 기름 가공공장도 모두 계절 노동자를 쓸 수 있습니다. 모피는 수출합니까?

…(중략)…

주은래 : 이러한 것들은 점차 생각하면서 만들어 인민들의 생활 수요를 만족시켜야 합니다. 먼저 입고 먹는 것을 해결해야 합니다. 그리고 생필품도 해결해야 합니다. 자주적인 건설이 첫걸음입니다. 두 번째는 중공업건설인데 이는 아주 필요합니다. 첫걸음을 뗄 때는 동시에 수력발전소와 화력발전소를 건설해야 합니다. 당신들은 아직 무기를 만들지 못하고 수리공장만 있습니다. 필요하면 우리가 돕겠습니다. 초기에는 도움을 받다가 점차 자력에 의존해야 합니다. 가장 큰 문제는 교통운수입니다. 대통령 각하께 보고하십시오. 첫째, 무기에 대해 우리의 도움이 필요한지 말입니다. 둘째, 향후 운수 문제를 어떻게 해결해야만 당신들에게 유리한지도 말입니다. 대통령께서 방문할 때 관련 책임자들과 함께 와서 구체적으로 의견을 교환하도록 합시다.

쿠야트 : (고개를 끄덕이며)무기와 운수 문제, 알겠습니다.

주은래 : 그리고 다른 중요한 문제는 재정 문제입니다. 수출입은 국가가 관리합니까?

쿠야트 : 현재 수출입은 국영공사가 경영합니다. 그러나 일부 전통적인 소상업은 아직 해결하지 못했습니다. 국경선이 비교적 길어 검사소를 많이 설립하지 못했기 때문에 단속에 어려움을 겪고 있습니다.

주은래 : 이것은 방법이 없습니다. 먼저 큰 것을 잘 관리하고 작고 분산적인 것은 점차 관리하면 됩니다. 구매는 국가가 직접 농민들에게서 합니까? 아니면 중간상이나 촌장을 거칩니까?

쿠야트 : 농민합작사가 국가에 판매합니다.

주은래 : 공급판매합작사는 생산에 관여합니까?

쿠야트 : 생산, 구입, 공급과 판매를 관리합니다. 이 밖에 집단농장이 있습니다. 합작사마다 관리위원회가 있습니다.

주은래 : 위원회는 사람들이 선거합니까? 국가가 지정합니까? 아니면 촌장이 겸직합니까?

쿠야트 : 사람들이 선거를 합니다.

주은래 : 위원회 주석은 예전의 촌장의 권력을 가지고 있습니까?

쿠야트 : 모두 취소했습니다.

주은래 : 당신들은 형식적으로는 민주 토론이지만 실제로 그들이 결정하는 상황이 있습니까?

쿠야트 : 우리는 모두 위원회 토론을 거쳐야 합니다.

주은래 : 비록 그들이 선출된 것이고 형식적으로 민주주의지만 구세력들이 존재할 것이 아닙니까? 이를테면 우리의 인민공사, 생산대장은 모두 선출직이지만 상급 부문에서 감사를 하지 않으면 일부 법을 위반하거나 기율을 어지럽히는 상황도 발생합니다.

쿠야트 : 우리는 정치위원회기 관리위원회 업무를 감사합니다.

주은래 : 우리들의 인민공사에도 공사위원회와 당위원회가 있습니다. 이 두 위원회는 서로 감독해야 합니다. 당위원회가 공사위원회를 지도해야 합니다. 그러나 두 위원회가 공모하여 나쁜 일을 저지를 때도 있습니다. 군중들이 이를 모르지 않지만 상급 부문의 감사가 없으면 그들은 감히 말하지 못합니다. 비록 제도가 바뀌었지만 구사회적 습관은 남아 있고 그 영향도 비교적 큽니다. 새 사회를 건립하는 것은 쉬운 일이 아닙니다. 몇십 년의 시간이 없이는 안 됩니다. 새 사회를 건립하는 것도 어렵지만 건립한 후에도 어려움이 많습니다. 우리는 형제국입니다. 이번 기회에 우리의 좋은 점과 나쁜 점을 말해봅시다. 우리의 것이 다 좋다고 생각하지 마십시오. 우리와 당신들은 모두 신흥국입니다. 우리들의 상황은 거의 비슷할 것이라고 생각합니다. …… 이것이 바로 국내 상황입니다. 국제 상황도 마찬가지입니다. 제국주의와 자본주의는 우리들에게 영향을 줍니다. 구사회의 세력은 여전히 존재하고 기회만 되면 뛰어나옵니다. 우리에게는 "우리가 그들의 사상을 개조하지 않으면 그들이 우리의 사상을 개조할 것이다."라는 말이 있습니다. 중국도 아시아도 아프리카도 모두 그렇습니다. 이러한 세력은 한꺼번에 숙청해버릴 것이 아니라 하나하나씩 변화시켜야 합니다. 그리고 이들을 경계해야 합니다.[18]

---

18) 「周恩來總理接見馬裏經濟發展部部長庫亞特的談話記錄(未經總理審閱)」(1964年 6月 26日), 外交部開放檔案 108-01370-10.

3. 아프리카에 대한 경제·기술 원조와 중국—아프리카 관계의 초기 발전: 기니를 사례로

1950년대 중반 이후 중국과 아프리카 관계의 발전 과정에서 경제·기술 원조가 아주 중요한 역할을 했다. 그 역할은 아프리카 국가들을 도와 독립을 공고히 하고 민족경제의 발전 과정에서 마주친 실제적인 어려움을 해결한 것만이 아니다. 더욱 중요한 것은 경제·기술 원조의 시행 과정에서 아프리카 국가에 중국의 발전 경험을 보급했으며 수원국에 자금, 기술과 설비 등을 제공하고 또한 수원국에 대량의 인재를 양성해주었다는 사실이다. 많은 아프리카 국가의 독립 초기, 원조는 경제적 범주를 벗어나 민족해방운동에 사기를 진작시키는 중요한 역할을 했다. 일부 아프리카 국가들은 자국과 비슷한 경험이 있는 중국이 이룩한 발전 성과를 보면서 자력갱생으로 발전할 결심을 지니게 되었다.

앞서 언급했듯이 1950~1960년대 아프리카의 정치적 환경은 매우 복잡했다. 중국은 국제적으로 고립되었고 장개석 정권은 적극적으로 활동하면서 국제적 지지를 얻으려 했다. 중국이 아프리카에서 외교 활동을 벌이기가 아주 어려웠다. 일부 국가에 대한 경제·기술 원조는 쌍방적 관계를 맺는 중요한 수단이었다.

그러나 원조 활동은 일반적인 외교 활동과 다르다. 경제·기술 원조는 복잡한 경제·기술 업무로 영향력을 발휘하는 방식도 매우 복잡하다. 아래에서는 1959~1964년 기니에 대한 중국의 원조를 사례로 아프리카에 대한 중국 원소의 상황을 설명해보자. 기니를 선택한 것은 사하라 이남의 국가 중 가장 먼저 중국과 수교한 국가이며 가장 먼저 중국의 원조를 받은 아프리카 국가이기 때문이다. 개혁개방 전까지 기니는 중국이 중점적으로 원조한 아프리카 국가였다. 중국 대외원조의 일부 방법은 기니에 대한 원조 과정에서 형성된 것이다.

1) 1958~1962년, 기니 독립 초기의 정치 경제 상황

1950년대 말 아프리카 민족해방운동이 고조되자 프랑스의 서아프리카 식민 지배는 흔들리게 된다. 드골은 군사적 수단으로 알제리의 민족해방운동을 탄압하려 했지만 오히려 수렁에 빠지는 결과를 초래했다. 이를 참고로 드골은 기타 아프리카 식민지에 회유책을 펼친다. '드골 헌법'을 내세워 식민지가 프랑스 연합 내에서 자치를 할 수 있도록 한다. 드골은 이 정책으로 아프리카 인민들의 독립 요구를 저지하고 나아가 아프리카의 식민 지배를 강화하려고 했다. 그러나 기니는 국민투표로 '드골 헌법'을 부결했으며 1958년 10월 2일 프랑스령 아프리카의 13개 식민지 중 가장 먼저 독립을 선언하여 기니공화국을 수립했다.

기니의 독립은 드골의 식민정책을 강력하게 타격했으며 기타 식민지에 본보기를 보여 프랑스 식민 지배의 붕괴를 가속시켰다. 그러므로 프랑스는 기니의 독립을 극히 적대시했다. 또한 신생독립국인 기니공화국을 어떤 방법으로 대해야 할 것인가는 프랑스의 골칫거리가 되었다. 회유적인 정책이 효과를 보지 못하고 군사행동을 취하려고 해도 알제리의 수렁에 빠져 파병할 군대가 없었다. 그러므로 프랑스는 경제적으로 기니에 압력을 가하기 시작했다.[19]

대다수의 식민지와 마찬가지로 기니도 경제적으로 종주국에 의존하고 있었다.

> 기니는 원래 서아프리카에서 프랑스의 투자가 비교적 많은 지역으로 2억 5,400만 달러에 달한다. 프랑스는 기니의 보크사이트(저장량 1억 5000만 톤)와 철광석(저장량 20억 톤) 채굴에 관심을 가졌다. 프랑스에 대한 기니의 의존도는 아주 높았으며 그 경제의 주요 부분은 프랑스가 잡고 있었다. 대외무역의 67%가 프랑스에 대한 수출이다(주요 수출품은

---

19) 「法國與幾內亞的關系」(1958年 12月 17日), 外交部開放檔案 110-00776761-04(1).

바나나, 커피, 보크사이트). 그러나 프랑스와 비등가교환을 했으므로 무
역 역차는 매우 컸다. 1956년 수입은 800만 달러였지만 수출은 80만 달
러밖에 되지 않아 적자가 720만 달러에 달했다. 재정 예산도 부족하여
해마다 프랑스에서 480만 달러를 지원받아야만 예산 편성이 가능했다.
이 밖에 프랑스에 진 채무가 500만 달러였다. 기니가 독립한 후 프랑스
는 기니의 수입품 관세 특혜를 취소하고 기니에 대한 일체 경제원조를
중단했다. 기니의 경제를 혼란에 빠뜨려 기니인들이 정부에 불만을 가
지게 한 후 개입하려는 속셈이었다.[20]

기니가 독립을 선언한 후 프랑스는 기니와의 모든 경제 관계를 끊어
버리고 경제원조를 중단했다. 기니가 다시 프랑스 연방에 돌아오도록 압
박하고 기니를 추종하는 다른 식민지에 경고를 보내려고 한 것이다.

1958~1962년 프랑스는 갖은 방법과 수단으로 기니를 압박했다. 당시
중국을 방문했던 기니 관계자들의 회고에 의하면[21] 기니가 독립한 후 프랑
스는 즉시 기니로부터 프랑스 군대와 행정기관 직원, 심지어 학교의 프랑
스어 교사도 철수시켰다. 대규모 인원이 철수할 때 가지고 갈 수 있는 물
건은 모조리 가지고 갔으며 가지고 갈 수 없는 물건은 훼손해버렸다. 전화
선은 모조리 끊어버렸고 집들조차 파괴해버렸다. 독립할 때 기니의 국고는
텅텅 비었다. 기니의 식량은 프랑스에 의존했는데 프랑스는 기니에 대한
식량 공급까지 중단했다.[22] 프랑스의 경제제재는 예기한 효과를 이루지 못

---

20) 「幾內亞獨立後的政治情況和今後趨向」(1958年 10月 18日), 外交部開放檔案 108-
00005-08(1).
21) 「陳毅副總理接見幾內亞代表迪亞瓦杜談話記錄」(1959年 10月 12日), 外交部開放檔案
108-00057-03(1).
「劉少奇接見幾內亞工聯總書記瑪瑪迪談話記錄」(1959年 5月 20日), 外交部開放檔案
108-00058-05.
22) 「關于援助幾內亞大米一萬噸的請示, 批示等有關文電」(1960年 4月 23~11月 25日), 外交
部開放檔案 108-00032-01(1).
「周恩來總理訪問幾內亞期間同杜爾總統次會談記錄和單獨會談要點」(1964年 1月 22~26
日), 外交部開放檔案 203-00627-01.

했다. 1959년 중국을 방문한 카바 마마디 사하라이남아프리카 총노동조합 대표단 단장은 기니의 정세에 대해 이렇게 말했다.

> ······기니는 프랑스령 아프리카에서 유일하게 독립한 국가입니다. 기니는 자립의 길을 걸어가고 있습니다. ······ 독립할 때 우리의 국고는 텅텅 비었습니다. 프랑스는 두 달 후에 우리가 다시 프랑스에 종속될 것이라고 믿었지만 우리는 굶어 죽더라도 노예가 되지 않겠다고 선언했습니다. 석 달이 지나자 우리의 정세는 좋아지기 시작했습니다. 프랑스가 끊어버린 전화선도 복구했습니다. 독립 이래 6, 7개월에 걸쳐 우리는 이미 모두 복구했습니다. ······[23]

그러나 프랑스는 기니에서의 실패를 달갑게 여기지 않았다. 1962년 기니에 기근이 들어 경제 상황이 심각해졌다. 프랑스는 기니에 대한 경제제재를 지속했으며 외화로 프랑스 상품을 구매하도록 강요했다. 또한 기니에 대량의 위조화폐를 투입하여 물품 가격을 두세 배 올렸다. 이 밖에도 여론을 선동했는데 프랑스의 신문과 방송은 기니를 끊임없이 비난했다.[24] 신생독립국인 기니는 정치적, 경제적으로 거대한 외부 압력에 직면했다.

2) 기니 건국 초기의 외국 원조

기니 건국 초기의 정치 · 경제 상황 때문에 기니는 외부의 지원을 받을 수밖에 없었다. 그래야만 정권을 공고히 하고 민족독립을 수호할 수 있다. 기니 민족해방운동의 지도자 세쿠 투레는 "마르크스주의 사상의 영향을 받았다. 1952년 전까지 프랑스 공산당과 밀접한 관계를 가졌으며 세계노동조합연맹 부주석도 역임했었다. 현재 프랑스 공산당과 사이가 좀 멀어졌으며

---

23) 「劉少奇接見幾內亞工聯總書記瑪瑪迪談話記錄」.

24) 「周恩來總理訪問幾內亞期間同杜爾總統次會談記錄和單獨會談要點」(1964年 1月 22~26日), 外交部開放檔案 203-00627-01.

중도좌파적 정치입장을 취하고 있었다."[25] 기니는 사회주의 국가의 도움과 원조를 받으려고 했다.

1959년 2월 22일 헝가리 주재 중국 대사관의 전보에 의하면 기니 정부 대표단이 체코, 독일(동독), 폴란드, 헝가리를 방문할 때 원조를 요구했다. 원조는 물자에만 제한되지 않고 새로운 제도를 수립하는 여러 경험도 포함하고 있었다. 사회주의 국가들은 기니의 요구를 적극적으로 수용했다. 세르카 헝가리 외교부 차관은 다음과 같이 말했다.

> 기니 정부 대표단은 체코, 동독, 폴란드, 헝가리 방문를 방문할 때 원조를 절실하게 요구했다. 이를테면 군사장비, 라디오 방송국 설비와 기타 여러 가지 물자와 함께 경험을 제공할 것도 요구했다. 여기에는 정부 각 부서와 극단(劇團)의 결성 등도 포함되어 있었다. 체코, 동독, 폴란드는 '상징적'으로 원조할 것을 약속했다. 이를테면 군사장비, 자동차, 방송국 설비 등 물자를 공급하기로 했다. 기니는 이미 두 척의 화물선에 물자를 싣고 귀국했다. 헝가리 정부는 화물트럭 4대, 오토바이 100여 대, 방직품 10만 미터, 마소가 끄는 쟁기와 구두 6천 켤레 등을 원조하기로 결정했다.[26]

1959년 5월 20일 마마디 기니 노동조합연맹 서기장이 중국을 방문했다. 유소기(劉少奇) 주석과 회견하며 마마디는 기니가 사회주의 국가의 원조를 적극적으로 받으려는 이유를 설명했다.

> …… 프랑스가 철수한 후 기니 정부는 여러 방면에서 책임을 져야 했습니다. 우리의 지도자는 자본주의 국가보다 인민민주국가에 더 마음이 쏠

---

25) 「幾內亞獨立後的政治情況和今後趨向」.
26) 「關于波蘭, 匈牙利, 民主德國向幾內亞提供援助的情況」(1959年 2月 22~26日), 外交部開放檔案 109-01337-02(1).

리고 있습니다. 이는 우리가 독립한 이후 인민민주국가의 지지를 먼저 얻었기 때문입니다. 자본주의 신문은 블랙아프리카가 공산당의 세상이 되었다고 합니다. …… 우리 당의 정치국은 국내 정치 상황을 연구하여 자본주의와 사회주의 사이에서 사회주의를 선택했습니다. 우리는 현재 계획(5개년 건설 계획)을 제정하고 있습니다. 소련은 동독과 체코를 통해 비공개적으로 연락을 취했습니다. 현재 우리나라에는 체코의 장군과 동독의 기술자가 있습니다. 우리의 모든 설비는 인민민주국가에서 제공한 것입니다. ……[27]

사회주의를 선택했기 때문에 기니는 국내에서 사회주의 제도를 건설하고 완벽화해야 했으며 국제적으로는 사회주의 국가의 지지를 얻어 식민주의 세력과 싸워야 했다. 그러므로 기니는 사회주의 국가의 도움을 받을 수밖에 없었다. 1959년 중공중앙 조사부(調査部)가 기니의 정치·경제 상황에 대해 조사한 결과는 다음과 같다.

독립 후 기니의 민주당은 민족경제를 발전시키기 위해 각국의 원조를 필요로 한다. 민주당은 좌익과 우익의 여러 계층을 포괄한 민족통일전선 조직이다. 식민주의를 반대하는 것으로 민족독립과 민족단결을 수호하려고 한다. 또한 프랑스 제국주의의 위협이 여전히 존재하기 때문에 적절한 대외정책으로 국제원조와 지지를 얻어야 한다. 기니 정부는 1년 이래 줄곧 중립 정책을 실시했다. 현재의 상황에 따라 중립 정책을 계속 실시할 것이다.

기니와 사회주의 국가의 관계는 향후에도 발전할 것이다. 그 원인으로 첫째, 기니는 프랑스와 정치투쟁을 하고 있다. 프랑스는 기니가 독립할 때부터 서아프리카공동체의 각국을 이용하여 기니에 대해 경제 파괴 활동을 했고 기니의 망명자들을 비호하면서 기니 정부를 전복하려고 했다. 기니 정부는 카메룬인민연맹의 반프랑스 투쟁을 적극적으로 지원하고 알

27) 「劉少奇接見幾內亞工聯總書記瑪瑪迪談話記錄」(1959年 5月 20日), 外交部開放檔案 108-00058-05.

제리 임시정부를 승인했다. 특히 프랑스령 블랙아프리카에서 기니의 정
치적 영향을 극력 확대하려고 하는데 서아프리카 민족주의자들은 코나크
리를 주무대로 활동한다. 투레가 지도하는 사하라이남아프리카 총노동조
합에는 조합원 80만여 명이 있다. 이는 프랑스령 서아프리카에서 가장 적
극적인 반프랑스 세력이다. 이 투쟁에서 기니는 사회주의 국가의 성원과
지원을 필요로 한다.

둘째, 경제적으로도 사회주의 국가에 의존해야 한다. 사회주의 국가에
대한 기니의 수출은 수출 총액의 40%를 차지한다. 주요 수출품인 바나
나, 커피 등은 자본주의 시장에서 과잉 상품이다(이를테면 해마다 커피의
과잉 생산량은 소비량의 50%에 달함). 현재 기니 정부는 수출을 확대하
고 커피 생산량을 400%, 바나나 생산량을 100% 늘리려고 계획하고 있다.
이로 인해 기니에게는 사회주의 시장이 더욱 필요해진다. 기니는 공업을
발전시키려고 하는데 자금과 기술은 모두 대외원조에 의지해야 한다. 기
니 정부는 이미 소련, 체코, 폴란드, 동독, 헝가리 등 사회주의 국가와 경
제·기술 원조 협정을 체결했다. 소련은 1억 4,000만 루블에 달하는 장기
저금리 차관을 제공하려고 한다. 이는 기니의 3개년 계획 투자의 87.7%을
차지한다. 기타 4개국도 기니를 원조하여 일부 공장을 건설하려고 한다.
또한 이 국가들은 기니에 기술자와 군사 인원을 양성해주려고 한다.[28]

1959년 기니는 경제 발전 '3개년 계획'을 세웠다. 이 중 대부분 사업은
사회주의 국가의 원조를 받아야만 가능했다. '3개년 계획' 말기 기니와 사
회주의 국가들은 아주 밀접한 원조 관계를 구축했다. 1961년 10월 4일 기
니 주재 중국 대사관에서 전해온 소식을 보자.

기니의 3년 경제 건설 계획에는 도합 200여 개 사업이 있다. 이 중 크거
나 주요한 사업의 대부분은 사회주의 국가가 원조한 것이다. 우리나라 외
에 기타 국가가 부담한 사업에서 일부분은 이미 준공되었거나 시공을 시

28) 「幾內亞當前國內形式及外交趨向(調査資料)」(1959年 12月 10日), 外交部開放檔案 108-
00135-05(1).

작하지 않았고, 대부분은 시공 중이다. …… 들리는 바에 의하면 미국도 접촉을 시도했지만 아직까지 교섭에서 성공하지 못했다고 한다.[29]

비록 기니는 적극적으로 사회주의 국가와 가까이했지만 세쿠 투레는 중국 건국 초기와 같은 일변도의 외교책을 취하지 않았다. 이는 기니가 처한 국제 국내 상황과 관련된다.

> …… 첫째, 기니가 프랑존을 완전히 이탈하기에는 큰 어려움이 있다. 기니의 가장 주요한 시장은 프랑스이고 화폐도 여전히 세파프랑이다. 프랑스는 기니의 일부 공업과 농업에 많은 투자를 했다. 그러므로 기니는 프랑스와 연결되어 있는 것이다. 둘째, 정치적으로 미국의 지지를 얻어 서아프리카를 통일하려는 환상을 가지고 있다. 경제적으로 미국에 큰 희망을 품고 있으며 디알로 테리 미국 주재 기니 대사는 작년 12월부터 미국의 경제원조를 얻으려고 노력하고 있다. 이 밖에 기니의 파운드, 달러 등 외화는 주로 광물 수출에 의존한다. 재정수입은 주로 세 대형 광업회사에서 온다. 그중 프리아 보크사이트 회사가 25%를 차지한다. 그러므로 기니는 제국주의 투자, 특히 미국의 투자에 의해 광공업을 발전시키려는 환상을 가지고 있다. 미국도 기니의 풍부한 자원에 눈독 들이고 있다. 미국은 프랑스령 블랙아프리카와 밀접한 관계를 맺으려고 하며 기니를 블랙아프리카에서 프랑스 세력을 견제하는 발판으로 이용하려고 한다. 현재 미국은 기니에 시간을 들여 투자하여 큰 수확을 얻으려고 한다. 기니는 향후 미국과 손을 잡을 가능성이 크다.[30]

세쿠 투레는 기니를 방문한 중국의 아시아-아프리카단결위원회대표단을 접견하며 기니의 중립적 외교정책의 시행 원인에 대해 다음과 같이

29) 「援建幾內亞項目的安排」(1961年 10月 4日~1962年 1月 24日), 外交部開放檔案 108-00720-04.
30) 「幾內亞當前國內形式及外交趨向(調査資料)」.

설명했다.

　　투레는 기니의 행정제도와 당의 지도 역할에 대해 상세하게 설명한 후
말했다. 기니가 실행하는 것은 인민민주와 인민독재이다. 형식상에서 기
니는 인민민주국가이지만 우리는 이렇게 호칭하지 않는다. 우리가 현재
적극적인 중립을 주장하는 것은 당면한 상황과 장구한 이익에 따라, 그리
고 아프리카의 특수한 상황에 의해 결정된 것이다. 기니는 제국주의에 의
해 포위되어 있는데 우리의 주변은 모두 제국주의가 통제하는 국가들이
다. 미국이 통제하는 라이베리아, 프랑스가 통제하는 세네갈과 수단, 영
국이 통제하는 가나. 우리의 적극적인 중립은 제국주의와 민족주의의 중
립이 아니라 민족독립 세력과의 단결을 강화하는 것이다. 모든 제국주의
는 우리의 적이고 모든 반제국주의는 우리의 친구이다. 그러므로 우리의
정책은 반드시 전체 아프리카에 입각해야 한다. 우리의 정책은 아프리카
의 정책이기도 하다. 우리는 기니에 대해 적게 말하고 아프리카에 대해
많이 말한다. 우리는 기니의 독립이 우리의 최종 목표가 아니라고 생각한
다. 우리는 아프리카 기타 국가들도 독립하도록 도와야 한다. 만약 기니
가 프랑스나 영국을 추종한다고 하면 기니를 과소평가하는 것이다.[31]

　　1959년 세쿠 투레는 미국을 방문했다. 당시 미국은 기니에 대해 원조하
겠다고 표시했다. 기니는 건국 초기 극히 가난한 상황에서도 미국의 원조
를 거절했다. 기니 정부 고위관료인 이스마엘 투레는 세쿠 투레 대통령이
미국의 원조를 거절한 이유는 미국 원조에 지나친 조건이 부가되었기 때문
이라고 말했다.

　　…… 기회를 보아 그[32]에게 미국에 대한 기니의 입장을 물어보았고 미

---

31) 「幾內亞總統賽古杜爾會見我亞非團結委員會代表團談話主要內容」(1960年 4月 18日), 外
　　交部開放檔案 108-00106-03(1).
32) 이스마엘 투레를 가리킨다. (역자 주)

국이 원조를 하려고 하지 않았는지, 아니면 기니가 원조를 거절했는지 물어보았습니다. 그는 미국에 대한 기니의 입장은 우리와 완전히 일치하지만 책략적으로 주변의 아프리카 인민들의 이해 수준을 기준으로 해야 한다고 했습니다. 기니에 대한 미국의 원조에는 모두 조건이 달려 있기 때문에 아직 미국과 그 어떤 문화와 경제원조 협정을 체결하지 않았고 따라서 미국의 원조를 얻지 못했다고 합니다. 미국이 부가한 조건이 너무 지나쳤는데 기술자를 포함한 미국인들의 외교관 면책 특권을 요구했습니다. 미국이 기니에서 간첩 조직을 구축할 수 있기 때문에 우리는 동의하지 않았습니다. 미국은 기니에 유학생 장학금 150건을 제공하겠다고 했지만 지금까지 우리는 4명의 견습생만 파견했습니다. 작년 쌀을 원조할 때 미국은 쌀자루에 미국이 제공한 것이라고 표시할 것, 미국인이 내지에 들어와 분배하게 할 것, 푸타잘롱 산간지대의 한 지역에만 제공할 것(이 목적은 이간시키기 위한 것임) 등의 요구를 제기했습니다. 당시 대통령은 몹시 분노하여 미국 쌀을 거절했는데 미국은 우리가 그 조건을 폭로할 것이 두려워 이러한 조건을 모두 취소했습니다.[33]

1964년 주은래 총리가 기니를 방문했을 때, 세쿠 투레 대통령은 주은래 총리와 기니가 미국 원조를 받는 상황과 관련해 의견을 교환했다.

…… 지금부터 미국과의 관계에 대해 의논합시다. 내가 1959년 미국을 방문했을 때 미국 신문들은 공개적으로 우리에 대해 원조를 제공하겠다고 했습니다. 당시 우리는 거절했습니다. 우리가 미국을 방문한 것은 원조를 받기 위해서가 아니라 아프리카의 상황을 설명하기 위해서라고 했습니다. 1958년 미국이 유학생을 보내라고 했지만 우리는 보내지 않았습니다. 1962년부터 미국의 원조를 받기 시작했습니다. …… 1962년부터 우리는 미국 정부 대표와 협상을 했습니다. 미국은 쌀과 밀가루를 제공하겠다고 했지만 그들의 자루에 담아 포장할 것을 요구해서 우리는 받

---

33) 「幾內亞高官談總杜爾統訪華及美幾關系等事」(1960年 7月 22~23日), 外交部開放檔案 204-00444-18(1).

아들이지 않았습니다. 미국이 자루에 아무런 표기도 하지 않고, 배급을 우리가 책임지도록 하고 쌀 5천 톤을 받았습니다. 그러나 이것은 당신들의 쌀 1만 톤을 받은 후입니다. 당시 기니에는 위조화폐가 범람했고 가뭄까지 들어 농민들은 종자도 거두지 못했습니다. 독립 후 미국은 기술자들을 파견하겠다고 했지만 우리는 거절했습니다. 프랑스가 교사들까지 철수시켰으므로 많은 학교는 교사가 없었습니다. 우리는 미국의 영어 교사를 받았습니다. 이후 미국은 우리에게 3,000만 달러를 제공하여 물자를 구입하게 했는데 이는 프랑스의 비난을 받았습니다. 현재 기니에는 30~40여 명의 미국 영어 교사가 있습니다. 미국은 농업, 임업, 도로 기술자 300여 명을 파견하고 일체 비용을 부담하겠다고 했지만 우리는 농업 기술자 30여 명만 받았습니다. 우리는 원조 조건을 규정한 서류에 서명하는 것을 거절했습니다. 우리는 말했습니다. 만약 그렇게 하려면 그 물건을 자신들한테 남겨 사용하라고 말입니다.[34]

3) 기니에 대한 중국의 원조

기니가 건국 초기 외세의 경제봉쇄를 받을 때 중국은 기니에 대해 적시에 물품원조를 제공했다. 주요 원조물자는 쌀이었다. 기니의 정치 · 경제 형세가 안정됨에 따라 중국은 경제 · 기술 원조를 제공하여 기니를 도와 민족경제를 발전시켰다. 당시 상황에서 기니에 대한 원조는 세계평화통일전선을 확대하고 반제국주의, 반패권주의, 반식민주의 동맹군을 강대하게 하려는 목적에서 나온 것이다. 또한 중국과 기니의 관계를 발전시켜 장개석 정권을 고립시키고 중국의 발전 상황과 발전 경험을 소개하여 중국의 국제적 위상을 높이려는 것이다. 경제무역에 대한 고려는 매우 적어 정치에 종속되어 있었는데 기니와의 무역 관계를 발전시키는 것은 정치적 목적에서 출발한 것이다.[35]

---

34) 「周恩來總理訪問幾內亞期間同杜爾總統次會談記錄和單獨會談要點」.
35) 「關于改進中國對幾內亞貿易順差事」(1961年 5月 26日~6月 21日), 外交部開放檔案 108-

기니의 중국 쌀

중국이 가장 먼저 기니에 원조로 제공한 물자는 식량이다.[36]

기니는 독립한 지 얼마 안 되어 기근이 든다. 수확량이 감소하고 프랑스는 기니에 대한 식량 공급을 중단했다. 식량 문제 해결은 기니 정권의 존망에 관련된 문제가 되었다. 1959년 4월 비록 중국과 기니는 수교하지 않았지만 베아부키 기니 경제부 장관이 스위스 주재 중국 대사관을 통해 중국에 쌀 원조를 부탁한다. 중국은 즉시 원조를 약속했으며 1959년 5월 쌀을 기니의 수도 코나크리로 운송했다.

중국이 기니에 쌀을 보낸 것은 주로 외교적 수요에 의해서였다. 1959년 5월 카바 마마디 기니 노동조합연맹 서기장 겸 사하라이남아프리카 총노동조합 대표단 단장이 중국을 방문한다. 5월 20일 유소기 주석은 마마디를 접견하여 쌀 원조 사항에 대한 의견을 교환했다.

카바 : 중국 정부가 기니에 쌀 5천 톤을 원조한 데에 대해 감사를 표합니다.
주석 : 감사할 필요 없습니다. 쌀 5천 톤은 감사를 받기에는 너무 적습니다. 향후 가능하면 더 돕겠습니다. 우리는 서로 도움을 주는 것입니다. 당신들이 아프리카에서 투쟁하는 것은 우리에게 아주 유리합니다. 당신들이 제국주의와 다투고 투쟁하면 제국주의가 곤란해지므로 우리에게 유리합니다. 우리와 제국주의의 다툼도 당신들에게 유리합니다. 그러므로 우리는 서로 도와야 합니다. 쌀 몇 톤이나 물건들은 모두 작은 것입니다. 어떤 물건은 우리에게는 있지만 당신들에게는 없습니다. 우리는 당신들에게 팔 수 있습니다. 당신

중국 대외원조 60년

00722-04에 의하면 기니 주재 중국 대사관에서 중국과 기니의 무역 관계에 대해 외교부와 대외무역부에 "기니에 대한 무역은 정치적 입장에서 고려하여 적당한 배려를 주어야 하며 단순한 무역이라는 관점을 생각을 버려야 한다."라고 건의한다. 이 건의는 외교부와 대외무역부의 인정을 받았다.

36) 1959년과 1960년에 중국은 기니에 두 차례에 걸쳐 쌀을 원조했다. 자세한 것은 「中國向幾內亞提供大米援助事」(1959年 3月 17日~6月 25日), 外交部開放檔案 108-00137-02(1)과 「關于援助幾內亞大米一萬噸的請示, 批示等有關電文」을 참고하기 바란다.

들에게 있고 우리에게 없는 물건은 우리가 당신들에게서 사면 됩니다. 상황에 따라 서로 돕는 것은 작은 문제입니다. 가장 큰 문제는 제국주의와의 투쟁입니다.[37]

중국 쌀은 기니에서 환영을 받았다. 1959년 6월 18일 뇌아력(賴亞力) 대사는 프랑스 주재 기니 대사와의 회담 상황을 회보했다.

> 그[38]는 작년 10월 독립 이래 세계 각지를 다니면서 많은 사람들을 만났다고 했습니다. 대체적으로 두 부류로 나눌 수 있는데 한 부류는 임시 친구이고 다른 한 부류는 공동의 목표와 공동의 인식이 있는 친구라고 했습니다. 중국이 쌀을 보낼 때 미국도 쌀을 5천 톤 보냈다고 했습니다. 미국과 프랑스의 신문에서 특필했지만 기니의 신문은 보도하지 않았다고 했습니다. **기니의 인민은 중국 쌀을 반기는데 중요한 것은 물자원조 자체가 아니라 원조의 방법과 누가 원조한 것인가라고 했습니다.**[39] 비록 쌀을 제공하지 않았더라도 대사의 방문은 도의적인 지지를 표시하기 위한 것이며 중국이 쌀을 원조한 데에 대해 기니의 대통령과 총리 겸 외교부 장관이 모두 감사를 표했다고 했습니다. 미국 쌀은 비록 포장이 훌륭하지만 우리나라[40] 인민들은 쌀이 무엇을 대표하는지 잘 알고 있다고 했습니다. 그는 정부를 대표하여 중국 정부와 인민에게 경의를 표한다고 했습니다.[41]

1960년 1월 말부터 2월 초에 기니 정부는 장개석 정권의 대표를 만났다. 조원(趙源) 기니 주재 대리공사는 파라즈 기니 정부 비서장을 회견하여 항의를 한다. 이는 중국과 기니 관계에서의 작은 마찰이었다. 1960년 초 기니에는 재차 기근이 든다. 당시 요승지(廖承志), 유녕일(劉寧一) 등이 기니

---

37) 「劉少奇接見幾內亞工聯總書記瑪瑪迪談話記錄」.
38) 프랑스 주재 기니 대사를 가리킴.
39) 굵은 글씨는 저자가 첨가한 것임.
40) 기니를 가리킴.
41) 「中國向幾內亞提供大米援助事」.

를 방문했다. 이들은 유녕일의 파리 시절 친구이자 가나 주재 기니 변리공
사이며 투레 대통령의 선배인 딜로아 압둘라예를 만나 상황을 알아보았다.
1960년 4월 16일 요승지와 유녕일은 가화(柯華) 기니 주재 중국 대사와 함
께 기니에 쌀을 원조할 것을 재차 건의한다.

외교부 아시아─아프리카사는 등소평 동지에게 전달해주십시오.
　기니는 해마다 식량 4~5만 톤이 부족하여 수입해야 합니다. 화폐 개혁
이후 프랑스는 식량 공급을 중단했습니다. 프랑스 상인들이 사재기하여
현재 식량이 부족합니다. 지난달 공사관도 쌀 다섯 근을 겨우 샀습니다.
이번 달에는 전혀 사지 못했습니다. 기니 인민들은 지금 쌀이 없다면서 중
국 쌀은 진즉 다 먹었다고 우리에게 말합니다. 불가리아 대사가 말하기를
불가리아는 이미 감자를 제공하겠다고 했답니다. 기니는 소련, 동독, 네덜
란드에 버터를 부탁했습니다. 형제국 대사관들은 의논하여 중국도 도움을
주기를 바랍니다. 투레 대통령은 최근 캉칸에서 "기니는 다른 나라에 원조
를 구걸하지 않을 것이며 친구들이 기니가 부족한 물품을 주동적으로 원조
하는 것을 보려고 한다. 기니가 요청하기를 기다리는 것은 기니의 존엄과
관련된 문제다."라고 선언했습니다. 가화 대사가 오늘 국서를 건넬 때 투레
대통령은 "중국과 기니의 협력이 양국 경제문화 발전 계획 실현에 도움이
될 것"이라고 했습니다. 오늘 유녕일은 딜로아 압둘라예(가나 주재 기니
변리공사이며 투레 대통령의 선배이자 유녕일의 파리 시절 친구)를 만났습
니다. 기니가 현재 가장 필요한 것이 식량이라는 것에 의견을 모았습니다.
기니는 반제국주의가 비교적 단호하고 사회주의 국가와 관계가 우호적이
며 아프리카에서의 영향도 크다고 생각합니다. 아시아─아프리카 회의에
서 기니 여당의 태도는 나쁘지 않았고 반제국주의와 반식민주의에 대한 태
도도 단호합니다. 제국주의, 식민주의와 평화적으로 공존할 수 없다고 공
개적으로 선언했습니다(아프리카의 일부 진보적 민족주의자들은 코나크
리를 '아프리카의 모스크바'라고 함). 그러나 기니는 나라가 작고 제국주의
의 큰 압박을 받고 있습니다. 기니가 가장 어려울 때 우리가 원조한다면 아
프리카에서의 우리의 영향력 확대에 유리할 것입니다. 얼마 전 기니가 우
리와 마찰이 있었기 때문에 현재 우리에게 원조 요청을 못하고 있는 것입

니다. 이런 것을 감안하여 우리의 의견은 주동적으로 쌀 3~5만 톤을 원조 (이 중 일부분은 싼 값에 팔아도 됨)하자는 것입니다. 만약 가능하다면 기니 주재 중국 대사관에 즉시 회답해주시기 바랍니다.

요승지, 유녕일, 가화[42]

이 전보를 받은 후 외교부는 1960년 4월 30일 기니 주재 중국 대사관에 "정부의 명의로 기니에 쌀 1만 톤을 무상원조하며 우리가 운송하겠다."고 공지한다. 그리고 만약 기니에 다른 수요가 있다면 중국 대표단이 기니를 방문할 때 혹은 기니 대표단이 중국을 방문할 때 진일보 협상하기로 했다.[43]

중국 정부가 재차 기니에 쌀을 원조하기로 한 직후인 1960년 5월 11일, 기니 주재 폴란드 상무대표는 가화 대사를 방문하여 중국의 기니 원조에 대해 의견을 나누었다.

그는 나와 의견을 나눌 것이 있다고 했습니다. 그가 말하기를 폴란드는 중국에서 수입한 쌀로 기니와 무역을 하기로 했답니다. 금년에 이미 기니 쌀 5천 톤을 수출하기로 합의했는데 기니가 중국으로부터 쌀 1만 톤을 무상으로 원조받은 후 폴란드와의 계약을 파기했답니다(기니는 프랑스와의 쌀 5천 톤 수입 계약도 파기함). 그는 중국이 기니의 쌀 시장을 독점하려는 것이 아닌가 물었습니다. 만약 그렇다면 그들은 기니와의 무역액을 감소하는 조치를 취하겠다고 합니다. 그렇지 않다면 우리가 기니 경제부 장관에게 계약을 파기하지 말 것과 폴란드의 쌀을 수입할 것을 부탁해달라고 했습니다. 그는 "존경하는 대사 동지께서 우리를 도와 기니의 무역 관계를 발전시킬 것을 바랍니다. 중국은 이 방면에서 영향력이 크기 때문입니다."라고 말했습니다.[44]

---

42) 「關于援助幾內亞大米一萬噸的請示, 批示等有關電文」.
43) 위의 글.
44) 위의 글.

국내에서 즉시 회답을 했다. 1960년 5월 26일 외교부와 대외무역부는 연명으로 기니 주재 중국 대사관에 전보를 보냈다.

> 가화 대사 :
>
> 5월 11일 전보의 내용을 잘 알았음.
>
> 우리가 기니에 쌀을 원조한 일에 대한 폴란드의 오해를 피하기 위해 대사와 폴란드 상무대표의 회담 내용을 폴란드 주재 중국 대사관에 보냈음. 그리고 왕 대사에게 부탁하여 폴란드 당 중앙 책임자 동지를 만나 다음과 같이 설명하게 했음.
>
> 첫째, 우리가 기니에 쌀을 무상원조한 것은 기니 경제부 장관이 작년 봄에 요구했기 때문임. 당시 기니 경제부 장관은 기니가 금방 독립했고 독립한 첫해에 기근이 들었으므로 우리에게 쌀 1만 5천 톤을 원조해줄 것을 요청했음. 중국과 기니의 우호적인 관계를 고려하여 작년에 기니에 5천 톤을 원조했고 금년에 재차 1만 톤을 원조하기로 했음. 이는 외교적인 입장으로 무역과는 관련 없음.
>
> 둘째, 금년 기니가 무상으로 원조받은 쌀 1만 톤이 부족하여 중국 쌀을 구입하려 하고, 폴란드는 쌀 5천 톤을 기니에 팔 수 없게 되면 우리는 폴란드의 쌀 5천 톤을 외화로 구매하여 기니에 공급할 것임.[45]

두 차례의 쌀 원조로 중국은 기니에 좋은 이미지를 심어주었다. 중국이 두 번째로 쌀 1만 톤을 원조하겠다고 약속한 후인 1960년 6월 중순 투레 대통령은 지방을 순방할 때 가화 대사의 동행을 요청했다. 가화 대사는 투레 대통령을 사흘 동안 수행하여 참관하면서 극진한 대우를 받았다.

> 투레의 이번 태도는 아주 좋았습니다. 매번 군중대회에서 연설할 때 언제나 나를 기니 주재 중국 대사라고 소개하면서 중국은 세계에서 가장 큰 나라로 인구가 6억 5천만 명이라고 했습니다. 중국은 기니와 마찬가지로

중국 조선족과 60년

---

45) 앞의 글.

식민주의 지배를 받았기 때문에 기니의 아픔을 잘 이해할 수 있다고 했습니다. 중국은 30여 년의 혁명을 거쳐 해방을 이룩했으며 중국 인민의 용감한 정신은 기니 인민을 격려한다고 했습니다. 기니가 금방 독립했을 때 프랑스는 기니 인민을 굶겨 죽이려 했지만 중국에서 쌀 5천 톤을 무상원조했고 이번에 또 1만 톤을 원조한다고 했습니다. 향후 중국의 도움으로 다시는 프랑스 식민주의자들을 두려워하지 않아도 된다고 했습니다. 군중대회에서 우리나라 영화를 방영했는데 매 장면마다 열렬한 박수와 환호를 받았습니다. 프랑스어와 수수어로 중국을 소개한 소책자도 있었습니다. 나는 원래 따라다니면서 기니의 상황을 살피려고 했습니다. 그들에게 지장을 주지 않고 기회가 되면 일부 문제에 대해 의견을 나누려 했습니다. 그러나 대통령과 의장은 모두 나에게 주동적으로 기니의 상황과 정책을 소개했는데 그중 두 차례의 회담은 1시간 반이나 되었습니다. 이번 수행에는 내정부 장관과 선전부 장관도 있었습니다. 외교사절은 나 하나뿐이었습니다. 헬리콥터에 탈 때 자리가 모자라자 대통령은 나와 통역사를 자리에 앉게 하고 선전부 장관을 서도록 했습니다(나의 거듭된 요구로 서지는 않았음). 이 밖에도 나를 위해 손수 차 문을 열어주었고 나와 통역사에게 손수 식판을 가져다주었습니다. 헌화할 때나 물을 부을 때, 자리에 앉을 때 모두 나에게 먼저 권했습니다(나는 대통령과 의장 다음의 차례가 되겠다고 사양했음).[46)]

'3년 계획'과 기니에 대한 중국의 경제·기술 원조

① 기니의 원조 수요

중국에 대한 기니의 원조 요청은 1959년부터이다. 당시 중국과 기니는 수교하지 않았다. 1959년 기니는 첫 번째 경제 발전 계획을 제정했으며 '3개년 계획'이라고 했다. 이는 기니의 신정부가 민족경제를 발전시키기 위한 첫걸음이다. 이 경제 발전 계획을 완성하기 위해 기니는 대량의 자금이

---

46) 「我駐幾內亞大使隨杜爾總統參觀的情況報告」(1960年 6月 16日), 外交部開放檔案 108-00032-01(1).

필요했을 뿐만 아니라 외국의 기술과 설비, 기술자와 발전 경험 등도 필요했다.

1959년 5월 중국이 기니에 대한 쌀 원조를 약속한 후 가화 대사는 기니 정부의 관련 공직자들을 만나 기니의 현실 수요에 대해 알아보았다. 이는 중국과 기니의 경제·기술 협력의 순조로운 출발을 위한 것이었다.

5월 2일 가화 대사는 이스마엘 투레[47]를 방문하여 중국 정부의 쌀 1만 톤 원조 사항과 중국과 기니의 경제·기술 협력 문제에 대해 의견을 나누었다. 이스마엘 투레[48]는 중국이 기니의 중요한 경제 건설을 도와줄 것을 바란다고 했다.

> ······ 이미 전에 저는 장관들과 함께 중국이 농촌 라디오 방송망 구축에 경험이 있다고 의견을 나눈 바 있습니다. 당신들이 이 분야에서 우리에게 도움을 주기 바랍니다. 우리는 국가해상운수공사를 설립하려고 합니다. 이렇게 되면 우리가 광산 수출을 통제할 수 있습니다. 현재 해마다 프리아에서 수출하는 광물은 아주 많습니다.
>
> '3개년 계획'은 초보적인 계획으로 향후 진정한 경제 계획을 세우고 대규모적으로 건설할 것입니다. 우리가 맺은 첫 번째 경제협정에는 대형 공사가 없지만 향후 계획에서 중국의 도움을 받아 대형 공사를 건설할 것입니다. 당신들이 이번에 도와준 것은 '3개년 계획' 내의 프로젝트가 아닙니다.[49]

5월 27일 가화 대사는 딜로아 압둘라예를 만나 기니에 대한 경제·기술 원조와 관련해 의견을 나누었다. 압둘라예는 기니에게는 식량 공급보다 중

---

47) 원서에는 '伊斯梅尔·杜尔總統' 즉 '이스마엘 투레 대통령'으로 되어 있다. 그러나 당시 기니 대통령은 세구 투레 대통령이고 이스마엘 투레는 기니 정부 고위직 관료이다. 이스마엘 투레를 대통령이라고 쓴 것은 저자의 오기인 듯하다. (역자 주)

48) 원서에서는 '伊·杜尔總統' 즉 이스마엘 투레 대통령으로 되어 있다. 위의 오기와 같다. (역자 주)

49) 「幾內亞高官要求我經濟援助等談話記錄」(1960年 5月 2日~7月 14日), 外交部開放檔案 108-00089-03(1).

국의 발전 경험이 더 필요하며 이는 물자원조보다 더 중요하다고 했다.

이스마엘 투레는 당신과의 회담 내용을 가지고 저와 의견을 나누었습니다. 이스마엘은 중국이 기니를 돕는 것은 중국이 부유해서가 아니라 반제국주의 투쟁을 하기 위한 것이라고 했습니다. 우리는 우리가 필요한 모든 것을 중국에게 요구할 수는 없습니다. 이번 쌀을 원조한 것은 우리의 수요에 가장 부합되는 것입니다. 매우 만족합니다. 향후 반제국주의 투쟁에서 기니에게 가장 필요한 것은 여전히 식량입니다. 그리고 소형 공업에서 중국이 기니를 도와 기술자를 양성해주고 경험을 소개해주기 바랍니다. 우리는 계획을 수립했고 그 실현은 기니의 발전과 아주 큰 관계가 있습니다. 당신들에게 건설에 대한 건의가 있으면 말해주십시오. 당신들 경험에 비추어 건의해준다면 우리는 어느 정도 어려움을 피할 수 있습니다. 이는 물자원조보다 더 중요한 것입니다. ……

아프리카의 공동 투쟁은 기니의 발전을 도왔고 기니의 경제 발전도 이 투쟁을 공고히 했습니다.

아프리카의 공동 투쟁을 위해 우리는 범아프리카 노동조합을 설립하기로 결정했습니다. 우리는 이 노동조합에 실제적인 원조를 주기를 바랍니다. 이와 관련해 이미 중국과 구체적인 의견을 나누었습니다.[50]

고우세우 기니 경제고문은 기니에 제공할 수 있는 중국의 원조에 대해 전면적으로 살펴보았다. 그는 중국의 발전 과정이 기니와 비슷하므로 중국의 경험이 기니에 중요한 참고적 의의가 있을 것이라고 했다.

중국은 경제의 각 분야에서 기니에 도움을 줄 수 있으며 이는 기니가 얻을 수 있는 가장 소중한 원조입니다. 중국의 경제적 조건과 기타 조건 이를테면 인민들의 문화 수준이 낮은 것 등은 모두 기니와 비슷합니다. 그러므로 그 경험은 기니에 더욱 현실적입니다. 이 분야에서 중국의 조건

---

50) 앞의 글.

은 기타 동유럽 사회주의 국가보다 훌륭합니다. 투레 대통령은 중국의 발전 경험을 아주 중시합니다. 투레 대통령의 많은 연설에서 그가 모택동 동지의 영향을 받았다는 것을 알 수 있습니다. 특히 인민 내부 모순의 분석에서 더욱 그렇습니다.

중국이 도움을 줄 수 있는 분야 :

첫째, 농업 합작화 분야입니다. 이 분야는 중국이 도울 수 있는 가장 중요한 분야입니다. 현재 기니는 3년 내에 전국에 농업생산합작사 500개를 설립하려고 합니다. 매 합작사에는 여러 개의 마을이 포함되며 3년 후에는 전국의 4천여 개 마을 중 3분의 1 혹은 절반이 합작사에 참가하게 될 것입니다. 체코의 합작사 전문가 대표단이 기니의 농업 합작화 방안을 제안했는데 나는 그 방안이 옳다고 생각합니다(그들은 이후에 우리에게 제공하겠다고 했음). 내용도 진보적입니다. 5월 29일 기니 경제부는 이 방안을 승인했고 경제부 장관은 체코 전문가들에게 축하를 보냈습니다. 현재 이 계획을 구체적으로 실행해야 합니다. 중국은 이 분야에서 더욱 현실적인 방법으로 더욱 구체적인 문제를 해결할 수 있게 해야 합니다.

중국이 기니 농민을 도와 생산 합작을 통해서 생산량을 증가시키기를 바랍니다. '3개년 계획' 중 소련은 기니를 도와 7천 헥타르에 달하는 국영농장을 설립했습니다. 400만 달러를 투자했으며 연간 3만 톤의 쌀을 생산할 것으로 예측됩니다. 이로써 기니의 식량 자급 문제를 완전히 해결할 수 있을 것입니다. 그러나 나와 일부 동지들은 합작화를 통한 농업 생산량 증가로 식량 자급 문제를 해결할 수 있으므로 '3개년 계획' 투자의 4%를 국영농장 설립에 쓸 필요가 없다고 생각합니다.

기니에는 합작화를 해본 간부가 없습니다. 중국에서 간부를 파견하여 도와줄 것을 바랍니다. 여기 정치 간부들은 합작사의 계급 노선에 대해 잘 모릅니다. 어떤 간부는 농사일에 부농이 가장 숙련되어 있기에 그들에게 합작사 지도를 맡기자고 합니다. 민주당은 정치 특히 외교적 원인 때문에 대외에 공개적으로 계급 분석을 강조합니다. 그러나 내부 회의에서는 당간부들에게 계급 노선을 설명해주어야 합니다. 중국이 이 분야에서 경험이 많으니 많은 도움을 줄 수 있을 것입니다.

둘째, 공업 분야입니다. 중국은 기니의 '3개년 계획'에서 농기구공장, 방직공장, 신발공장 등 분야에 도움을 줄 수 있을 것입니다. 소형 야금공장도 도와줄 수 있습니다. 그러나 이는 최근 1~2년 안에 마무리될 일이

아닐 것입니다.

　셋째, 문맹 퇴치 분야에서 중국이 전문가를 파견해주기를 바랍니다.

　넷째, 상업 기구 개혁입니다. 원래 기니에서 일부 사람들은 민간상업의 국유화를 주장했습니다. 나는 중국의 경험에 근거하여 민간상업의 개조에 대한 정책을 제기했습니다. 기니 정부는 동의했습니다. 당신들이 전문가를 파견한다면 이 분야의 사업에 유리할 것입니다.

　다섯째, 계획부에 전문가를 파견하는 문제입니다. 최근 계획부 장관은 장관회의에서 15명의 외국 전문가가 필요하다고 했습니다. 경제, 공업, 농업, 은행, 세무 등 분야의 전문가가 필요합니다. 현재 계획부에는 웨크라고 부르는 체코슬로바키아의 전문가 한 명밖에 없습니다. 중국에서도 전문가를 파견해줄 것을 바랍니다.[51]

　이후의 교류에서 기니는 중국에 직접적으로 원조 요청을 했다. 이러한 원조 요청은 공업건설을 위주로 일부 다른 분야도 포함되었다. 총괄적으로 말하면 기니는 중국이 일부 대형 공업 프로젝트를 원조 건설해줄 것을 희망했으며 이로써 완벽한 공업 체계를 신속히 구축하는 목표를 이루고자 했다.

　1959년 10월 초 배리 디아와두 기니 교육부 장관이 중국을 방문하여 노서장(盧緒章) 중국 대외무역부 부부장과 회담을 나누었다. 회담에서 디아와두는 기니의 자원 상황과 무역 상황(주요한 수출품과 대외무역의 조직, 관리 등을 포함), 재정 상황, 화폐 정책 및 경제 발전 계획을 소개했다. 디아와두는 기니와 중국이 평등 호혜적인 무역 관계를 발전시킬 것을 희망했으며 중국이 기니를 도와 공업건설을 해줄 것을 희망했다.[52] 1960년 7월 세쿠 투레 대통령이 미국 방문을 마친 후 소련과 중국을 방문하기로 했다. 중

---

51)　앞의 글.

52)　「對外貿易部副部長盧緒章與幾內亞政府代表團談話記錄」(1959年 10月 6日), 外交部開放檔案 204-00079-07(1).

국이 알아본 데에 의하면 투레 대통령은 중국 방문시 중국 지도자와 공동
으로 관심 갖는 정치문제에 대해 의견을 교환하고 중국에 경제·기술 원조
를 요청하려고 했다.

> 투레 대통령이 중국을 방문하는 것은 우리나라에 우호를 표하는 외에
> 우리나라의 정치적 지지와 경제·기술 원조를 요청하려는 것이다. 그리
> 고 우리나라의 건설 성과를 조사하고 우리나라 건설의 부분적 경험을 배
> 우려고 하는 것이다.
> ......
> 둘째, 경제원조 문제에 대하여
> 기니 '3개년 계획'의 자금은 정부 투자와 대외원조를 제외하면 아직도
> 78억 기니프랑(약 7,800만 위안)이 부족하다. 기니는 독립한 지 얼마 안
> 되고 기술자도 없다. 소련, 체코, 프랑스 공산당이 일부 전문가와 고문을
> 파견했지만 아직도 부족하다. 기니는 우리나라가 이러한 어려움을 해결
> 해줄 것을 희망하고 있으며 우리나라와 경제·기술 협력 협정을 체결하
> 고자 한다.[53]

기니는 대외원조에 대한 기대가 아주 컸다. 중국은 이에 대해 알고 있었
지만 준비가 부족했다. 1960년 7월 초 기니 주재 중국 대사관은 기니의 경
제 상황과 중국의 원조에 대한 기대를 국내에 체계적으로 보고했다.

> 외교부, 대외무역부 :
> 중국과 기니의 경제무역 관계 발전에 관한 주요 상황과 우리의 의견을
> 보고하면 다음과 같습니다.
> 첫째, 기니 정부는 중국과 기니의 경제무역 관계 발전을 아주 중요시
> 하며 또한 절실히 요구합니다. …… 기니 정부는 중국과 기니의 경제무역

---

53) 「關于來訪的幾內亞總統賽古杜爾會談問題的請示」(1960年 7月 22~28日), 外交部開放檔
案 204-00104-01(1).

관계 발전에 대해 아주 중요시합니다. 이번 중국 방문에 대한 기대도 아주 큽니다. 비록 우리의 힘이 미약하다고 여러 차례 설명했지만 그들은 계속 기대를 하고 있습니다.

둘째, 기니의 '3개년 계획'에는 원래 280억 기니프랑(100기니프랑은 약 1위안)이 투자될 예정이었는데 확인 결과 370억~380억 기니프랑으로 증가했습니다. 투자의 배치를 보면 인프라 건설에 80억 기니프랑, 농업에 70억 기니프랑, 공업에 50억 기니프랑, 교육에 35억 기니프랑, 보건에 20억 기니프랑으로 도합 255억 기니프랑입니다. 370억 기니프랑으로 계산하면 115억 기니프랑은 용도가 불분명합니다. 주로 '3개년 계획' 건설 프로젝트 정산 초과 지출 부분과 일부 행정 비용으로 추정됩니다.

투자는 주로 대외원조에 의존합니다. 기니 정부는 세수, 공기업 이윤, 의무 노동 등을 통해 70억 기니프랑을 투자할 수 있습니다. 현재 자료를 보면 소련이 차관 80억 기니프랑(3,500만 달러)을 제공하고 체코가 32억 기니프랑(1,200만 달러[54], 2000~3000명이 무장할 수 있는 군사장비의 원조는 포함되지 않음), 헝가리가 6억 기니프랑(250만 달러), 폴란드가 약 2억 기니프랑(75만 달러), 가나가 60억 기니프랑(1,000만 파운드)입니다. 정부 투자와 대외원조를 합치면 250억 기니프랑으로 120억 기니프랑이 부족합니다. 동독은 대사가 조인하는 조건으로 차관 12억 기니프랑(500만 달러)를 제공하려 했지만 기니의 거절로 협상이 이루어지지 못했습니다. 서방 국가 중 최근 서독과 3년 내에 차관 30억 기니프랑을 제공받는다는 협정을 체결했습니다. 다른 국가는 아직 차관을 제공하지 않았습니다. 동독과 서독을 합쳐도 42억 기니프랑밖에 안 되어 78억 기니프랑이 부족합니다.

셋째, 소련의 차관은 기니를 도와 철도를 부설하고 공항을 증축했으며 경기장, 공과대학, 대형 호텔 등을 건설했습니다. 그리고 목재공장, 식품 가공공장, 피혁공장, 시멘트공장 등 일련의 소형 공장을 설립해주고 플랜드 기계실비를 제공했습니다. 그리고 7,000헥타르에 달하는 국영농장을 건설했습니다. 체코는 라디오 방송국을 설립해주고 트럭, 기차 차량, 트랙터, 방송 기자재, 비행기 여섯 대와 군복 등을 제공했습니다. 동독은 인

---

54) 원문에서는 '1200億美金' 즉 '1,200억 달러'라고 표기했는데 '1,200만 달러'의 오기이다. (역자 주)

쇄공장과 영화 제작사를 설립해주었습니다. 헝가리는 정미소, 유리공장, 냉동창고를 지어주고 공공버스를 제공했습니다. 소련과 체코는 광물 자원을 탐사했습니다.

'3개년 계획'의 일부 프로젝트는 아무도 원조해주지 않았습니다. 이를테면 농기구공장, 기름공장, 쇠못공장, 정미소(헝가리가 1개소를 세워주었음. 계획은 5개소), 소형 기계공장, 도살장, 농촌 라디오 방송망, 농지 수리 건설 등입니다.

넷째, 기니 경제부 장관은 우리가 기니 정부를 도와주는 문제에 대해 최근 각서를 보내겠다고 합니다. 기니의 일부 지도자는 우리가 농촌 라디오 방송망을 구축해주고 벼 재배를 개량시키며 일련의 소형 공장을 건설해주기를 기대합니다. 또한 콩쿠레 저수지와 남안 철광산(각각 3~5억 달러의 투자가 필요함)을 건설해줄 것을 바라고 있습니다.[55]

1960년 7월 말 투레 대통령은 소련, 동독, 체코, 중국 등 사회주의 국가에 친필서한을 보내 원조를 요청했다. 기니를 도와 '3개년 계획'을 순조롭게 완성하기를 기대했던 것이다.[56] 1960년 7월 29일 기니 주재 중국 대사관의 전보에 의하면 투레 대통령이 각 나라에 원조 건설을 요청한 것은 모두 기니의 국가 생활과 민생에 관련되는 대형 프로젝트였다.

28일 투레 대통령이 유소기 주석님께 보내는 서한을 발췌하면 다음과 같습니다.

기니가 계획하고 있는 건설 프로젝트를 열거하면 다음과 같습니다.

첫째, 철광산과 보크사이트 광산 각각 3개소입니다.

둘째, 생산 능력이 높은 알루미늄 공장과 산화알루미늄 공장 몇 개소를 건설할 것을 바랍니다. 금년에 산화알루미늄 48만 톤을 생산할 것으로 추정되며 3년 후에는 200만 톤에 달할 것입니다.

---

55) 「我駐幾內亞使館關于發展與幾經貿關系的意見」(1960年 7月 9~23日), 外交部開放檔案 108-00089-04(1).

56) 「關於幾內亞要求援建孔庫雷大水壩問題」(1960年 8月 4日), 外交部開放檔案 108-00089-07(1).

셋째, 님바에서 코나크리까지 1,000km에 달하는 광석운수 철도 부설을 바랍니다.

넷째, 콩쿠레 저수지입니다. 공사는 초보적으로 산화알루미늄 공장과 알루미늄 공장 각각 한 개소를 건설하는 데에 1,110억 기니프랑(3억 1,000만 달러)이 듭니다. 공사는 원래 국제부흥개발은행이 프랑스 정부의 담보로 프랑스 재단에 차관을 제공하여 건설하게 했습니다. 그러나 기니 독립 후 프랑스는 원래의 담보를 취소했고 은행도 차관 제공을 거절해서 공사가 진행되지 못하고 있습니다. 서한에서 말하기를 이러한 문제를 해결하려 해도 기니는 자금이 많이 부족하답니다. 그러므로 아프리카 대륙의 신속한 진보와 인류의 아름다운 전망을 위하고 진정으로 기니를 도와주려는 우호국에 원조를 요청한다고 했습니다. 기니 정부와 인민은 이 문제의 해결을 위해 중국과의 협력을 아주 중요시하며 중국이 제안하는 건의와 협력 방식에 대해 연구할 준비가 되어 있다고 했습니다.[57]

② 중국 측의 관점: 능력껏 원조하며 중소형 프로젝트 원조 건설을 위주로

중국은 중소형 프로젝트를 건설하려고 했다. 이는 중국의 국력과 아프리카 국가의 상황을 동시에 고려한 것이다. 대형 프로젝트는 건설된 후에도 부품, 기술 및 기술자가 필요하다. 이는 수원국이 중국에 의존하도록 하는 것으로 중국이 제창하는 독립자주와 자력갱생으로 민족경제를 발전시켜야 한다는 목표와 위배된다. 그러므로 투레 대통령과의 회담 을 준비하면서 외교부는 중소형 프로젝트 원조 건설을 건의했으며 주은래 총리와 진의 부총리는 외교부에 보낸 참고 방안에 타국과 비교하지 말고 능력에 알맞게 수행할 원칙을 지시했다.

원조시 금액이 적게 드는 것은 무상으로 하고 금액이 많이 드는 것은 장기 저금리 차관으로 하며 구체적 액수는 소련(80억 기니프랑, 약 3,500

---

57) 「幾內亞總統杜爾致函劉少奇主席尋求經濟援助」(1960年 7月 28~29日), 外交部開放檔案 108-00089-05(1).

만 달러)보다 적고 체코(32억 기니프랑, 약 1,306만 달러)보다 많은 약 60
억 기니프랑(2449만 달러, 약 6,000만 위안)으로 하십시오. 원조 프로젝
트는 중소형 프로젝트를 위주로 하며 담판 과정에서 계획경제, 농업 발
전, 중소형 기업 등 방면에 관한 체계적인 소개와 좌담회를 조직해야 합
니다.(진의 부총리의 지시 : 소련, 체코와 비길 필요가 없이 우리가 얼마
원조할 수 있으면 곧 얼마를 원조하면 됩니다. 총리지시 : 그들의 요구를
고려하면서 우리의 가능성과 객관적 조건을 두루 고려하십시오.)[58]

투레 대통령의 요청 서한을 받은 후 외교부는 각 관련 부서를 소집하여
의논을 했다. 투레 대통령의 중국 방문 직전인 1960년 9월 6일 외교부, 대
외무역부, 수리전력부(水利電力部), 농업부, 중국인민은행 등 부서가 토론
한 최종 결론은 다음과 같다.

첫째, 기니가 우리나라에 원조 건설을 요청한 콩쿠레 저수지, 보크사이
트 광산, 철광산, 1,000km 도로 등 네 가지 프로젝트 및 농촌 라디오 방
송망, 620km 도로 시공, 소형 공장 등 프로젝트는 이번에 고려하지 않기
로 한다. 우리나라가 기니의 기술 조건 등 구체적인 상황을 잘 모르고 담
판 시간이 아주 짧으므로 확정짓기 어렵기 때문이다.

둘째, 경제ㆍ기술 협력 협정과 무역 지불 협정(대외무역부는 지시를 청
하는 보고와 두 협정의 초안을 외사판공실에 보냈음)의 체결을 건의한다.

셋째, 적은 액수의 무상원조에 대해 유소기 주석의 명의로 기니에 쌀 1
만 톤(약 100만 달러, 250만 위안)을 증여할 것을 건의한다.

넷째, 기니가 파견 요청한 인민공사, 종교 정책, 민족 문제, 문맹 퇴치,
벼 재배 등 다섯 분야의 전문가 중 벼 재배 전문가 파견을 고려해볼 수 있
다. 기타 분야의 전문가는 정치 제도와 관련되므로 파견하지 말 것을 건
의한다.[59]

58) 「幾內亞總統杜爾致函劉少奇主席尋求經濟援助」.
59) 「關於幾內亞提供經濟援助的意見」(1960年 9月 6日), 外交部開放檔案 108-00089-01(1).

③ 중국 원조에 대한 기니의 초기 반향

1960년 중국과 기니는 경제기술협정을 체결했으며 기니에 60억 기니프 랑(약 2,625만 달러)에 달하는 차관을 제공했다.[60] 차관이 많지 않아 기니 의 요구를 만족시키지는 못했지만 중국의 원조는 높은 평가를 얻었다. 기 니 주재 중국 대사관은 투레 대통령 중국 방문에 대한 기니 국내의 평가를 보내왔다. 이 평가에 의하면 기니 인민뿐만 아니라 기니와 우호적 관계를 유지하고 있는 사회주의 국가들은 모두 투레 대통령의 중국 방문 성과에 만족을 표했다.

여기에서 각 측은 투레 대통령의 중국 방문 결과에 대해 아주 중시하고 있습니다. 평가가 좋으며 기니 라디오 방송국은 4개의 문서를 방송했습니 다. 방송 성명에서는 전례를 깨뜨리고 첫 3개의 문서를 두 번이나 방송했 습니다. 그리고 "반둥 원칙의 승리"라는 헤드라인으로 투레 대통령의 중 국과 소련 방문을 보도했습니다. 이번 방문은 아프리카에 희망을 가져왔 고 했습니다. 우리나라가 무이자 차관을 10년 후부터 점차 상환하도록 했 다면서 높이 평가했습니다. 이는 아프리카 국가들에게 위대한 중국 인민 과 협력한 좋은 점을 말해준다고 했습니다. 4개의 문서를 공표한 후 기니 민주당 정치국은 즉시 외교부 사무국장을 대사관에 파견하여 감사를 표 했습니다. 만나는 기니 정부 인사들도 우리나라 원조의 진실성과 무역 지 불 계약의 공정성, 합리성에 대해 높이 평가했습니다. 기타 아프리카 국 가의 정치가들도 감동을 받았다면서 우리가 기니에 대한 원조는 아프리 카 인민들에게 대한 격려라고 했습니다. 사회주의 국가의 사절들은 투레 대통령이 이번 방문에서 '3개년 계획'에서의 가장 큰 문제를 해결했다고 평가합니다. 체코 대사는 기니는 중국의 원조 여부에 대해 의심을 품었는 데 이번에 해결되었다고 하면서 투레 대통령 방문의 의의를 세 가지로 보

---

60) 차관 액수는 중국과 기니가 체결한 경제 기술 협정에서 볼 수 없다. 투레 대통령의 군중 연설에서 알 수 있다. 「幾內亞總統杜爾在群衆大會上發表演說贊揚我對幾援助事」(1963年 6月 16日~7月 6日), 外交部開放檔案 108-00899-05. 달러는 「幾內亞總統杜爾致函劉少 奇主席尋求經濟援助」(1960年 7月 28~29日), 外交部開放檔案 108-00089-05(1)에서의 환율에 의해 산출했다.

았습니다.

첫째, '3개년 계획' 투자의 부족한 부분을 해결하여 서방 국가가 3년 내에는 기니를 간섭하지 못하도록 했다는 것입니다.

둘째, 중국과 소련의 투레 대통령에 대한 환영은 투레 대통령이 감정적으로 사회주의 국가에 다가서게 했다는 것입니다.

셋째, 이러한 원조에 의해 기니는 저수지와 수력발전소를 세우고, 기니 정부가 경영하지만 서방 국가가 통제해온 프리아 알루미늄 공장의 제2차 공사는 사실상 기니를 도와 국유화시킨 것이라고 했습니다.

우리나라 전문가들의 급여에 대해 의논이 분분합니다. 체코 대사는 우리의 방법은 기니 인민 사이에서 좋은 평가를 얻을 수 있으나 기니는 이에 동의하지 않을 것이며 시행시 일부 문제가 발생할 것이라고 했습니다. 폴란드 상무대표는 우리나라 전문가의 급여가 폴란드 전문가의 3분의 1밖에 안 된다고 했습니다. 그는 우리가 어느 분야에 전문가를 파견하는지 물어보면서 전문가를 중복 파견하지 말아야 한다고 했습니다.[61]

기니에 대한 중국의 원조가 좋은 효과를 거둔 것은 차관 액수가 많아서가 아니라 원조가 외교 사업을 보충하여 중국의 평화 공존 5항 원칙을 충분히 구현한 기초 위에 기니와의 우호적인 관계를 발전시키려는 진정한 마음을 담았기 때문이다.

수원국을 평등하게 대하고 자국의 발전 경험을 타국에 강요하지 않는 등의 원칙은 중국과 기니 관계의 여러 면에서 구현되었다. 이를테면 투레 대통령이 중국을 방문한 지 얼마 안 되어 1960년 11월 말 양국이 체결한 무역 경제협정을 실행하기 위해 기니 정부 대표단이 중국을 방문했으며 극진한 환대를 받았다. 대표단 단장인 기니 대외무역회사 베레다이 푸라모에 사장은 중국 측에 "우리는 신문과 사진에서 중국 인민이 투레 대통령을 열렬히 환영하는 것을 보았습니다. 우리가 중국에서 환대를 받아보니 진실함을 알

---

61) 「幾內亞及有關各方對幾總統杜爾訪華的反應」(1960年 9月 14日~10月 25日), 外交部開放 檔案 204-00444-31(1).

수 있습니다. 우리에 대한 당신들의 신임은 나를 아주 감동시켰습니다. 다른 나라에서는 우리에게 이것을 하지 말라, 저것을 하지 말라고 하면서 저지하지만 중국의 모든 문은 우리를 향해 열려 있습니다."라고 말했다. 송별식에서 베레다이 사장은 두 차례의 연설을 했다. 그는 먼저 중국 각 회사의 책임자들이 보여준 진심과 기니를 도우려고 하는 마음씨에 감사를 표했다. 그리고 "1년도 안 되어 건설한 인민대회당과 공인체육장, 농업전람관과 공업전람관을 참관한 후 중국인민이 10년 걸어온 길을 깊이 이해할 수 있으며 이러한 길을 걷는 인민은 꼭 성공할 것이라고 믿습니다. 이러한 의지와 신심 앞에서 모든 어려움은 아무것도 아닙니다."라고 했다. 두 번째 연설에서 베레다이 사장은 "얼마 전 우리는 제국주의의 전복 음모를 막았습니다. 현재 기니 인민은 자유독립의 기치를 높이 들고 전진하고 있습니다. 전진하는 길에서 우리는 중국의 지원을 받고 있습니다. 투레 대통령은 아프리카의 모든 국가가 독립해야만 기니도 완전히 독립하는 것이라고 했습니다. 우리의 부분적 사업, 이를테면 무역 담판 등은 아프리카의 독립 해방을 목표로 하는 것입니다. …… 중국이 유엔에 가입하지 못하는 것은 제국주의가 당신들을 두려워하기 때문입니다. 투레 대통령과 기타 국가 특히 아프리카 국가의 지도자들이 취하는 태도 때문에 미국과 그 동맹국들이 각종 음모를 꾸며도 그들은 궁극적으로 실패할 것이며 다음 유엔 총회에서 중국은 반드시 유엔에 가입할 것입니다. …… 오늘 전 세계는 중국을 주목하고 있습니다. 어떤 사람은 희망에 차서 바라보고 있고 어떤 사람은 비관 실망하면서 바라보고 있습니다. 북경은 이미 모든 피압박 민족의 상징이 되었습니다. 모든 피압박 국가의 대표는 모두 이곳에서 해후하고 있습니다. 이에 대해 우리는 모택동을 대표로 하는 용감한 중국 지도자들께 감사를 표합니다."[62]라고 말했다.

---

62) 「幾內亞政府貿易代表團訪華」(1960年 5月 3日~11月 25日), 外交部開放檔案 108-

중국은 기니에 경제 · 기술 원조를 제공할 때 국제원조 실행 과정에서 흔히 있는 수원국과 원조국 간의 불평등한 관계를 피하기 위해 주의를 기울였다. 이는 원조에 조건을 부가하지 않는 것으로 표현된다. 그리고 수원국의 요청에 따라 원조하는 것을 위주로 했으며 원조를 제공할 때는 기니의 관련 부문과 충분하게 협상하여 중국이 제공하는 원조가 기니의 발전 수요를 더욱 잘 만족시키도록 했다.

1960년 중국은 기니에 60억 기니프랑(약 2,625만 달러)에 달하는 차관을 제공했다. 차관의 용도에 대해 중국과 기니는 서로 다른 의견을 보였다. 중국이 대외 경제 · 기술 원조를 제공하는 기본 정신에 의하면 경제 · 기술 원조는 수원국의 발전과 생산에 사용되어야 하고 생산성 프로젝트를 건설해야 한다. 그러나 기니는 중국에 비생산성적 프로젝트인 의회 청사의 원조 건설을 요구했다. 협정 체결시 중국은 기니의 요청을 수락하여 의회 청사 건설을 원조 목록에 넣었다. 그러나 양국의 교섭을 통해 기니는 의회 청사 건설을 취소했으며 그 자금을 국민경제 건설에 사용하겠다고 하여 중국 측의 환영을 받았다. 1963년 4월 27일 이선녠(李先念) 부총리는 기니 정부 경제대표단을 접견하여 기니의 의회 청사 건설 취소에 대해 높이 평가했다.[63]

> 이선녠 : 당신들이 의회 청사 건설을 취소한 것은 당신들에게 좋은 점이
> 많습니다. 이는 비생산적인 건설입니다. 우리의 인민대회당은
> 아주 좋지만 해마다 유지비도 적지 않습니다.
> 케이타 : 1960년 중국을 방문하여 그토록 웅장한 건물을 처음으로 보았습

---

63) 「援建幾內亞項目的按排」(1961年 10月 4日~1962年 1月 24日), 外交部開放檔案 108-00720-04.
「中國爲幾內亞援建火柴廠, 卷煙廠有關情況」(1963年 3月 4日~11月 21日), 外交部開放檔案 108-00900-02.
「李先念副總理接見幾內亞政府經濟代表團談話記錄」(1963年 4月 27日), 外交部開放檔案 108-00374-03.

니다. 마치 궁전과도 같았습니다. 그래서 의회 청사를 지으려고
했던 것입니다. 그러나 돌아가서 생각해보니 우리의 요구가 현
실성이 없었습니다. 그래서 생산적인 건설을 하기로 했습니다.

이선념 : 이는 실사구시적입니다. 우리 이 대회당은 수도, 전기가 필요할
뿐만 아니라 천여 명 일손을 필요로 합니다. 우리 정부는 이미
명령을 내려 비생산적 건설인 호텔이나 회당 등을 짓지 않기로
했습니다. 이렇게 큰 건설은 몇 년 후에 다시 지어도 됩니다. 현
재 필요한 직원 기숙사 외에 모든 건축물 공사를 멈추었습니다.
생산적인 건설을 해야 합니다. 그 어떤 국가의 경제도 모두 자력
갱생을 바탕으로 이룩해야 합니다. 자력갱생이 없다면 위험합니
다. 자력갱생하려면 허리띠를 졸라매야 합니다. 우리의 1958년,
1959년의 건설 성과는 아주 큽니다. 그러나 경험이 없었으므로
적지 않은 오류를 범했습니다. 그중 하나의 경험은 비생산적인
건설을 많이 하여 자금을 낭비한 것입니다. 이것은 교훈입니다.
그러므로 당신들이 의회 청사 건설을 취소한 것은 아주 잘한 일
입니다. ……[64]

마지막으로, 중국과 기니의 평등 관계는 프로젝트 시행 과정에서 양국
인원들의 평등한 지위에 의해 구현되었다. 아프리카에 대한 개혁개방 이
전의 중국 원조를 볼 때 가장 중요한 특징은 중국 전문가이다. '8항 원칙'
의 제8조는 "수원국을 도와 건설을 하도록 파견되는 중국 전문가는 수원국
자국의 전문가와 동등한 물질적 대우를 받으며 그 어떤 특혜도 요구해서
는 안 된다."라고 명시했다. 프로젝트 시행 과정에서 중국 전문가들의 언행
은 평등 관계의 가장 좋은 구현이 되었다. 중국 전문가 기니에서 근무한
상황과 관련된 문서를 찾지 못했기 때문에 중국 전문가 말리에서 근무한
상황을 실례로 중국 전문가가 대외원조 업무에서 어떻게 평화 공존 5항 원
칙을 관철했는지에 대해 설명하고자 한다.

---

64) 「李先念副總理接見幾內亞政府經濟代表團談話記錄」.

강상 전 기니 주재 중국 대사의 회고에 따르면 그는 1962년 말리 주재 중국 대사관에서 근무할 때 말리에 파견된 중국의 농업 전문가와 함께 말리의 농촌에서 일하면서 통역을 담당했다. 이때 말리인들은 농업 전문가를 "다른 전문가"라고 불렀다.

말리에 파견된 우리나라의 농업 전문가 4명은 기술이 뛰어날 뿐만 아니라 정치사상 각오도 아주 높았다. 그들은 출국 전에 받은 교육을 명심하고 우리나라 정부의 관련 규정을 엄수했다. 수원국의 법률과 법규를 지키고 현지의 풍속, 습관을 존중했으며 수원국 기술자와 같은 대우를 받으면서 특혜를 요구하지 않았다. 그들은 말리 인민들에게 신중국 전문가의 모습을 보여주었다. 그들의 업무와 일상생활은 신중국과 신생독립국인 아프리카 국가 간의 평등하고 상호 존중하며 상조하는 새로운 관계를 보여주었다.

…(중략)…

말리 독립 초기에는 프랑스 농업 기술자와 행정 관리인원들이 모두 남아 있었다. 우리나라의 농업 전문가와 프랑스 기술자의 가장 큰 차이점은 말리 농민들과 함께 밭에서 일하며 고생을 두려워하지 않는 것이다. 프랑스 등 서방 국가의 전문가들은 좋은 대우를 받았다. 가족과 함께 에어컨이 있는 별장에서 시간에 맞추어 출퇴근하면서 편안한 생활을 누렸다. 그들도 간혹 밭에 나오지만 차를 타고 온다. 차에서 내려 밭에서 일하는 농민들에게 손짓 몸짓으로 몇 마디 하고는 다시 차를 타고 가버린다. 우리나라 농업 전문가들은 혈혈단신으로 와서 에어컨이 없는 누추한 방에서 지낸다. 말리의 농민들과 함께 일하고 교류하는 것이다. 시간이 지나자 말리 인민들은 중국 전문가들은 서방의 전문가와 전혀 다른 새로운 유형의 전문가임을 알게 되었다. 현지의 말리인들은 우리와 아주 친해져서 집이나 마을 일에 대해 모두 털어놓았다.

그러나 말리인들은 중국 전문가가 서방의 전문가와 달랐기 때문에 오히려 오해했다. 중국 전문가가 이토록 고생을 달갑게 하는 것은 중국에서 취직하지 못하여 말리로 왔기 때문이라고 여겼다. 이는 글을 좀 배운 사람들의 입장으로 이들은 서방 보도매체가 신중국에 대해 왜곡 보도한 영향을 받은 것으로 보인다. 벼 재배 전문가와 나도 오해를 경험했다. 당시 우리가 목적지에 도착한 지 얼마 안 된 때였다. 우리 둘은 작은 2층 여관에서 한 방을 썼으며 방에는 에어컨도 없었다. 50대 요리사가 우리에게 밥을 해주고 시중을 들었다. 이 요리사는 오랫동안 프랑스 사람들의 시중을 들었다. 바로 이 요리사가 우리를 오해했던 것이다. 요리사는 우리가 별장에 들지 않고 작은 여관에서 두 사람이 같은 방을 쓰며 농민들과 함께 밭에서 땀을 흘리면서 일하고 돌아올 때 다리에 흙물을 가득 묻힌 것을 보고 우리가 Patron(주인)이 아니라고 생각했다. 현지인들은 간부와 우두머리들을 모두 '주인'이라고 불렀다. 이 요리사는 주인은 밭에서 일하지 않고 하인들만이 밭에서 일한다고 생각했던 것이다. 그러므로 우리를 대할 때 열정적이지 않고 시중도 건성건성 들었다. 어느 날 아침 우리에게 커피만 주고 빵을 주지 않았다. 왜 빵을 안 주냐고 물으니 그는 대수롭지 않게 오븐이 고장 났다고 했다. 우리는 밭에서 일해야 하기 때문에 아침밥을 꼭 먹어야 했다. 우리들이 다른 음식을 해줄 것을 요구했지만 그는 안 된다고 했다. 사실상 그는 다른 음식을 해줄 수 있었을 것이다. 대사관의 규정을 엄격히 지키기 위해 우리는 더 우기지 않고 커피만 마신 후 밭으로 가서 일했다. 우리는 육체노동을 했다. 한낮이 되면서 뜨거운 해가 비치자 우리는 현기증이 나기 시작했다. 기운이 없어 밭 기슭에 세워놓은 자동차에 기대어 휴식을 취했다. 점심까지 기다려 점심밥을 먹고 나자 기력이 회복되는 듯했다. 우리는 대사관 책임자에게 이 상황을 보고했다. 대사관 책임자들은 농촌에 있는 우리들의 생활에 큰 관심을 기울였다. 대사관 요리사가 호두과자를 잔뜩 만들어 왔다. 호두과자가 있으니 빵이 없어도 괜찮았다.

말리 요리사도 교육을 받은 후 중국 전문가에 대해 다시 보게 되었다. 이는 말리 농업부 장관이 우리가 일하는 도시에 와서 시찰할 때 특별히 여관으로 찾아와 우리를 만난 것과 관련된다. 요리사는 승용차를 타고 온 장관이 작은 여관의 두 중국인을 방문하는 것을 보고 우리 두 중국인은 '하찮은 인물'이 아니라 Patron(주인)인 것을 알게 되었다. 이후부터 요리사는 우리들에게 밥을 열심히 지어주었을 뿐만 아니라 우리가 밭에서 돌아올 때마다 웃는 얼굴로 열정적으로 시중들었다.[65]

제3장 아프리카에 대한 중국의 원조

---

65) 江翔, 앞의 책, pp.24~26.

중국 전문가의 이러한 사업 태도는 말리의 인민들에게 좋은 이미지를 심어주었으며 말리 정부의 관리들도 중국 전문가를 아주 존중했다. 케이타 말리 대통령은 중국 전문가는 대통령 관저에 자유롭게 출입할 수 있다고 규정했다.[66]

④ 기니의 실제 상황과 "열쇠를 주는 공사"의 유래

중국은 적시에 기니에 쌀을 원조했으며 기니와 경제·기술 협력 협정을 체결하여 기니의 '3개년 계획'에 자금과 기술을 제공했다. 이러한 조치는 중국과 기니의 관계 발전을 추진했고 기니에서 중국의 이미지가 좋아졌다. 그러나 경제·기술 원조는 복잡한 업무로 이러한 초기의 성과가 견고해지는 것은 원조 프로젝트 시행 과정에서의 양국의 상호 협력과 원조 프로젝트 시행의 결과를 보아야 확인된다.

중국과 기니가 체결한 첫 번째 경제·기술 협력 협정에 의하면 중국은 의회 청사, 성냥공장, 담배공장, 벽돌기와공장, 도자기공장, 종이공장 등을 원조 건설하기로 했다.[67] 협정이 체결된 후 시공이 미루어져 기니 정부와 인민은 중국에 대해 편견을 가지게 되었다. 시공이 미루어진 원인은 여러 가지로 기니 정부의 문제도 있고 중국의 원조 방식에도 문제가 있었으며 기니를 원조하는 기타 원조국의 영향도 있었다. 1961년 12월 7일 기니 주재 중국 대사관은 중국의 기니 원조 건설 프로젝트 시행 과정에서 나타난 문제에 대해 중국 정부에 자세한 보고를 했다.

> 방의 동지와 외교부, 대외무역부 :
> 우리가 기니를 원조하여 프로젝트를 건설하는 문제점에 대해서는 11월 9일의 전보에 따라 대사관 당위원회가 여러 차례 연구했습니다. 그 결과

---

66) 陳敦德, 앞의 책, p.215.
67) 「援建幾內亞項目的按排」.

시공 진척과 기니의 요구가 많은 차이가 있다고 생각합니다. 아래와 같이 상황을 설명하고 다시 건의하니 참고하기를 바랍니다.

첫째, 우리가 기니에 제공한 차관을 1년이 지나도록 사용할 수 없습니다. 기니가 협정에 조인하지 않았기 때문에 기니 고위관료들은 우리가 시공을 하지 않는 데 대해 아직 공개적으로 불만을 표하지 않습니다. 그러나 본인들끼리 서로 불평하고 있습니다. 이스마엘 투레는 협정서가 외교부로 넘어갔는데 독촉하지 않으면 5년이 지나도 조인하지 않을 것이라고 했습니다. 공업광업부 장관은 협정서에 조인하지 않는 것은 본인의 책임이 아니라 계획부가 보류한 것이므로 계획부를 재촉하라고 했습니다. 기니 원조 프로젝트의 기니 측 주관 부서는 공업부입니다. 협정 체결 전후하여 그들 모두와 교류했습니다. 공공공사부가 주관하는 의회 청사에 대해 이스마엘 투레는 금년이나 내년에 시공하라고 이미 두 번이나 말했습니다. 프랑스가 코트디부아르에 대통령 관저를 건설하는데 기니는 코트디부아르보다 먼저 건설해야 된다고 했습니다. 기니 공업광업부는 성냥공장, 담배공장, 벽돌기와공장, 도자기공장, 종이공장을 주관합니다. 공업광업부 장관은 우리의 설춘국(薛春國) 상무참사관을 두 번이나 만나 시공을 재촉했습니다. 그 이유는 투레 대통령이 10월 기니 국경일 군중대회에서 내년부터 성냥과 담배 및 기니의 '3개년 계획'에 필요한 벽돌과 기와를 대량으로 생산할 수 있다고 선포했으며 동독이 이미 인쇄공장을 건설했기 때문에 종이가 필요하다는 것입니다. 기타 부서의 프로젝트도 이와 비슷한 요구를 해왔습니다. 기타 형제국의 기니 원조 경험에 의하면 각 공업부서는 아무 때나 우리들에게 시공 요구를 해올 것입니다.

둘째, 소련, 체코, 폴란드, 헝가리, 불가리아, 동독의 원조 건설은 모두 계획대로 시공했습니다. 이미 건설된 것으로는 동독의 인쇄공장과 코나크리 유선 라디오 방송 수신소, 폴란드의 기계공장, 소련 100KW 라디오 방송국과 코나크리-마무 철도가 있습니다. 현재 시공하고 있는 소련의 공사만 해도 1,200명을 수용할 수 있는 기술학교, 지질연구소, 연간 생산량이 500만 통에 달하는 통조림공장, 목재공장 등은 1963년에 완성될 것이고 냉동창고는 1962년 5월에, 공항 활주로 증축은 하반기에, 수용 인원이 25,000명인 경기장과 체육관은 1962년에 완성될 것입니다. 호텔 2개 중 하나는 현재 시공 중이며 1962년 연말이면 준공될 것입니다. 그 밖에 신발공장, 우유공장 4개 소, 도살장 4개 소, 베니어합판 공장, 중유발전소, 시멘트공장, 가솔린탱크, 대통령 관저 등은 현재 설계 중이거나 건설 부지를 찾고 있습니다. 그들은 모두 프로젝트를 협의한 후 기니에 전문가를 파견하여 설계하고 시공을 시작했습니다. 심사 허가 과정이 없습니다. 현재 소련 전문가 400명과 체코 전문가 82명이 기니에 있습니다. 이렇게 해도 기니의 고위관료들은 진척이 늦고 품질이 좋지 않다고 합니다. 투레 대통령은 직접 소련 정부와 체코 정부의 지도자들에게 기니 원조 프로젝트를 1년에서 1년 반 앞당겨 완성해달라고 요구했습니다. 소련과 체코는 의미 동의했으며 일부 프로젝트는 돌격적으로 매진하고 있습니다.

셋째, 서방 국가들이 기니의 주변국에서 적극적으로 움직이고 있습니다. 미국은 라이베리아를 도와 방송국을 세웠고 포르투갈은 코트디부아르를 도와 철로를 부설하고 있습니다. 영국도 시에라리온을 도와 일부 공사를 하고 있습니다. 이들 공사는 진척이 아주 빠릅니다. 미국은 최근 평화봉사단을 보내 적극적으로 경제·기술 원조를 제공하고 있습니다. 기니는 사회주의 국가가 돕는 건설이 주변국보다 늦을 것을 우려하고 있습니다. 10월 미국 의회대표단이 기니를 방문하여 평화봉사단을 보내겠다고 제안했지만 기니는 거절했습니다. ……[68]

원조공사가 시공되자 중국과 기니의 협력에서 또 새로운 문제들이 발생했다. 1963년 3월 5일 기니 주재 중국 대사관은 원조 건설 프로젝트에 존재하는 문제점을 중국 정부에 보고했다.

외교부, 대외경제연락총국 :

2월 18일 및 23일 전보 내용은 숙지했습니다. 최근 기니 측이 우리의 원조에 불만을 가지는 것은 다음과 같습니다.

첫째, 기니는 대외원조 건설을 받을 때 모든 것을 원조국에 맡기고 준공되면 열쇠만 받아 사용하려고 합니다. 이는 우리와 기니가 체결한 협정의 부분 조항뿐만 아니라 우리의 방식과도 다릅니다. 구체적으로 교섭하면서 보니 협정을 견지하는 것은 어렵다고 생각됩니다. 그들은 일부 임무

---

68) 「援建幾內亞項目的按排」.

를 담당하겠다고 했지만 해결하지 못합니다. 성냥공장, 담배공장 건설에서 조직 지도와 자재 분공, 전문가 대우 등 문제를 1년 넘게 교섭했지만 해결한 것은 거의 없습니다. 이렇게 되면 진척이 영향을 받을 것입니다. 비록 우리 측의 책임은 아니지만 영향은 좋지 않을 것입니다. 서독과 유고슬라비아는 모든 일을 도맡아 하는 방법을 썼습니다. 모든 것을 원조국이 책임지고 지출은 차관에서 합니다. 근로자 모집, 급여도 모두 차관에서 지출합니다. 이러한 공사의 진척은 매우 빨라서 기니 측도 만족해합니다(요즘 기니의 신문은 몇 차례의 전문 기사를 통해 서독과 유고슬라비아의 방법을 높이 평가했음).

둘째, 전문가 비용과 로컬 비용의 분담에도 기니 측과 모순이 있습니다. 각국의 전문가 급여를 비교하면 우리나라가 가장 적습니다. 각국의 전문가 급여, 교통 등은 자국이 부담하고 차관에서 지출을 합니다. 그러나 우리는 기니 측에 생활비, 식비, 의료비, 교통수단 등을 요구해야 합니다. 사실상 기니 측은 자동차가 없을 뿐만 아니라 관련 부서에도 전문가에게 지출할 비용이 없습니다. 그러므로 우리가 자동차나 돈을 요구하면 기니 측이 시끄러워지고 우리 전문가의 생활 문제는 오랫동안 해결되지 못하고 있습니다. 기니 측은 유고슬라비아의 방법이 좋다고 합니다. 유고슬라비아는 기니 측에 아무것도 요구하지 않습니다. 소련 전문가의 급여는 작년에 수정하여 우리와 비슷합니다. 지출 방법이 간단합니다. 소련 측이 차관에서 그냥 지출합니다. 자동차와 기숙사의 일부 비용은 소련이 자체적으로 해결합니다. 시공을 시작한 공사도 비교적 많아 기니 측은 만족해합니다.

로컬 비용 지출의 분업과 모든 것을 원조국이 부담하라는 기니의 요구에서 큰 의견 차이를 보이고 있습니다. 기니 측은 시공을 위해 우리가 제기한 요구를 모두 수락했습니다. 그러나 시공을 시작하고 보니 아무것도 해결되지 않았습니다. 항상 재료가 부족하여 공사를 중단하고 재료를 기다려야 합니다. 성냥공장과 담배공장은 현재 조립식 구조에 쓰이는 용재로 수백만 평방미터의 목재가 필요합니다. 여러 차례의 교섭을 거쳐 10만여 평방미터만을 보내왔습니다. 시장에서도 살 수 없습니다. 발전소에서 양철판 50장과 디젤유, 휘발유가 필요합니다. 시장에는 비록 물건이 있지만 기니 측의 건설 현장을 책임진 기관에 돈이 없어 공급하지 못합니다. 조립식 용재도 기니 측이 돈이 없어 가공공장과 계약을 체결하지 못했습니다. 현지의 근로자들은 3개월간 봉급을 받지 못했습니다. 근로자가 더 필요하지만 기니 측에서 증원해주지 못하고 있습니다. 모래와 돌도 교통수단이 없어 제때에 운송하지 못하고 있습니다. 전면적인 시공에 들어가면 더 많은 문제점이 생길 것입니다.

셋째, 기니 측은 시공 속도가 빠르면 빠를수록 좋다고 합니다. 우리의 설계 절차에 그들은 익숙하지 못합니다. 최근 교류에서 우리가 원조 건설하는 성냥공장, 담배공장, 수력발전소에 대해 시공 속도가 너무 느리다고 합니다. 기니 전력국 국장은 "당신들은 설계에만 2년이 걸릴 것이다."라고 불평했습니다. 그는 우리 수리전력 전문가들이 여러 팀으로 나누어 기니에 오는 것에 대해 의아해하면서 "당신들은 오늘 두 명이 오고 내일 세 명이 오는데 언제 준공할지 모르겠다."고 했습니다. 기니 전력공사 사장은 대통령의 부름을 받고 갔다가 수력발전소가 언제쯤 준공되는가 하는 물음에 대답을 못해 비판을 받았다고 말했습니다. 유고슬라비아가 건설한 수력발전소는 작년에 협의하여 금년 6월에 준공되었습니다. 10월 2일부터 발전을 합니다.

넷째, 국가계획에 넣어 예산을 편성하기 위해 기니 측은 우리 측에 공장 건설 진척과 건설비를 알려달라고 했습니다. 그러나 우리는 아직까지 관련 자료를 제공하지 못했습니다. 기니 측은 이에 대해 불만을 표했습니다.

다섯째, 우리 전문가팀 내부 업무에 관한 것입니다. 최근 우리는 10중 전회와 외사 회의와 결부하여 전문 검사를 단행했습니다. 대사관 당위원회의 토론 연구에서 전문가팀의 간부들이 곤란을 겪는 것을 꺼리고 불만이 많으며 쇼비니즘 경향이 있는 것을 발견했습니다. 비록 초기 단계이지만 어떤 것은 비교적 심각하여 대외적으로 좋지 않은 영향을 끼쳤습니다. 기니 작업현장 책임자와 갈등이 생기자 전문가팀은 대사관에 보고하지 않고 기니 공업광업부에 그 책임자의 이직을 요구했습니다. 그 밖에 기니인들의 민족적 자존심을 존중하지 않고 사업과 생활에서 겪는 곤란에 대한 준비가 부족한 것 등이 지적됩니다. 일부 간부들도 사상적으로 이러저러한 문제점들이 있으며 심각한 경우도 있습니다. 한 간부는 "만약 대사관이 전문가들의 생활 수준을 제고해주지 않으면 이후 전문가팀 기술자 회의에서 문제제기를 하고 파업을 할 것이다."라고 말했습니다. 이러한 점들은 이번 검사에서 전문가팀 내부의 비판과 자기비판을 통해 변화되었습니다.

여섯째, 우리가 원조 건설하는 성냥공장과 담배공장에 대해 기니 측은 헝가리와 불가리아 전문가에게 기니 측 현지 대표를 맡아줄 것을 의뢰했습니다. 모든 문제는 그들을 통해 해결해야 하며 그들은 1주일에 두 차례 있는 현장 회의도 참석합니다. 그들은 일부러 트집을 잡거나 불만을 드러내면서 중국과 기니 사이를 이간할 수 있으므로 우리는 경계심을 늦추지 말아야 하며 필요할 경우 기니 측에 알려야 할 것입니다(어제 가화 대사는 이스마엘 투레를 만나 공장 건설에서 제3국의 참여 없이 중국과 기니가 직접 협의할 것을 제안했고 투레는 동의했음).

위의 상황에 의해 다음과 같이 건의합니다.

첫째, 기니에 대한 원조는 거의 청부를 맡는 방식을 취해야 합니다. 재료 공급, 건축 기계, 교통수단 등은 반드시 이 방식을 취해야 합니다. 현지의 조직과 지도 이를테면 기니가 시간을 끌면서 해결을 하지 못한 데에는 우리의 책임도 있습니다. 봉급, 회계장부 계산, 재료 관리 등도 필요시에 우리가 관리해야 합니다.

둘째, 전문가의 일상생활도 기니와 교섭하여 우리가 관리해야 합니다. 소소한 비용, 식비, 의료비 등 지출은 우리가 직접 하고 차관에서 지불하면 됩니다. 전문가의 교통수단도 거의 우리가 해결해야 합니다.

셋째, 현지 지출도 우리가 제품을 제공하고 기니가 판매한 후에 현지 지출에만 쓰는 특별비용으로 하여 시공을 보장해야 합니다.

넷째, 우리의 설계 절차를 간소화하여 시간을 단축할 것을 바랍니다.

다섯째, 시공을 시작하는 프로젝트를 확정하고 먼저 기니와 협의해야 합니다. 건설비, 제품 원가, 건설 진척 등을 명기하고 정확한 숫자를 제공하기 어려우면 추산한 숫자를 제공해도 될 것입니다.

여섯째, 경제원조와 전문가팀의 정치사상 지도와 생활 관리를 강화하기 위해 경제참사관을 파견하며 경제처(經濟處)를 설치하기 바랍니다. 그리고 건설공업부에서 인사처 처장을 파견하여 성냥, 담배 전문가팀의 정치사상 공작을 하기 바랍니다.

마지막으로 기니는 우리가 시공을 시작하지 않은 데에 불만이 있습니다. 기니의 어려운 경제 상황에서 보면 그들은 대형 공사를 서두르지 않는 것 같습니다. 현재 기니에서 규모가 작고 효과가 빠른 프로젝트를 적극적으로 건설합니다. 우리가 소형 프로젝트와 기술협력(수공업 포함)에 적극적으로 나설 것을 건의합니다. 만약 국내에서 동의한다면 우리가 해도 되는 프로젝트를 알려주십시오. 그러면 기니 측과의 협의도 쉬울 것입니다(이 문제에 대해 두(杜) 국장이 기니에 올 때 연구가 있었음). 또한 우리가 약속한 일부 프로젝트는 국내의 기술 문제로 변동을 해야 한다는 연락을 받았습니다. 도대체 어느 것에 변동이 있는지를 결정한 후 기니 측에 정식으로 공문을 보내기 바랍니다. 그리고 기니 측에 어떻게 설명할지 지시를 내려주십시오.

위와 같은 의견의 타당성 여부를 알려주십시오.

기니 주재 중국 대사관

1963년 3월 5일[69]

기니와 중국의 경제·기술 협력은 아프리카에서도 처음이므로 이러한 문제의 해결은 중국과 기니의 관계뿐만 아니라 기타 아프리카 국가에 대한 중국의 경제·기술 원조 시행에도 영향을 줄 수 있었다. 기니 주재 중국 대사관이 보고한 문제는 중앙정부에서 매우 중요시되었다. 1963년 3월 15일 주은래 총리는 기니 주재 중국 대사관이 보고한 상황에 대해 직접 서명한 지시 전보를 발송했다.

기니 주재 중국 대사관 :

3월 5일 전보를 받았습니다. 그 건의에 대해 거의 동의합니다. 답신은 다음과 같습니다.

첫째, 기니의 요구가 강력하지만 조건이 좋지 않으므로 양국의 협정에서 규정한 의무를 이행할 수 없습니다. 그러므로 두 공장의 시공은 우리가 거의 일괄 도급하는 방법으로 해야 할 것입니다.

둘째, 1962년 8월 기니의 담배공장과 성냥공장 건설 협정을 체결한 후 정부에서는 기니 측이 26가지에 이르는 건축자재를 공급하지 못할 것을 예상했습니다. 그러므로 사실상 청부를 맡는 방법으로 준비했습니다. 벽

---

69) 「駐幾內亞使館關於援幾工作情況及建議」(1963年 3月 5~15日), 外交部開放檔案 108-00900-01.

돌, 기와, 모래, 돌 같은 적은 물품만 현지에서 구매하고 다른 것은 국내에서 운송해 보내겠습니다. 건축자재 6,229톤, 시공기계 198톤, 보수기계 12톤(297가지), 시공도구 54톤(573가지), 건설공사 자재 439톤, 도합 6,932톤(2,367가지)입니다. 1차로 보낸 기자재 3,000톤은 이미 1963년 1월 1일 기니에 도착했습니다. 2차로 2,545톤의 기자재는 지금 발송 대기 중입니다. 시공 인원은 현지에서 고용하는 외에 국내에서 목재, 기와, 회칠, 콘크리트, 차량, 리벳, 전기, 용접, 기사, 정비, 수도와 난방 설비, 선반 등 27가지 분야에서 128명을 파견하려고 합니다. 공사에 필요한 기술 분야는 모두 포함되었습니다. 이 밖에 기니 측이 우리 측 시공 인원들의 생활을 책임지기 싫어하는 상황에서 우리는 요리사, 의사, 기사 및 관리자를 파견하겠습니다. 이들은 필요한 모든 주방도구, 텐트, 침대, 자동차 24대, 약품 및 1년간 먹을 수 있는 식료품 등을 가지고 갈 것입니다. 이를 위해 국내에서는 대폭 준비했고 현재 준비를 마친 상황에서 출발 준비를 하고 있습니다.

2차로 보내는 물자와 시공 인원은 3월 중순 원양선 광화(光華)호로 출발하려 했으나 당신들 대사관의 3월 4일 전보를 받고 출발을 미루었습니다. 광화호는 인도로 가서 교포 철수 임무를 수행하고 있습니다. 그러므로 이번 물자는 광화호가 인도에서 돌아와야 발송할 수 있습니다. 만약 다른 선박이 있으면 더 빨리 발송할 수도 있습니다.

셋째, 전문가의 생활 비용에 대한 문제입니다. 대외경제연락총국은 1962년 10월 11일, 1963년 1월 18일 당신들 대사관에 전보를 보내서 전문가의 식비(사무비, 의약비 포함)를 우리가 책임지는 데 동의했습니다. 기니 측이 우리에게 비용을 먼저 지불하라고 해도 동의하십시오. 1962년 8월 22일에 60만 기니프랑, 9월 13일에 120만 기니프랑, 1963년 2월 1일에 200만 기니프랑을 송금했습니다. 이상 비용은 차관에서 정산하십시오. 향후 기니에 가는 전문가의 비용은 기니 측이 책임지지 않고 국내에서 대사관의 보고에 의해 송금하겠습니다.

넷째, 로컬 비용에 대한 문제입니다. 기니 측이 책임지려 하지 않으면 우리가 먼저 지불하고 차관에서 정산하면 됩니다. 기니 시장이 작으므로 제품을 제공하는 방식으로 판매하는 것은 어려움이 따릅니다. 판매되더라도 현금을 프로젝트에 쓸 수 있을지는 의문입니다. 그러므로 즉시 교부 가능한 외화를 지불하겠습니다. 대사관에서는 공사 수요와 현지 물가를 고려하여 현지 비용 예산을 편성하고 국내의 심사 허가를 받으십시오.

다섯째, 시공 조직의 지도에 대한 문제입니다. 만약 기니 측이 지도할 능력이 없으면 우리가 담당할 수 있습니다. 그러나 우리는 제3국이 관여하는 것을 동의하지 않는다고 기니 측에 분명하게 표명하십시오.

여섯째, 가격에 대한 문제입니다. 담배공장과 성냥공장 설비 가격과 설계비는 기니 측에 플랜트 회사 가격으로 알려주십시오. 재료 가격은 플랜트 회사가 기니 측에 별도로 고지할 것입니다. 로컬 비용 액수는 예산이 비준되면 기니 측에 통지하십시오. 기니를 원조하는 기타 프로젝트의 건설비는 추후 다시 통지하겠습니다.

일곱째, 경제참사관처 설치에 대한 문제입니다. 이미 중앙조직부(組織部)에 올려 보내 현재 협상 중입니다. 설치되기 전에 상무참사관처가 책임지게 하고 가화 대사가 직접 관여하라고 하십시오.

여덟째, 전문가의 사상에 대한 문제는 아주 중요합니다. 기니 측이 우리더러 일괄 도급을 맡게 했으므로 가게 된 사람이 많고 사상 상황도 복잡합니다. 비록 출국 인원에 대한 심사가 엄격하지만 조사가 부족한 면도 있습니다. 게다가 기니 측이 협의한 대로 이행하지 않으므로 일과 생활이 어렵게 되어 수정주의자들이 파괴를 일삼을 수 있습니다. 그러므로 전문가들은 곤란을 겪는 것을 꺼리고 불만을 표하며 쇼비니즘 경향까지 보일 수 있습니다. 이런 문제에 대해 심각하게 생각해야 합니다. 기니에 대한 원조는 서아프리카에 미치는 영향이 아주 큽니다. 조국의 명예를 위해 대사관에서는 전문가들을 항상 교육해야 하며 국제주의 정신을 발양하여 어려움을 극복해야 합니다. 전문가들이 일상생활과 사업에 존재하는 구체적인 어려움에 대해 대사관이 협조하여 해결해주기를 바랍니다. 그리고 즉각 국내에 보고하여 연구 처리하도록 하십시오.[70]

이러한 조정은 아주 좋은 효과를 거두었다. 1963년 8월 2일 성냥공장과 담배공장 공사를 책임진 건축공정부(建築工程部)에서 이 두 공장 프로젝트가 기니 원조 건설의 본보기가 되었다는 소식을 전해왔다.

---

70) 「駐幾內亞使館關於援幾工作情況及建議」.

우리나라가 기니를 원조하여 건설한 성냥공장과 담배공장은 우리나라가 아프리카 국가를 원조한 첫 번째 프로젝트이다. 기니 주재 건축공정부 전문가팀의 보고에 의하면 이 프로젝트는 금년 3월에 정식 착공했는데 시공 진척이 빠르고 공사 품질도 훌륭하다. 6월 말까지 성냥과 담배 두 주요한 생산 작업장은 이미 구조 공사를 완성했으며 지붕 공사를 마쳤다. 담배창고는 기초공사를 했으며 성냥 창고와 화학물품 창고 및 종합수리 작업장의 부지도 모두 확보했다. 이는 공장 건설 임무를 순조롭게 완성하는 데 기초가 된다. 우리가 기니를 원조하는 프로젝트는 제국주의나 수정주의 국가가 기니를 원조하는 프로젝트에 비해 시공 진척이 훨씬 더 빠르고 품질도 훨씬 더 좋다. 기니 각계의 인사들은 높게 평가했고 현장에 참관을 오는 사람들도 점차 많아졌다.

기니 측 인사들은 우리의 공사가 진척이 빠르고 품질도 좋으며 양국 직원들이 손발도 잘 맞는다고 했다. 투레 대통령은 6월 26일 코나크리의 군중대회의 연설에서 "중국의 원조는 사심이 없다. 중국의 공사는 진척이 가장 빠르다. 중국의 전문가는 일을 가장 잘한다."라고 했다. 투레 대통령은 7월 6일 작업현장을 둘러본 후 다시 한 번 공사의 진척과 품질에 대해 만족을 표했으며 중국 전문가의 사업 정신과 양국 관계자들의 협력 관계를 높이 평가했다. 발데 기니 공업광업국 인사처 부처장은 우리나라 공사의 "진척, 품질, 양국 관계는 다른 나라가 비교할 수가 없다."고 선전했다. 코나크리시 6구 구청장은 참관한 후 "공사 진척은 사람을 놀라게 할 정도이다. 만약 프랑스인들이라면 5년이 걸려야 할 것이다."라고 했다.

기니 경제발전부 장관, 공업광업국 국장 등은 우리나라의 원조에 대해 의심했던 적이 있다. 한 작업현장 책임자는 우리나라도 다른 나라와 마찬가지로 꿍꿍이를 꾸밀 줄 알았다고 한다. 현재 이들은 중국의 원조는 진심이며 적극적이라고 우리에게 여러 번 말했다. 어떤 이들은 우리나라에 대해 오해와 편견을 가졌던 것을 반성했다.

기니 주재 각국 대사관 및 전문가들은 우리의 시공 속도에 주의를 돌리기 시작했다. 북한 대사와 베트남 대사, 동독의 참사관과 전문가들이 작업현장을 참관했고 영국 등 국가의 대사관도 우리 대사관에 사람을 파견하여 상황을 알아보았다. 소련 대사관 관계자와 전문가는 우리에게 무슨 방법으로 공사 진척이 빨라졌고 무슨 방법으로 기니의 근로자들로 하여금 지시를 따르게 했는가를 여러 번 물어보았다. 소련은 기계와 공구가 많고 자재도 많지만 공사 진척이 빠르지 않은 피동적 상황에서 벗어나려고 하는 것 같다.

우리가 다른 나라에 비해 진척이 빠르고 품질이 좋은 것은 첫째, 우리나라 직원들이 대사관의 올바른 지도와 "조국을 위해 영예를 빛내자", "아프리카에서 첫 번째 공사를 잘해내자"는 슬로건의 격려에 모든 어려움을 이겨내겠다는 믿음을 지니고 헌신적으로 일한 결과이다. 아프리카 지역에서의 중국의 정치적 영향을 확대하기 위해 우리 대사관은 내년 10월 기니 국경일에 제품을 생산할 수 있도록 요구했다. 이 요구를 달성하려면 장마 전에 주요한 생산 작업장의 구조 공사를 마치고 지붕을 덮어야 했다. 이렇게 해야만 우기에 실내 작업을 할 수 있다. 자재, 설비, 부품, 인력 등이 부족한 상황에서 이 임무를 완수해야 했다. 시간이 부족하고 임무가 막중하며 어려움이 많은 상황에서 우리의 직원들은 열심히 일하면서 어려움을 극복할 수 있는 효과적인 방법도 많이 생각해냈다. 50~60℃ 되는 고온에서 하루에 10시간 이상 일해야 했다. 어떤 이들은 아픈 몸으로 견지했다. 이 임무를 완수하는 과정에서 많은 어려움을 겪었지만 우리의 직원들은 집단적 지혜와 힘으로 공사 품질을 보장하면서 모두 극복했다.

둘째, 기니 측 근로자들은 우리의 직원들이 자신을 돌보지 않고 일하는 정신에 감동을 받았다. 그리고 우리 직원들의 적극적인 도움을 받아 작업 효율을 많이 제고했다. 기니 측 근로자들은 작업 능률이 낮고 공구도 비교적 낙후되어 있었다. 목수는 도끼를 사용할 줄 모르고 철근공은 쇠고리로 철근을 묶을 줄 몰랐다. 기니 정부는 외국 전문가들이 기니 근로자의 작업 능률을 제고시켜줄 것을 간절히 바랐다. 우리나라를 제외한 기타 국가의 전문가들은 별다른 방도가 없다고 했다. 들리는 바에 의하면 소련 전문가는 기니 측에 기니 근로자들이 "게으르고 말을 안 들어서 지도하기 쉽지 않아" 작업 능률을 제고할 방법이 없다는 말을 여러 번 했다고 한다. 한편으로 우리 측 전문가와 직원들은 실제 행동으로 기니 측 근로자들에게 영향을 주었다. 그리고 열정적으로 그들을 도왔으며 그들의 안전과 질병 등에 대해서도 관심을 가졌다. 다른 한편으로 조사연구를 기초로 기니 측 근로자들에게 "하루 할당량을 주어 완수하면 돌아갈 수 있고 정해진 작업량을 초과하면 보너스를 주는" 방법을 보급했다. 기니 측 근로자들은 두 달 동안에 작업 능률을 몇 배 심지어 열 배까지 높였다. 콘크리트팀 팀장은 우리 직원에게 "나는 프랑스인들과 12년을 일했지만 그들은 배합 비율(시멘트, 자갈, 모래의 배합 비율)조차 알려주지 않았다. 그러나 당신들은 오자마자 우리들에게 가르쳐주었다."라고 말했다.

우리나라의 정치적 위상이 높고 전문가들의 평판이 좋았으므로 기니 인민들은 우리들에게 아주 우호적이었다. 우리 전문가가 외출할 때 항상 사람들이 손을 흔들면서 인사를 하고 교통경찰은 우리 전문가의 통근차를 보면 먼저 통행시키면서 거수경례를 한다. 우리 직원이 돈을 찾으러 은행에 가면 지배인은 우리의 예금 인출을 먼저 취급해준다. 물자를 구입할 때도 예전에 비해 많이 편리해졌다. 한번은 유고슬라비아인 두 사람이 아침 5시부터 자갈공장에 가서 자갈을 실어 나르려 했다. 그러나 점심이 다 돼도 자갈을 싣지 못했다. 우리의 직원이 점심에 가자마자 자갈공장 직원들의 도움으로 자갈을 실어 내왔다. 유고슬라비아인들은 놀랍고도 이상하게 여기며 "자갈공장 직원들은 왜 중국에 대해 이렇게 잘해주지?"라고 했다.

기니에 대한 우리의 원조 건설은 위와 같은 성과를 거두었지만 모든 공장의 건설은 아직도 멀었다. 더욱 힘든 임무와 더욱 큰 난관은 아직 남아 있다. 그러므로 요즘 우리는 우리 측 직원들을 표창하는 한편 대사관 당위원회의 지도하에 그들의 교만이나 성급함을 경계하도록 해야 한다. 진척을 중요시해야 하지만 품질을 더욱 중요시해야 하고 자신을 돌보지 않고 헌신해야 하지만 적당히 휴식도 해야 할 것이며 적극적으로 기니 측 근로자들을 도와야 하지만 방식과 방법에도 주의를 돌려야 할 것이다. 또한 효과적인 조치로 적들의 파괴 활동도 방지해야 한다. 기니에 대한 원조 건설 임무를 더욱 잘 완수하도록 노력해야 한다.[71]

1963년 6월 20일 기니 주재 중국 대사관이 보낸 전보에 의하면 6월 16일 투레 대통령은 군중대회의 연설에서 중국 원조에 대해 극찬했으며 이는 기니 인민들의 열렬한 환호를 받았다고 한다.

16일 투레 대통령은 코나크리 군중집회에서 수수어로 연설을 발표하면

---

71) 「中國爲幾內亞援建火柴廠, 卷煙廠有關情况」.

서 대외관계에 대해 언급했다. 투레 대통령은 연설에서 우리나라에 대해 좋은 말을 많이 했다. 성냥공장과 담배공장 작업현장의 기니 측 직원, 대사관의 몇몇 임시직원과 일부 친구들에 의하면 투레 대통령은 중국의 원조만이 사심이 없으며 중국인은 피부색을 따지지 않고 기니를 진심으로 도와준다고 했다. 모든 외국 전문가들 중 중국인과 기니인의 협력이 가장 좋으며 중국이 건설하는 성냥공장과 담배공장 공사는 모든 공사 가운데서 진척이 가장 빨라 1년 후면 준공될 것이라고 했다. 중국이 제공한 차관은 30년 기한이지만 다른 나라가 제공한 차관은 기한이 5년에서 7년이라고 하면서 중국은 기니를 도와 방직공장과 가금 사육장을 세워주고 있다고 했다. 최근 중국 지도자들은 기니 무역대표단을 접견하여 기니에 천, 식량, 신발 등을 제공하겠다고 약속했으며 기니 은행에 거액을 예금했다고 했다. 투레 대통령이 이러한 말을 할 때 참석한 장관들은 함께 박수를 보냈고 군중들은 '만세'를 외쳤다. 영국 대사는 가화 대사에게 투레의 연설을 들었다고 했다(영국 대사관은 수수어를 아는 임시직원을 고용했음). 투레 대통령은 중국의 60억 기니프랑 차관의 절반을 성냥공장, 담배공장, 방직공장 건설에 사용하여 1년 반 후에 기니는 면포를 생산할 수 있다고 했다. 남은 중국의 차관으로 소비품을 공급할 것이며 기니는 30년 기한 내에 기니프랑으로 상환하면 된다고 했다. 다른 나라는 5년에서 7년을 기한으로 상환하도록 요구했다고 했다. 기니의 소비품이 부족한 상황을 잘 아는 중국은 기니에 외화 100만 파운드를 제공하여 기니가 외국(미국과 프랑스를 포함)으로부터 물건을 구입하게 했다고 했다. 투레 대통령이 중국과 관련되는 연설을 하면 가장 열렬한 박수를 받았다. 압둘라이 기니 주재 알제리 대사도 가화 대사에게 투레 대통령은 연설에서 중국에 대한 좋은 말을 많이 했으며 은파라마가 중국 방문을 한 결과에 대해서도 말했다고 했다(100만 파운드 포함).

성냥공장과 담배공장 작업현장의 기니 측 직원의 말에 의하면 투레 대통령은 소련의 공사 진척이 늦은 것을 비평하면서 최근 소련 경제대표단과의 담판 결과가 안 좋아 소련 전문가가 철수할 것이라고 했다(담판 상황에 대해 조사가 더 필요하며 소련 전문가가 철수한다는 소문은 오래전부터 있었음. 조사가 필요함). 투레 대통령은 미국과 서독의 원조 상황을 소개했다. 미국은 비록 협정을 체결했지만 정치적 고려에 입각하여 제때에 돈을 제공하지 않고 서독의 전문가가 왔지만 아직 일을 시작하지 않

왔다고 했다. 중국 전문가처럼 오자마자 일을 시작하는 것이 아니라고
했다.

투레 대통령 연설 후 성냥공장과 담배공장의 기니 근로자들은 사업 적
극성이 더 높아졌다. 그들은 이 작업현장이 코나크리 나아가 전국에서 유
명해질 것이며 중국 근로자와 함께 일하는 것이 영광이라고 했다. 모든
외국 전문가 중에서 중국 전문가만이 자신들을 도와 기술을 가르쳐준다
고 했다. 요즘 투레 대통령의 연설을 들은 기니의 인사들은 공사 현지에
참관을 여러 번 왔다.[72]

4) 소결

'정치가 최우선'인 원조

앞서 경험을 총괄한 기초 위에 1964년 주은래 총리는 말리를 방문했을
때 중국 대외원조 '8항 원칙'을 제기했다. 개혁개방 이전까지 아프리카에
대한 중국의 경제·기술 원조는 규모에서 변화가 있었을 뿐 원조의 구체적
목표, 원조 자금의 형식, 원조의 내용과 방식 등은 모두 근본적인 변화가
없었다. 아프리카에 대한 중국의 원조는 '8항 원칙'에 따라 전개된 것이다.

1971년 중국이 유엔에 가입한 후 아프리카에 대한 중국의 원조 규모는
중국의 대외원조 규모의 확대와 함께 신속하게 확대되었다. 확대된 주요한
원인은 다음과 같다. 첫째, 아프리카 국가는 중국과 수교할 경우 경제·기
술 원조를 요구했다. 둘째, 장개석 정부는 많은 아프리카 국가에 '농경대'
를 보냈다. 중국은 이러한 국가와 수교한 후 그들에게 농업 원조를 제공하
면서 대량의 농업 기술자를 보내 '농경대'를 대체했다. 셋째, 일부 수원국의
국민경제 발전에 중대한 영향을 주는 대형 공사를 원조 건설했다. 이를테
면 탄자니아–잠비아 철도 부설 등이다. 1971~1975년 중국의 대외원조 규
모의 신속한 확대에 대해 중공중앙과 국무원은 일부 조정을 했다. 주로 원

---

72) 「幾內亞總統杜爾在群衆大會上發表演說贊揚我對幾援助事」.

조의 규모를 줄이고 중국의 제한적인 경제적 능력에 맞추었다. 아프리카에 대한 중국의 원조 규모도 앞 시기에 비해 줄어들었지만 수원국의 숫자는 오히려 증가했다.[73]

1950년대 말부터 1970년대 말까지의 아프리카에 대한 중국의 원조를 살펴보면 그 주요 특징은 '정치가 최우선'이라는 것이다.

이 시기 아프리카에 대한 원조에서 '정치가 최우선'이라는 특징은 신중국의 국가 성격에 의해 결정된 것이다. 총체적으로 대외원조에는 세 가지 성격이 있다. 첫째는 국가의 도구이고 둘째는 자본의 도구이며 셋째는 발전의 도구이다.[74] 신중국 성립 후 소련의 도움으로 계획경제 체제를 구축했으며 자본주의를 뒤엎고 시장경제를 취소했다. 자본주의 국가의 대외관계 분야에서 중요한 역할을 하는 시장이 사라진 것이다. 개혁개방 전까지 중국의 경제 · 정치 체계에서 대외원조는 국가의 도구나 발전의 도구가 될 수 있지만 자본의 도구가 될 수 없다고 결정했다. 주은래 총리가 전국인민대표대회 상무위원회의의 "반둥 회의에 관한 보고"에서 언급했듯이 중국을 비롯한 사회주의 국가는 자본주의를 뒤엎었으며 이는 자본주의 제도에서 파생된 식민주의도 뒤엎은 것이다. 이는 후진국을 착취하고 약탈할 근본적인 동력을 제거한 것으로 대외정책의 중요한 도구인 대외원조는 경제적 이익을 위할 수 없게 되었다.

이 밖에 중국은 반식민지 국가였으므로 식민지 고통을 겪을 대로 겪었다. 제2차 세계대전 전에 착취와 압박을 받다가 독립했다. 독립 후 중국 지도자들은 낡은 국제 경제 · 정치 질서를 개선하지 않으면 신중국과 다수의 신생독립국은 여전히 착취와 압박을 받을 것이라고 생각했다. 모택동은 "전 세계의 해방이 없으면 중국의 종국적 해방도 없다."라고 했다. 그러므

73) 石林 編, 앞의 책, pp.55~68.
74) 周弘 · 張浚 · 張敏, 앞의 책, p.9.

로 중국이 개발도상국에 원조를 제공하는 것은 제국주의, 식민주의, 패권주의의 영향을 약화시키기 위한 것이며 공평·공정하고 합리적인 국제 경제·정치 질서의 구축에 조건을 마련하려는 것이다. "개발도상국이 서로 돕는" 것은 연합하여 세계를 개조하기 위함이다. 중국과 아프리카 수원국 간의 원조 관계는 중국이 주장하는 국제관계 원칙을 구현하는 창구로 아프리카에 대한 원조는 필연적으로 '정치가 최우선'이었다. 아프리카와의 무역도 단순한 경제활동이 아니라 정치 목표를 위해야 하는 것이 되었다.

아프리카에 대한 중국의 '정치가 최우선'인 원조의 특징은 먼저 원조가 실현하려자 하는 전략 목표에서 표현된다. 곧 반제국주의, 반식민주의, 반패권주의의 세계평화통일전선을 확대하여 동맹군을 얻는 것이다. 중국은 아프리카 국가에 대량의 경제·기술 원조를 제공하여 수원국이 자력으로 민족경제를 발전시키도록 도왔다. 그러나 경제·기술 원조는 보다 큰 정치목표를 위한 것으로 수원국으로 하여금 제국주의, 수정주의에 대한 의존에서 벗어나 독립적으로 자국의 외교정책을 제정하고 국제적으로 중국을 지지하도록 하는 것이다.

다음, 이 시기 아프리카에 대한 중국의 경제·기술 원조는 정책 결정에서 실행까지 모두 시장의 영향을 받지 않았다. 기니에 대한 중국의 원조에서 선명하게 나타난다. 원조 제공은 정치적 고려에 입각하며 파견된 중국 측 직원들은 프로젝트의 완성을 정치 임무로 간주했다. 그러므로 이 시기 아프리카에 대한 중국의 원조는 원가를 계산하지 않았다. 전 대외원조 종사자의 회고에 따르면 수원국에 기계설비와 전력설비 부품을 보관했는데 창고는 아주 컸다고 한다. 이러한 부품은 장기간 사용하지 않아 고철이 되었으며 그 수량이 얼마인지 모른다고 했다. 현재에도 일부 아프리카 국가에는 폐기된 원조물자가 아직도 남아 있는 상황이라고 한다. 기지에는 1990년대에도 중국이 건설한 원조물자 창고에 아주 많은 생활물자가 적치되어 있었다. 자루에 넣은 목이버섯과 넘나물은 10년, 20년이 지난 후에 꺼

내보니 벌레가 먹어버렸거나 쥐가 갉아놓았다고 한다.[75]

마지막으로 중국은 행정 시스템으로 인력과 물력을 동원하여 아프리카에 경제 · 기술 원조를 제공했다. 중국의 대외원조 관리 체계는 개혁을 겪었지만 총체적으로 '총납품담당부서제도'나 '승건부책임제'를 막론하고 물자 구입에서 파견자 선발까지 행정 시스템을 통해 이루어졌다. 그러므로 아프리카에 대한 중국의 경제 · 기술 원조는 정치적 임무로 간주하여 완성한 것으로 원조 건설공사가 순조롭게 실행된 것은 행정 시스템 내부의 격려 제도에 의해서이고 파견된 전문가가 개인의 이해득실을 따지지 않고 아프리카에서 일을 한 것은 행정 시스템 내부의 상벌제도와 전면적인 사상 정치 사업에 의해서이다. 주은래 총리는 "청산 도처에 충신의 뼈가 묻혀 있는데 어찌 말가죽으로 시신을 싸서 돌아올 것이오(靑山處處埋忠骨, 何必馬革裹屍還)."라는 시로 대외원조 종사자들을 편달했다.

외교를 보충하는 대외정책 수단

총체적으로 1960년대 아프리카에 대한 중국의 원조는 큰 성과를 거두었다. 비록 원조 규모가 크지는 않았지만 아프리카 대륙에 중국을 위해 튼튼한 민중 기초를 닦아놓았다. 쌍방적 관계의 발전에 좋은 조건을 마련했으며 중국의 발전에도 유리한 국제적 환경을 마련했다. 이는 주로 대외원조가 대외정책 수단의 역할을 잘했고 대외정책의 기본 원칙을 잘 지켰으며 대외 전략의 총체적 목표를 위해 외교 사업에 적극적으로 협력했기 때문이다. 아프리카에 대한 중국의 대외원조가 취득한 성과는 이 시기 중국 외교의 성과이기도 하다. 여기에서 중국과 이집트의 쌍방적 관계를 실례로 보자.[76]

1967년 6월 5일 이스라엘은 이집트, 시리아, 요르단에 선제공격을 감행

---

75) 2007년 9월 4일 상무부 장치흠(張熾鑫) 전 대외원조사 사장 탐방 기록.
76) '6일 전쟁' 기간 중국과 이집트의 외교 교류는 黃華의 『親歷與見聞 ― 黃華回憶錄』(世界知識出版社, 2007, pp.140~144)을 참조할 것.

했는데 바로 '6일전쟁'이다.[77] 당시 황화(黃華) 이집트 주재 중국 대사의 회고에 따르면 1965년 6월 6일 주은래 총리는 나세르 이집트 대통령에게 지지 입장을 표명하는 전보를 보내 이집트에 대한 이스라엘의 침략전쟁을 비난했다. 북경에서 100여만 명의 군중들은 사흘 연속 시위를 하면서 이집트, 시리아, 요르단, 팔레스타인 인민의 정의로운 투쟁을 성원했다.

1967년 6월 7일[78] 황화 대사는 나세르 대통령을 방문하여 주은래 총리의 지지 서한을 전달했다. 나세르 대통령은 지지에 감사를 표하면서, 그 전날인 6일 안전보장이사회가 휴전을 호소했지만 이스라엘은 군사공격을 멈추지 않았으며 미국, 영국, 이스라엘은 시리아와 요르단의 전방을 공습했다고 했다. 나세르는 "러시아인은 어디에 있고 왜 관여하지 않는가?"라고 질타했다. 일찍이 존슨이 편지를 보내 만약 아랍연합공화국[79]이 군사행동을 취하면 미국은 더욱 강경한 조치를 취할 것이라고 했으며 코시긴도 편지를 보내 아랍연합공화국이 그 어떤 행동도 취하지 말 것을 요구하여 그냥 기다렸지만 현재 속은 것임을 알게 되었다고 했다.

주은래 총리의 지지 서한은 아랍연합공화국 인민들 사이에 큰 반향을 불러일으켰다. 아랍연합공화국의 신문들은 중국이 아랍연합공화국과 아랍 인민을 지지한다는 특별 보도를 내보냈다. 이집트의 『알 아람』은 1면에 황화 대사를 접견하는 나세르 대통령의 뉴스를 실었고 3면에는 주은래 총리의 서한 전문을 실었다. 카이로 라디오 방송국은 아랍어와 영어로 주은래 총리의 서한과 아랍 인민의 투쟁을 성원하는 북경 인민들의 대규모 시위를

---

77) 원문에서 "1965年 6月 5日, 以色列先發制人, 對埃及, 敍利亞和約旦發動突然襲擊, 這就是 '六日戰爭'."라고 했다. 즉 전쟁이 발발한 일자를 '1965년 6월 5일'이라고 했다. 그러나 '제 3차 중동전쟁' 혹은 '6일전쟁'으로 불리는 이 전쟁은 1967년 6월 5일에 발발했다. 저자의 오기인 듯하다. (역자 주)
78) 원문에서는 '1965年 6月 7日'로 되어 있다. '1967년 6월 7일'이 되어야 맞다. 앞의 오기와 상동하다. (역자 주)
79) 아랍연합공화국은 이집트를 뜻한다.

여러 차례 보도했다. 나세르 대통령은 주은래 총리에게 답장을 보내 "나는 미국, 영국, 이스라엘 침략을 반대하는 아랍 인민의 투쟁에 대한 위대한 중국 인민의 입장과 우리에게 준 물질과 도의적 지지에 감사를 표합니다."라고 했다.

6월 8일 황화 대사는 사브리 이집트 총리를 방문하여 중국 인민은 아랍공화국 인민이 미국과 이스라엘을 반대하는 것을 지지하며 전력을 다해 돕겠다고 약속했다. 그리고 중국 교통부는 수일 내 식량과 생필품을 실은 선박을 아랍연합공화국에 보내겠다고 했다. 사브리는 감사를 표하면서 본인은 나세르 대통령의 지시로 중국 대사를 만나는 것이며 전쟁이 발발한 후 소련의 공개 성명은 강경하지 못하다고 했다. 소련은 아랍연합공화국에 미그-17 전투기 6대를 해운으로 원조하겠다고 했지만 거절했다고 했다.

6월 9일 황화 대사는 다시 나세르 대통령을 방문했다. 나세르 대통령은 중국의 아낌없는 원조에 감사를 표했다. 그는 "아랍연합공화국이 가장 어려울 때 알제리는 전투기와 육군을 파견했으나 소련은 아무것도 하지 않았습니다. 비록 소련 대사에게 여러 차례 긴급 요청을 보내서 전투기 100대를 달라고 했지만 소련 측은 대답을 피하다가 6대를 해운으로 보내겠다고 했습니다. 그러나 그건 이미 일이 끝난 후입니다. 6월 5일 전에 존슨은 아랍연합공화국이 이스라엘을 선제공격하면 안 된다고 경고했고 코시긴도 이집트가 선제공격하면 소련도 어려운 처지에 빠지게 된다 하여 아랍연합공화국은 자제했습니다. 5일 이스라엘이 선제공격하자 미국과 소련은 모두 방관했고 아랍연합공화국은 전군이 전멸했습니다. 휴전을 받아들일 수밖에 없습니다."라고 했다.

나세르 대통령은 "소련은 미국을 두려워합니다. 소련에게 참전을 요청한 것이 아니라 필요한 물건을 제공해달라고만 했습니다. 미국은 우리에게 식량 제공을 중단하면서 압력을 가했습니다. 중국의 원조는 우리에게 아주 큰 지원이 되었습니다. 아랍연합공화국 인민들은 우리가 어려울 때 지원한 중국을 영원히 잊지 않을 것입니다. 우리는 이번 전쟁에서의 중국의 입장을 아주 높이 평가하는 바입니다."라고 했다. 마지막으로 그는 "소련은 최근에 전투기를 원조하겠다고 했습니다. 원래 그들은 티토가 소련의 전투기가 유고슬라비아 경내를 경유하는 것을 동의하지 않아 해운으로 보내겠다고 했습니다. 이 소식을 들은 티토는 유고슬라비아 주재 소련 대사와 아랍연합공화국 대사를 불러 삼자대면을 했습니다. 그리고 유고슬라비아는 이집트에 원조하는 소련 전투기가 경내를 경유하는 것을 거절한 적이 없다고 말했습니다."라고 했다. 나세르 대통령은 이 말을 할 때 흥분하면서 화난 기색을 보였다.

6월 9일 아침 황화 대사는 사브리 총리를 방문했다. 사브리는 이집트 인민은 소련을 줄곧 친구로 여겼기 때문에 미국보다 소련에 대한 불만이 더 크다고 했다. 1967년 8월 15일[80] 사브리가 황화 대사를 접견할 때도 여전히 소련에 대해 불만을 토로했다. 5월 21일 소련 군사대표단이 아랍연합공화국을 방문할 때 방공무기와 설비의 제공을 약속했다. 그러나 6월 23일 미국과 소련의 글래스버러 회담 후 소련 입장에 변화가 생겼다. 장비의 제공을 거절했을 뿐만 아니라 아랍연합공화국에게 미국과 소련의 제안을 받아들이라고 강요했다. 소련이 아랍연합공화국에 수출한 밀 가격은 국제 시장 가격보다 20%나 높았을 뿐만 아니라 2년 내에 밀값을 모두 지불하도록 강요했다. 이러한 조치로 아랍연합공화국을 압박하여 소련의 입장을 따르도록 한 것이다.

'6일전쟁' 중 중국과 소련 원조에 대한 이집트 정부와 민중의 엇갈린 반향에서 볼 수 있듯이 당시의 국제적 환경에서 원조는 대외정책의 수단으로 전체적 외교 사무를 보완하는 역할을 했다. 소련은 비록 이집트에 원조를

---

80) 원문에서는 '1965年 8月 15日'로 되어 있지만 '1967년 8월 15일'이어야 맞다. 앞의 오기와 같다. (역자 주)

제공했지만 소련의 외교정책은 이집트의 국익에 손해를 끼쳤고 아랍 인민들의 민족감정에 상처를 주었다. 이러한 원조는 소련과 이집트 정부의 외교관계 유지에 도움이 안 될 뿐만 아니라 아랍 인민들에게도 좋은 모습으로 남을 수 없었다. 그러나 중국의 원조는 이와 상반되었다.

국제시장이 차단된 상황에서 세계를 연결하는 통로 개척

중국이 제공하는 사심 없는 원조는 수원국 인민들의 민심을 얻어 양국 간에 더욱 폭넓은 협력 관계를 구축하는 조건을 마련해주었다. '8항 원칙'에서 원조의 상호성에 대해 강조했는데 이는 정치 분야에서만 표현되는 것이 아니라 경제 교류에서도 표현되었다.

주백평 대사는 본인의 외교 인생 회고시 알제리와 자이르를 사례로 들었다.[81] 그의 회고에 의하면 알제리는 중국과 가장 우호적인 아프리카 국가였다. 알제리 8년 동안의 반프랑스 전쟁에 중국은 대규모 군사원조와 경제원조를 제공했다. 알제리가 독립한 후에도 중국의 원조는 지속되었다. 알제리 전시관, 겔마 도자기공장, 올림픽 경기장 등 대형 공사를 원조 건설했고 의료, 농업, 수리, 경공업 등도 원조했다. 이 중 중국 의료단은 매번 의사 170명을 알제리의 8개 도시에 파견했다. 중국 의료단은 인원수가 가장 많고 가장 일찍 파견하기 시작했으며 영향력도 컸다.

알제리와 중국의 관계는 원조가 상호적임을 증명했다. 정치적으로 알제리는 국제무대에서 중국에 큰 지지를 보냈다. 1971년 제26차 유엔 총회에서 중국의 유엔 가입을 제안한 국가가 바로 알제리와 알바니아이다.

경제적으로도 알제리는 중국에 있는 힘껏 도움을 주었다. 알제리 남부의 사하라 사막에는 석유와 천연가스가 풍부하게 매장되어 있다. 석유와 천연가스의 개발에서 알제리는 선진국의 기술과 방법을 도입했으며 이는 중국

---

81) 周伯萍, 앞의 책, pp.234~235. pp.298~300.

의 석유공업 발전에 큰 참고가 되었다. 중국 국내의 에너지 자원 분포는 아주 불균형적이다. 1970년대 중반 사천성(四川省)의 천연가스 매장량은 아주 풍부했지만 상해 및 그 주변 공업지대는 에너지가 부족하여 사천 서부로부터 상해까지 송유관을 건설해야 했다. 송유관은 내구성이 좋아야 하므로 나선형 용접 강관 기술이 필요했다. 알제리는 나선형 용접 강관 기술로 생산한 많은 송유관을 사용하고 있었으며 가르다이아주의 오아시스에는 나선형 용접 강관 공장까지 있었다. 1975년 주백평은 알제리 주재 중국 대사로 부임하면서 중국 우전(郵電) 대표단과 함께 이 공장을 참관하게 된다. 주백평 대사는 대사관과 알제리 석유천연가스공사가 의논하여 중국 전문가들을 요청하여 학습하고 현지 조사를 할 수 있도록 중국 정부에 요구했다. 허락을 얻은 주백평 대사는 알제리 석유천연가스공사 사장과 관련 사항을 의논했다. 알제리 석유천연가스공사 사장은 주백평 대사에게 그들이 대형 천연가스전이 있는 가르다이아 교외에 나선형 용접 강관 공장을 건설하고 있다고 했다. 서독 전문가들이 설비를 설치하고 성능 시험을 하고 있는데 중국 전문가들이 가르다이아에 도착하기 전 서독 전문가들을 남부 사막 지역으로 사흘 동안 관광을 보내겠으니 그사이 중국 전문가들이 설비에 대해 자세히 살펴보라고 했다. 주백평 대사와 중국 전문가들이 가르다이아에 도착하자 지방정부 관료와 나선형 용접 강관 공장 수석 엔지니어가 접대했다. 이튿날 수석 엔지니어는 주백평 대사와 중국 전문가들과 함께 공장을 참관했다. 중국 전문가들은 불과 몇 시간을 이용하여 기술적 문제를 전부 해결했다. 중국 전문가들은 알제리 측의 호의에 매우 감동했다.

이와 비슷한 일은 자이르에서도 있었다. 1971년 중국은 자이르와 수교하고 원조를 제공하기 시작했다. 자이르는 중국과의 기술협력을 통해 중국과 자이르의 무역을 확대하고 중국의 경제 건설을 지지했다.

자이르는 지하자원이 매우 풍부하다. 미국의 첫 번째 원자탄은 바로 자이르에서 채취한 우라늄으로 만든 것이다. 자이르의 코발트, 탄탈, 게르마

늄, 다이아몬드의 생산량은 세계 1위이다. 지하자원 탐사, 채굴, 제련 등 기술은 아주 선진적이었다. 1978~1982년 주백평은 자이르 주재 중국 대사직을 맡는다. 중국은 동카사이주 다이아몬드 생산지에 조사단을 두 차례 파견하여 다이아몬드 선광 기술과 광상 형성 이론에 대해 시찰했다. 자이르 광업부와 세계에서 가장 큰 다이아몬드 채굴 회사인 미바 회사가 조사단을 접대했다. 비록 조사단의 비용은 자부담이었지만 자이르 정부는 교통비와 숙식비를 전액 부담했다. 시찰 과정에서 자이르 측은 모든 편의를 제공했는데 광석 선광의 모든 생산 과정을 참관하게 했고 상세한 자료까지 제공했다. 미바 회사는 경험이 많은 지질 전문가를 중국 조사단에 보내 다이아몬드의 광상 형성 이론과 탐사, 채굴에 대한 선진적 경험을 소개했고 조사단과 함께 여러 다이아몬드광을 참관하도록 했다. 조사단이 떠날 적에 미바 회사는 전례를 깨고 조사단에 많은 샘플을 증여했다. 자이르 측의 도움으로 조사단은 광물 탐사 이론과 기술의 오류와 부족을 알게 되었고 새로운 탐광 사고를 갖게 되었다. 또한 자이르 광산 지질 구조와 광물 형성 조건 및 특징을 두루 둘러본 시찰 경험은 중국의 부동광, 부철광, 희유 금속 자원 탐사에 참고할 만한 가치가 있었다.

중국과 자이르의 쌍방적 교류의 발전에 따라 양국의 무역 관계도 빠르게 발전했다. 1974년부터 1979년까지 중국과 자이르의 무역액은 7배 증가했다. 자이르의 다이아몬드와 코발트 생산량은 아주 많았고 국제시장에서도 인기가 좋지만 수출은 서방의 통제를 받았다. 중국의 수요를 고려하여 자이르의 광업제품 판매 회사는 1980년 중국에 구리와 코발트를 수출했고 1981년에 중국과 구리, 코발트 수출 계약을 체결했다. 이는 중국의 경제 건설에 도움을 주었다.

2절 중국 개혁 과정의 원조
: 중국과 아프리카의 공동 발전을 위해

1960년대 중반 주은래 총리가 아프리카 방문시에 '8항 원칙'을 제기하면서부터 1970년대 중반에 이르기까지 아프리카에 대한 중국의 원조는 점차 성숙되고 안정되어 중국 특색이 있는 원조 체계를 구축했다. 중국이 유엔에 가입한 후 중국에 대한 아프리카 국가들의 원조 수요도 급증했다. 아프리카에 대한 중국 원조의 규모는 빠른 속도로 확대되어 중앙 재정에 큰 압력을 초래했다. 한편 1970년대 중·후기 중국의 계획경제 체제도 많은 문제점을 보이기 시작했는데 이런 문제점이 아프리카에 대한 원조 사업에 반영되기 시작했다. 원조 프로그램의 시행과 관리의 구체적 문제에서 잘 드러났다. 이러한 원인으로 1970년대 중·후반에 여러 차례의 대외원조공작회의를 소집하게 된다.[82]

1970년대 말부터 1980년대 초까지 중국은 사회주의 시장경제 개혁을 단행한다. 이 과정에서 중국은 아프리카 및 기타 제3세계 국가에 원조를 제공하는 기본적 동력은 변하지 않았고 여전히 수원국의 경제 발전 추진을 목표로 했다. 또한 중국이 평화와 발전을 세계의 두 가지 주제로 확정함에 따라 아프리카에 대한 중국의 원조는 중국과 아프리카 공동 발전의 촉진에 진력했다. 그러나 중국 국내 개혁에 의해 중국은 시장 시스템을 합리적으로 이용하여 중국 국내의 발전 문제를 해결하고자 했다. 발전에 대한 이해와 발전 문제의 해결에 대한 방법의 심화로 변화가 발생했으며 이러한 변화는 아프리카에 대한 중국의 원조에 자연스럽게 영향을 미쳤고 정책 실행에서의 조정을 가져왔다. 이러한 조정의 방향은 시장을 이용하여 아프리카의 발전 수요를 만족시키는 것이다. 중국의 사회주의 시장경제는 여전히

---

82) 石林 編, 앞의 책, pp.60~63.

발전하고 있고 아프리카에 대한 중국의 원조도 발전 변화하는 과정에 있다. 중국은 시장경제를 구축하는 과정에서 긍정적인 경험을 축적했을 뿐만 아니라 교훈도 얻었다. 이런 두 요소는 모두 아프리카에 대한 원조에 반영되었다. 아프리카에 대한 중국 원조의 변화와 조정 및 발전은 중국 국내의 탐색과 발전의 노력이 아프리카에 대한 원조 사업에 투영된 것이다. 이러한 탐색과 노력은 현재 진행형이다.

1. 중국의 개혁 발전과 아프리카에 대한 원조의 조정

1970년대 중·후반부터 중국의 계획경제 체제에는 많은 문제점이 나타났다. 중국은 정돈과 개혁을 준비했다. 이러한 정돈과 개혁에 대한 노력은 아프리카에 대한 중국의 원조 사업에서 구현되었다. 여기서 주목해야 할 것은 이러한 개혁은 집행 단계에서 발생한 것으로 아프리카에 대한 전체적 전략 사고에는 근본적인 변화가 없었다.

1) 개혁개방 초기, 국제 형세에 대한 중국 지도자의 판단과 중국 대외정책의 방향

1970년대 중후반부터 중국 정부는 경제 건설을 사업의 중심으로 삼고 사회주의 시장경제 개혁을 실행했다. 그러나 중국 대외정책에서 제3세계 국가의 지위는 내려가지 않았으며 여전히 중국 외교정책의 초석이었다. 1982년 8월 21일 등소평은 하비에르 페레스 데 케야르 유엔 사무총장 접견 시 중국의 대외정책과 그 연속성에 대해 설명했다.

······ 중국의 대외정책은 일관된 것입니다. 모두 세 가지가 있는데 첫째, 패권주의를 반대하고 둘째, 세계평화를 수호하며 셋째, 제3세계의 단결과 협력을 강화하는 것입니다. 연합과 협력이라고도 합니다. 내가 제3세계를

강조하는 것은 패권주의의 반대와 세계평화의 수호는 제3세계에 특수한 의의가 있기 때문입니다. …… 패권주의의 피해자는 누구입니까? …… 만약 세계평화가 파괴된다면 누가 가장 먼저 피해를 보겠습니까? 제2차 세계대전 후 세계에는 평화가 없었습니다. 큰 전쟁은 없지만 작은 전쟁은 끊이지 않았습니다. 작은 전쟁은 바로 제3세계에서 발생한 것입니다. …… 오랫동안 초강대국은 제3세계의 충돌로 자국의 목적을 달성했습니다. 비록 제3세계에 여러 가지 문제가 있다 해도 직접적 피해를 입는 것은 제3세계 국가와 인민입니다. 자국의 이익과 직접적 관련이 있는 제3세계는 세계평화를 수호하고 패권주의를 반대하는 진정한 주력군이 되어야 합니다. 이는 인간의 의지에 의해 바뀌는 것이 아니라 제3세계가 처한 위치와 국익에 의해 결정된 것입니다.

…… 어떤 이들은 중국이 호전적이라고 합니다. 그러나 중국이 가장 바라는 것은 평화입니다. 중국은 적어도 20년 내에는 전쟁이 없기를 바랍니다. 우리는 발전으로 낙후한 상황을 타파해야 하는 상황에 직면해 있습니다. 우리 앞에 놓인 첫 번째 임무는 20세기 말에 현대화의 초보적 목표를 실현하여 생활 수준이 중등 수준에 도달하는 것입니다. 만약 이 목표를 실현하면 우리의 상황이 좋아질 것입니다. 더욱 중요한 것은 우리가 새로운 기점에 설 수 있으며 30~50년의 시간을 들여 선진국 수준에 접근하는 것입니다. …… 그러므로 우리는 평화적인 국제 환경을 바랍니다. 전쟁이 발발하면 이 계획은 수포가 되어 지연될 수밖에 없습니다. …… 우리가 세계평화 수호를 제기한 것은 공허한 말이 아니라 우리의 필요에 의한 것입니다. 당연히 세계인민의 필요에도 부합되며 특히 제3세계 인민의 필요에 부합됩니다. 그러므로 패권주의를 반대하고 세계평화를 수호하는 것은 우리의 진실한 정책으로 외교정책의 강령입니다. …… 중국이 발전하려면 이렇게 되어야 합니다. 누구도 변화시킬 수 없습니다. …… [83]

중국이 국내의 경제 건설과 자국의 발전 문제 해결에 진력할 때 평화로운 국제 환경은 아주 중요한 의의가 있다. 중국이 자국 발전의 외부 환경을

---

83) 『鄧小平文選』(第二卷), pp.415~417.

창조할 때 믿고 의지할 수 있는 세력은 여전히 제3세계이다. 이러한 고려에 의해 등소평은 언제나 중국은 영원히 제3세계에 속하며 이는 중국의 국가적 성격에 의한 것이라고 강조했다.

> 우리는 현재 아주 가난하다. 무산계급 국제주의의 의무에서 아직 많은 것을 할 수 없고 기여도 아주 적다. 4개 현대화를 실현하고 국민경제가 발전하면 우리가 인류 특히 제3세계에 대한 기여가 더 커질 것이다. 사회주의 국가인 중국은 영원히 제3세계에 속하며 영원히 패권을 잡지 않을 것이다. 이러한 생각에 대해 현재는 이해할 수 있다. 아직 중국은 빈곤국이며 철저한 제3세계 국가이기 때문이다. 우리가 발전하면 패권주의를 휘두를 것인가? …… 그때에 이르러 중국이 만약 사회주의 국가이면 패권주의를 실행하지 않을 것이며 여전히 제3세계에 속해 있을 것이다. 만약 그때 중국이 패권을 휘두르고 사사건건 간섭하면 스스로 제3세계에서 제명시킬 것이다. 그러면 더는 사회주의 국가가 아니다. 1974년 나는 유엔 총회 특별회의에서 이 내용으로 연설을 했다. 이는 모택동 주석과 주은래 총리가 제정한 외교정책으로 우리의 자손만대를 교육해야 한다.[84]

1970년대 말 아프리카에 대한 중국의 원조는 여전히 모택동과 주은래 시기의 전통을 계승했다. 중국 지도자는 전략적 안목으로 아프리카를 비롯한 제3세계 국가와의 관계를 보았다. 아프리카에 대한 원조는 중요한 정책 수단으로 여전히 중시를 받았다. 1970년대 중국의 대외원조 발전에 적응하기 위해 대외경제연락부는 1971년, 1972년, 1973년, 1975년, 1977년 연이어 북경에서 다섯 차례의 전국적인 대외원조 공작회의를 소집했다. 먼저 네 차례 회의의 목적은 대외원조 사업의 효율 제고와 대외원조 규모의 통제였다. 제5차 전국 대외원조 공작회의는 문화대혁명이 끝난 후에 소집된 것으로 주요 목적은 강청(江靑) 반혁명 세력이 10년 동란 중에 대외원조 사업을 교

---

84) 『鄧小平文選』(第二卷), pp.111~112.

란하고 파괴한 범죄 행위를 비판하고 숙청하기 위한 것이었다. 이번 회의는 중국 대외원조 사업지도 방침을 "무산계급 국제주의를 견지하고 대외원조 8 항 원칙을 견지한다. 적극적이고도 확실하게 전반을 두루 고려하면서 수원 국이 자력으로 민족경제를 발전시키도록 추진한다."[85]라고 제기했다.

개혁개방 초기 중국 정부의 사업 중심은 국가경제 건설로 바뀌었다. 그 리고 중국의 중요한 수원국인 베트남과 알바니아가 반중국 입장을 취했으 므로 중국 내부에서 대외원조에 불리한 여론이 형성되었다. 이러한 상황에 대해 1980년 11월 8일 중공중앙과 국무원은 「원조 공작을 참답게 할 의견」 을 발표하여 이왕의 정책과 주장을 견지할 것을 표명했고 중국 대외원조 사업을 긍정했다.

> …… 우리나라 대외원조의 '8항 원칙'과 대외원조 종사자의 훌륭한 기 풍은 국제적으로 높은 평가를 받았다. 대외원조 업무는 우리나라의 대외 투쟁과 직접 협력하여 수원국이 외세의 침략에 저항하고 민족경제를 발 전시키며 민족독립을 수호하도록 했다. 우리나라와 수원국의 우호적 관 계를 촉진했고 우리나라 인민과 수원국 인민의 단결과 우의를 강화했으 며 반제국주의, 반식민주의, 반패권주의 통일전선을 구축하는 적극적인 역할을 했다. 우리가 타국을 원조했을 뿐만 아니라 타국도 우리를 지원했 다. 우리나라가 현재와 같은 국제적 위상이 있는 것은 우호국 특히 제3세 계 국가의 지지와 불가분의 관계가 있다. …… 우리나라의 네 가지 현대 화 건설은 평화롭고 안정된 국제적 환경을 필요로 한다. 패권주의를 반대 하고 세계평화를 수호하는 것은 우리나라 대외사업의 전체적 방침이다. 대외원조 업무는 대외사업의 한 분야로 이 전체적 방침을 위해야 한다.[86]

이후 중국 지도자들은 제3세계에 대외원조를 제공하겠다고 여러 차례

---

85) 石林 編, 앞의 책, p.62.
86) 石林 編, 앞의 책, p.69.

강조했다. 1979년 7월 7일 등소평 중공중앙 부주석 겸 국무원 부총리는 대외원조 사업을 긍정적으로 평가하면서 지속적으로 대외원조를 해야 할 의의에 대해 "우리의 경제는 어렵지만 일정하게 대외원조를 제공해야 한다. 우리가 발전하면 대외원조를 더욱 많이 해야 한다."[87]라고 했다. 1982년 1월 호요방(胡耀邦) 중공중앙 총서기는「대외경제 관계에 관하여」에서 제3세계 개발도상국을 원조해야 할 의의에 대해 더욱 구체적으로 서술했다.

> 제3세계 각국 인민들이 민족독립을 수호하고 민족경제를 발전시키며 제국주의, 패권주의, 식민주의를 반대하는 정의로운 투쟁을 지원하는 것은 우리의 피할 수 없는 국제적 의무이다. …… 우리 동지들에게 제3세계 국가를 지원하는 것을 소홀히 하면 안 된다고 알려주어야 한다.[88]

1983년 9월 제6차 전국대외원조공작회의에서 국무원의 주요 지도자들은 대표단을 접견할 때 제3세계 국가에 원조를 제공하는 것은 우리나라의 국가적 성격에 의해 결정된 것이라고 했다.[89] 그러나 중국의 대외원조 사업은 정책과 실행에서 변화가 생기기 시작했다.

2) '16자 방침'에서 '8항 조치'까지

중국은 1982~1983년 대외원조 '8항 원칙' 외에 '남남협력'을 강조하는 '16자 방침'을 제기했다.

1982년 12월부터 1983년 1월까지 조자양(趙紫陽) 총리는 아프리카의 11개국을 순방했다. 순방 기간 조자양 총리는 제3세계 국가의 단결과 협력은 중국 대외정책의 기본 출발점임을 강조했다. 또한 일치하는 점은 취하고

---

87) 石林 編, 앞의 책, p.70.
88) 石林 編, 앞의 책, p.70.
89) 石林 編, 앞의 책, p.70.

의견이 서로 다른 점은 보류하는 것을 기초로 하고 평화 공존의 5항 원칙에 따라 제3세계 국가와 우호적인 협력 관계를 발전시켜야 한다고 했다. 조자양 총리는 중국과 아프리카 국가의 경제협력 문제에 대해 아프리카 국가의 지도자들과 의견을 나누었다. 조자양 총리는 "개발도상국은 거의 경제적으로 비교적 어려운 국가들이다. '남남협력'의 전개는 이러한 특징에서 출발해야 한다. 그러므로 '남남협력'이 차관이나 증여에 제한되어 있으면 전망이 밝지 못하다. 여러 가지 상조하는 방식을 찾아야만 '남남협력'이 더욱 잘 전개될 것이다. 이 구상에 의해 중국은 기타 개발도상국에 지속적으로 원조를 제공하는 한편 일부 극빈국에 힘껏 원조를 제공하겠다. 그리고 중국과 제3세계 각국의 경제 연계 강화로부터 호혜적인 경제 · 기술 협력에로 사업 중심을 점차 옮기려고 한다."고 했다. 이를 바탕으로 조자양 총리는 '평등 호혜, 실효 추구, 형식 다양, 공동 발전'의 '16자 방침'을 제기했다.[90]

'16자 방침'은 중국의 개혁 과정과 일치하다. 1980년대 초 중국은 다자 원조기구(주로 세계은행과 유엔개발계획 등 유엔 원조기구임)와 쌍방적 원조기구의 정부 개발 원조를 받았다. 정부 개발 원조를 받는 것은 중국 정부가 모든 국제 조건을 이용하여 발전을 탐색하고 중국의 발전 문제를 해결하려는 결심을 보여주었다.[91] 원조를 받을 때에도 중국 지도자들은 자력갱생의 중요성을 강조했다. 1982년 9월 8일 호요방은 중국 공산당 제12차 전국대표대회에서 「사회주의 현대화 실현의 새로운 국면을 전면적으로 창립하자」라는 보고를 했다. 여기서 역사의 새로운 시기를 맞아 자력갱생의 원칙을 견지하고 대외 경제 기술 교류를 확대하는 문제에 대해 제기했다.

대외 개방의 실행은 평등 호혜의 원칙에 따라 대외 경제 기술 교류를

---

90) 韓念龍 編, pp.361~362.
91) 周弘 · 張浚 · 張敏, pp.200~206.

확대하는 것으로 우리나라의 확고부동한 전략적 방침입니다. …… 우리
의 사회주의 현대화 실현은 반드시 자력갱생에 입각하고 간고분투에 의
지해야 합니다. 이를 절대 동요해서는 안 됩니다. 대외 경제 기술 교류를
확대하는 목적은 자력갱생 능력을 제고하고 민족경제 발전을 촉진하기
위해서이지 민족경제를 해치기 위한 것이 아닙니다. ……[92]

이러한 조치와 정책에 대한 설명은 중국 지도자의 원조와 발전 관계에
대한 시각을 반영했다. 외부 원조는 수원국 발전에서의 부족한 부분을 보
완할 수 있을 뿐 수원국의 발전 능력을 대체하거나 제약할 수는 없다. 이
발전관은 '8항 원칙'에서 어느 정도 구현되었는바 중국 정부가 대외원조
를 제공하는 목적은 수원국이 중국에 대해 의존을 하게 하려는 것이 아니
라 수원국을 도와 자력으로 경제 발전을 할 수 있도록 하는 것이다. '16자
방침'도 마찬가지로 이러한 발전관을 보여주었다. 이는 중국이 아프리카에
대한 원조의 경험을 바탕으로 1980년대 아프리카 수원국의 국내적 환경과
국제적 환경의 변화를 고려하여 아프리카 원조 사업을 새롭게 구상하려는
것이다. 그 핵심 목표는 아프리카 수원국의 자주적인 발전을 추진하는 것
이다.

이후 아프리카에 대한 중국의 대외원조 정책은 장기간 '8항 원칙'과 '16
자 방침'을 견지했다. 정책에서의 큰 변화는 21세기에 일어났다. 1990년
대 고속으로 신장되는 경제성장률과 경제체제 개혁 이후 중국의 종합적 국
력은 부단히 제고되었다. 개발도상대국인 중국은 글로벌 발전에 더욱 많은
기여를 약속했고 아프리카에 대한 원조도 규모가 커졌으며 정부 고위층은
원조의 새 정책에 대해 다시 설명했다. 2005년 호금도 주석은 유엔 재정지
원 고위급 회의에서 중국 대외원조의 '다섯 가지 조치'를 선포했다. 그리고

중국 대외원조 60년

---

92) 胡耀邦在中國共産黨第十二次全國代表大會上的報告「全面開創社會主義現代化建設的新
局面」, 1982年 9月 8日.

2006년 11월 중국-아프리카협력포럼 북경 고위급 회의 개막식에서 이후 3년간 아프리카에 대해 원조를 제공할 여덟 가지의 정책 조치를 공표했다.

첫째, 아프리카에 대한 원조 규모를 확대하여 2009년 아프리카에 대한 중국의 원조 규모를 2006년보다 100% 증가시킨다.

둘째, 향후 3년 내 아프리카 국가에 100억 달러 특혜 차관과 특혜 수출 구매자 측 신용 대출을 제공한다.

셋째, 아프리카에 대한 중국 기업의 투자를 격려하기 위해 50만 달러를 제공하여 중국-아프리카 개발기금을 설립한다.

넷째, 아프리카 국가의 단결과 자강, 일체화 발전을 위해 아프리카연합본부 청사를 원조 건설한다.

다섯째, 중국과 외교관계를 맺은, 과다한 외채를 진 모든 아프리카 빈곤국과 최빈개도국이 2005년까지 중국에 상환해야 할 정부 무이자 차관을 면제한다.

여섯째, 아프리카에 시장을 개방한다. 중국과 외교관계를 맺은 아프리카 최빈개도국의 중국 수출품에 대해 관세를 면제한다. 특혜 수출품 품목을 190개에서 440여 개로 증가한다.

일곱째, 향후 3년 내 아프리카에 3~5개의 대외경제무역 협력지대를 설치한다.

여덟째, 향후 3년 내 아프리카를 위해 각 부문의 인재 1.5만 명을 양성한다. 아프리카에 농업 고급 기술자 100명을 파견한다. 아프리카에 농업기술 시범기지 10곳을 설립한다. 아프리카에 병원 30개소를 원조 건설한다. 이질 예방치료를 위해 3억 위안을 무상으로 원조하여 아테미시닌 약물 확보와 30개소의 이질퇴치센터 설립에 사용하도록 한다. 아프리카에 자원봉사자 300명을 파견한다. 아프리카를 원조하여 농촌학교 100개소를 건설한다. 2009년 전까지 아프리카 유학생에 제공하는 중국 정부 장학금 정원을 현재의 매년 2,000명에서 4,000명으로 늘린다.[93]

93) 『對外援助工作通訊』, 2006年 第6期, pp.4~5.

'8항 조치'는 중국 대외원조 사업의 가장 기본적인 특징을 보여준다. "첫째, 내정 불간섭의 원칙은 중국의 원조가 그 어떤 정치적 조건도 부가하지 않도록 한다. 둘째, 수원국의 경제와 사회발전의 수요를 만족시키는 것을 주요 목적으로 다양한 형식의 대외원조를 제공한다. 셋째, 평등 호혜와 많이 주고 적게 받는 것, 공동 발전 등 협력 원칙을 견지한다. 넷째, 수원국의 역량 강화와 인력 양성을 적극적으로 추진한다. 다섯째, 원조 효과의 지속성과 수원국의 지속적 발전에 관심을 가진다. 여섯째, 국제경제 질서의 합리화를 추진한다." 이러한 설명과 조치는 중국의 전임 지도자의 발전관을 보여준다. 외부의 원조는 자주적인 발전을 대체할 수 없으며 제3세계의 발전 문제를 해결할 때 수원국 자국의 제도 개혁에만 제한되어서도 안 된다. 개발도상국의 지속적 발전에 유리한 외부 환경을 만들어야 하는데 여기에는 국제정치 환경과 경제 환경이 포함된다. 그러므로 국제적 시각에서 보면 아프리카에 대한 국제원조는 보조적인 역할만 할 뿐이다. 중국이 아프리카를 원조하는 시각에서 보면 아프리카에 대한 중국의 원조는 아프리카 수원국과의 경제ㆍ기술 협력의 일부분이다. 원조의 역할도 수원국이 더욱 전면적으로 생산력과 대외경제 관계를 발전시키도록 이끌어가는 것이다.

2006년 온가보 총리는 중국-아프리카협력포럼 북경 고위급 회의에서 아프리카 국가와 전면적인 경제협력을 해야 한다고 주장했다.[94] 이는 원조보다 자체적인 발전에 더욱 진력해야 한다는 발전관으로 주요 내용은 다음과 같다.

> 첫째, 중국과 아프리카의 무역 규모를 확대한다. 중국과 아프리카는 무역 구조를 최적화해야 한다. 중국은 지속적으로 시장을 개방하며 중국 기업이 시장의 수요에 의해 아프리카에서의 수입을 확대하도록 격려

---

94) 『對外援助工作通訊』, pp.5~7.

한다. 중국 정부는 아프리카 최빈개도국의 대다수 상품에 대해 관세를 면제한다. 쌍방은 관광, 금융, 통신 등 분야에서의 협력을 강화하며 새로운 무역 성장 포인트를 찾아 중국과 아프리카 무역의 균형적이고 조화로운 발전을 추진한다.

둘째, 중국과 아프리카의 투자 협력을 강화한다. 중국은 우수한 중국 기업이 아프리카 국가에 투자하거나 기술과 관리 경험을 양도하는 것을 격려한다. 이를 위해 중국-아프리카 발전기금을 설립하며 시장 운영, 호혜와 윈-윈 원칙에 따라 아프리카에 대한 중국 기업의 투자를 인도하고 지원한다. 그리고 중국 정부는 우수한 중국 기업이 조건이 허락되는 아프리카 국가에 경제무역 협력지대를 설립하여 투자 수준을 제고할 것을 지지한다. 중국은 아프리카 기업이 중국에 투자하는 것을 환영한다.

셋째, 아프리카에 대한 원조 수준을 제고한다. 중국은 자국의 발전 수준에 의해 아프리카 국가에 대한 원조 규모를 점차 확대한다. 아프리카 국가를 도와 자주적 발전 능력을 제고시키고 경제·사회의 전면적 발전을 촉진시킨다. 중국은 과도한 외채를 진 아프리카 빈곤국과 최빈개도국의 차관을 면제하는 구체적인 조치를 취해 이들의 부담을 경감시킨다.

넷째, 중국과 아프리카 기업의 협력을 촉진한다. 중국과 아프리카 경제협력은 정부가 인도하고 기업이 주도하며 시장 운영의 방식으로 해야 한다. 기업의 역할을 충분히 발휘하도록 해야 한다.

다섯째, 아프리카 인재 양성을 늘린다. 중국은 아프리카 유학생 장학금 정원을 대폭적으로 증가하여 유학생들이 귀국 후 자국의 건설을 위해 힘쓰도록 한다. 중국은 향후 3년 내 아프리카 국가에 1.5만 명의 각 유형 인재를 양성하여 아프리카 인적 자원 개발을 촉진하고 각국의 역량을 강화한다.

2. 시장의 개입과 원조 방식의 끊임없는 조정

중국 개혁개방의 발전 과정은 시장 시스템을 이용하여 발전을 이룩하는 과정이다. 이 과정에서 중국 내부의 시장의 힘은 점차 강대해졌고 시장 시스템은 점차 완벽해져서 정부 기능의 조정과 변화를 이끌었다. 대외원조 사업은 정부 행위로서 끊임없이 변화하는 내부 환경에 따라 자연적으로 변화했다. 총괄적으로 말하면 실행 면에서 중국의 대외원조 사업은 시장을 어떻게 효과적으로 이용하여 대외원조 임무를 완성할 것인가 하는 문제를 해결해야 했다. 또한 구체적으로 보면 아프리카 국가의 특수성과 발전 문제는 아프리카 대륙에서 가장 중요한 문제이기 때문에 아프리카에 대한 중국의 원조는 시장 시스템을 어떻게 활용하여 중국과 아프리카의 공동 발전을 실현할 것인가 하는 문제를 해결해야 했다. 이 두 문제는 개혁개방 이후 아프리카에 대한 중국 대외원조 사업의 개혁 및 조정과 연결되어 있다. 현재 중국은 여전히 이 두 문제를 해결할 효과적인 방법을 찾고 있다. 시장화의 발전 과정에서 아프리카에 대한 원조 실행 면의 조정은 다음과 같이 나타난다. 첫째, 실행 주체와 정부 역할의 변화이다. 정부의 주도로부터 정부의 인도와 감독 관리로 변했다. 둘째, 원조금 형식의 부단한 변화이다. 무상원조금과 무이자 차관 외에 양허성 차관이나 수출 구매자 측 신용 대출 등의 형식이 나타났다. 셋째, 원조의 내용도 부단히 변화했다. 생산적 프로젝트 원조 건설에서 랜드마크 원조 건설로 변했다. 21세기에 들어서서 아프리카에 대한 중국의 원조 건설 프로그램은 인프라와 사회 분야로 편향되었다. 이러한 조정은 중국 내부의 개혁 과정을 반영한 것이며 아프리카 수원국의 각 시기별 발전 수요를 반영한 것이기도 하다. 그러나 중국의 시장화 개혁은 점진적이기 때문에 이 과정에서 아프리카에 대한 원조 사업의 조정도 점진적이다. 그러므로 정책과 실행이 연관성을 잃는 경우도 있었다. 개혁개방 이후부터 아프리카에 대한 중국의 원조와 아프리카에 대한 중국의 정책 구분이 점차 모호해지게 되었다.

　　앞장에서 중국의 대외원조 관리 체계와 자금 형식의 변화를 논의했기 때문에 여기서는 아프리카의 실제 상황과 결합하여 원조 내용의 변화와 시장화 발전 과정에서 실행 방면의 변화가 아프리카 수원국에 끼친 영향을 살펴보고자 한다.

1) 개혁개방 이후 원조 내용의 끊임없는 조정

개혁개방 이후 아프리카에 대한 원조의 실행 방면에서 중대한 의의가 있는 변화가 생겼다. 바로 중국 정부가 대외원조 사업에서 원가를 계산하고 효익을 평가하기 시작한 것이다. 이를 바탕으로 아프리카 원조를 주관하는 부서는 아프리카 원조 프로그램의 경험과 관리에 대해 진지하게 사고했다. 아프리카를 원조하여 건설한 생산적 프로젝트는 건설된 후 운영과 경영에 심각한 문제들이 발생한다. 특히 농업 프로젝트가 그러하다. 중국의 농업 생산은 정성 들여 알뜰히 하는 특징이 있다. 농장을 세우고 전문가를 파견하여 기술을 전수하는 것을 위주로 했다. 그러나 면적이 크지 않고 인프라 건설에 대한 투자도 부족하다. 중국 전문가가 있으면 농장의 농작물이 잘 자라고 생산량이 높지만 중국 전문가가 없으면 농장이 황폐해진다. 공업 프로젝트를 보면 중국은 아프리카에 성냥공장, 방직공장 등을 원조 건설했는데 역시 농업과 비슷한 문제가 생겼다. 중국인이 공장을 관리할 때에는 수원국의 기간기업으로서 납세를 많이 하다가 중국인이 귀국하면 기업은 적자를 보며 심지어 일부 기업은 설비를 폐철로 처분하기도 했다.

1982년 이후 중국 정부는 이러한 상황을 조정하기 시작했다. 대외원조 주관 부서는 중국의 대외원조금이 많지 않으므로 장기 효과가 있는 프로그램에 사용해야 한다고 생각했다. 아프리카 수원국은 중국이 원조 건설한 의회 청사, 정부 청사, 경기장 등 랜드마크를 아주 잘 관리했다. 첫째로 랜드마크의 관리는 생산적 프로젝트의 관리보다 쉽고, 둘째로 수원국이 사용해야 하는 건물이므로 지속적으로 자원과 인력을 투입하려 하기 때문이다. 그리고 이러한 건물은 설계와 시공에서 중국 특색을 구현했던바 넘겨준 후에도 여전히 중국의 영향을 보여줄 수 있다. 그러므로 1982년 이후 중국은 생산적 프로젝트 원조 건설에서 랜드마크 건설로 방향을 바꾸었다.

1982~1989년 중국은 아프리카에 수십 개의 경기장, 의회 청사를 원조 건설했다. 중국이 원조 건설한 경기장은 현지의 스포츠 발전을 추진했다. 사마란치는 오소조(伍紹祖) 중국 체육위원회 주임에게 훈장을 수여하여 중국이 세계 스포츠 사업에 기여한 바를 표창했다.

원조의 효율 문제를 해결하기 위해, 즉 제한적인 원조금을 아프리카에 대한 대외원조 사업에 효과적으로 활용하기 위해 중국의 대외원조 주관 부서는 여러 형식과 방법으로 대외원조 사업을 잘 해내려고 했다. 생산적 프로젝트 건설에서 랜드마크 건설로 방향을 바꾸는 것 외에 이미 건설한 생산적 프로젝트에 대해 '대체 관리, 경영'하는 방식을 채택했다. 중국과 수원국이 협정을 체결한 후 중국 측에서 기술자와 관리자를 보내 공장의 관리와 경영을 책임지며 이윤은 중국 측과 수원국의 일정한 비율에 따라 배당하는 것이다. 이러한 방식을 취하는 것은 중국이 원조 건설한 생산적 프로젝트의 관리를 수원국에 맡길 수 없기 때문이다. 중국이 파견하는 관리자의 급여와 관련 지출은 원조금에서 지불하기 때문에 적지 않은 부담이 되었다. "대체 관리, 경영'하는 방식은 이러한 지출을 줄일 수 있었다. 중국이 원조 건설한 카메룬의 시멘트공장은 이 방식을 채택했는데 비교적 높은 경제 이익을 창출했다.[95] 이 밖에 투자 도급 등도 있었는데 모두 돈을 적게 쓰면서도 원래의 프로젝트를 공고히 했다.[96]

그러나 랜드마크 건설에도 문제점이 있었다. 이용률이 높지 못하고 유지비와 관리비가 수원국의 부담이 되었다. 더욱 중요한 것은 랜드마크 건설이 아프리카의 발전 수요에 부합하느냐 하는 문제다. 1960년대 중국이 기니를 원조한 사례에서 볼 수 있듯이 중국 지도자들은 랜드마크 건설을 주

---

95) 기니 주재 중국 대사관 경제상무처 진 비서관의 소개에 의하면 그는 카메룬의 이 시멘트 공장에서 장기간 근무했다고 한다. 중국 정부가 아프리카 국가들의 채무를 감면해줄 때 이 시멘트공장은 카메룬 정부에 전면적으로 양도되었다고 한다.
96) 2007년 9월 4일, 상무부 장치홈 전 대외원조사 사장 탐방 기록.

장하지 않았다. 이러한 건설은 수원국의 인적·물적 자원을 허비할 뿐만 아니라 수원국의 자주적인 발전 능력 제고에 도움이 되지 않는다. 또한 수원국 간(특히 아프리카)에 서로 비교하는 상황도 발생했다. 1990년대 중국 지도자들은 아프리카를 방문하여 이러한 문제점을 발견했으며 이후 랜드마크 원조 건설에 동의하지 않았다.

그리하여 1990년대 아프리카에 대한 중국의 원조는 다시 생산적 건설로 돌아간다. 그러나 원조금의 형식이 변화했다. 더는 무상원조나 무이자 차관에 의지하지 않았다. 중국 정부는 양허성 차관을 추진했으며 중국수출입은행을 설립하여 전문적으로 양허성 차관을 담당하게 했다. 아프리카 원조 사무를 주관했던 종사자들 중 일부는 이러한 변화가 생긴 것은 당시의 중국 지도자들이 중국의 일방적인 원조는 형편에 알맞지 않다고 생각하여 호혜적인 협력을 실행했기 때문이라고 했다.[97] 그 밖에 다른 원인도 있다.

먼저, 개혁개방 이후 중국의 대외원조 규모가 점차 줄면서 자금도 제한적이 되었지만 수원국의 숫자는 증가했다. 1980~1990년대의 아프리카의 경제 상황이 나빠졌기 때문에 아프리카 수원국에는 더욱 많은 원조가 필요했다. 공급이 수요를 따르지 못하는 부분을 보충해야 할 문제점은 1990년대에 더욱 두드러졌다. 이붕(李鵬) 총리는 원조의 규모를 엄격하게 통제하는 방법을 취했다. 당시 대외원조를 주관하던 관료의 회고에 의하면 이붕 총리는 대외원조 사업에 대해 가장 많이 비판하고 가장 자세하게 물었다고 한다. 이붕 총리는 해마다 직접 그해의 원조금액을 책정했는데 아프리카 원조에 대해 큰 나라는 5,000만 위안, 작은 나라는 3,000만 위안의 상한선을 정했다고 한다.[98] 그러나 이러한 방법은 대외원조금 부족 문제를 해결할 수 없었을 뿐만 아니라 더 심각한 결과를 초래했다. 1990년대 일부 아프

---

97) 장치흠 전 대외원조사 사장 탐방 기록.
98) 장치흠 전 대외원조사 사장 탐방 기록.

리카 국가들은 대만의 '금전외교'로 중국과 국교를 단절했다. 1989년부터 1997년 1월까지 라이베리아, 레소토, 기니비사우, 중앙아프리카공화국, 니제르, 부르키나파소, 감비아, 세네갈, 상투메프린시페, 차드가 순차적으로 중국과 국교를 단절하고 대만과 수교하거나 외교관계를 회복했다.[99] 이러한 상황에서 중국은 대외원조금의 규모를 효과적으로 확대하기 위해 특혜 차관을 내놓았다.

다음, 1990년대 외부의 원조, 특히 세계은행의 특혜 차관은 중국의 발전 과정에서 적극적인 역할을 했다. 세계은행 차관으로 중국은 시장경제 개혁을 했고 중국의 발전이 직면한 일부 어려움을 해결했다.[100] 이러한 상황에 중국이 대외원조에 특혜 차관 형식을 추가한 것은 중국 정부가 원조금에 대해 새롭게 이해하고 있음을 보여준다. 이후 중국 정부가 파견한 세계은행이나 아시아개발은행 주재원들이 귀국하여 중국 정부의 대외원조 기관에 취임한다. 이는 중국 대외원조 사업의 실행에 실질적 영향을 주었다.[101]

1990년대 초 중국 정부가 양허성 차관을 내놓은 후 오랫동안 중국 정부는 기존의 아프리카 원조(기타 지역의 원조도 포함)자금[102]으로 랜드마크 건물을 건축하지 못하게 했다. 일부 외국 주재 중국 대사들이 외국의 요구에 의해 한 약속이 중국 정부의 정책 때문에 무산될 때가 많았다. 이를테면 당가선(唐家璇)은 방글라데시에 국제회의 청사를 원조 건설해주겠다고 약속했다. 중국에 돌아온 후 여러 차례의 교섭을 거쳐서야 겨우 원조 건설 프로젝트가 입안되었다.[103] 중국 정부는 수원국에게 중국이 제공하는 여러

99) 陸苗耕, 「中非友好關系回顧與展望」, 陸苗耕·黃舍驕·林怡 主編 『同心若金 ─ 中非友好關系的光輝曆程』, 世界知識出版社, 2006, pp.11~31.
100) 周弘·張浚·張敏, 『外援在中國』, 社會科學文獻出版社, 2007, pp.134~288.
101) 2008년 중국수출입은행 특혜차관부 부장에 임명된 오소화(吳少華)는 아시아개발은행에서 10여 년 근무한 경력이 있다.
102) 주로 무상원조와 무이자 차관, 저금리 차관을 가리킴.
103) 장치흠 전 대외원조사 사장 탐방 기록.

가지 특혜 차관으로 생산적 프로젝트를 건설하도록 설득했다. 수단 석유 프로젝트가 바로 이러한 상황에서 이루어진 것으로 중국 정부의 특혜 차관을 이용한 첫 해외 프로젝트이다.[104]

21세기에 들어서서 아프리카에 대한 중국의 원조는 수원국 경제 발전과 관련되는 인프라 건설과 수원국 인민 생활과 관련되는 사회 프로그램으로 전환된다. 아프리카에 대한 원조의 또 다른 뚜렷한 변화는 양성 프로그램이 많아진 것이다.

2004년 오의는 '개발도상국에 대한 전국 경제외교 공작회의(全國對發展 中國家經濟外交工作會議)'에서 중국 대외원조 사업의 중점을 다음과 같이 지적했다.

> 첫째, 현지 인민들의 생활과 밀접한 병원, 학교, 경기장, 도서관 등을 원조 건설해야 한다. …… 둘째, 긴급 재난 구조 원조를 제공해야 한다. …… 셋째, 개발도상국의 정부 관리를 중점으로 한 인재 양성 사업을 전개해야 한다. 양성 규모를 최대한 확대하여 더욱 많은 개발도상국의 청년들이 중국으로 유학이나 연수를 오도록 하여 친중파를 양성해야 한다. 넷째, 중국과의 외교관계 단절이나 인권 등 중대한 외교문제에 밀접히 협력하여 최근 새로 국교를 수립한 국가와의 관계를 공고히 하고 미수교 국가와의 국교 수립을 추진해야 한다. 그리고 아프리카 등 후진국의 채무 감면 사업을 잘해야 한다.

이후 양성 프로그램의 숫자와 대외원조 사업에서의 양성 프로그램의 비중은 모두 빠른 속도로 증가했다. 1990년대 중국은 167차례의 양성반을 개설하여 개발도상국을 위해 인재 2,667명을 양성했다. 2000~2006년에는 1,334차례의 양성반을 개설하여 31,620명을 양성했다. 2004년 후부터 양

---

104) 장치흠 전 대외원조사 사장 탐방 기록.

성 프로그램은 더욱 빠른 증가세를 보였다. 2003년에 52차례의 양성반을 개설하여 1,289명을 양성했고 2004년에는 321차례의 양성반을 개설하여 7,998명을 양성했다. 2006년에는 452차례의 양성반을 개설하여 1만 175명을 양성했다. 전체 대외원조 지출에서 양성비가 차지하는 비중도 빠른 속도로 증가했다. 2003년의 양성비 지출은 8,210만 위안이었으나 2006년에는 2.34억 위안에 달해 대외원조 예산에서 차지하는 비중이 2.16%에서 4.41%로 증가했다.

개혁개방 이후 아프리카에 대한 중국 대외원조의 조정도 중국식으로, 점진적으로 개혁하는 특징을 보였다. 이는 곧 신중하게 일을 처리하는 것으로 사실에 입각하여 시비를 논하는 것이 특징이다. 그 중요한 근거는 중국의 끊임없이 변화하는 경제 환경과 끊임없이 개선되고 있는 정부의 기능이다. 이러한 끊임없는 조정 과정에서 구체적인 정책 조치와 실행은 아프리카에 대한 원조의 총체적 전략 목표와 연관성을 잃어버리고 말았다. 1960년대에서 1970년대까지, 전략에서 정책으로, 다시 원조의 내용과 방식으로 이어져온 구체적인 프로그램 실행의 고리가 결락되었다. 논리적이고도 뚜렷하던 중국 대외원조의 이론 체계에 구멍이 생겼고 새로운 체계는 여전히 구축 중이다.

2) 원조정책의 조정과 원조 이론 체계의 재구축

개혁개방 이래 중국 대외원조 체계가 연관성을 잃은 것은 두 가지 방면에서 표출되었다. 첫째, 대외정책의 한 수단인 원조는 대외정책 목표를 효과적으로 실현하지 못했다. 둘째, 시장의 주체와 시장의 힘을 빌려 대외원조 임무를 수행할 때 원조의 정치적, 전략적 목표를 실현하지 못하고 오히려 역효과를 보였다. 연관성을 잃은 주요 원인은 점진적인 개혁 과정에서 중국의 발전 실천이 이론보다 앞섰기 때문이다. 구체적인 원조의 분야에서 계획경제 체제에 적합하던 대외원조 체제는 시장화 과정에서 점차 전환된다. 새로운 조건에서 대외원조 사업을 개선할 여러 가지 방법이 시행되지만 대부분 정책과 실행 방면에만 머무를 뿐 "우리는 자원을 얼마만큼 사용해야 하는가? 어떤 자원인가? 어떤 방식으로 어떤 목표를 실현해야 하는가?" 하는 대외원조의 근본적 질문에 응답하는 체계적인 이론이 아직 없다.[105]

개혁개방 이후 중국은 대외원조의 규모를 줄이기 시작했으며 "적은 돈으로 큰일을 한다."고 주장했다. 원조의 효율을 높여 비록 자금 투입은 적어졌지만 아프리카 수원국에 실질적인 도움을 주었다. 이는 지도 원칙으로, 정책 실행 방면에서는 제대로 된 조치가 나오지 않았다. 앞에서 언급한 시행적 조치들에서 '대체 관리, 경영' 방식은 주로 옛 프로젝트의 지속성을 해결했고 '투자 도급' 방식은 새로 건설하는 프로젝트의 원가를 낮출 수 있었다. 그러나 자금 규모가 축소되는 상황에서 이러한 자금이 어느 나라나 지역의 어느 영역에, 어떤 자금 형식으로 어떤 유형의 프로젝트에 투자되어야 한다는 것에 대해 명확한 설명이 없다. 이는 대외정책 수단의 하나인 대외원조 사업이 그 실현하려는 정책 목표와의 연관성을 잃은 것이다. 일부 사례에서 연관성을 잃은 상황을 설명할 수 있다.

먼저 1980년대 중국과 부르키나파소의 관계를 보자. 1980년대 아프리카는 큰 변화를 겪었다. 아프리카에는 1973년부터 1984년까지 연속 12년 가뭄이 들었다. 미국과 소련의 패권 쟁탈은 아프리카 곳곳에서 분쟁을 일으켜 많은 지역이 전란과 기근에 허덕였다. 또한 1970년대 석유 위기 이후 서방 국가가 산업구조를 조정하여 첨단산업을 발전시켰으므로 아프리카의 원자재에 대한 수요가 줄어들었다. 이러한 요인들은 아프리카에 심각한 경제 위기를 초래했다. 1965~1973년 아프리카의 연평균 경제성장률은 6.4% 이었으나 1986년에 이르러 실제 성장률은 1.2%밖에 안 되었다. 1981년 아프리카 최빈개도국의 숫자는 21개였지만 1988년에는 28개로 증가했다.

---

105) 2008년 5월 23일 중국수출입은행 오소화 특혜차관부 부장 탐방 기록.

1970년대 이전에 아프리카 국가는 식량을 자급할 수 있었으나 1980년대에는 많은 국가가 식량 원조를 받아야 했다.[106]

이렇듯 국제정치적으로, 경제적으로 심각한 상황에서 많은 아프리카 국가들은 내부 개혁을 시행했다. 1980년대 세계은행 등 국제 금융기구는 아프리카 국가에 구조조정 차관을 제공하여 경제제도를 개혁하고 사유화를 추진하며 시장경제를 구축하도록 도왔다. 독립 초기 사회주의를 선택하여 계획경제 체제를 구축했던 아프리카 국가들은 세계은행의 차관을 받은 후 시장경제로 전환하는 개혁과 조정을 단행했다. 또한 서방 국가와의 관계를 개선하고 전방위적인 실용 외교 정책을 실행했다. 부르키나파소는 정반대로 사회주의 국가로부터 출구를 찾으려 했으며 '8·4혁명'을 일으킨다.

부르키나파소는 서아프리카의 내륙국으로 국토 면적은 약 27.4만 km^{2}이며 인구는 약 700만여 명(1980년대 중반)이었다. 부르키나파소는 사하라 사막 남쪽의 사헬 초원지대에 위치하고 있다. 국토의 3/4은 반사막지대로 물이 부족하고 가물다. 비가 한 방울도 안 내리는 건기가 1년에 8개월에 달한다. 또한 일조시간은 10시간 이상이다. 역사 기록에 의하면 부르키나파소에는 평균 30년에 한 번씩 큰 가뭄이 든다고 했다. 아프리카에 연속 12년 가뭄이 들 때 부르키나파소가 위치해 있는 사헬지대의 피해가 가장 심각했다. 또한 부르키나파소는 내륙국으로 지하자원이 빈약하여 아프리카에서도 극빈국에 속한다. 1980년대 아프리카 경제가 어려울 때 부르키나파소의 어려움은 더욱 막심했다. 1970년대 부르키나파소는 수도 와가두구의 동부에 규모가 꽤 큰 공업구를 설립하여 일부 중소기업들을 입주시켰으나 1980년대 중반에 이르러 이 공업구의 모든 기업이 도산했다.

이러한 상황으로 인해 1980년대 부르키나파소에서 공산주의 사조가 나타난다. 여러 공산주의 조직이 나타나며 조직원들은 대부분 1970년대 말

---

106) 江翔, 앞의 책, pp.129~130.

프랑스에서 유학하고 온 청년 지식인과 젊은 장교들이었다. 1983년 8월 4일 상카라 대위는 젊은 장교들과 함께 혁명과 반제국주의를 슬로건으로 쿠데타를 일으킨다. 전 정권을 전복하고 새로운 국가의 최고 권력기관인 전국혁명위원회를 설립하며 상카라가 위원회 주석과 국가원수에 추대된다.

1949년 12월에 태어난 상카라는 중국 '문화대혁명' 시기 청년학생이었으며 모택동 저서의 영향을 많이 받았다. 그는 강상(江翔) 부르키나파소 주재 중국 대사 앞에서 "혁명은 손님을 초대하여 밥을 먹는 것이 아니다(革命不是請客吃飯)."라는 모 주석 어록을 외웠다. 그는 모택동 주석과 1960~1970년대 모택동이 지도한 중국 및 탄자니아 등 아프리카 국가에 대한 중국의 사심 없는 원조에 큰 감동을 받았다고 했다.[107]

상카라 정권은 대내적으로 철저한 개혁을 했다. 과거의 '신식민주의 시대'(독립해서부터 '8 · 4혁명'까지의 시기)와의 완전한 결별을 선언하고 국가가 경제 위기와 빈곤에서 벗어날 일련의 조치를 취했다. 외교적으로 상카라는 제국주의와 식민주의를 반대하고 사회주의 국가와 우호적인 관계를 발전시킬 것을 선언했으며 아프리카와 세계 기타 독립하지 못한 지역의 민족해방운동을 지지한다고 선포했다.[108]

이러한 정치적 입장을 취한 상카라는 사회주의 국가로부터 필요한 지원과 원조를 얻을 것을 기대했다. 1984년 상카라의 첫 해외 방문지는 중국이었다. 중국의 적극적인 원조와 지원을 기대했지만 상카라는 실망했다. 중국이 그의 '혁명정권'에 제공한 원조는 그가 전복시킨 '반동정권'에 제공한 원조보다 적었으므로 그는 중국이 부르키나파소 혁명을 적극적으로 지지하지 않는다고 생각했다. 그는 돌아가서 사람들에게 설명하기도 어렵고 체면도 깎인다고 생각했다. 이 밖에 상카라는 중국의 개혁개방 정책을 이해

---

107) 江翔, 앞의 책, p.184.
108) 江翔, 앞의 책, pp.131~132.

하지 못하고 중국이 혁명의 길을 포기하고 서방 자본주의 길을 걷는다고 생각했다. 실망한 상카라 정권은 중국과 거리를 두기 시작했다. 1986년 강상 대사가 부르키나파소에 부임한다. 부르키나파소 당시의 외교 관례에 의하면 새로 부임된 외국 대사가 국서를 건네면 2주일 내에 대통령이 단독 접견을 했다. 그러나 강상 대사는 국서를 건넨 후 3개월이 되어서야 접견을 할 수 있었다. 또한 강상 대사가 부임한 첫 국경절 연회에 부르키나파소의 장관은 한 명도 참석하지 않았다.

1990년대 중국은 아프리카에 대한 원조 규모를 더욱 엄격하게 통제했다. 앞에서 언급했듯이 1989~1997년 대만의 '금전외교'로 하여 아프리카 국가들 사이에 중국과 국교를 단절하는 바람이 분다. 전 대외원조사 종사자는 이러한 상황이 발생한 것은 중국이 융통성이 없게 원조 규모를 줄인 정책과 직접적인 관계가 있다고 회고했다. 세네갈과 중국의 국교 단절 사건을 그 사례로 보도록 하자.[109]

1995년 세네갈은 중국에 고등법원 청사를 건설해줄 것을 요구한다. 당시는 랜드마크 건축을 제한하던 시기로 중국 정부는 이 요구를 거절했다. 1995년 말부터 1996년 초에 이람청(李嵐淸) 부총리가 세네갈을 방문한다. 대외경제무역부 대외원조사는 이람청 부총리의 방문시 세네갈이 다시 원조 건설을 요구하리라고 예측했다. 그러므로 이에 대해 중앙에 보고하고 해결방안을 제기했다. 큰 나라에 5,000만 위안을 원조하고 작은 나라에 3,000만 위안을 원조한다는 기준에 따라 이람청 부총리는 5,000만 위안의 원조금을 준비했다. 당시 중국 지도자들은 오랫동안 아프리카를 방문하지 않았다. 이번 방문은 중국이 아프리카에 파견하는 가장 고위급 대표단이었다. 세네갈에서도 이람청 부총리의 방문을 중시했으며 총리가 직접 영접했다. 회담에서 세네갈 총리는 고등법원 청사를 원조 건설해줄 것을 요구하

109) 장치홈 전 대외원조사 사장 탐방 기록.

며 이는 정권을 공고하게 할 필요성 때문이라고 했다. 그러면서 1996년 4월 중국을 방문하겠다고 했다. 이람청 부총리는 세네갈 총리가 이듬해에 중국으로부터 원조금을 다시 가져갈 것을 고려하여 이번 방문에서 제공하려던 5,000만 위안을 내놓지 않았다. 이람청 부총리가 귀국한 후 세네갈은 중국과의 국교 단절을 선포하고 대만과 수교했다. 세네갈의 국교 단절 사건이 중국에 준 영향은 매우 심각했다. 세네갈은 서아프리카의 주요 국가로 프랑스령 식민지 총독부 소재지였다. 세네갈과 중국의 국교 단절은 주변국들인 감비아, 기니, 부르키나파소, 말리에도 영향을 주었다.

1990년대, 중국 정부는 양허성 차관을 내놓았다. 이는 자금 부족을 해결하고 수원국의 상환금을 재사용하기 위한 조치였지만 실행 과정에서 대외원조 전략 목표를 제대로 수행하지 못하는 문제점을 보여주었다.[110]

1990년대 이붕 총리의 재임 기간 중국은 아프리카에 대한 원조에서 양허성 차관이라는 방식을 내놓았다. 당시 중국 국내의 대부금 이자율이 높았기 때문에 대외원조 특혜 차관의 이자율도 매우 높았다. 4~5%에 달하는 이자율은 일부 수원국의 상업 차관 이자율보다도 더 높았다. 그러므로 아프리카 국가를 포함한 많은 수원국들은 중국의 특혜 차관을 사용하지 않았다. 중국 측은 특혜 차관에 대해 수원국에 적극적으로 홍보했다. 당시 대외원조를 주관하던 대외원조사는 팸플릿을 만들어 돌렸다. 외국 주재 대사관이나 영사관에 부탁하여 돌리기도 했다. 주관 관료는 많은 수원국을 방문하여 특혜 차관에 대해 소개했다. 그러나 별로 효과가 없었다. 중국 정부는 홍보 외에 다른 조치를 취했다. 이전에 중국 지도자들이 외국을 방문할 때는 일부 무이자 차관을 제공했지만 이 시기에 강택민(江澤民)이나 이붕은 무이자 차관을 모두 특혜 차관으로 바꾸었다. 그러나 이 방법은 통하지 않

---

110) 2007년 8월 30일 이승위 전 대외원조사 사장 탐방 기록과 2007년 9월 4일 장치흠 전 대외원조사 사장 탐방 기록을 참조.

았다. 중국 내의 이자율이 낮아지면서 특혜 차관의 이자율이 2%로 조정되자 중국의 특혜 차관 업무가 점차 증가했다.

양허성 차관은 정부가 모두 지출하는 것이 아니다. 특혜 차관은 시장의 융자가 필요하다. 이는 시장의 힘과 규칙이 직접 중국의 대외원조에 개입하게 되는 것을 의미한다. 시장의 힘이나 규칙은 대외원조가 담당한 정치 임무와 서로 일치하지 않는다.

수원국은 중국 정부 양허성 차관의 높은 이자율 외에도 이러한 자금 형식이 지금까지 중국이 제공해온 무이자 혹은 저금리 차관의 대출에 비해 크게 다르다는 것을 느낄 수 있었다.

'8항 원칙'의 세 번째 조목에 의하면 계획경제 시기 중국은 수원국에 많은 저금리 혹은 무이자 차관을 제공했다. 이런 차관은 상환 기한이 있지만 필요에 따라 연장할 수 있다. 수원국이 요구하면 중국은 상환 기한을 연장해주었으며 심지어 중국에 이유를 설명하지 않아도 되었다. 그러나 특혜 차관은 다르다. 특혜 차관에는 정부 재정의 지출뿐만 아니라 일부 자본시장의 융자도 포함되어 있기 때문이다. 중국수출입은행은 상환 기간이 되면 온갖 방법과 수단으로 상환을 재촉한다. 그렇지 않으면 은행의 자금이 회전되지 못하기 때문이다. 중국수출입은행은 대외적으로 중국 정부를 대표하므로 수원국에서 볼 때 중국수출입은행이 상환을 재촉하는 것은 곧 중국 정부가 재촉하는 것이나 같다.

그다음 특혜 차관 실행 과정에서 사실상 원조에 경제적 조건을 부가했다. 특혜 차관은 중국수출입은행이 자본시장에서 융자해주는 것이기 때문에 은행은 대출 위험을 고려해야 하고 차관의 회수와 이윤을 보장받아야 한다. 그러므로 차관 협정을 체결할 때 중국수출입은행은 수원국 정부나 중앙은행의 보증서를 요구한다. 이 조건은 중국 정부의 대외원조 주관 부서가 첨가한 것이 아니다. 대외원조사와 수원국이 협정을 체결할 때는 이 조건이 없이 중국의 특혜 차관 제공에 양국이 동의하고 구체적인 사항은 중국수출입은행과 수원국 관련 부서가 협상한다고 체결한다. 그러나 수출입은행이 차관의 회수를 보장하기 위해 이 조건을 첨가하는 것이다.[111] 처음 몇 번의 특혜 차관에는 이 조건이 없었지만 후에 첨가했던 것이다.[112]

마지막으로 구체적인 실행 과정에서 구체적인 문제를 전반적으로 폭넓게 사고하지 못해 특혜 차관이 '묶이게 되는' 상황도 발생했다. 중국 기업을 지원하여 수원국에서 경제활동을 하는 것은 서방 여론의 공격을 받았다. 먼저, 실행 과정에서 나타나는 일부 구체적 문제는 특혜 차관의 집행 방식의 변화를 초래했다. 처음에는 특혜 차관을 수원국의 국가은행에 제공하고 그 국가은행이 다시 자국 기업을 선택하여 제공하도록 계획했다. 그러나 수원국은 중국 정부의 특혜 차관을 받으려 하지 않고 중국의 주관 부서는 특혜 차관을 보급해야 할 압력을 받고 있었다. 절충적인 방법은 특혜 차관을 중국 기업에 주어 중국 기업이 수원국에서 프로젝트를 완성하는 것이었다. 또한 특혜 차관은 상업 성질이 있으므로 수원국 정부는 특혜 차관을 중시하지 않았으며 양국 관계의 중요한 조건으로 간주하지도 않았다. 그러므로 중국 정부도 특혜 차관의 실행을 상업화했다. 중국이 외국에 제공한 첫 번째 특혜 차관은 수단의 석유 프로젝트이다. 당시 중국 지도자들은 이를 매우 중시하여 이람칭 부총리가 차관 협정 조인식에 참석하기로 했다. 그러나 조인식 당일, 수단 국가은행은 중국에 대표단을 파견하지 않고 중국 주재 수단 대사의 이등서기관을 대표로 보냈다. 이람칭 부총리는 조인식에 참석하려던 계획을 취소하고 이 차관을 중국 기업 시노펙에 제공했다.

이러한 이유로 일부 아프리카 국가들은 중국 정부의 특혜 차관, 심지어 아프리카에 대한 중국의 원조를 비판하면서 중국과의 발전적인 동반자 관

---

111) 중국수출입은행은 중국은행업감독관리위원회(中國銀行業監督管理委員會)에서 감독 관리한다. 2008년 5월 23일, 중국수출입은행 오소화 특혜차관부 부장 탐방 기록 참조.
112) 이승위 전 대외원조사 사장 탐방 기록.

계를 재고하게 되었다. 중국과 첫 번째 특혜 차관 협정을 체결한 수단 대사는 중국 정부 주관 관료의 어깨를 두드리면서 "우리는 친구입니다. 내가 당신을 믿으므로 당신들의 차관을 쓰는 것입니다. 우리 수단은 외국의 투자를 환영합니다. 이 차관이 당신들이 수단에 투자하는 것이라면 나는 감사히 받겠습니다. 이것이 우리에게 주는 원조라면 나는 납득이 되지 않습니다. 게다가 당신에게는 은행이 있으니 이후 내가 당신을 찾아가도 당신은 나에게 은행에 가라고 하면서 나를 다시 만나주지 않을 것입니다."라고 했다.

이집트는 아프리카의 큰 수원국이다. 이집트의 수원 사무를 주관하는 국제협력부의 관료는 중국 특혜 차관의 실제 실행에 불만을 표했다. 이집트는 중국 정부와 마찬가지로 조건이 붙는 원조를 받으려 하지 않았다. 중국의 특혜 차관 협정에는 이집트 주권을 침해하는 내용이 들어 있는데 그중에 "이집트의 국유자산으로 차관의 상환을 담보해야 한다."는 내용이 있었다. 그러므로 이집트와 중국의 일부 협력 프로젝트는 장기간 보류되었으며 전개할 수 없었다.[113]

실행 과정에서 이런저런 문제가 불거졌으므로 중국 내부에서도 중국의 대외원조 경험을 총괄하고 대외원조 이론 체계를 완비해야 한다는 의견이 나타났다. 일부 대외원조 종사자들은 대외원조 입법이 급한 것이 아니라 대외원조 이론 체계의 구축이 시급하다고 하면서 이론 체계가 구축되지 않으면 대외원조의 구체적 문제를 철저하게 해결할 수 없다고 했다.[114]

중국 정부의 특혜 차관 실행 과정에서 발생한 문제는 시장의 힘과 규칙이 정부 행위인 대외원조 사업과 잘 조화되지 않는 상황을 보여준 것이다. 현재 중국은 기업에 의지하여, 즉 시장의 주체를 빌려 중요한 정치 임무인 대외원조 사업을 하고 있다. 이 과정에서 비교적 많은 문제가 발생했다. 이

중국 대외원조 60년

---

113) 2008년 1월 22일 이집트 나비오 국제협력부 장관과의 회담 기록.
114) 2008년 5월 23일 중국수출입은행 오소화 특혜차관부 부장 탐방 기록.

에 대해서는 1960년부터 대외원조 업무를 해온 전 종사자들이 느끼는 바가 가장 많다.

왕문동(王文東) 전 상무부 부부장은 시장경제가 가져온 변화를 아주 생생하게 지적했다. 계획경제 시기 각 부서와 지방자치단체는 중앙에서 맡기는 대외원조 임무에 대해 "우리에 대한 당과 국가의 믿음에 감사합니다."라고 말했지만 현재는 전혀 다르다면서 대외원조에 많은 기업 행위(시장 행위)가 나타난다고 했다.[115] 이러한 기업 행위는 대외원조 공사의 품질 문제를 초래하고 이는 대외원조 종사자, 나아가 아프리카에서 중국의 전체적 위상에도 영향을 준다. 수원국에서는 현재의 중국인이 예전의 중국인이 아니라는 말도 공공연히 떠돈다.[116]

3) 아프리카 국가들이 중국에 거는 기대를 어떻게 볼 것인가? 중국의 원조가 아프리카 발전 수요를 만족시켰는가?

개혁개방 시기 아프리카에 대한 중국의 원조에서 이론, 정책, 실행이 연관성을 잃는 상황이 나타났다. 이는 중국 정부 주관 부서의 시각에서 보나 수원국 정부의 시각에서 보나 좋지 않았다. 21세기 들어 중국 정부는 아프리카 원조의 규모를 확대하여 아프리카 수원국의 열렬한 환영을 받았다. 2006년 중국-아프리카협력포럼 북경 고위급 회의에 이어 2007년 포르투갈의 리스본에서 유럽연합-아프리카 제2차 정상회담이 소집되었다. 이 회담에서 와데 세네갈 대통령은 유럽 국가의 원조정책을 비판했다. 유럽 국가의 원조 약속은 잘 지켜지지 않으며 지켜진다 하더라도 약속한 것보다 적다고 했다. 그러나 중국은 이와 달리 약속을 하면 원조 규모가 크고 그 실행도 아주 빠르다고 했다. 유럽연합-아프리카 정상회담 이후 아프리카

---

115) 2007년 8월 15일 상무부 왕문동(王文東) 전 부부장 탐방 기록.
116) 2007년 9월 4일 상무부 장치흠 전 대외원조사 사장 탐방 기록.

연합은 중국에게 개발 영역에서의 협력을 제안했으며 아프리카연합 국가의 인프라와 재정지원 전문회의를 소집했다. 와데 대통령은 중국수출입은행에서 대표를 파견해달라고 요청했다. 회의에서 와데 대통령은 아프리카에 대한 중국의 지원에 감사를 표했다.[117] 여기서 주목해야 할 것은 중국이 아프리카에 대한 원조의 규모를 확대하긴 했지만 총체적으로 보면 아프리카에 대한 중국의 원조는 서방 원조국과 비교할 수 없다는 점이다. 예를 들면 탄자니아의 경우 서방 국가로부터 받은 원조가 대부분을 차지하며 중국의 원조 규모는 7위나 8위이다.[118] 이집트의 원조 업무를 주관하는 정부 관리는 1957~2007년 이집트에 제공한 중국의 차관은 2.3억 달러를 초과하지 않고 원조금도 5,100만 달러를 초과하지 않는다고 했다.[119] 중국 원조에 대한 아프리카 국가의 기대를 이해하려면 중국 원조가 아프리카 발전 과정에 준 영향을 살펴보아야 한다.

수원국 주도의 원칙과 수원국의 발전을 보충하는 중국의 역할

아프리카 국가들은 나라마다 제각각 다르고 자주적 발전 능력도 서로 다르다. 중국은 아프리카에 원조하면서 줄곧 수원국 주도의 원칙을 견지해왔다. 명확한 발전 전략을 세운 일부 아프리카 국가는 자국의 발전 수요를 확정한 후 자국 발전 전략에서의 각 원조국의 역할을 전반적으로 고려한다. 그리고 각 원조국을 인도하여 자국의 발전 과정에서 더 큰 역할을 하도록 한다. 이러한 수원국과 중국의 경제 · 기술 협력은 수원국의 발전을 견인하는 역할을 하는 것이다.

에티오피아를 예로 들어보자. 2005~2010년 에티오피아 정부는 자국의 5개년 발전 계획을 "빈곤 퇴치를 위한 지속적 발전(sustainable development

---

117) 2008년 5월 23일 중국수출입은행 오소화 특혜차관부 부장 탐방 기록.
118) 2008년 1월 23일 탄자니아 주재 유흔생(劉昕生) 중국 대사 탐방 기록.
119) 2008년 1월 22일 이집트 나비오 국제협력부 장관과의 회담 기록.

to end poverty)"으로 정했다. 에티오피아 정부는 교육, 보건, 농업, 식품안전을 중점 발전 분야로 정하고 매 분야에 상세한 발전 계획을 세웠다. 그러므로 에티오피아 정부는 원조국이 5개년 발전 계획에 따라 원조를 제공할 것을 바랐다. 에티오피아 주관 부서는 중국 정부의 대외원조 부서에서 의견서를 받았는데 중국의 원조는 에티오피아의 발전 계획과 거의 부합했다.[120]

에티오피아 정부는 중국 정부에 그들이 가장 필요로 하는 원조를 요구하여 중국의 원조가 에티오피아 발전에서 적극적 영향을 주도록 인도했다. 에티오피아는 2005~2010년 5개년 계획에서 교육을 중점 발전 분야로 확정했다. 교육 분야에서도 직업교육이 비교적 중요하다. 직업교육을 발전시키려는 목적은 에티오피아의 저수준 노동력의 기능을 제고하여 산업화를 이룰 조건을 마련하기 위해서다. 에티오피아 교육부 장관은 직업교육 분야에서 중국과 협력하기 위해 중국을 여러 차례 방문했다. 에티오피아 정부가 중국과 직업교육 분야에서 협력 관계를 맺고자 하는 데에는 심층적 원인이 있었다. 중국의 매우 빠른 공업 발전으로부터 경험을 배우고 중국 회사의 투자를 유치하거나 중국 회사와 에티오피아 회사의 합자회사 설립을 추진하려는 것이 주요 원인이다. 이를 위해서는 훌륭한 기술자가 필요했다. 만약 중국이 더 좋은 노동력을 제공하면 향후 중국의 투자를 받기에 좋은 기초를 닦아 윈-윈 국면을 형성할 수 있으며 에티오피아의 세계화를 추진할 수 있다. 에티오피아 정부는 교육 분야의 협력을 직업교육으로부터 시작하여 점차 기타 분야로 확장하고자 했다. 에티오피아는 중국이 원조 건설한 직업교육학교의 '열쇠를 주는 공사'에 만족하지 않고 중국 정부에 교장 파견, 교재 제공 등을 요구했다. 이러한 협력을 통해 에티오피아는 중국식 직업교육 모형을 보급하여 학생들을 양성했을 뿐만 아니라 직업교육 교사도 양성했다. 이는 직업교육 학교 프로그램에 장기간 더욱 큰 범위에

---

120) 2008년 1월 15일 에티오피아 재정경제발전부 국장과의 회담 기록.

서 영향을 미쳤다.[121)

보츠와나도 비슷한 예에 속한다. 보츠와나 정부는 에티오피아 정부와 마찬가지로 먼저 자국의 발전 계획을 세운 후 그 계획에 따라 원조를 제공받고자 했다. 보츠와나가 원조를 받는 절차는 첫째, 발전 계획을 세우는 것이다. 지방정부가 발전 계획을 세워 중앙정부에 보내면 중앙정부에서 그에 대해 논의한다. 보츠와나 정부는 여러 위원회에 이 계획에 대해 자문을 구하는데 공공기관, 민간단체, 외국 기관, 국제기구 등이 모두 토론에 참여한다. 충분한 토론과 자문을 거쳐 보츠와나는 전체적인 국가 발전 계획을 결정한다. 둘째, 그 발전 계획에 따라 각 원조국에 원조 제공을 요구한다. 보츠와나에는 원조 포럼이 있다. 원탁 형식으로 보츠와나의 모든 원조국이 함께 자리한다. 이 원조 포럼에서 보츠와나는 모든 원조국에 보츠와나의 발전 계획을 소개하고 원조국이 어떤 원조를 제공할 수 있는가를 논의한다.[122)

보츠와나의 발전에 장애가 되는 요인이 무엇이고 중국이 우위를 보이는 분야가 무엇인지를 근거로 보츠와나는 중점 협력 분야를 제기했다. 첫째는 인적자원과 기술협력이고 둘째는 에이즈 예방과 퇴치이며 셋째는 지하자원 협력으로 주로 지하자원의 효율적인 이용 경험에 대해서였다.[123)

이상의 예에서 중국의 원조는 수원국이 발전을 저해하는 장애 요인을 극복하는 데 효과적인 보조 역할을 수행했다. 그러나 에티오피아나 보츠와나 같은 국가는 자국의 발전 계획을 세울 능력이 있기 때문에 중국과 기타 원조국의 원조를 효과적으로 받을 수 있었다. 그러므로 이러한 사례는 중국에 대한 아프리카 국가의 기대를 충분히 설명할 수 없다. 아프리카에 대한 중국 원조에 어떠한 장점이 있는지 더 살펴보기로 하자.

---

121) 2008년 1월 15일 에티오피아 교육부 장관과의 회담 기록.
122) 2010년 3월 3일 보츠와나 외교부 사무국 부국장과의 회담 기록.
123) 2010년 3월 4일 보츠와나 재정부 장관과의 회담 기록.

아프리카에 대한 원조는 중국-아프리카 발전 경험의 중요한 경로

중국 원조의 장점을 논의할 때 중국은 개발도상국임을 우선 고려해야 하며 개혁을 하면서 경험을 모색한 점진적인 개혁 과정도 고려해야 한다. 중국은 각 지역의 조건이 같지 않으므로 개혁의 통일된 모형이 없다. 30여 년간의 개혁개방과 시장화의 과정에서 중국은 풍부한 발전 경험을 쌓았으며 이러한 경험은 원조를 통해 아프리카로 전달되었다. 이는 아프리카의 문제를 해결하는 데 서방 원조국이 제공할 수 없는 방향을 제공했다.

농업 분야의 원조를 사례로 들어보자. 많은 아프리카 국가에는 모두 농업 문제가 있다. 각국의 문제는 서로 다르지만 그 결과는 모두 심각한 식량난을 초래했다. 농업 문제를 해결하기 위해 전통적 원조국과 중국은 모두 아프리카에 원조를 제공했다. 유럽 국가는 보츠와나에 대규모 원조를 제공하여 대형 농장을 건설했지만 성공을 거두지 못했다. 유럽의 기술자들이 철수하자 농장은 경영에 어려움을 겪게 되었다. 중국도 보츠와나에 농장을 원조 건설해주었지만 같은 문제가 발생했다.[124]

중국이 원조 건설한 기니 코바 농장의 중국 측 직원들에 의하면 아프리카에서 농장이 적자가 나는 것은 보편적인 상황으로 여기에는 여러 가지 원인이 있다. 기니의 코바 농장을 예를 들어보자. 기니의 코바 농장은 중국과 기니가 공동 출자한 주식회사로 투자액이 1.2억 달러에 달한다. 이 중 중국이 현금으로 80%를 출자하고 기니가 토지 양도 형식으로 20%를 출자했다. 기니가 식량을 자급하지 못해 해마다 수입해야 했기 때문에 코바 농장을 설립한 것이다. 1990년대 이람청 부총리가 기니를 방문할 때 중국은 5~10년 안에 식량 문제를 해결하겠다고 약속했다. 농장 10개를 설립하여 식량 예상 생산량이 30만 톤에 달하게 하는 것이다. 코바 농장은 10개 농장 가운데 하나로 사전 시험 농장이다. 그러나 코바 농장의 부실 경영으로 다

제3장 아프리카에 대한 중국의 원조

---

124) 2010년 3월 3일 보츠와나 농업부 관리와의 회담 기록.

른 농장을 설립하지도 않았다.

설립된 후 12년간 코바 농장은 연속 적자를 냈다. 한 번도 흑자를 낸 적이 없으며 현재도 경영이 어렵다. 그 원인으로는 첫째, 토지소유권이 명확하지 않다. 코바 농장이 계획 용지는 1,800헥타르이고 중국 측은 이 계획 용지를 비옥한 전답으로 개간했다. 그러나 계획 용지가 전답이 되자 당지의 농민들은 토지가 본인 것이라고 소유권을 주장했다. 현재 코바 농장은 450헥타르밖에 남지 않았다. 둘째, 농장 운영에 필요한 기초 시설이 부족하다. 이를테면 기니는 전력이 매우 부족하다. 그러나 현대화 농장에는 많은 전기가 필요하다. 코바 농장은 디젤 발전기로 발전했으나 이는 원가가 너무 높았다. 현재 양계장도 경영이 어렵다. 사료를 수입하므로 원가 부담이 높기 때문이다. 셋째, 도난 문제가 심각하다. 해마다 농작물의 1/3을 도난당한다. 농장은 도난 방지에 큰 힘을 쏟고 있다. 현재 농장에는 근로자 269명이 있으며 임시직까지 합치면 412명이다. 이 중 115명이 경비를 책임지고 있으며 심지어 국민호위대까지 고용했지만 효과가 크지 못하다. 넷째, 기니 관료들의 부패가 심하다. 그들은 공짜로 먹고 가져가며 달라고 요구하기도 한다. 이러한 관료들에게 경영의 어려움을 해결해달라고 요구하는 것은 쉬운 일이 아니다.[125]

그러나 1980년대 기니와 경제·사회 환경은 비슷하나 자연조건이 훨씬 열악한 부르키나파소에서 중국의 농업 원조는 큰 성공을 거두었다.

가장 먼저 부르키나파소를 도와 개간 사업을 벌인 것은 대만의 농경대이다. 부르키나파소는 1960년에 독립하며 1961년에 대만과 수교한다. 1968년 대만 농경대는 부르키나파소 서남부 코우강 유역에 920헥타르에 달하는 농경지를 개간했다. 1973년 9월 15일 부르키나파소는 중국과 수교한다. 그해 11월 중국 정부는 요녕성(遼寧省) 농업 전문가를 파견하여 대만의 농경

---

125) 2010년 2월 27일 기니 코바 농장 중국 측 종사자와의 회담 기록.

대를 대체한다. 대만 농경대가 개간한 농경지를 관리하는 외에 부르키나파소의 남부 지역에서 황무지를 개간하여 농경지로 만들었다. 황무지 340헥타르를 더 개간하여 코우강 유역의 개간지가 1,260헥타르에 달했다. 1975년부터 요녕성의 전문가들은 부르키나파소 서남의 두 지역에서 320헥타르와 454헥타르를 새로 개간했다. 중국 농업 전문가는 부르키나파소에 총면적이 2,034헥타르가 되는 농경지 세 곳을 개간했다.

중국 정부는 1981년 건설된 개간지를 부르키나파소에 양도했으며 이후 중국의 농업 전문가들은 양국 정부가 체결한 협정에 따라 전부 철수했다. 그러나 부르키나파소의 농민들은 농경지 수리시설을 관리해본 경험이 부족하여 수리시설의 보수 관리를 못 했으므로 벼 생산량이 감소했다. 중국 정부는 부르키나파소 정부의 요구와 양국 정부가 새로 체결한 경제·기술 협력 협정에 의해 1985년 요녕성 농업 전문가들을 재차 파견하여 농경지를 관리하게 한다. 앞에서 언급한 세 곳의 농경지에서 중국 전문가는 농경지의 경작 체계를 완비했으며 농민들의 적극성을 효과적으로 이끌어낼 수 있는 경영 방법을 모색했다. 이는 중국 정부가 실행하는 전면 도급제를 부르키나파소의 실제 상황에 맞게 개정한 것으로 부르키나파소 농촌의 현실에 적합한 경영 관리 방법이다.

부르키나파소는 기타 아프리카 국가와 마찬가지로 땅이 넓고 인구가 적으며 경작 기술이 낙후하여 농민들이 토지 관리를 모른다. 예로부터 일정한 토지에서 경작하는 것이 아니라 금년에 이쪽 땅에서 경작하고 내년에는 저쪽 땅에서 경작했다. 농민들은 일정한 토지가 없으므로 토지 보호나 토지 개량에 적극적이지 않다. 이러한 상황을 변화시키기 위해 중국은 원조 개간한 농경지를 집집마다 나누어주어 자체적으로 농사짓고 농사지은 농민이 수확물을 소유하게 하는 경영 방법을 채택했다. 농경지는 국가가 소유하고 농사를 짓는 농민이 경영권을 가지게 했다. 4명의 노동력이 있는 가정은 0.5~1헥타르를 배당받을 수 있었다. 농경지를 배당받은 농가는 중국 전문가의 기술 지도를 받아 통일적으로 경작했다. 농민들은 수확한 식량에서 수리관개 비용, 화학비료와 농약 비용, 관리비 등을 지불한 나머지를 모두 가질 수 있었다. 그러므로 농경지의 경영 관리가 좋으면 생산량이 높고 이에 따라 수입도 많아지는 것이다. 이렇게 농민의 이익과 농경지의 관리 및 토지 개량을 연결시켰는데 이는 부르키나파소의 농업 생산에서 한 차례의 큰 변혁이었다.

이 밖에 중국 전문가는 개간지에 합작사를 설립하여 생산과 행정 관리를 책임지도록 했다. 개간한 농경지를 경작하는 농민은 모두 개간지 합작사에 가입하여 합작사의 규정을 지키고 합작사의 지도와 관리를 받아야 했다. 합작사는 사원대회에서 합작사위원회 책임간부를 선출한다. 합작사 위원회는 주석, 부주석, 비서, 관리원, 회계 등 5인 구성으로 임기는 1년이다. 연임할 수 있으며 해마다 1/3의 위원을 재선출해야 한다. 합작사는 개간지의 생산과 판매, 농경지 관리, 농기구와 수리시설의 정비와 유지 등을 맡는다. 이 밖에 농경지의 행정 관리와 복지도 책임졌다.

1980년대 후기에 이르러 이 세 곳의 벼농사 개간지는 부르키나파소에서 가장 풍요로운 농업 지역이 되었다. 1987년 이 세 지역의 벼 생산량은 17억 6,156만 톤에 달해 단위 면적 생산량은 헥타르당 10.5톤이었다(이기작). 매 농가의 연 순수입은 40만~80만 세파프랑(당시의 환율로 1,300~2,600달러)에 달했다. 이는 사하라 이남의 아프리카 특히 아프리카의 최빈국인 부르키나파소에서 대단한 성과였다. 개간지의 농민들은 의식이 풍족했을 뿐만 아니라 자전거, 오토바이, 트럭 등 교통 운송수단을 구입했고 일부 농민들은 새집도 지었다. 농업 생산의 발전과 농민 생활의 개선으로 상업, 농기계 수리, 농산물 가공업 등도 발전했으며 신흥 소도시와 농산물 무역시장도 나타났다. 개간지의 번영에 매료된 기타 지역의 농민들은 개간지에 와서 경작하고 싶어 했다. 심지어 주변국인 말리와 가나에서 개간지로 이주하는 사람들도 있었다. 이 세 개간지에서도 반노 개간지의 발전이 가장 눈

부셨다. 454헥타르의 농경지는 소택지를 개간한 옥답이다. 처음 이 지역은 700여 명이 사는 작은 마을이었지만 1980년대 말에 이르러서는 인구 8,000여 명 규모의 소도시가 되었다.

비록 '8·4혁명' 후 부르카나파소와 중국의 외교관계는 소원해졌지만 중국 농업 전문가들은 부르키나파소에서 환영을 받았다. 1988년 부르키나파소 정부는 농업 전문가 한 사람 한 사람에게 부르키나파소 인민민주혁명노동훈장을 수여하여 이들이 부르키나파소 농업 발전에 공헌한 바를 표창했다. 부르키나파소의 관영 신문인『시드와야보』도 중국 농업 전문가가 반노개간지의 농경지 수리 건설에서 얻은 성과에 대해 장편 보도를 했다.[126]

서방 원조국은 농업 생산 방식에서 아프리카 국가와 너무 다르기 때문에 서방의 원조는 중국이 원조 개간한 부르키나파소 코우강 개간지와 달리 아프리카 국가에 실제적인 발전 경험을 보급하지 못했다. 이 사례에서 중국의 장점을 명확하게 볼 수 있다.

중국이 아프리카에 제공한 양허성 차관도 실행 과정에서 이와 비슷한 상황을 보였다. 양허성 차관에 대해 보류적인 태도를 취하던 아프리카 국가들은 잇달아 중국 정부의 양허성 차관에 대해 검토하기 시작했다. 이는 중국 정부의 양허성 차관이 수원국에 발전 기회를 만들어주기 때문이다.

중국수출입은행 특혜 차관 업무 책임자는 다음과 같이 소개했다. 국제통화기금(IMF)의 이론 체계에 의하면 원조 행위는 수원국의 경제 동적 균형을 깨지 말아야만 채무의 지속성을 보장할 수 있다. 경제가 발전하려면 내부의 조화와 균형을 유지해야 한다. 전체 총량의 투입에서 채무 등 각 요소는 균형 잡힌 관계를 유지해야 한다. 그러므로 영국, 미국 등 국가는 넓은 의미의 예산에서 채무와 GDP를 직접 연결시킨다. 그러나 아프리카 수원국은 서방 국가의 요구에 도달하지 못하므로 IMF의 차관 규모는 매우 작아

제3장 아프리카에 대한 중국의 원조

---

126) 江翔, 앞의 책, pp.171~174.

일반적으로 몇천만 달러면 많은 편이다. 그들은 "안전한 실행(play safely)"을 생각하는 것이다. 이 이론은 아프리카 국가에 대한 서방 국가 원조의 구체적인 방법을 결정했다. 이러한 상황에서 아프리카는 100여 년의 발전 과정을 거쳤지만 발전을 이룩하지 못했다. 중국은 아프리카 수원국에 특혜 차관을 제공할 때 서방의 이론을 따르지 않고 대규모의 차관을 제공했다. 이는 자금의 부족을 보충하고 기초 시설을 개선했으며 국내의 수요를 자극하여 아프리카 발전의 추진력이 되었다. 이러한 방법은 현실에서 가능한 것이다.

서방 국가는 차관을 제공하기 전에 '자원 잠재력'이라는 개념으로 사전 평가를 한다. 그러나 중국은 '발전 잠재력'으로 평가를 한다. 발전 잠재력은 채무국의 자원도 포함하지만 그 외에도 많은 것을 포함한다. 이를테면 농업도 자원이며 인프라 건설 후에 뒤따라 생기는 새로운 내수도 자원에 포함된다. 내수는 경제 발전에 더 큰 추진력이 될 수 있다.

중국에 에리트레아에 제공한 특혜 차관이 바로 그러하다. 에리트레아는 아프리카의 작은 국가로 에티오피아와 소말리아 사이에 있다. 발전을 이룩하지 못하면 주변국에 침략당할 위험이 있었지만 경제 발전에서 서방 원조국의 지원을 받지 못했다. 에리트레아 대통령은 중국 주재 자국 대사를 소환했다.

중국 대외원조 60년

대통령 : 우리가 발전하려면 동반자가 필요한데 어디에서 찾을 수 있 겠소?

대사 : 동방에서 찾을 수 있을 것입니다.

대통령 : 동방이면 아시아가 아니오? 아시아에서 어느 나라가 우리의 동 반자가 될 수 있겠소?

대사 : 중국입니다.

대통령 : 좋소. 그럼 당신이 나의 특사로 중국에 가서 원조에 대해 알아보 시오.

이렇게 에리트레아 대사는 대통령 특사가 되어 중국에서 특혜 차관과 기타 형식의 개발 원조를 얻으려고 했다. 중국수출입은행은 에리트레아에 특혜 차관을 제공했다. 비록 정치적 위험은 있었지만 차관 액수가 3,000만 달러밖에 되지 않았기 때문이다. 이 차관은 에리트레아의 통신 기초 시설의 개선에 사용되었는데 중흥통신회사(ZTE)가 책임졌다. 우다이 에리트레아 경제부 장관은 세계은행에서 국장직을 맡은 적이 있다. 처음 교섭에서 우다이 장관은 세계은행의 방법을 견지했기 때문에 교섭에 어려움이 있었다. 그러나 협력의 전개에 따라 우다이 장관은 중국의 발전 경험을 믿고 따르게 되었다. 통신 기초 시설의 개선 사업이 끝난 후 중국과 에리트레아는 지하자원 협력을 전개했는데 에리트레아는 중국에게 탐광과 채굴을 요청했다. 현재 에리트레아에서 광산자원이 탐사되었으며 중국과 에리트레아의 협력도 진행 과정에 있다.

위의 사례에서 볼 수 있듯이 원조는 중국과 아프리카 사이에 발전 경험을 교류할 수 있는 가교를 놓아주었다. 발전과 협력을 통해 인원 교류를 이끌어나가고 중국의 발전 경험을 아프리카에 전수하여 아프리카의 발전에 더욱 많은 지원을 제공했다. 여기에는 자금과 발전 문제를 해결하는 새로운 방법도 포함되어 있다. 개혁개방 이후 아프리카에 대한 중국의 원조 체계가 연관성을 잃었고 아프리카에 대한 원조 사업에도 많은 문제점이 생겨 수원국과 서방 여론의 비판을 받았다. 그러나 아프리카에 대한 중국의 원조는 아프리카의 발전 과정에서 기타 원조국이 할 수 없는 역할을 했다. 그러므로 아프리카에 대한 중국 원조의 여러 조치들은 아프리카 국가들의 열렬한 환영을 받았다.

제4장

1950~1970년대 말, 동남아 국가에 대한 중국의 원조

중국 대외원조 60년

／

中國援外60年

제4장 1950~1970년대 말, 동남아 국가에 대한 중국의 원조

중국과 베트남, 라오스, 캄보디아, 미얀마, 인도네시아 등 동남아 국가들은 인접해 있거나 바다를 사이에 두고 있다. 지리적으로 근접해 있고 역사적으로 연원이 깊으며 교류가 밀접하다. 또한 근대에 들어서서 식민주의 열강의 침략으로 인해 제국주의와 식민주의를 반대하고 민족해방과 독립을 쟁취하려는 공동 목표가 있었다. 1950년 신중국은 성립 초기부터 베트남의 요구에 응해 프랑스 침략에 저항하는 베트남을 원조했다. 그러므로 중국이 가장 먼저 원조한 국가는 베트남이며 이로부터 동남아에 대한 중국의 원조가 시작되었다. 1950년대 중반부터 베트남에 대한 원조를 중심으로 중국은 캄보디아, 라오스, 미얀마, 인도네시아 등 국가에 원조를 제공했다. 1970년대 중후기까지 중국은 거의 30년 동안 동남아를 원조했다. 동서방 냉전 상황에서 중국 원조의 핵심은 동남아 지역의 민족독립해방운동을 지원하고 국제반제국주의통일전선을 확대하여 제국주의 진영의 간섭과 침략, 확장에 대항함으로써 지역 평화와 국가 안전을 보장하려는 것이다.

1절 동남아에 대한 원조의 시작(1950~1954)

1. 중공중앙의 정책 결정

신중국은 성립 초기부터 서방 진영의 포위와 억제, 전쟁 위협에 직면해 있었다. 신정권을 공고히 하기 위해 신중국은 소련을 위시한 사회주의 진영과 연합하고 피압박 민족과 공동으로 제국주의를 반대하는 것을 중요한 외교정책으로 정했다. 이 정책에 따라 우호적인 주변국과 단합했다. 특히 일부 주변국들은 제국주의와 식민주의에 대항하기 위해 국제사회의 지원을 필요로 했다. 이러한 주변국에 원조를 제공하는 것은 신중국 대외원조의 주요한 구성 부분이 되었다.

베트남은 19세기 말에 프랑스의 보호국이 되었고 얼마 안 되어 라오스, 캄보디아와 함께 프랑스령 인도차이나가 되었다. 제2차 세계대전에서 일본이 프랑스를 격퇴하고 인도차이나를 점령했다. 베트남 공산당[1]은 인민들과 함께 반파시스트 전쟁을 전개했다. 1945년 일본이 항복 선언을 하자 베트남 공산당은 무장봉기를 일으켜 9월 베트남민주공화국의 성립을 선포했다. 그러나 1946년 12월 미국과 영국의 지지를 받은 프랑스가 침략전쟁을 일으킨다. 이로부터 베트남은 프랑스 침략에 저항하는 8년 전쟁을 겪게 된다. 전쟁 초기 베트남은 국제적 지지와 미국, 소련 등 강대국의 원조를 얻으려 했으나 이러한 노력은 모두 수포로 돌아간다. 베트남인들은 북부의 산악지대와 농촌에서 고립무원으로 게릴라전을 벌였으므로 상황이 아주 심각했다.

1949년 중국 해방전쟁의 승리 소식을 듣게 된 베트남 공산당 중앙위원회는 즉시 북경에 대표를 파견하여 전쟁 때문에 중단된 양당 관계를 다시 구축하고 중공중앙에 원조를 요청했다. 원조 요청에는 3개 사단을 무장할

---

1) 베트남 공산당은 1930년에 설립되었다. 그해에 인도차이나 공산당으로 개명, 1951년에 베트남 노동당으로 개명, 1976년에 다시 베트남 공산당으로 개명했다.

수 있는 장비와 기타 물자, 1,000만 달러 경제원조와 군사고문 파견 등이 포함되었다. 실제로 베트남 측은 대표를 성급히 파견했으므로 구체적인 수요와 내용 및 가능성 등에 대해 명확하게 설명하지 못했다. 1949년 12월 광서가 해방된 후 중공중앙은 베트남에 무기와 탄약 및 의료물품을 원조하고 중국과 베트남 변방지역의 무역을 허락했다. 나귀파(羅貴波) 중앙군사위원회 판공청 주임을 베트남 공산당 중앙 주재 중공중앙 연락대표로 베트남에 파견했다. 그의 주요 임무는 "양당의 의견을 전달하고 양국 간의 교류를 책임지며 조사연구를 통해 중앙에 베트남 원조 계획 수립의 근거를 제공하는 것"이었다. 상황을 파악한 후 다시 군사고문을 베트남에 파견하며 점차 원조를 늘리기로 했다. 1,000만 달러 경제원조의 요구는 거절했다. 양당 관계의 구축과 반제국주의 투쟁에서의 제반 문제에 대해 의논하고 결정하기 위해 중국에 베트남 공산당 중앙 정치대표단을 파견할 것을 제안했다.[2]

1950년 1월 초 소련 방문 중인 모택동은 베트남의 요구에 대해 다음과 같이 지시를 내린다. "베트남독립연맹 인원(무장부대 포함)들이 필요하거나 급할 때 우리의 경내를 경유하거나 우리의 경내에서 피신할 수 있도록 한다. 우리 측 당정군은 베트남독립연맹 인원과 베트남 인민에게 최대한의 편의와 도움을 제공해야 하며 그들을 우리의 동지로 대해야 한다. 베트남 독립연맹이 필요로 하는 폭약, 포탄, 탄약, 식량 등에 대해 되도록 도움을 주어야 한다."[3]

1950년 1월 18일 중국은 베트남과 수교한다. 중국은 국제적으로 가장 먼저 베트남민주공화국을 승인하여 수교를 한 국가이다. 이는 베트남에 대

---

2) 中共中央文獻硏究室·中央檔案館 編, 『建國以來劉少奇文稿』 第一冊, 中央文獻出版社, 2005, pp.226~228.
    羅貴波, 「少奇同志派我出使越南」, 編輯部 編, 『緬懷劉少奇』, 中央文獻出版社, 1988, p.234.
3) 『建國以來劉少奇文稿』 第一冊, p.271.

한 아주 큰 지지였다. 베트남 독립전쟁에서의 중국 원조의 중요성을 잘 아는 호치민은 육순의 고령과 프랑스의 봉쇄에도 불구하고 직접 베트남 중앙 대표단을 인솔하여 중국을 방문했다. 이들은 도보로 17일을 걸어서 중국 경내에 들어섰다. 중국 경내에서는 중공중앙의 도움을 받으며 1월 30일 북경에 도착한다. 이들이 북경에 도착하기 사흘 전 모택동은 유소기에게 전보를 보내 베트남 원조 요구를 가능한 모두 수락하라고 지시한다. 회담에서 베트남 측은 중국 정부로부터 만족스러운 약속을 받았다. 주덕(朱德), 섭영진(聶榮臻), 이유한(李維漢), 요승지 등은 위원회를 구성하여 호치민이 제기한 문제를 구체적으로 처리했다.[4] 이후 호치민은 모스크바로 가서 원조를 요청했지만 거절당했다. 당시 소련은 전략 중심을 유럽에 두었으며 극동에서 제국주의 국가와 정면충돌하는 것을 피하려고 했다. 스탈린은 제2차 세계대전으로 소련과 동유럽 각국이 큰 피해를 입었고 소련은 동유럽 사회주의 국가들의 복구를 도와야 하므로 부담이 너무 크다고 생각했다. 또한 베트남과 인접해 있고 베트남의 상황에 대해 잘 아는 중국이 베트남을 원조하기를 바랐다.[5] 3월 호치민과 모택동은 함께 북경으로 돌아온다. 양국의 원조 사항에 대해 재론하며 중국은 베트남 독립전쟁에 필요한 일체 원조를 제공하겠다고 약속한다.

이미 공개한 문헌이나 문서, 관련 회고록에서 보면 신중국이 아직 전국 해방을 이루지 못했고 정권이 공고하지 못하며 전후 복구를 하지 못한 어려운 상황에서도 중공중앙이 베트남에 대한 원조를 신속히 결정한 이유는 다음과 같다.

첫째, 중국 공산당의 국제주의 신념과 국제통일전선 사상에 입각한 것

---

4) 『建國以來劉少奇文稿』第一册, pp.422~455.
5) 羅貴波,「無産階級國際主義的光輝典範-憶毛澤東和援越抗法」, 中共中央文獻研究室 編, 『緬懷毛澤東』(上), 中央文獻出版社, 1993, p.288.

이다. 중국 공산당은 설립 초기에 철저한 무산계급 국제주의 신념을 확립했다. 무산계급과 제국주의 세계성에 대한 판단에 의해 중국 공산당은 혁명 투쟁의 경험 속에서 일찍이 국제반제국주의통일전선을 구축해야 할 필요성을 느꼈다. 모택동은 신중국 성립 전부터 "제국주의가 존재하는 시대에 그 어느 국가의 진정한 인민혁명도 국제혁명 세력의 원조가 없이 승리를 얻는 것이 불가능하다. 승리를 했다 하더라도 공고히 하는 것이 불가능하다."[6]라고 강조했다. 중국 공산당은 혁명에서 승리한 인민은 해방을 위해 싸우고 있는 인민을 원조해야 한다고 생각했다. 1950년 3월 14일 중공 중앙의 당내 지시에서는 "우리는 혁명이 승리한 후 모든 방법을 동원하여 아시아의 피압박 각 민족 공산당과 인민이 해방을 이룩하도록 원조해야 한다. 이는 중국 공산당과 중국 인민의 피할 수 없는 국제적 책임이고 국제적 범위에서 중국 혁명의 승리를 공고하게 하는 가장 중요한 수단이다."[7]라고 지적했다. 베트남은 사회주의 국가로 민족독립을 쟁취하고 있으며 식민주의와 제국주의를 반대하는 최전선에 있다. 그러므로 베트남에 대한 원조는 중국 공산당의 피할 수 없는 국제적 책임이다. 또한 반제국주의와 반식민주의 투쟁에서 중국과 베트남 양국 공산당 및 양국 인민은 상호 동정, 지지하며 장기간의 교류와 협력을 유지해왔으므로 오래전부터 깊은 혁명적 우의를 다졌다. 또한 중국 공산당은 자국 혁명의 승리 방법이 기타 비슷한 상황의 식민지와 반식민지 국가의 인민들이 민족독립과 해방을 이룩하는 기본 방법이라고 생각했다.[8] 이러한 의미에서 중국의 혁명전쟁 경험은 베트남 공산당에게 가장 크고 효과적인 원조이다.

둘째, 중국의 국가 안전을 보장하기 위해서이다. 베트남은 중국과 인접

---

6) 中華人民共和國外交部中 · 中共中央文獻硏究室 編, 『毛澤東外交文選』, 中央文獻出版社 · 世界知識出版社, 1994, p.73, p.94.

7) 中共中央文獻硏究室 編, 『劉少奇年譜(1898~1969)』, 中央文獻出版社, 1996, p.245.

8) 『建國以來劉少奇文稿』 第一册, pp.164~165.

해 있다. 그리고 인도차이나 반도의 전략적 위치는 중국의 지정학적 안전
에 매우 중요한 의의가 있다. 만약 프랑스가 베트남을 점령하면 중국 서남
부 변경의 안전을 위협할 것이다. 더욱 심각한 것은 국제 냉전 상황이 악화
됨에 따라 프랑스와 베트남의 전쟁은 국지전의 범위를 벗어나 세계전의 양
상을 보였다. 이 시기 제국주의 진영과 사회주의 진영이 대치하고 있는 국
제적 상황을 고려해야 했다. 프랑스의 군비 대부분은 미국의 원조금이다.
미국은 아시아에서 소련의 영향과 중국 공산당의 승리가 초래한 도미노 효
과를 방지하기 위해 한반도, 일본열도, 대만, 필리핀, 인도차이나 반도의
친미 세력을 지지하여 반공전선을 구축했다. 이는 미국과 소련의 아시아
에서의 첫 번째 방어선으로 방어선 서쪽에 있는 중국은 직접적인 군사 봉
쇄와 전쟁 위험을 받았다. 이렇게 중국은 냉전의 전방으로 밀려나갔다. 또
한 '순망치한'이란 말이 있듯이 중국의 지도자들은 "베트남을 돕지 않아 적
들이 주둔하게 된다면 이후의 어려움과 부담이 더 커질 것"[9]이라고 생각했
다. 그러므로 베트남에 대한 원조는 봉쇄를 타파하고 안전을 보장하며 평
화로운 주변 환경을 마련하기 위해서이다. 베트남 독립전쟁이 승리한 후에
미국의 전쟁 위협을 반대하는 것은 줄곧 베트남에 대한 중국의 원조에 영
향을 준 중요한 요소였다.

셋째, 사회주의 진영 내의 분담에 따른 것이다. 1949년 7월 유소기가 소
련을 방문할 때 스탈린은 중소 양국의 국제 혁명운동에서 분담과 협력을
제안했다. 소련은 서방을 책임지고 중국은 주로 동방과 식민지, 반식민지
국가를 책임진다는 것이다.[10] 베트남 문제에서 소련은 중국의 건설을 원조
하고 중국은 베트남을 원조하는 것이다. 사회주의 국가인 중국이 베트남을

---

9) 中國軍事顧問團歷史編寫組 編, 『中國軍事顧問團援越抗法鬥爭史實』, 解放軍出版社,
    1990, p.6.
10) 李海文 整理, 『師哲口述 : 中蘇關系見證錄』, 當代中國出版社, 2005, p23.

원조하는 것은 사회주의 진영의 전반적 이익에 부합된다. 그러므로 중국은 베트남 독립전쟁 기간 베트남에 원조를 제공한 유일한 국가가 되었다.

총괄적으로 보면 중국은 베트남에 대한 원조를 국제주의 의무의 이행으로 보았다. 이는 국가안전을 보장하고 제국주의 침략정책과 전쟁 정책을 반대하며 지역과 세계평화를 수호하는 전략적 임무였다.

2. 군사원조를 중심으로 한 경제원조

베트남과 프랑스의 전쟁 때문에 중국은 베트남에 군사원조를 우선적으로 제공했다. 한국전쟁에 공개적으로 파병한 것과 달리 베트남에 대한 원조는 비밀리에 진행되었다. 군사원조와 경제원조를 제공했으며 고문단을 파견하여 베트남의 작전과 기타 제반 사업을 전개했다.

군사원조를 보자. 1950년 4월 중공중앙과 중앙군사위원회는 나귀파를 중공중앙 대표로 베트남에 파견한다. 3개월간 파견을 계획했지만 나중에는 베트남에 상주시켜 베트남 공산당 중앙과 원조 사항의 협상을 책임지도록 했다. 위국청(韋國淸)이 인솔하는 군사고문단을 파견하여 베트남의 군대 건설과 작전 지휘를 도왔다. 원조가 전면적으로 전개되면서 중국의 군사물자가 베트남 북부로 운송되었으며 제1진의 베트남 주력군 부대가 중국 경내에 들어와 장비를 받고 훈련을 했다. 6월 중공중앙은 호치민의 요구에 응해 진갱(陳賡)을 중공중앙 대표로 베트남에 파견, 베트남 공산당 중앙과 협조하여 이런저런 군사적 문제들을 해결하게 했다. 8월 중국 군사고문단이 베트남에 파견되었다. 중국 군사고문단이 협조한 평원전투, 서북전투, 상료전투 및 1953~1954년 동계전투는 모두 승리를 거두었다. 이 밖에 중국 군사고문단은 군사 업무, 병참 보급 업무, 정치사상 공작 등 각 방면에서 베트남군을 도와 전투력을 제고했다. 1954년 가장 중요한 전투인 디엔비엔푸 전투에서 대승을 거둔다. 패배한 프랑스는 그해 7월 휴전협정을 체결한다. 이로써 인도차이나 반도의 식민 지배는 종결되고 베트남 인민은 민족해방전쟁에서 최종 승리를 거두었다.

중국은 군사고문단을 파견한 외에 베트남군의 평년 비축량과 베트남 각 전투의 수요에 따라 모든 무기, 탄약과 군수품을 무상으로 공급하여 베트남군의 충족한 병참 보급을 보장했다. 또한 베트남의 많은 부대는 먼저 중국 경내에서 장비를 받고 훈련한 후 베트남으로 돌아가서 전투에 참가했다. 중국군은 베트남군을 도와 사관학교를 설립하고 운전, 통신 등 전문 기술자 1.5만여 명을 양성했다. 이로써 전선과 군대 건설의 수요를 보장했다.[11] 디엔비엔푸 전투에서 디엔비엔푸를 함락하기 위해 모택동은 팽덕회(彭德懷)에게 "베트남에 반드시 포병 4개 연대와 공병 2개 연대를 증원 설립해주어야 합니다. 6개월 내에 무장하고 훈련도 마쳐야 하는데 가능한지 알아보십시오. 대포가 부족하면 중국 포병에서 가져가십시오. 우리 포병은 포가 없으면 이후에 보충하면 됩니다. 4개의 포병연대와 2개의 공병연대의 교관과 고문은 한국전쟁에 참가한 포병부대에서 사단장급과 군단장급 간부로 선발하십시오. 훈련 장소는 베트남이 좋지만 여건이 마땅치 않으면 광서도 괜찮습니다."[12]라고 지시한다. 1950~1954년 베트남 독립전쟁 기간 중국은 베트남에 각종 화기 11.6만여 자루, 대포 4,630문과 탄약, 통신 기재, 공병 기재 등 장비 및 대량의 군수물자를 제공했다. 이러한 장비와 물자 중 일부는 중국 인민지원군과 국내 부대의 장비에서 가져온 것이고 일부는 소련에서 수입한 것이며 다른 일부는 국제시장에서 외화를 주고 수입한 것이다.[13]

---

11) 韓懷智·譚旌樵 主編, 『當代中國軍隊的軍事工作』(上), 中國社會科學出版社, 1989, pp.520~521.
12) 中共中央文獻硏究室·中國人民解放軍軍事科學院 編, 『建國以來毛澤東軍事文稿』(中), 軍事科學出版社, 2010, p.204.
13) 韓懷智·譚旌樵 主編, 앞의 책, p.576.

베트남 독립전쟁 시기 베트남에 대한 경제원조는 상대적으로 부차적이고 보조적이었다. 이는 생산적 건설을 위한 것이 아니라 베트남 정부의 어려움을 해결하기 위한 것이다. 이러한 의미에서 재정원조나 재정경제 원조 혹은 재정경제·기술 원조라고 말하는 것이 더욱 적합할 것이다. 구체적인 방법으로 고문 파견, 물자원조, 교육 양성 원조 및 기타 재정원조 등이 있었다.

장기간의 게릴라전과 근거지 건설 경험 부족으로 베트남 재정 상황은 아주 심각했다. 나귀파의 회고에 의하면 그 어려운 상황은 1940~1943년 중국 항일 근거지의 상황에 못지않았다고 했다. 물자가 극도로 부족했는데 가장 부족한 것은 식량이었다. 1950년 4월 호치민은 식량 3,000톤을 원조해줄 것을 요구했다. 당시 베트남 부대는 식량 부족 사태에 자주 직면했다. 그리고 지출이 수입보다 많은 상황이었다. 베트남 정부는 화폐의 대량 발행으로 문제를 해결하려 했으므로 당시 화폐가치 하락과 물가 상승이 아주 심각했다.

1950년 7월 호앙반호안 중국 주재 베트남 대표는 베트남 공산당 중앙의 지시에 따라 유소기에게 베트남 경제의 어려움을 설명했고 경제통이 아예 없으므로 중국 측 경제고문의 파견을 요청했다. 중공중앙은 단시간에 국내 경제통을 파견할 수 없어서 나귀파에게 잠시 이 업무에 협조하라고 지시했다. 베트남 측에서 연구가 필요하다고 제기한 재정경제 문제가 굉장히 폭넓고 복잡해서 나귀파는 북경으로 돌아와 중앙과 관련 부서에 상세하게 보고하고 의견을 물었다. 중앙에서는 간부를 선발하여 베트남의 당정 사업에 협조할 정치고문단을 구성했으며 나귀파를 수석고문 및 고문단 단장으로 임명했다. 12월 나귀파는 제1진의 재정사업 고문과 함께 베트남으로 돌아갔다. 베트남 독립전쟁 상황의 호전에 따라 베트남의 당 업무, 행정 업무와 재정경제 업무가 부단히 증가했다. 중공중앙은 베트남 측의 수요에 따라 각 분야 고문을 추가 파견했다. 파견 인수는 많을 때 100여 명에 달했으며 산하에 사무실, 재정경제조, 치안조, 문화교육조, 통일전선조, 당 정돈조 등을 설치했다. 파견 인원들 대부분은 베트남 측 관련 부서에 주재하면서 업무에 협조했다.

베트남의 구체적 상황에 근거하여 중국 측 고문은 주로 베트남 측의 다음과 같은 업무에 협조했다. 기구를 조정, 관리하고 재정을 통일했으며 세수를 정돈하고 식량징발법, 세금법과 재무 등 각 방면의 규정제도(예산 원칙, 공출미를 통일적으로 관리하는 식량창고 제도, 농촌 재정관리 방법 등)를 연구 제정했다. 연도별 수지 예산을 책정하고 생산을 적극적으로 조직하는 한편 증산과 절약의 방도를 강구하여 수입을 늘리고 지출을 줄였다. 국가은행의 기구와 업무 방법을 마련하고 각 은행 기구를 절차에 따라 중점적으로 설치했으며 화폐 발행 계획과 신용대부 업무 규정을 제정했다. 물가 관리 조치와 무역 경영 계획을 수립하고 국가 무역기구와 지방 무역기구를 설치했다. 민주 개혁을 전개하고 토지개혁을 추진했다. 이러한 사업에서 중국 측 고문단은 베트남을 위해 재정경제 간부와 관리 간부를 양성했다. 중국 정치고문단과 군사고문단의 효과적인 협력은 베트남 독립전쟁에서의 최종 승리를 보장하는 중요한 요인이 되었다.

물자 원조는 전시 원조의 주요한 방식으로 식량, 소금, 천, 약품, 휘발유, 통신기재, 교통수단, 생산 공구, 각종 식품 등을 포함한다. 1950년 호치민은 군사원조를 요구하는 한편 일반 물자 원조도 요구했다. 1951년 겨울 호치민이 비밀리에 중국을 방문하며 모택동은 일반 물자 원조의 증가를 약속한다. 운남-베트남 철도가 복구되지 못했으므로 중국은 광서와 운남에서 국경선으로 통하는 도로를 서둘러 건설했다. 그리고 베트남과 상의하여 베트남 경내에서 광서와 운남으로 통하는 도로도 건설했다. 베트남군이 중국-베트남 국경지대의 전투와 북부 평원 전투에서 승리를 거둔 후 중국은 1952년 도로교통부서의 전문가를 10여 명 파견하여 베트남 측의 두 갈래 도로를 부설하게 했다. 도로의 길이는 약 300km로 필요한 공사 물자는 모두 중국 정부가 무상으로 공급했다.[14] 1953년 12월 주은래가 나귀파에게 보낸 전보에서 베트남 측이 제출한 '1954년 도로 부설 계획'과 관련해 일부 제안을 하고 베트남 측의 '1954년 교통물자 원조 계획'에서 요구하는 물자의 공급을 약속했다.[15]

원조금의 유형으로 보면 베트남 독립전쟁 기간에 중국은 모두 무상으로 원조했다. 중국의 많은 물자원조, 특히 군수품 원조는 수량만 기록했을 뿐 가격으로 환산하지 않았다. 그리고 공급 관리가 비교적 분산되어 정확한 통계치를 얻기 힘들다. 현재 파악하고 있는 제한된 자료에서 보면 베트남에 원조한 무기 장비와 군수품은 모두 국방비 지출로 총후근부(總後勤部) 장부에 기재되었고 일반 물자 원조는 재정 원조 사항에 기재되었으며 중앙인민정부 정무원 재정경제위원회에서 지불했다. 중국 외교부 공개 문서에서 재정부의 불완전한 통계를 보면 1950~1954년 중국은 베트남에 도합 1억 7,573만 위안에 달하는 물자를 무상으로 원조했다. 이 중 대외무역부를 통한 물자가 6,010만 위안(1953년 754만 위안, 1954년 5,226만 위안. 여기에는 베트남 평화 복구 초반의 원조 건설 비용도 포함됨)이다.[16]

중국은 또한 베트남의 요구에 의해 베트남 학교를 중국 경내로 이전하는 방식으로 학교교육 원조를 제공했다. 이는 중국 대외원조의 발전 과정에서 보기 드문 사례로 지정학적 조건에 따른 전쟁 상황에 대처하기 위한 특수한 방법이다. 베트남은 1950년 10월, 150명의 어린이를 중국에 보냈다. 중국은 언어 문제 때문에 분산 배치하면 쌍방이 모두 어려울 거라고 생각했으므로 중국 경내에 전문학교를 설립했다. 여기에는 더 많은 학생을 받을 수도 있었다. 그리고 베트남 측이 교육과 관리를 책임지도록 했다. 12월

14) 王展意 主編, 『當代中國的公路交通』, 當代中國出版社, 1991, p.463.
15) 中共中央文獻研究室 編, 『周恩來年譜』(1949~1976)(上), 中央文獻出版社, 2007, p.339.
16) 1960年 4月 對外貿易部第一局 編, 「越南對外經濟和貿易關係情況」, 外交部開放檔案 203-00147-07.

중국은 베트남이 여러 개소의 학교를 잠시 중국 경내로 이전하는 데 동의했다. 1951년 7월 계림육재학교(桂林育才學校)와 남녕육재학교(南寧育才學校, 베트남 측에서는 '중앙학사구'라고 칭함)를 설립했다. 계림육재학교에는 초등학교와 중학교가 있었으며 교직원과 학생 수는 1,000명에 달했다. 남녕육재학교에는 중급사범학교, 초급사범학교, 중국어학교, 중학교, 초등학교 등 여러 학교가 있었으며 교직원과 학생 수는 2,000명에 달했다. 1954년 봄 계림육재학교가 남녕육재학교에 병합되면서 계림육재학교의 교직원과 학생들이 남녕육재학교에 편입되었다. 한편 베트남은 강서(江西) 여산(廬山)의 자제학교(원래는 베트남소년군사학교로 1953년 베트남에서 여산으로 이전했음)를 계림으로 이전했으며 계림육재학교로 개명했다. 1955년 전에 육재학교의 일체 비용(학교 운영과 건설 비용 및 급식, 의약, 사무용품, 학용품, 침대, 의복 등 각종 공급품 포함)은 모두 중국 측에서 부담했다(중앙에서 광서에 지급했음). 1953년을 예로 들면 그해 남녕육재학교는 학교 건물을 새로 지어야 했으므로 광서성위원회는 중앙에 300억 위안(구권. 신권 300만 위안)의 건설 비용을 요구했다. 그러나 경상비와 설비 비용의 증가로 인해 그해 예산을 50억 위안(신권 50만 위안)을 더 증가해줄 것을 요구했다.[17] 베트남 독립전쟁 기간에 광서와 운남은 베트남군에게 정돈 훈련의 장소와 사관학교 소재지였을 뿐만 아니라 베트남 보통교육의 후방 기지가 되었다. 이는 베트남 교직원과 학생들의 안전과 교육사업의 지속적인

---

17) 中共中央文獻硏究室 · 中央檔案館 編, 『建國以來劉少奇文稿』第三冊, 中央文獻出版社, 2005, pp.382~386.
中共中央文獻硏究室 · 中央檔案館 編, 『建國以來劉少奇文稿』第五冊, 中央文獻出版社, 2008, p.180.
廣西壯族自治區地方志編纂委員會 編, 『廣西通志 · 敎育志』, 廣西人民出版社, 1995, p.661.
廣西壯族自治區地方志編纂委員會 編, 『廣西通志 · 外事志』, 廣西人民出版社, 1998, p.44.

발전을 보장했으며 베트남 측의 재정, 공급, 안전 등 분야의 부담을 경감시켰다.

베트남 학교를 원조한 외에도 중국은 베트남에 필요한 인재들을 양성했다. 1950년 상반기 베트남은 러시아어, 철도기술 같은 분야의 전문학교 학생 280여 명을 보내왔다. 중공중앙 통전부(統戰部)는 이들을 화북인민혁명대학에 보냈다. 유소기는 베트남의 실제 상황에 근거하여 베트남 측과 상의한 후 관련 부서에 연락하여 이들 중 절반 이상 학생들이 공급, 재정, 은행, 무역 등 분야 업무의 단기 양성을 받도록 했다.[18] 1953년 9월 대외연락부, 고등교육부, 중공 광서성위 선전부(宣傳部), 광서성 교육청은 계림에 베트남 유학생 중국어문 전문반(1954년 1월 중국어문전문학교로 개명)을 설립한다. 고등교육부에서 비용을 지출하고 중국인민대학, 광서대학 등 대학과 북경, 천진 지역의 초등학교와 중학교에서 교사를 선발했다. 교직원은 70명이었으며 1954년 가장 많을 때 91명에 달했다. 학교의 임무는 베트남 유학생을 도와 1년 내에 중국어 기초 지식을 습득하고 중국어 독해와 회화 능력을 제고하여 중국의 대학이나 전문학교에 편입할 수 있도록 하는 것이었다.[19]

이 밖에 베트남에 대한 중국의 원조에는 경상 지출과 예산 지출이 있었다. 이를테면 베트남을 도와 화폐를 인쇄하는 비용, 중국에 주재(운남 곤명, 광서 남녕, 해남도 등지)하는 베트남 사무처 업무 비용, 1951년 광주에 설립한 베트남어 인쇄공장 건설 비용 등이다.

신중국이 건국된 지 얼마 안 되어 베트남 독립전쟁이 발발했다. 이러한 상황에서 베트남에 대한 중국의 원조에는 일부 특수한 역사적 흔적이 남아 있게 되었다. 베트남에 대한 원조는 중공중앙이 직접 지도했으며 결정

---

18) 中共中央文獻研究室 · 中央檔案館 編, 『建國以來劉少奇文稿』第二册, 中央文獻出版社, 2005, pp.266~267, pp.628~629.

19) 『廣西通志 · 外事志』, p.660.

권은 중공중앙에 집중되어 있었다. 관련 전보, 지시, 문서 등은 모두 모택동 등 중앙 지도자들의 감수를 거쳐야 했고 심지어 직접 초안을 작성하기도 했다. 베트남 독립전쟁 시기 베트남에 대한 원조는 중국 공산당과 베트남 공산당 사이의 관계를 기반으로 한 것이다. 쌍방의 원조 사항은 정부 간의 협의나 협정이 의해 이루어진 것이 아니라 중공중앙과 베트남 공산당 중앙의 전보나 회담 방식으로 이루어진 것으로 베트남 주재 중공중앙 대표와 고문단이 연락책 역할을 했다. 그러므로 원조 사업은 중앙인민정부가 담당한 것이 아니라 중공중앙 통전부(제3실, 후에 제2처로 개칭됨)가 담당했으며 유소기가 모든 지시를 직접 내렸다. 1951년 초 중공중앙 대외연락부가 설립되어 통전부 대신 베트남 원조에 관련된 구체적 업무를 담당한다. 1952년 8월 중앙인민정부는 대외무역부를 설립하여 베트남 일반 물자원조를 담당하도록 한다. 구체적으로 보면 베트남 측이 원조 요구를 해오면 고문단이 실제 수요에 따라 중공중앙에 보고하고 중공중앙의 비준을 거친 후 관련 부서가 실행한다. 지방에서 군사원조를 제외한 기타 물자를 마련하고 원조를 실행할 때 당 조직과 행정기관이 관련된다. 주로 중공중앙 중남국(中南局), 서남국(西南局), 화남분국(華南分局), 중공 광서성위, 운남성위, 중남 군정위원회(軍政委員會), 서남 군정위원회, 운남성인민정부, 광서성인민정부 등이다. 운남성위와 광서성위는 차례로 대외연락부를 설립했으나 외부에는 비공개로 했다. 대외연락부는 베트남과 관련된 사무를 지도, 관리, 감독했다. 이를테면 학교, 환자 치료, 인원 교류 등이다. 베트남 주재 외교관을 예로 들면 중국과 베트남이 수교한 후 나귀파를 베트남 주재 중국 대사로 내정하긴 했지만 베트남에 대사관을 설치할 상황이 못 되고 또한 베트남 원조가 비밀리에 이루어졌기 때문에 제네바 회의가 끝난 후에야 정식으로 임명한다. 그러므로 나귀파는 베트남 주재 중공중앙 연락대표와 베트남 원조 고문단 수석고문으로 임무를 담당했다.

총괄적으로 보면 비록 이 시기 베트남에 대한 재정경제 원조는 군사원조에 예속되었고 막 시작한 단계로 규모도 제한적이었다. 그러나 베트남에 대한 원조는 장기간 동안 "중국이 원조하는 국가 중 베트남이 중요한 자리를 차지하고 원조협력 등급이 높으며 전면적인 원조를 제공하는" 기조를 이루었다.

2절 베트남 전쟁 이후의 원조(1954~1964)

1. 베트남 전후 복구와 건설에 대한 원조(1954~1957)

제네바 협정 체결 후 베트남은 복구 건설에 들어선다. 1954년 9월 베트남 공산당 중앙은 3년(1955~1957) 동안 전쟁 피해를 복구하고 경제를 회복하려고 했다. 그러나 재력, 물력, 인력의 부족으로 복구 건설에 어려움이 많았고 국내외 상황도 여전히 심각했다. 국내적으로 본래 몹시 낙후되어 있던 식민경제는 15년간의 전쟁으로 엉망이 되었다. 북베트남 90% 철도와 73%의 도로, 152개의 다리는 모두 파괴되어 교통선이 마비되었다. 그 밖에 100만여 명이 기근에 허덕이고 도시의 실업자는 10만여 명에 육박하여 사회질서가 아주 혼란스러웠다.[20] 국외적으로 프랑스를 원조하여 인도차이나 전쟁을 일으킨 미국은 제네바 협정의 실행을 파괴하려고 시도했다. 남베트남에서 응오딘지엠 세력을 지원하여 '베트남공화국'을 건립했고 일부 국가들을 규합하여 '동남아시아집단방위조약'을 조인했다. 남베트남과 캄보디아, 라오스를 모두 이 조약의 보호지역에 편입시켜 군사 대치의 국면을 조장했다. 중국은 '동남아시아집단방위조약'이 한국전쟁 발발 후 미국, 태국, 필리핀, 일본, 한국, 호주 등 국가들이 체결한 일련의 안전조약과 방어조약

---

20) 郭明 主編, 『中越關系演變四十年』, 廣西人民出版社, 1992, p.62.

의 연장임을 잘 알고 있었다. 미국의 간섭과 전쟁 위협은 중국과 베트남을 더욱 단결시켰다. 중국은 베트남 원조 문제와 관련해 베트남과 견해가 일치했을 뿐만 아니라 베트남 경제 건설에 대한 대규모 원조를 중국 외교 사업의 중심 임무로 결정했다.[21]

이 시기 중국은 이미 대규모로 경제 건설을 하는 제1차 5개년 계획 시기 (1953~1957)에 들어섰으며 계획경제 체제를 점차 구축하고 있었다. 1954년 9월 제1차 전국인민대표대회가 소집되었다. 국가헌법과 국무원조직법 등 법률을 통해 국가기관의 구성과 직권 범위를 명확히 규정했다. 베트남 독립전쟁 시기 원조 사업의 일부 방법은 새로운 상황의 요구에 부합되지 않으므로 조정과 변화가 필요했다. 1954~1957년은 베트남에 대한 원조의 과도 단계라고 볼 수 있다.

우선, 베트남 원조 업무에 대한 중공중앙의 직접적인 지도를 중공중앙과 국무원의 지도로 전환했다. 이는 중국 공산당과 베트남 공산당의 교류에서 양국 정부 간의 협력으로 전환한 것이다.

1954년 8월 중국 정부는 나귀파를 베트남 주재 중국 대사로 정식 임명했다. 그리고 정치고문단 단장(수석고문)에는 방의 재정부 부부장, 부단장에는 교효광(喬曉光)을 임명했으며 고문은 총 145명이었다. 하노이에 주재한 고문단 기구는 조정과 감축을 거쳐 베트남 주재원을 120여 명(이 중 고문과 수석 고문보가 70여 명이고 나머지는 통역과 실무자)으로 정했다. 이들이 관여하는 업무는 20여 가지였으며 재정, 금융 무역, 철도, 교통(도로와 체신 포함), 공업(전력, 석탄, 경공업, 방직업 포함), 농업 협력(농업 생산, 생산 협력 및 공급판매 합작사 포함), 토지개혁(조직 사업 포함), 소작료 인하, 선전과 교육, 치안, 민족 등 11개 고문조로 나뉘었다.[22] 고문단은 먼

---

21) 當代中國硏究所 編, 『中華人民共和國史編年』(1995年卷), 當代中國出版社, 2009, p.241.
22) 石林 編, 앞의 책, p.27. 『方毅傳』, p.220.

저 베트남을 도와 하노이 인수 관리 업무를 전개했다. 그리고 베트남의 요구에 따라 상업 무역과 금융 정책을 제정하고 새로운 세금 제도를 마련했으며 관련 정부 부서의 기구 건설과 간부 양성을 협조했다. 이 기간에 중국과 베트남은 베트남 정부의 중국 고문과 중국 전문가 공개 초빙과 관련해 의견을 교환했다.

한편 양국 정부는 구체적인 원조 사항에 대해 협상했는데 먼저 해결해야 할 것은 교통을 복구하는 것이었다. 1954년 12월 24일 양국 정부의 교통 대표단은 북경에서 '중국-베트남 철도 복구 원조 의정서', '중국-베트남 우정전신 복구 원조 의정서', '중국-베트남 도로, 선박 운송, 수리 복구 원조 회담기록' 등 일련의 협정을 체결했다. 이는 베트남에 대한 중국의 원조 사업에 세 가지의 중대한 전환을 가져왔다. 첫째, 베트남 원조 사업은 양국 정부 간에 체결한 관련 문서를 근거로 실행하게 되었다. 둘째, 중국은 베트남 원조에서 플랜트 프로젝트 원조를 담당하기 시작했다. 셋째, 원조 규모의 확대와 플랜트 프로그램 원조의 실행은 국가 대외원조의 체계적 집중 관리 시스템의 강화를 추진했다.

베트남의 도시 인수 사업 추진으로 경제 복구와 건설에 관한 문제는 의사일정에 올랐다. 1955년을 전후하여 중국 공산당 중앙과 베트남 공산당 중앙은 새로운 단계의 원조 사업에 대해 여러 차례 협상했다. 중국 측은 베트남에게 농업, 교통, 공업, 무역, 군사, 문화와 교육 등 필요에 의해 국민 경제를 회복하고 발전할 방침에 따라 5년을 주기로 원조 프로그램, 기술과 금액 요구 등 원조 계획을 세울 것을 제안했다.

1955년 6월 호치민 베트남 국가주석 겸 총리가 베트남 정부 대표단, 베트남 노동당 대표단과 함께 중국을 방문한다. 대표단에는 츠엉친 베트남 노동당 서기장, 레반쯔엉 재정부 장관, 판안 공상부 장관, 응웬반쑤언 교육부 장관, 응엠쑤언옴 농림부 장관, 응웬주이찐 주석부 차관, 융원첸 외교부 차관, 팜응옥탁 보건부 차관 및 호앙반호안 중국 주재 대사 등이 있었다.

모택동과 호치민이 상의한 결정에 의해 6월 27일 주은래가 인솔한 중국 정부 대표단[23]과 호치민이 인솔한 베트남 정부 대표단은 양국 관계 등에 대해 의견을 나누었다. 7월 7일 양국 정부 대표단은 중국 정부가 베트남 정부에 8억 위안을 무상원조한다는 공동성명을 발표했다. 이 중 2억 위안은 군사원조이고 6억 위안은 경제원조였다. 경제원조는 주로 베트남에 대한 일반 물자의 공급과 철도, 연안부두, 도로, 교량 복구 및 방적공장, 피혁공장, 의료기재공장, 전기기구공장, 농기구공장, 종이공장 등의 복구와 건설에 사용되었다. 중국은 관련 건설의 설계와 시공을 도왔으며 기술자를 베트남에 파견했다. 그리고 베트남 근로자가 중국에 와서 견습하도록 수락했다.[24]

공동성명은 외교문서의 형식으로 중국 정부의 원조 책임을 명확히 했으며 베트남 독립전쟁 시기 베트남의 요구에 따라 원조하던 상황을 어느 정도 변화시켰다. 원조 규모를 통제했을 뿐만 아니라 원조가 계획적으로 진행되도록 했다. 공동성명을 발표한 후 일반적으로 대외무역부가 책임지고 베트남과 구체적 원조 사항을 협의하고 협정을 체결했다. 이를테면 '1956년 중국–베트남 원조 관련 의정서' 등이다. 사항이 확정되면 국가계획위원회가 전문 분야에 따라 국무원 관련 부서에 실행하도록 하달한다. 원조금의 사용 관리를 위해 중국과 베트남은 원조 경비의 지출과 결산 절차를 규범화했다. 1955년 11월 25일 중국인민은행과 베트남국가은행은 '중국–베트남 원조 결산 처리 관련 의정서'를 체결했으며 다음과 같이 규정했다. "중국인민은행과 베트남국가은행은 각자 장부에 '원조전용인민폐계좌'(중국 측 '갑', 베트남 측 '을')를 작성한다. '갑'은 중국 정부가 베트남 정부에 증여하는 원조금에서 물자, 노무와 현금 사용 상황을 기재한다. 그리고 물

---

23) 구성원으로는 진운(陳雲) 부총리, 등소평 부총리, 박일파(薄一波) 국가선설위원회 주임, 엽계장(葉季壯) 대외무역부 부장, 등대운(滕代遠) 철도부 부장, 양수봉(楊秀峰) 고등교육부 부장, 장문천(張聞天) 외교부 부부장, 왕가상(王稼祥) 외교부 부부장 등이다.

24) 「中華人民共和國政府和越南民主共和國政府聯合公報」, 『人民日報』 1955年 7月 9日.

자 공급, 노무와 현금의 계약에 따라 연차 계좌를 개설한다. '을'은 중국 정부가 베트남 정부에 증여하는 모든 물자 공급, 노무와 현금 계약의 연차 임무 실행 후의 원조금 총액을 기재한다."[25] 1955년 중국이 약속한 8억 위안의 원조금은 1960년에 모두 지불했다.

중국의 베트남 원조 건설이 전개되면서 베트남의 중국 전문가와 기술자는 두 부류로 나뉘었다. 첫 부류는 고문단(전문가단)이다. 대부분은 직위가 비교적 높은 간부들로 주로 베트남 정부 관리기관에서 정책자문 분야의 원조를 제공했다. 인원 선발과 파견, 연락 등 일상 업무는 대외연락부가 담당했다. 두 번째 부류는 기술자들이다. 주로 베트남이 초빙한 전문 기술자와 플랜트 공사 원조로 베트남에 체류하는 기술자들이다. 선발과 파견은 원조 건설 프로젝트를 담당한 부서가 책임지며 베트남 현지에서의 관리는 베트남 주재 중국 대사관 상무참사관처가 담당한다. 중국은 관리와 연락의 어려움을 고려하여 새로운 상황에 알맞게 변화시키려고 했다. 호치민이 중국 방문을 마친 후 유소기와 주은래는 방의와 교효광을 접견하여 베트남에 주재한 고문단의 전문가와 보조 전문가 및 정치·문화와 교육·재정경제 분야의 종사자들은 반 년 내에 모두 귀국하라는 지시를 내린다. 1956년 1월 중공중앙은 베트남 공산당 중앙에 전보를 보내 "전문가 업무와 기술 수출 업무를 더욱 개선하기 위해 우리는 베트남에 설립한 중화인민공화국 대외무역부 대외경제연락국 베트남 대표처를 베트남 주재 중국 대사관의 산하에 두려고 한다. 그 기구는 우리 측을 전문 대표하여 중국과 베트남 양국 경제 연락 사무를 책임질 것이다. 그리고 베트남의 중국 전문가와 기술자를 통일적으로 관리할 것이다."라고 했다. 이에 대해

---

25) 「中國人民銀行和越南國家銀行關于辦理中國援助越南結算的的議定書」, 外交部開放檔案 106-00100-05.

베트남 측은 동의를 표했다.[26]

1956년 4월 고문단의 업무는 모두 종결되었다. 1950년부터 도합 250여 명(고문, 고문보, 업무자 등)이 고문단으로 베트남에 파견되었다. 이들은 전쟁기부터 평화복구 시기까지 여러 일선에서 베트남의 사업에 협조했다.[27] 1953년과 1955년 베트남 공산당과 정부는 두 차례 중국 고문들에게 훈장을 수여했다. 1956년 호치민은 방의에게 국가독립훈장을 수여하여 고문단의 기여를 표창했다. 1956년 5월 베트남 주재 중국 경제대표처가 설립된다. 대외무역부 산하의 기구로 직능은 제일선에서 베트남에 대한 경제 · 기술 원조 사업을 관리, 지도하고 조정하는 것으로 경제협력 문제는 베트남 정부의 관련 부서와 연락하고 협상한다. 방의가 베트남 주재 초대 경제대표에 임명되었으며 정은수(程恩樹) 전 고문단 무역고문이 부대표로 임명되었다. 대표처에 업무조, 사무실 등 부문을 설치했으며 업무자가 20여 명이었다. 업무조는 플랜트 설비 원조, 기술협력을 주관하고 베트남 정부 부서에 초빙된 중국 전문가를 관리하는 등 업무를 책임졌다.[28] 베트남 주재 경제대표처는 해외에 주재하며 경제 · 기술 원조 사업을 관리한 중국의 첫 기구였다. 이는 베트남 원조 사업에서의 해외 주재 관리 시스템의 구축을 의미한다.

다음, 베트남 독립전쟁 기간 중국만이 베트남을 원조하던 상황이 변화한다. 중국은 소련과 분담 협력하여 베트남 원조를 공동으로 담당한다. 복구 건설 시기에 외국 원조를 얻는 문제를 두고, 베트남은 중국이 오랜 기간 원조를 제공했기 때문에 상황을 숙지하고 있고 관계도 우호적이므로 중국이 계속하여 원조를 제공할 것을 원했다. 그러나 소련의 공업 수준이 높기 때문에 소련의 원조가 베트남 산업화의 발전에 더 유리할 것이라는 관측

26) 『方毅傳』, 240~243.
27) 『方毅傳』, p.215.
28) 『方毅傳』, p.244.

도 나왔다. 베트남의 새로운 원조 요구에 대해 중국은 당연히 능력껏 베트남을 원조하려 하지만 중국이 베트남의 물자 및 기술원조를 모두 도맡아서도 안 되고 도맡을 수도 없다고 명확한 의견을 표했다. 그리고 소련과 신민주주의 국가에 대한 원조 요청은 베트남 정부와 베트남 노동당이 직접 해야 하며 각국의 베트남에 대한 원조에서 베트남이 자국의 수요와 원조국의 능력에 맞게 원조 사항과 액수를 요구해야 협상이 쉽다고 충고했다.[29] 구체적인 분담에서 중국은 재정, 금융, 무역, 합작, 철도, 체신, 교통, 농업, 수리, 방직 및 일부 기업의 복구를 원조하고 공업건설과 기타 기술성이 비교적 높은 프로그램은 소련이 원조하는 것이 합당하다고 주장했다.[30] 1955년 소련은 베트남에 4억 루블(구권, 당시 환율은 1루블에 1위안)을 무상원조하기로 하며 1957년에는 장기차관 6,000만 루블(구권)을 약속한다.[31] 일반 물자를 제공하는 외에 상술한 원조금은 베트남의 발전소, 제련소, 차(茶) 가공공장, 기계공장 등 원조 건설에 사용되었다. 총체적으로 이 시기 베트남에 대한 원조는 중국을 주(主)로 하고 소련을 부(副)로 했다.

마지막으로, 베트남 원조의 방식에서 물자원조, 기술원조, 현금 원조 외에 플랜트 프로젝트 원조를 시행했다. 비록 이 시기의 플랜트 프로젝트 원조는 원조 총지출의 20.8%밖에 차지하지 않았지만 중국이 새로운 대외원조 방식을 개발하는 기초가 되었다. 중국은 베트남이 복구 건설 시기임을 감안하여 모든 것을 무상으로 원조했을 뿐만 아니라 원조 규모를 확대했다.

〈표 4-1〉에서 볼 수 있듯이 1955~1957년 베트남에 대한 중국의 경제원조 지출은 도합 3억 6,849만 위안으로 1950~1955년 원조 지출(불완전한 통계에 의하면 1억 7,573만 위안임)에 비해 100%가량 증가했다. 같은 시기 베

29) 『周恩來年譜』(1949~1976)(上), p.442.
30) 『方毅傳』, p.242.
31) 駐越南使館研究室, 『1955~1961年社會主義國家援助越南情況統計』1962年 2月 20日, 外交部開放檔案 106-00941-03.

트남 국가 투자 총액이 7.26억 베트남동(당시 환율은 1베트남동에 1위안임)임을 감안할 때 베트남 복구 건설에서의 중국 원조의 중요성을 볼 수 있다.[32]

표 4-1. 1955~1957년 베트남에 대한 중국 경제원조 상황 통계표*

연도	경제원조 지출(만 위안)				기술 원조(명)	
	일반 물자	플랜트 설비 및 철도, 체신 등 부문의 전문 물자	잡지출	합계	원조 전문가와 기술자	베트남 견습생
1955	6662	4603	301	11566	3331	201
1956	8952	1943	677	11572	1453	548
1957	11932	1118	661	13722	148	258
합계	27546	7664	1639	36849	4932	1007

* ① 원조 지출은 모두 그 연차 결산 금액이다. 일반 물자는 주로 각종 강재, 유색금속, 금속 제품, 무쇠, 케이블선, 타이어, 각종 기계와 계기, 화학제제, 목화, 면사, 쌀, 밀가루, 설탕, 종이 및 여러 가지 생필품 등을 포함한다. 잡지출은 중국 주재 베트남 대사관의 지출, 베트남 유학생의 비용, 원조물자 운송비, 화폐 인쇄비, 베트남공화국 화폐 구매 대행 비용 등을 포함한다.

② 베트남 원조 전문가와 기술자는 베트남 측에서 초빙한 철도, 도로, 해운, 체신 등 교통 부문과 방직, 전력 등 공업 부문 및 대외무역, 상업 등 재정경제 부문의 전문가와 기술 자를 포함한다. 그리고 플랜트 설비 원조에 참여한 전문가, 기술자, 노동자 등도 포함한다.

③ 문서의 데이터와『당대중국(當代中國)』총서의 일부 데이터는 오차가 있다. 이는 통계 부문이 다르거나 통계 범위가 일치하지 않아서 발생한 오류로 보인다(『당대중국의 대 외경제합작(當代中國的對外經濟合作)』에서는 1956년 750명의 베트남 학생이 중국에 유 학 온 사실을 기술했다.『당대중국의 과학기술사업(當代中國的科學技術事業)』에서는 1955년 중국이 베트남의 11개 프로그램에 983명의 기술자를 파견한 사실을 기술했다).

자료 출처 :「越南對外經濟和貿易關係情況」,外交部開放檔案.

이 시기 베트남 원조 사업은 주로 두 가지였다. 첫 번째는 베트남이 새로

---

32) 世界知識年鑑編輯委員會 編,『世界知識年鑑』, 世界知識出版社, 1958, pp.80~81.『人民 日報』1959年 8月 9日.

인수한 도시, 특히 하노이와 하이퐁 등 대도시의 생산을 회복하고 물가를 안정시키며 기근을 구제하고 인민 생활을 안정시키기 위해 베트남이 시급히 필요로 하는 생산수단과 생활물자를 우선 공급하는 것이었다. 그러므로 일반 물자가 원조 지출에서 여전히 큰 비중을 차지했다. 두 번째는 베트남의 경제 발전 요구를 만족시키는 것이다. 플랜트 프로젝트 원조의 새로운 방식을 취하여 베트남 원조 사업의 새로운 영역을 개척했다. 시작한 지 얼마 안 되었기 때문에 플랜트 프로젝트 원조가 베트남 원조의 지출에서 차지하는 비중은 많지 않았다.

교통, 체신, 수리 등 인프라 복구와 건설은 베트남 원조 사업에서 가장 우선시되었다. 철도 분야에서 중국 철도부는 중국 교통공정공사 102공사팀을 결성하여 2,325명을 베트남에 파견했다. 1954년 12월 베트남 공정대, 인부와 함께 하노이-목남관(睦南關) 철도를 부설했다. 1955년 2월 말에 철도가 개통되었고 4월부터 운영되었다. 당시 부설 시간이 촉박하여 선로 기술 상태가 완벽하지 못했다. 이 점을 미봉하기 위해 1956년 중국 측은 선로정비팀을 보낸다. 8개월의 시간을 들여 제반 선로를 전면적으로 정비했다. 그리고 102공사팀은 하노이-라오카이 철도 부설을 책임졌다. 중국 철도부는 이 밖에 철도노선, 노반, 교량, 플랫폼 전문 기술자로 구성된 철도기술팀과 교량기술감정팀 등 1,121명을 베트남에 파견한다.[33] 철도 부설 과정에서 중국은 베트남 측이 필요로 하는 모든 기관차, 차량과 관련 기자재를 공급했고 강의와 단기 양성반 개설 등 방식을 통해 베트남에 수천 명에 달하는 철도 간부, 기술자, 노동자를 양성했다. 철도를 복구하는 한편 중국은 베트남을 도와 도로, 교량, 항구, 연안부두, 수리공사 등 시설을 복구 건설했고 체신, 전신, 방송 등의 사업을 발전시켰으며 베트남 측이 필요로 하는 여러 가지 기자재와 설비를 공급했다. 대표적인 것으로

제4장 1950~1970년대 말, 동남아 국가에 대한 중국의 원조

---

33) 靳輝 主編, 『當代中國鐵路對外經濟技術援助』, 中國鐵道出版社, 1996, pp.5~8.

『인민보』 인쇄공장(일평균 발행부수 4만 부), 하노이 라디오 방송국(20KW, 7.5KW 송신기 각 한 대), 중앙전보실(30통 전보), 시외전화 기지국 4개소(하노이, 하이퐁, 라오카이, 이옌) 등이다.[34]

공업 분야에서 중국은 베트남을 도와 하이퐁 시멘트공장, 홍가이 탄광, 남디잉 방직공장, 하노이 발전소 등 본래의 공장들을 중점적으로 복구한 외에 민생 문제 해결에 착수했다. 시공 기간이 짧고 적은 투자로 높은 효율을 올리는 경공업에 대해 플랜트 설비를 제공했다. 가장 먼저 원조 건설한 것은 하노이의 통일성냥공장(연간 성냥생산량 15만 통)으로 당시 베트남에서 유일하게 기계로 성냥을 제조하는 공장이었다. 상해시 제일경공업국(第一輕工業局)이 건설을 책임졌으며 설계에서 자재 설비 제공, 시공 지도와 건설 후의 생산 기술 지도까지 책임졌다. 제공한 기계는 모두 중국의 최신 개발품들이었다. 성냥공장은 1955년 12월에 착공하여 1956년 5월, 5개월 만에 준공되었다. 생산한 지 1년도 안 되어 이윤은 이미 투자를 초과했다. 중국이 원조 건설한 제1차 플랜트 프로젝트에는 10개소의 정미소가 있었는데 이 중 9개소(하노이, 하이퐁, 남디잉, 닌쟝 등 네 정미소의 일간 생산량 각 180톤, 다카우, 타잉화, 이옌, 비에트트리, 타이빈 등 다섯 정미소의 일간 생산량 90톤)는 새로 건설한 것이고 1개소(하이두옹 정미소 일간 생산량 90톤)는 확장한 것이었다. 1958년에 이르러 모두 준공되었는데 군사 수요와 민간 수요를 만족시켰을 뿐만 아니라 일부 식량을 수출하여 국가의 수입을 늘렸다.

국가의 여러 가지 건설사업의 전개에 따라 기술원조에 대한 베트남의 수요는 날로 커졌다. 1955년의 공동성명에 의해 베트남 무역대표단은 1956년 7월 '중국-베트남 기술원조 제공 관련 의정서'를 체결한다. 중국은 공업, 농업, 임업, 수리, 교통운수, 체신 등 분야의 전문가와 기술자를 베트남

---

34) 「我援越工作情況」(1959年 2月 20日), 外交部開放檔案 106-00456-01.

에 파견하여 기술원조를 제공했다. 베트남도 중국의 공장과 광산에 견습생을 파견했다. 1955~1957년 베트남에 파견된 전문가와 기술자는 4,932명에 달하는데 크게 세 유형으로 나눌 수 있다. 첫째, 베트남 정부에서 초빙한 부서 전문가로 직위가 비교적 높고 인원수가 적다. 이를테면 왕광위(王光偉), 여정조(呂正操), 전정영(錢正英) 등이 인솔한 고급 전문가들로 주로 국민경제 계획, 철도, 수리 등 분야에서 베트남을 도와 발전 계획을 수립하고 일부 건설 방침과 중대한 조치에 대한 제안을 한다. 둘째, 기술원조 전문가로 대부분은 생산, 기업, 서비스 등 부문에 초빙되어 전문기술을 지도한다. 이를테면 모방직 전문가, 조선 전문가, 수의사, 요리사 등이다. 셋째, 중국에서 파견한 플랜트 설비 프로젝트의 실행, 기술지도와 양성을 책임진 전문가와 기술자로 인원수가 가장 많다. 이 시기 중국은 1,007명의 베트남 견습생이 중국의 공장과 광산에서 견습하도록 허락했다.

베트남 학교에 대한 원조를 보면 1955년 중국과 베트남이 공동성명을 발표한 후 남녕육재학교와 계림육재학교의 학교 건설과 설비 구매를 중국 측이 부담했으며 베트남 측 관련자들의 봉급, 행정비, 교복비, 설비 비용과 식비 등은 베트남에 대한 중국의 원조금에서 지불했다(1956년 두 학교의 경상비는 150만 위안). 1956년 여름방학 후 남녕육재학교의 중국어학교는 폐교했고 사범학교는 베트남으로 이전했으며 중학교와 초등학교만 유지했다. 그리고 베트남에서 2,000여 명의 초등학생들을 새로 받았다. 1957년 11월 중국과 베트남 양국 정부 대표는 '중국 경내 베트남 학교 설립 관련 의정서'를 체결한다. 12월 육재학교는 베트남으로 이전하기 시작하여 1958년 여름에 모두 이전했다. 두 학교가 이전한 후 학교 건물과 학교 자산은 중국 측에서 인수 관리했다. 이 밖에 중국어전문학교도 1957년 9월 폐교되었다. 개교 4년 동안 베트남 등 국가의 유학생 594명이 이 학교에서 유학했다.[35]

---

35) 『廣西通志·敎育志』, p.660~662.

2. 베트남 3개년 계획 경제 건설에 대한 원조(1958~1960)

베트남은 정확한 방침과 정책을 실행했고 중국과 소련 등 사회주의 국가들의 원조를 받았기 때문에 1957년 말, 3년의 시간을 들여 전후의 국민 경제를 복구하는 목표를 달성했다. 농업 방면에서 베트남 독립전쟁기에 완성하지 못한 토지개혁을 완성했다. "농민이 밭을 소유"하는 것은 농민들의 생산 적극성을 유발했으며 농경지 수리시설의 복구와 건설도 농업 생산 조건을 개선했다. 1957년 벼 생산량이 397만 톤에 달해 전쟁 전[36]보다 154만 톤 증가했다. 공업 방면에서 공장과 광산을 모두 복구했으며 그중 일부는 확장했다. 국영기업의 숫자는 베트남 독립전쟁기의 18개에서 78개로 증가하여 프랑스 식민 지배 시기의 기업 숫자(1939년 북베트남 지역의 광공업체는 35개밖에 안 되었음)를 훨씬 초과했다. 이 밖에 물가 상승과 실업난 문제들도 해결되기 시작했다. 1958년 1월 1일 호치민 주석은 신년사에서 "새로운 한 해가 왔습니다. 전후 경제 복구 시기는 이미 끝났습니다. 계획적으로 경제를 발전시켜야 할 시기가 이미 시작되었습니다."[37]라고 했다. 이로부터 베트남은 "경제와 문화를 발전시키고 개조할 3개년 계획"을 시작했다. 이는 베트남의 사회주의를 건설하는 첫 장기 계획이었다.

베트남에 대한 중국의 경제·기술 원조도 새로운 발전 단계에 들어섰다. 베트남 건설의 수요에 따라 중국 정부는 베트남에 대한 경제·기술 원조를 초기의 물자원조 위주에서 플랜트 설비 위주로 전환했다. 중국의 '1차 5개년 계획'이 완성되어 공업 수준이 대폭적으로 제고된 것은 플랜트 설비 제공에 필요한 물질적 조건과 기술적 조건을 제공했다. 그러므로 이러한 전

---

36) 1939년. 이후 일본과 프랑스의 침략으로 베트남은 15년의 전쟁을 겪는다.

37) 호앙퉁 베트남『인민보』편집장,「越南北方勝利地結束了恢複經濟時期」,『人民日報』1958 年4月17日.「越南民主共和國三年來工業恢複建設工作的成就」,『人民日報』1958年7月 8日.

환이 가능하게 된 것이다.

1958년 3월 31일 중국과 베트남 양국 정부는 북경에서 '1958년 중국-베트남 원조 관련 의정서'와 '중국-베트남 18개 공업기업 건설, 개축 방조 관련 협정'을 체결했다. 필요한 원조금은 양국 정부가 1955년 7월 7일의 공동성명에서 규정한 8억 위안의 무상원조에서 지불하기로 했다.

위의 첫 문서는 1958년 중국이 베트남에 무상원조할 일반 물자에 대해 규정했다. 모두 49가지 품목으로 목화 7,000톤, 면사 3,878볼, 담요 20만 장, 종이 2,000톤, 모시풀 150톤, 양질 강철 195.9톤, 형강 1,269.9톤, 강관 997.6톤, 강판 9.7톤 및 휘발유 통풍기, 착암기, 전동 양수기, 500톤 바이트 머신, 윤전식 인쇄기, 직물 코팅기, 자전거 타이어 성형기 등 각종 기계 그리고 전자계기, 전기통신 기재, 실험실 계기, 전선 케이블, 금속재료, 화학 공업 원료, 일용 잡화 등이다.[38]

두 번째 문서는 중국 정부가 1958~1961년 베트남을 도와 건설, 개축할 18개의 공업기업을 정했다. 비에트트리 종이공장, 코딘 크롬철광, 손떠이 제당공장, 이엔 제당공장, 고무제품 공장, 하노이 문방구 공장, 하이퐁 법랑공장, 박장 도자기공장, 비누치약 공장, 하노이 담배공장, 하노이 편직공장, 하이퐁 축전지 공장, 반디엔 건전지 공장, 하이퐁 비닐제품 공장, 비에트트리 열발전소, 하노이 주물공장, 장까오 인수로 공사 갑문, 비에트트리 전해소금 공장 등이다. 이 중 10개소를 신축했고 7개소를 개축했으며 1개소를 증축했다. 투자로 추산하면 100~300만 위안인 공사가 10개, 500만 위안 이상의 공사가 3개이다. 비에트트리 종이공장(연생산량 2만 톤)과 비에트트리 열발전소(연발전량 1.6만KW)는 투자가 1,800만 위안에 달했고 코딘 크롬철광(연생산량을 2천 톤에서 2만 톤으로 증가)은 900만 위안에

제4장 1950~1970년대 말, 동남아 국가에 대한 중국의 원조

---

38) 「關于1958年中國援助越南的議定書及附件」, 外交部開放檔案 106-00380-04.

달했다. 나머지는 100만 위안 미만인 소형 공사이다.[39]

이 공사들은 중국과 베트남 쌍방의 깊이 있는 조사와 연구를 토대로 협상과 담판을 거쳐 최종 확정한 것이다. 1955년에 확정한 원조금 8억 위안의 사용은 중국과 베트남 양국이 직면한 문제였다. 1956년 7월 13일 국무원 제35차 전체회의에서 베트남이 제기한 13개소 공장 원조 건설안이 통과되자 즉시 경공업팀을 베트남에 파견하여 조사연구를 실행했다. 진운(陳雲)은 경공업팀이 베트남에서 13개 공사만 조사연구할 것을 요구하면서 베트남 경공업의 향후 계획은 자국의 상황을 가장 잘 알고 있는 베트남이 세워야 한다고 했다. 이후 중국 측은 9개 부서로 구성된 베트남 경공업 계획팀을 베트남에 파견했다. 1956년 10월~1957년 1월 베트남을 도와 공장 건설과 관련된 모든 계획을 완성했다. 1957년 봄 총납품담당부서(사항을 책임진 국무원의 관련 부서로 이를테면, 경공업부)가 공사별로 전문가를 베트남에 파견했다. 1957년 말 베트남을 도와 공장 부지를 선정하고 설계계획 책무서를 편성했으며 기초 설계 자료를 수집했다. 1958년 초 베트남은 플랜트 설비 대표단(이 대표단은 베트남무역대표단과 혼합 구성되었음)을 중국에 파견하여, 2개월의 협상을 거쳐 이미 확정된 13개의 프로젝트와 새로 추가된 5개의 프로젝트에 대해 관련 협의를 체결했다.[40]

베트남은 자국의 발전 수요와 중국의 '대약진' 운동의 영향을 받아 협정이 체결된 지 얼마 안 되어 중국 측에 원조 건설 프로젝트를 계획보다 앞당겨 완성해줄 것을 요구한다. 이에 대해 중국 측은 실제 상황에 따라 있는 힘껏 방법을 강구하겠다고 한다. 주은래는 관련 부서에 베트남의 원조 공사를 중국이 건설하는 공사로 간주해야 한다고 특별히 당부했다. 베트남을

---

39) 「關于簽訂援助越南建設18個工業企業項目協定的請示報告及附件」, 外交部開放檔案 106-00380-02.
40) 「關于簽訂援助越南建設18個工業企業項目協定的請示報告及附件」.
   中共中央文獻硏究室 編, 『陳雲年譜』(中卷), 中央文獻出版社, 2000, p.315.

원조하여 건설하는 18개 공업기업 프로젝트는 "많고, 빠르고, 좋고, 절약"하는 방침을 관철하여 1960년 전에 준공했다.[41]

1958년 12월 베트남 국회 제1기 제9차 회의에서 3개년 계획이 통과되었다. 레타인응이 베트남 공업부 장관이 중국을 방문하여 중국과 베트남 양국의 경제협력 강화에 대해 의견을 나누었다. 1959년 2월 18일 양국 정부는 7개의 협정을 체결했다. 이 중 5개는 원조에 관한 것으로 '중국 정부–베트남 정부 경제·기술 원조 제공 관련 결정', '중국 정부–베트남 정부 경제·기술 원조 제공 결정 관련 의정서', '중국 정부–베트남 정부 경제·기술 원조 제공 관련 의정서', '중국 정부–베트남 정부 1억 위안 무상원조 관련 교환 각서', '1959년 중국 정부–베트남 정부 원조 관련 의정서' 등이다.[42]

새로운 원조 협정에 의하면 중국은 베트남에 3억 위안의 장기 차관 원조를 제공한다. 이 원조금은 중국이 1959~1962년 베트남에 강철공장, 탄광, 조선소, 질소비료 공장, 발전소, 철도 전용선, 방직공장, 종이공장 등 49개 공업, 교통 프로젝트를 건설하는 기술원조와 설비의 제공에 사용되었다. 1967년부터 10년간 물품으로 상환하도록 규정했으며 연이자율은 1%였다.

이는 베트남에 대한 중국 원조금 유형에 큰 변화가 생긴 것을 보여준다. 베트남에 대한 중국의 원조는 1950년에 시작되었다. 처음 중국은 자국의 재력, 물력이 극히 부족한 상황에서 베트남의 전쟁기와 전후 복구의 어려운 상황을 고려하여 전부 무상으로 원조했다. 이 시기에 이르러 베트남은 전후 4년의 발전을 거쳐 경제 상황이 많이 호전되었다. 그러므로 중국은 무상원조를 차관으로 전환했는데 이는 양국의 실제 상황에 부합될 뿐만 아니라 중국이 일관적으로 주장하는 수원국의 독립 발전을 목표로 하는 원조

---

41) 石林 主編, 앞의 책, p.32.
42) 『人民日報』 1959年 2月 19日.

방침에도 부합된다.

원조 협정 의정서에는 중국이 베트남의 기업 건설에 제공할 기술원조와 설비의 범위, 기한, 조건 등 구체적 사항을 상세하게 규정했다. 이 중 양국 정부가 이미 체결한 베트남 유학생(통역사 포함)의 비용 규정에 대해서도 조정했다. 구체적으로 베트남 견습생이 중국에서 견습할 때의 식비, 교통비, 유니폼과 용돈 등은 베트남 측이 부담하고 기숙사, 수도요금과 전기세, 난방비, 의료비 및 공구, 기계 등은 중국이 부담하기로 했다. 비용 지출에서 중국이 먼저 지불하고 후에 비무역 계좌로 베트남 측이 정산하기로 했다.[43]

베트남에 무상으로 제공할 1억 위안은 비록 군사원조이지만 1960년 3월 28일 중국과 베트남 양국 정부는 협정을 체결하여 이 원조금에서 4,000만 위안을 1960~1962년 중국이 원조 건설하는 농업 플랜트 프로젝트에 사용하기로 했다. 여기에는 군사 개간지 8개(농경지 총면적은 1.65만 헥타르로 이 중 2개는 목축장), 농업개간중등기술학교 1개가 포함된다. 앞서 농업 방면에서 중국은 베트남에 수리시설을 건설했고 부분적 설비와 기자재를 제공했으며 벼, 잡곡, 목화 실험실과 농업화학 실험실 등을 설치했다.[44]

1954년 12월 중국과 베트남의 첫 번째 플랜트 프로젝트 협정 체결부터 1957년까지, 즉 베트남의 전후 복구 시기 중국이 베트남에 원조한 플랜트 프로젝트는 23개밖에 없었다. 그러나 1958~1960년 중국이 베트남에 원조를 약속한 플랜트 프로젝트는 76개에 달하여 앞서 3년에 비해 세 배나 증가했다. 1959년 중국 원조의 실제 연차 지출은 1억 700만 위안이었는데 이

---

43) 中華人民共和國外交部 編, 『中華人民共和國條約集』 第21集, 人民出版社, 1981, pp. 237~240.

44) 「越南對外經濟和貿易關系情況」(周恩來總理訪越參考資料之七), 外交部開放檔案 203-00147-07.
石林 主編, 앞의 책, p.145. 『人民日報』 1960年 3月 29日.

중 일반 물자 원조는 2,684만 위안이었고 플랜트 프로젝트 전문 물자 원조는 7,000만 위안이었다.[45] 후자의 지출이 처음으로 전자의 지출을 초과했다. 베트남 3개년 계획 시기 플랜트 프로젝트 원조는 베트남에 대한 중국의 원조에서 이미 주도적 위치를 차지했다.

3. 베트남 5개년 계획 경제 건설에 대한 원조(1961~1964)

1960년 9월 베트남 공산당 제3차 대표대회는 북베트남 사회주의 건설노선과 제1차 5개년 계획(1961~1965)을 제정했다. 경제 건설의 주요 임무는 "사회주의 산업화를 초보적으로 실현하여 사회주의의 물질적 기초를 마련하며 사회주의 개조를 완성한다."[46]이다. 이 시기 베트남에 대한 중국의 경제 · 기술 원조에서 일부 새로운 조정과 변화가 발생했는데 주로 아래의 몇 가지 방면에서이다.

1) 원조 계획, 원조금 사용 기한 연장과 원조 프로젝트 수 감소

1961년 1월 31일 박일파(薄一波) 중국 부총리 겸 국가경제위원회 주임과 응웬주이찐 베트남 부총리 겸 국가계획위원회 주임은 양국 정부를 대표하여 북경에서 '중국-베트남 차관 제공 관련 협정'을 체결했다. 그리고 이를 근거로 '중국-베트남 기술원조 및 플랜트 설비 제공 관련 의정서'를 체결했다. 이 협정에 근거하여 중국은 베트남에 장기 차관으로 1억 4,175만 루블을 제공했다. 1961년에서 1967년까지 여러 번 나누어 베트남 정부에 제공하기로 했다. 이 중 4,252.5만 루블로 일반 물자를 구매하고 7,560만 루블은 플랜트 설비의 구매와 기술원조 비용에 사용하며 2,362.5만 루블은 예

45) 「越南對外經濟和貿易關系情況」(周恩來總理訪越參考資料之七).
46) 徐紹麗 · 利國 · 張訓常 編著, 『越南』, 社會科學文選出版社, 2009, p.191.

비비로 남겼다. 1968년부터 10년간 상환하며 연이자율을 1%로 규정했다. 플랜트 설비 원조에서 중국은 베트남을 도와 제련, 전력, 경공업, 철도 등 28개의 공업과 교통 기업을 건설했다.[47]

베트남이 여전히 전후 복구 시기였으므로 1955년 베트남에 제공하기로 한 8억 위안의 첫 번째 무상원조에 대해서 사용 기한을 정하지 않았으며 실제 지불은 1960년에 모두 끝났다. 1959년 두 번째 원조인 3억 위안의 장기 차관과 1억 위안의 무상원조에는 3~4년의 사용 기한을 명확하게 정했다. 1961년 원조금 사용 기한을 7년으로 연장했는데 이는 한편으로는 주로 베트남 경제 건설 계획 주기의 연장 때문이며 다른 한편으로는 중국 국내 상황의 영향을 받은 것이다. 중국은 심각한 자연재해를 입었고 또한 1960년 소련이 양국 간의 모든 경제협력과 과학기술 협의를 중단하여 중국 경제가 심각한 상황에 직면했다. 그러나 중국은 베트남을 줄곧 첫 번째 수원국으로 간주하여 총체적으로 원조의 규모를 유지하려 했다. 이러한 상황에서 원조금의 상환 기간을 적당히 연장하는 방법은 당시 대외원조 사업의 압력을 일정하게 완화했다.

플랜트 프로젝트 수량의 감소는 주로 일부 객관적 요소의 영향을 받은 결과이다. 우선 베트남의 5개년 계획 원조 건설 프로젝트에서 중공업과 교통 건설 프로젝트의 비중이 현저하게 증가했다. 이러한 프로젝트는 공사가 크고 어려우며 건설 주기가 길었다. 이를테면 하노이 공항 원조 건설이 바로 그러했다. 1961년 4월 중국은 원조 전문가를 파견하여 부지를 선정한 후 공항 부지 선정 보고와 설계 임무서를 제출하여 베트남 정부와 총리부의 수락을 받았다. 이후 베트남 측 설계 요구의 일부 변화에 따라 중국 측의 설계, 재료, 설비 공급 등에도 상응한 변화가 있었다. 1962년 4월에 착공하여 1964년 6월에 제1기 활주로 공사가 준공되어 7월부터 정식 사용할

---

47) 『中華人民共和國條約集』第21集, pp.242~246. 『人民日報』1961年 2月 1日.

수 있게 되었다. 1965년 3분기에 제2기 공사도 준공되었다. 10월 중국 전문가팀은 업무를 마치고 중국으로 귀국했다. 이 원조 건설공사에는 4년 반이 걸렸다.[48]

다음, 베트남 3개년 계획 시기 베트남에 제공한 중국의 플랜트 원조 공사는 수량이 비교적 많을 뿐만 아니라 너무 집중되어 있었고 일부 상황에 대해 조사연구도 부족했다. 그러므로 일부는 건설이 연기되었다. 이 중 일부는 베트남 측에서 연기를 요구했다. 이 밖에 일부 공사는 바로 5개년 계획 시기에 준공하도록 요구했다. 이를테면 강철공장, 조선소, 발전소, 질소비료 공장, 방직날염 공장, 조미료공장과 8개의 농장이 바로 5개년 계획 시기에 건설하는 중요한 공사들이다.[49]

2) 베트남 지방정부에 대한 중국 지방정부의 일대일 원조

중국과 베트남의 변경 지역은 관계가 밀접하고 지방정부 간에도 교류가 빈번하기 때문에 베트남 측이 직접 중국 지방정부에 원조 요구를 제기했다. 1960년 11월 베트남의 태족과 묘족 자치구 대표단이 운남을 방문할 때 운남성에 8m³ 용광로의 원조 건설을 요구했다. 1961년 4월 국무원은 운남성 인민위원회에 동의서를 보냈다. 그리고 무상원조의 방식으로 하며 중국 정부가 베트남 정부에 경제원조를 제공하는 협정 외의 원조로 외교부와 중국 주재 베트남 대사관이 양해각서를 교환했다. 그러나 베트남 측의 조건 미달로 이 원조는 성사되지 못했다.[50]

베트남 하닌성도 중국 광동성에 원조 요청을 했다.

첫째, 일반 농기계와 농기구 연생산량이 600~800톤인 농기구공장 1

48) 王乃天 主編,『當代中國的民航事業』, 社會科學文選出版社, 1989, pp.571~572.

49) 石林 主編, 앞의 책, pp.32~33.

50) 肖祖厚·李丹惠 主編,『雲南與援越抗美』, 中央文獻出版社, 2004, pp.1~4.

개소를 원조 건설한다. 광동성에서 기계설비와 도구를 공급한다. 하닌성은 공장 건설을 책임지고 동력설비와 시멘트, 목재 등 일부 자재를 공급한다.

둘째, 하루 목재 생산량이 16~20m³인 소형 목재 가공공장 1개소를 원조 건설한다. 광동성에서 띠톱 제재기, 둥근톱 제재기, 발전 설비 등을 공급하고 하닌성은 공장 건설을 책임진다.

셋째, 탑승 인원이 각각 20명과 40명인 수송선을 2척 건조한다. 광동성 북해조선소에서 수주하며 필요한 목재는 하닌성에서 공급하고 기타 재료와 설비 및 인력은 광동성에서 제공한다.

넷째, 하닌성 몽카이시에 있는 기존 15개소 사발공장의 장작가마를 연탄가마로 개축하는 데에 기술원조를 제공한다. 필요한 인력, 재료, 도구 등은 하닌성이 제공한다.

다섯째, 하닌성의 소형 범선공장 건설에 기술원조를 제공한다. 공장건물, 설비, 도구 등은 하닌성이 책임진다.

여섯째, 하닌성의 석탄, 철, 알루미늄, 아연, 석유 등 지하자원 탐사와 광석 분석에 기술적 도움을 준다. 노두가 발견된 지역을 전면 조사하고 광석 분석은 중국의 잠강(湛江)에서 한다. 분석 기계는 광동성에서 파견한 기술자들이 지참하고 간다.

1961년 6월 5일 중국 정부와 베트남 측은 양해각서를 교환하여 상술한 원조 사항(37.5만 위안으로 추정)을 중국 정부가 베트남을 무상원조하는 계획에 포함시켰다. 광동성인민위원회는 베트남 하닌성 담당 부서와 직접 협상하고 광동성이 모든 원조 임무를 담당하도록 했다.[51]

이는 베트남 지방정부가 직접 중국 지방정부에 원조를 요청하고 양국 중앙정부의 허락을 받은 후 구체적 업무를 양국 지방정부가 직접 협상하여

---

51) 『中華人民共和國條約集』 第21集, pp.246~248.

처리하는 전례를 남겼다. 중국 지방정부가 일대일로 베트남 지방정부를 원조하는 방법은 베트남 전쟁 시기에 널리 사용되어 광동, 광서, 운남, 호남 등 지방정부의 일상 업무가 되었다.

3) 중소 관계 결렬 이후의 원조

중국은 줄곧 베트남에 대한 원조를 무산계급 국제주의 의무로 간주했다. 베트남에 대해 원조를 하는 것은 사회주의 국가 간의 단결과 번영을 증진하고 사회주의 진영의 세력을 증가하며 미국을 주축으로 하는 제국주의 진영의 침략과 확장 행위를 타격하여 세계평화와 안정의 수호에 중대한 의의가 있다고 생각했다. 1960년대 중소 관계의 결렬 이후 베트남은 소련 공산당 지도자와 노선 등의 이해에서 중국과 의견이 달랐다. 비록 소련은 베트남 원조에 대해 소극적이었지만 베트남과 형제국 관계를 유지했고 중국에 이어 두 번째로 베트남에 원조를 많이 제공한 국가였다. 베트남 독립전쟁 7년간 베트남에 대한 사회주의 국가의 원조는 총 36.4억 루블(구권)이었다. 이 중 중국이 18.3억 루블을 제공하여 50.3%를 차지하고 소련이 13.7억 루블을 제공하여 37.6%를 차지했다.[52] 베트남에 대한 중국의 원조의 중요한 역할은 베트남 전쟁 초기까지 지속된다. 그러므로 베트남은 중국과 소련 사이에서 중도적 노선과 방침을 실행했다. 이 시기 중소 관계의 결렬은 중국과 베트남 관계에 큰 영향을 미치지 않았지만 향후 중국과 베트남 관계의 발전에 변수를 제공했다. 〈표 4-2〉에서 볼 수 있듯이 1960~1961년 소련은 베트남에 대해 원조를 늘리는 추세를 보였다.

---

52) 「1955~1961年社會主義國家援助越南情況統計」(1960年 2月 20日), 外交部開放檔案 106-00941-03.

표 4-2. 1955~1961년 베트남에 대한 중국, 소련의 원조 통계*

단위 : 억 루블(구권)**

국가별	자금 유형	1955~1959	1960~1961	합계	베트남 원조 사회주의 국가 원조금 총액에서의 백분율
중국	무상원조	9	–	9	62%
	장기 차관	3	6.3	9.3	42.5%
소련	무상원조	4	0.2	4.2	28.9%
	장기 차관	1.6	7.95	9.55	43.6%

* 이 통계는 실제 지출한 금액이 아니라 협의한 원조금액이다.

** 당시 베트남의 환율에 의하면 1루블(구권)은 1위안이다.

자료 출처 : 「1955~1961年社會主義國家援助越南情況統計」(1960年 2月 20日).

베트남 복구 시기에서 계획건설 시기에 이르는 10년 사이, 중국은 베트남에 많은 일반 물자를 제공하여 인민 생활을 보장하고 경제 질서를 안정시킨 외에도 4차례에 걸쳐 100개에 달하는 플랜트 프로젝트를 원조했다. 관련 분야는 농업, 경공업, 중공업, 교통운수업 등이다. 이러한 프로젝트의 선정은 인민 생활과 경제 발전의 기본 수요를 만족시키는 것에 입각하여 쉬운 것에서 어려운 것으로, 작은 것에서 큰 것으로, 간단한 것에서 복잡한 것으로 점진적 절차를 거쳤다. 농업 방면에서 많은 수리공사를 진행했을 뿐만 아니라 농장과 목축장을 세워 베트남이 전면적으로 농업을 발전시키도록 유리한 조건을 마련했다. 교통ㆍ체신 방면에서는 철도, 도로, 공항을 부설, 건설했고 통신시설을 건설했다. 공업 방면에서는 투자가 적고 공사 기일이 짧으며 관리가 편리한 소형 공장을 건설하여 베트남을 도와 자본과 경험을 축적하도록 했다. 또한 투자가 많고 공사 기일이 길며 기술 요구가 높은 중공업 기업을 건설하여 베트남이 완벽한 공업 체계를 갖추도록 기초를 마련했다. 이러한 베트남 공업 체계의 핵심을 구성한 원조 프로젝트는 양대 공업기지를 형성했다. 하나는 중국이 원조 건설한 북베트남의 첫 번째 공업 중심인 비에트트리 공업단지로 1958년 11월에 착공하여 1962년에 준공되었다. 다른 하나는 중국이 원조 건설한 북베트남의 첫 번째 강철공업 기지인 타이응웬 강철연합기업으로 1963년 말 제1호 용광로 공사가 준공되어 생산을 가동했다. 베트남 측의 통계에 의하면 1960년 말까지 중국이 원조 건설한 프로젝트에서 생산한 상품 총액은 그 시기 북베트남 공업 총생산액의 25%를 차지했다.[53] 이 밖에 중국은 전문가를 파견하여 현지에서 지도하고 견습생들이 중국에서 파견했으며 또한 베트남을 위해 많은 간부와 노동자, 기술자를 양성했다.

보다시피 중국의 베트남 원조 사업은 우수한 성과를 거두었다. 베트남도 소중한 평화기에 중국, 소련 등 국가의 원조를 적극적으로 활용하여 비약적인 발전을 이룩했다. 3년 계획 시기 베트남은 농업, 수공업, 민영 자본주의 상공업과 소상인에 대한 사회주의 개조를 거의 완성했다. 국영공업 생산액이 공업 총생산액에서 차지하는 비중이 66.6%에서 89.8%로 증가했다. 농업 총생산액은 연평균 6% 증가했고 공업 총생산액은 연평균 21.7% 증가했다. 공업 총생산액이 농공업 총생산액에서 차지하는 비중은 1957년의 31.4%에서 1960년의 41.3%로 증가했다.[54] 5개년 계획은 비록 전쟁 때문에 완전히 실현하지 못했지만 1965년 베트남 식량생산량은 1939년에 비해 2배 증가했고 공업 생산액도 27억 9,100만 베트남동으로 1960년의 14억 5,800만 베트남동에 비해 89.4% 증가하여 농공업 총생산액의 55%를 차지했다.[55]

53) 『人民日報』 1962年 3月 20日. 『人民日報』 1963年 12月 21日.
54) 『人民日報』 1961年 2月 1日.
55) 徐紹麗·利國·張訓常 編著, 앞의 책, p.190.

3절 베트남 원조의 절정과 중단(1965~1978)

1. 베트남에 대한 원조의 절정(1965~1975)

1960년대 줄곧 응오딘지엠 정권을 지지하던 미국은 베트남 위기의 수렁에 더욱 깊이 빠졌다. 1961년부터 케네디 행정부는 특수전을 발동했다. 미국은 남베트남 정권에 돈과 무기, 군사고문을 제공하여 베트콩 소탕에 협조한다. 1964년 여름 미국은 '통킹만 사건'을 조작하고 이를 빌미로 공군을 출동시켜 북베트남을 폭격한다. 1965년 3월 8일 미군이 다낭에 상륙하면서 베트남 전쟁은 미군이 직접 참전한 국지전이 된다.

미국의 침략에 저항하기 위해 1965년 3월 베트남 공산당 제3기 11중 특별회의에서 북베트남의 긴급 임무에 대해 "즉시 사상과 조직의 전환을 단행한다. 즉시 경제 건설의 전환을 단행한다. 국방을 강화하여 새로운 형세에 적응되게 한다. 회의의 정신을 관철하기 위해 베트남 제1차 5개년 계획의 미완성 상태에서 전시로 전환한다."[56]라고 명확하게 정했다.

중국은 줄곧 베트남의 형세를 주목했다. 전쟁이 점차 확대되자 중국 정부는 "베트남민주공화국에 대한 미국의 침략은 곧 중국에 대한 침략이므로 중국 인민은 절대 좌시하지 않을 것이다.", "7억 중국 인민은 베트남 인민의 강력한 후원자이고 광활한 중국 국토는 베트남 인민의 미더운 후방이다.", "미국과의 전쟁에서 베트남 인민들이 승리를 쟁취하도록 지원하기 위해 중국 인민은 최대의 민족적 희생을 감수할 준비가 되어 있다." 등 여러 차례의 성명을 발표한다. 베트남 인민들이 미국의 침략에 맞서 싸울 때 중국은 시종일관 확고한 지원을 보냈다. 미국이 특수전을 일으킨 후 중국은 베트남에 대한 군사원조를 확대했다. 1964년 중국은 연속 여러 차례의 무상원

---

56) 徐紹麗 · 利國 · 張訓常 編著, 앞의 책, p.192.

조를 제공했다. 먼저 5월 베트남에 외화 100만 달러를 무상으로 제공했다. 그리고 12월 베트남 측과의 양해각서에서 1964년 무역 공급을 통해 베트남에 수송선 15척과 일용잡화 등 1,000만 루블에 달하는 물자의 무상원조를 약속했다. 1965년 3월 중국은 베트남에 재차 외화 1,000만 달러를 무상으로 제공했다.[57] 4월 레주언 베트남 노동당 서기장이 중국을 방문하여 베트남에 지원부대 파견 등을 요청한다. 베트남 측의 요청에 의해 중국과 베트남 양국 정부는 관련 협정을 체결하고 곧 실행에 옮긴다. 이리하여 베트남을 지원하여 미국에 저항하기 위해 베트남에 대한 중국의 원조는 전시 원조로 전환되었다.

중공중앙과 중국 정부는 베트남 지원을 극히 중시했다. 1965년 4월 12일 중공중앙은 '전쟁준비 사업 강화에 관한 지시'(이하 '지시')에서 미국은 베트남에 대한 전쟁을 확대하여 직접 베트남민주공화국을 침략하고 중국의 안전을 심각하게 위협하므로 전당, 전군과 전국 인민은 고도의 경계를 유지하고 사상과 사업상에서 최악의 상황에 대처할 준비를 해야 한다고 호소했다. '지시'는 "애국주의와 국제주의의 정신을 발양하고 모든 방법을 강구하여 베트남을 원조하고 미국에 저항해야 한다. 남베트남 인민의 해방 투쟁을 결연히 지지하고 미국 침략을 반대하는 베트남인민을 결연히 지지하여 조국통일의 정의로운 투쟁에서 승리하도록 한다. 베트남 인민들이 요구하는 것을 우리는 모두 원조할 것이다."라고 분명히 밝혔다.[58] 모택동과 주은래 등은 "베트남에 대한 원조를 대외원조 사업에서 가장 첫 번째에 놓을 것, 베트남이 필요로 하는 것이면 우선적으로 공급할 것, 베트남의 모든 요구에 진지하고도 적극적으로 대응할 것" 등 지시를 여러 차례 내렸다. 1966년 1

---

57) 『中華人民共和國條約集』第21集, pp.248~251.
58) 中共中央文獻硏究室 編, 『建國以來重要文獻選編』第二十冊, 中央文獻出版社, 1998. pp.141~143.

월 30일 유소기는 호치민에게 답장시 "중국 인민은 성심성의로 베트남 인민의 정의로운 투쟁을 지원합니다. 미 제국주의가 전쟁을 어디까지 확대하더라도, 그 어떤 대가를 치르더라도 6억 5천만 중국 인민은 베트남 인민과 함께하겠습니다. 공동으로 노력하여 미국 침략자를 철저히 물리쳐야 합니다." 라고 밝혔다. 상술한 방침의 지도에 따라 중국은 자국의 어려움을 극복하고 총력을 기울여 베트남에 대해 원조를 새로운 높이로 발전시켰다.

1) 군사원조와 경제원조 병행으로 베트남 국방력 강화 진력

중국과 베트남 양국 정부와 군대가 체결한 일련의 협정에 의해 1965년부터 중국은 베트남에 방공, 공사, 철도, 병참 보급, 지뢰 제거 등 지원부대 32만여 명을 파견한다. 중국 부대는 베트남에서 진지를 구축하고 공항, 철도, 도로, 통신시설과 송유관을 보수 정비했으며 방공 작전과 수뢰 제거에 협조하여 각 임무를 훌륭히 완수했다. 1973년 전부 중국으로 철수할 때 4,200여 명이 베트남에서 중상을 입었고 1,100여 명이 희생되었다.[59]

베트남 전쟁 시기 중국은 베트남에 무기장비와 군수물자를 대량으로 제공했다. 총, 대포, 탄약, 포탄, 함정, 중형 탱크와 수륙 양용 탱크, 장갑차, 자동차, 비행기, 폭탄, 군용전화, 무전기, 군복 및 연료용 유류, 군용 피복과 군용장비, 약품, 의료기재와 식품 등은 도합 42억 6,000만 위안에 달했고 200만여 명을 무장할 수 있었다. 한편 베트남군을 도와 수천 명의 간부, 기술자, 자동차 기사, 정비공 등을 양성했다. 또한 베트남군에 협조하여 첫 번째 전투기 항공병을 편성했고 200여 명의 비행사와 비행기 정비사를 양성했다.[60]

59) 韓懷智 · 譚旌樵 主編, 앞의 책, p.557.
60) 張愛萍 主編, 『中國人民解放軍』(上), 當代中國出版社, 1994, pp.272~273. 韓懷智 · 譚旌樵 主編, 앞의 책, p.540.

2) 무상 원조 정상화와 원조 방식 조정으로 원조 규모 급증

베트남의 평화 건설 시기 베트남에 대한 중국의 원조는 일반적으로 몇 년에 한 번씩 원조 협정을 체결하여 3~7년의 원조 총규모를 확정하는 방식으로 이루어졌다. 1965년부터 중국은 해마다 정기적으로 베트남과 경제·기술 원조 협정(일부 연도에는 보충 협정도 체결했음)을 체결하여 이듬해의 원조 계획을 확정했다. 그리고 물자원조와 플랜트 프로젝트 원조의 구체적 실행을 재협상한 후 의정서를 체결했다. 이를테면 1966년 8월 '중국-베트남 경제·기술 원조 제공 관련 중화인민공화국 정부-베트남민주공화국 정부 협정'을 체결했다. 중국 정부는 1967년 베트남 정부에 6억 위안을 무상 원조하겠다고 약속했다. 이 원조금은 중국이 베트남에 제공하는 물자, 플랜트 설비(부품을 포함), 기술원조 비용의 지불과 베트남 교통운수 개선 등에 사용하기로 했다. 이 협정을 실행하기 위해 11월에 '중국-베트남 플랜트 설비 및 기술원조 제공 관련 중화인민공화국 정부-베트남민주공화국 정부 의정서'와 '1967년 중국-베트남 물자제공 관련 중화인민공화국 정부-베트남민주공화국 정부 의정서'를 체결했다. 이 밖에 중국은 베트남의 수요에 따라 부분적 전문 원조 협정이나 각서를 체결했다. 이를테면 1965년에 체결한 '중국-베트남 도로 부설 원조 관련 협정', '중국-베트남 1,000만 달러 무상 제공 관련 중국-베트남 교환 각서'(표 4-3) 등이다. 이러한 원조는 1975년 베트남의 남북통일까지 지속적으로 제공되었으며 거의 전부가 무상원조였다.

미국의 지속적이고 파괴적인 폭격으로 북베트남 경제는 심한 타격을 입어 정상적인 생산 건설을 유지할 수 없게 되었고 국가재정은 거의 전부 외국의 원조에 의지해야 했다. 베트남이 직면한 형세로 인해 중국은 베트남에 대한 경제·기술 원조의 방식을 조정했으며 규모도 재차 확대했다.

첫째, 물자원조의 규모를 대폭 확대하여 베트남이 시급히 필요로 하는 여러 가지 생산 물자와 생활 물자의 공급을 보장했다. 이 시기 물자원조는 플랜트 설비 원조보다 훨씬 많아져 재차 베트남 원조에서의 주도적 지위를 차지했다. 통계에 의하면 베트남 전쟁 10년 동안 중국은 베트남에 대량의 군사장비와 군수품을 제공한 외에 86억 3,800만 위안에 달하는 각종 생산 물자와 생활 물자를 제공했다. 주로 식량, 목화, 면사, 면포, 담요, 역청, 화학비료, 강재, 종이, 자전거, 연료용 유류, 각종 자동차, 선박, 트랙터, 도로 공사기계, 기관차, 열차 차량 등이 포함되었다.[61]

표 4-3. 1964~1975년 중국 −베트남 원조* 주요 협정

순번	연도	협정 명칭	원조 유형	원조 협의 금액			
				총액	물자	플랜트 프로젝트	현금
1	1964	중국−베트남 1,000만 달러 외환 제공 관련 중국−베트남 교환 각서	무상	−	−	−	100만 달러
2	1964	중국−베트남 1,000만 루블 무상원조 제공 관련 중국−베트남 교환 각서	무상	−	1,000만 루블	−	−
3	1965	중국−베트남 1,000만 달러 무상 제공 관련 중국−베트남 교환 각서	무상	−	−	−	1,000만 달러
4	1965	중국−베트남 도로 부설 원조 관련 중화인민공화국 정부−베트남민주공화국 정부 협정	무상	−	−	도로 12갈래 부설 (1,782km)	−
5	1965	중국−베트남 경제ㆍ기술 원조 제공 관련 중화인민공화국 정부−베트남민주공화국 정부 협정	무상	10억 위안	4.716억 위안	5.224억 위안	−

---

61) 『方毅傳』, pp.406~407. 石林 主編, 앞의 책, p.50.

순번	연도	협정 명칭	원조 유형	원조 협의 금액			
				총액	물자	플랜트 프로젝트	현금
6	1965	중국-베트남 차관 제공 관련 중화인민공화국 정부-베트남민주공화국의 협정	무이자 차관	8,500만 루블	8,500만 루블	–	–
7	1965	1966년 중국-베트남 외환 무상 제공 관련 중국-베트남 교환 각서	무상	–	–	–	1,000만 달러 (남베트남)
8	1966	중국-베트남 경제·기술 원조 제공 관련 중화인민공화국 정부-베트남민주공화국 정부 협정	무상	6억 위안	5억 위안	1억 위안	
9	1966	1967년 중국-남베트남 외환 무상 제공 관련 중국-베트남 교환 각서	무상	–	–	–	1,500만 달러
10	1967	1967년 중국-베트남 식품, 일용품 무상 제공 관련 중화인민공화국 정부-베트남민주공화국 정부 협정	무상	–	3,000만 위안	–	–
11	1967	1967년 중국-베트남 식량 무상 제공 관련 중화인민공화국 정부-베트남민주공화국 정부 협정	무상	–	식량 15만 톤, 종자벼 1만 톤 및 종자감자, 뽕나무 묘목, 누에 등	–	–
12	1967	중국-베트남 경제·기술 원조 제공 관련 중화인민공화국 정부-베트남민주공화국 정부 협정	무상	7.5억 위안	6.5억 위안	1억 위안	현금
13	1967	중국-베트남 내무부 500만 위안 원조 관련 중국-베트남 교환 각서	무상	500만 위안	16가지 물자	소형공장 8개소 플랜트 설비	–

순번	연도	협정 명칭	원조 유형	원조 협의 금액			
				총액	물자	플랜트 프로젝트	현금
14	1968	중국-베트남 경제·기술 원조 제공 관련 중화인민공화국 정부-베트남민주공화국 정부 협정	무상	1.2억 위안	–	–	–
15	1968	중국-남베트남 물자원조 제공 관련 중화인민공화국 정부 베트남민주공화국 정부 의정서	무상	–	7,000만 위안	–	–
16	1968	중국-베트남 경제·기술 원조 제공 관련 중화인민공화국 정부-베트남민주공화국 정부 협정	무상	7.7억 위안	7.2억 위안	5,000만 위안	–
17	1968	중국-남베트남 2,500만 달러 원조 관련 중국-베트남 교환 각서	무상	–	–	–	2,500만 달러
18	1969	1970년 중국-베트남 경제원조 제공 관련 중화인민공화국 정부-베트남민주공화국 정부 협정	무상	4.7억 위안	4.7억 위안	–	–
19	1970	중국-베트남 현금 제공 관련 중국-베트남 교환 각서	무상	–	–	–	500만 달러
20	1970	중국-베트남 경제·기술 원조 제공 관련 중화인민공화국 정부-베트남민주공화국 정부 협정	무상	12억 위안, 6,000만 달러	6억 위안	6억 위안	6,000만 달러
21	1971	1971년 중국-베트남 경제, 군사 보충 원조 제공 관련 중화인민공화국 정부-베트남민주공화국 정부 협정	무상	4억 위안	3.4억 위안	6,000만 위안	–

순번	연도	협정 명칭	원조 유형	원조 협의 금액			
				총액	물자	플랜트 프로젝트	현금
22	1971	1972년 중국-베트남 경제, 군사물자 원조 제공 관련 중화인민공화국 정부-베트남민주공화국 정부 협정	무상	18억 위안, 8,000만 달러	10억 위안	8억 위안	8,000만 달러
23	1972	1972년 중국-베트남 경제, 군사 보충 원조 제공 관련 중화인민공화국 정부-베트남민주공화국 정부 협정	무상	2.07억 위안, 2,000만 달러	1.5억 위안	5,700만 위안	2,000만 달러
24	1972	1973년 중국-베트남 경제, 군사물자 원조 제공 관련 중화인민공화국 정부-베트남민주공화국 정부 협정	무상	13.5억 위안, 1억 달러	12.65억 위안	3,500만 위안	1억 달러
25	1973	1974년 중국-베트남 무상원조 제공 관련 중화인민공화국 정부-베트남민주공화국 정부 협정	무상	25억 위안	-	-	-
26	1973	1974년 중국-남베트남 무상 경제원조 제공 관련 중화인민공화국 정부-베트남남방공화임시정부 협정	무상	-	2억 위안	-	-
27	1974	1975년 중국-베트남 경제, 군사물자 원조 제공 관련 중화인민공화국 정부-베트남민주공화국 정부 협정	무상	8.5억 위안, 5,000만 달러	8.5억 위안	-	5,000만 달러

순번	연도	협정 명칭	원조 유형	원조 협의 금액			
				총액	물자	플랜트 프로젝트	현금
28	1974	중국-남베트남 무상 경제원조 제공 관련 중화인민공화국 정부-베트남남방공화임시정부 협정	무상	–	2억 위안	–	–
29	1975	1975년 중국-베트남 무상 긴급 보충 원조 제공 관련 중국-베트남 교환 각서	무상	–	2,100만 위안	–	–
30	1975	중국-베트남 무이자 차관 제공 관련 중화인민공화국 정부-베트남민주공화국 정부 협정	무이자 차관	–	1억 위안	–	–

* 남베트남에 대한 원조도 포함된다.
① 이 중 예치금은 600만 위안이다.
② 여기에는 군수물자 원조와 현금 원조 및 중국이 베트남에 제공한 5,000만 위안의 중계 운송비가 포함된다. 1973년 소련, 동유럽 각국, 쿠바와 북한이 중국 항구를 걸쳐 베트 남에 물자를 중계 운송할 때 발생한 비용을 전적으로 지불했다.
③ 원조금의 사용 범위는 일반 물자, 군수 물자, 플랜트 설비와 현금이다.

자료 출처 : 『中華人民共和國條約集』(제21~22集), 人民出版社, 1981~1982.

둘째, 플랜트 설비 원조를 줄이고 국방의 수요와 인민들의 기본 생활를 보장하는 플랜트 프로젝트를 중점적으로 원조 건설했다. 주은래 총리는 "소형, 분산적, 은폐적, 이동 편리, 간편, 양용, 간소화" 등의 원칙에 따라 건설할 것을 특별 지시했는데 이는 전쟁 상황과 전시 상황에 적응해야하기 때문이다. 여기에는 철도, 도로 등 교통운수 시설의 건설과 송유관 부설, 미국 폭격으로 파괴된 발전소, 제당공장, 화학공장, 조미료공장, 도자기공장, 비누치약 공장, 정미소 등의 복구가 포함되었다. 유류 창고, 오일 탱크, 공항, 비행기 지하격납고, 무기공장, 화기 수리공장, 비행기 수리공장, 병원 등 전쟁에 직접 필요한 시설들을 새로 건설했다. 그리고 전시의 분산

생산에 적합한 소형 제당공장, 소형 종이공장, 소형 탄광 등 플랜트 설비도 제공하여 인민 생활의 급한 수요를 해결했다. 1973년 베트남과 미국이 '파리 협정'을 체결한 후 베트남에 대한 중국의 플랜트 프로젝트 원조는 미국의 폭격에 파괴된 타이응웬 강철공장, 박장 질소비료공장 등을 복구하거나 증축하는 한편 마오케 탄광, 닌빈 발전소, 제2면직물날염 공장, 홍허대교 등 대형 공사를 원조 건설했다. [62]

셋째, 외화를 제공했다. 1965년 3월 중국과 베트남 양국 정부는 '중국-베트남 1,000만 달러 무상제공 관련 교환 각서'를 체결했다. 중국 정부는 무상으로 베트남에 외화 1,000만 달러를 제공했다. 중국인민은행은 베트남 국가은행의 명의로 북경에 달러 특별계좌를 개설했다. 베트남국가은행은 이 계좌를 통해 현금을 출금하거나 중국인민은행에 위탁하여 각종 외화를 대리 구매할 수 있었다. 1970년에 이르러 비정기적으로 교환각서를 체결하여 베트남에 외화를 제공하는 형식의 원조를 원조 협정에서 배치하는 형식으로 바꾼다. 원조금은 현저한 증가를 보였는데 그해 원조하기로 협의한 원조금은 6,000만 달러에 달했고 1972년에 협의한 원조금은 1억 달러에 달했다. 통계에 의하면 1965~1970년 베트남에 대한 중국의 현금 원조는 2.5억 달러로 연평균 4,200만 달러에 달했고 1971~1975년에는 3.8억 달러로 연평균 7,600만 달러에 달했다.

넷째, 베트남 전쟁에서 중국의 후방기지 역할을 충분히 발휘하여 베트남에 대한 기술, 교육, 의료 등 분야의 원조를 강화했다.

1966년 6월 베트남 정부는 중국 정부에 5,000명에 달하는 여러 분야의 기술자와 근로자를 양성해줄 것을 요구했다. 양성 기간은 2~5년이고 도합 11개 분야의 102개 전공과 관련되었다. 이후 재차 1만여 명의 단기 견습생을 중국에 보내 자동차, 시공기계와 기타 기계 전력설비의 조작과 정비기술

---

62) 石林 主編, 앞의 책, p.50, p.59.

을 배우게 해달라고 요구한다. 장기 양성은 베트남의 기술 수준을 제고하고 기술자를 비축하여 전후 경제 건설에 도움이 된다. 단기 양성은 베트남전쟁의 직접적인 수요였다. 양성 임무가 과중하기 때문에 중국 측은 국무원 산하의 24개 공업, 교통부서가 나누어 담당하게 했고 견습생을 19개 지방자치단체의 관련 기업에서 견습하도록 했다. 그리고 견습생이 비교적 많이 집중된 도시에 전문 비용을 조달하여 견습생 숙박시설을 지었다. 견습생의 모든 비용은 중국 측이 무상원조하는 원조금에서 지불했다.[63] 1967년 중국 측은 베트남이 14차례에 걸쳐 파견한 광석 분석 기술자 3,584명과 견습생 2,000명을 받았다.[64] 1965~1970년 2만여 명의 베트남 견습생을 받아들여 양성시킨 외에 중국은 1,000여 명의 전문가를 베트남에 파견했다.[65]

중국 대외원조 60년

표 4-4. 베트남 전쟁 기간 중국이 제공한 주요 물자와 현금 원조

순번	품목	합계	기간별	
			1965~1970년	1971~1975년
1	현금	6억 3,462만 달러	2억 5,462만 달러	3.8억 달러
2	식량	539.66만 톤	243.56만 톤	296.1만 톤
3	목화	6만 톤	2.6만 톤	3.4만 톤
4	면사	6.76만 톤	3.06만 톤	3.7만 톤
5	면포	2만 6,960미터	7,500미터	1만 9,460미터
6	담요	405만 장	190만 장	215만 장
7	화학비료	61.06만 톤	7.06만 톤	54만 톤
8	강재	60.11만 톤	18.51만 톤	41.6만 톤

63) 『方毅傳』, pp.283~284.
64) 武衡 · 楊浚 主編, 『中國當代的科學技術事業』, 當代中國出版社, 1991, p.362.
65) 石林 主編, 앞의 책, p.50.

순번	품목	합계	기간별	
			1965~1970년	1971~1975년
9	석탄	191만 톤	10만 톤	181만 톤
10	역청	18.44만 톤	4만 톤	14.44만 톤
11	연료용 유류	189.55만 톤	9.55만 톤	180만 톤
12	종이	9.02만 톤	4.1만 톤	4.92만 톤
13	각종 자동차	3만 5,035대	4,200대	3만 835대
14	각종 선박	686척	334척	352척
15	각종 트랙터	4,730대	2,430대	2,300대
16	각종 도로 부설 기계	5,373대	1,238대	4,135대
17	기관차	127대	107대	20대
18	기차 차량	3,290대	2,200대	1,090대
19	자전거	85.7만 대	47.7만 대	38만 대

자료 출처 : 石林 主編, 『當代中國的對外經濟合作』, 社會科學文獻出版社, 1989, p.58.

1966년 11월 중국과 베트남 양국 정부는 '중국-베트남 플랜트 설비 및 기술원조 제공 관련 중화인민공화국 정부 베트남민주공화국 정부 의정서'를 체결한다. 의정서의 부록에서 중국은 베트남을 도와 학교와 병원을 설립한다고 규정했다. 교육 방면에서 보면 1966년 12월부터 베트남은 응웬반쪼이학교, 베트남남방보통학교, 베트남남방민족학교, 베트남남방아동학교를 중국 광서의 계림으로 이전하고 베트남 '92'학교라고 총칭했다. 처음에는 계림중학교의 건물을 잠시 빌렸다. 또한 중국 측이 새 학교 건물을 지었다. 1968년 8월 중국 측은 건축 총면적이 5만 7,273m²에 달하는 학교 건물을 베트남에 교부했다. 학교 운영에서 교육과 행정 관리 업무는 베트남 측이 책임졌고 교육과 생활에 필요한 물품과 설비는 중국 측이 공급했다. 그리고 요리사, 이발사, 수도 전기 기술자 등 근무자는 베트남의 요구에 따라 중국 측에서 파견했다. 중국과 베트남 쌍방은 계림에 각자 '92'학교연락위원회사무실을 설립하여 관련 업무를 보았다. '92'학교의 건축 비용, 보수 비용, 중국 측 근무자의 비용, 베트남 측 인원의 중국에서의 의료 비용 및 새 학교 건물로 이사하기 전까지 베트남 교직원과 학생들이 계림에서 학교를 임대하고 보수하는 비용, 임시주택 건조 비용을 모두 중국 측에서 부담했다. 학교의 교수 설비, 기자재, 가구 등의 구매 비용과 학교의 교육경비, 베트남 측 인원들의 생활비와 행정비 등 경상비는 베트남 측에서 부담한 후 양국 원조 협정에서 규정한 원조금에서 정산했다. 1967년 1월~1975년 6월 중국 측은 중국 주재 베트남 대사관과 '92'학교 베트남 측 연락사무실이 제기한 예산에 따라 646.5만 위안을 지급했다. 베트남 정부가 1975년 8월 학교를 모두 베트남으로 이전할 때까지 베트남 측이 '92'학교에 보낸 교직원과 학생은 도합 5,186명이었다.[66]

의료 원조 방면을 보면 중국 측은 호남, 호북, 광동, 운남, 광서 등의 지역에 베트남 부상병들을 수용했다. 1969년 초 중국은 광서 계림남계산병원을 베트남에 교부한다. 이 병원은 600병상으로 중국 측에서 의료 인력과 행정·총무 인원을 배정하고 관리를 책임졌다. 베트남 측에서는 20여 명을 파견하여 업무에 협조했다. 1969년 3월부터 1975년 12월 병원이 폐업될 때까지 이 병원은 베트남 부상병 5,432명을 치료했다. 이 중 35명은 병원의 운영이 중단될 때 베트남으로 돌아가 계속 치료를 받았고 19명은 치료 도중 사망했다. 그 밖의 부상병들은 완치되었거나 병세가 호전되어 베트남으로 돌아갔다. 병원 건축 비용, 보수 비용, 중국 측 인원의 비용은 전부 중국 측에서 부담했고 병원의 설비 비용과 의료비, 교통비와 베트남 인원들의 경상비 총 724.2만 위안은 양국 원조 협정에서 규정한 원조금에서 정산

66) 『中華人民共和國條約集』第22集, pp.142~144.

했다. 병원이 폐업한 후 설비는 베트남의 소유가 되었다.[67]

다섯째, 베트남을 원조하는 기타 사회주의 국가의 중요한 육상 통로인 중국은 179차례에 걸쳐 소련 및 동유럽 국가의 베트남 원조물자 5,750차량 분량을 무료로 중계 운송했다.

3) 남베트남 반미 투쟁에 대한 전력 원조

1960년 12월 결성된 남베트남 민족해방전선에 대해 중국 정부가 가장 먼저 승인한다. 1961년 2월 베트콩은 남베트남 인민해방의 군사력이 된다. 1962년 호치민이 중국을 방문한 후 중국은 베트남의 요구에 따라 베트콩에 원조를 제공하기로 약속하며 그해 한 번에 각종 화기 9만여 자루를 제공한다. 불완전한 통계에 의하면 1962~1966년 중국은 베트콩에 각종 화기 27만여 자루, 대포 5,400여 문, 탄약 2억여 발, 포탄 90만여 발, 폭탄 700여 톤, 군복 20만여 벌, 천 400만여 미터 및 대량의 모기장, 고무신, 식료품, 교통통신 기재 등을 원조했다.[68]

미국 침략전쟁의 확대와 베트콩의 발전에 따라 중국의 원조는 끊임없이 증가했다. 모택동은 "남베트남에서 필요하다고 하면 우리는 해결해주어야 하고 베트남 측에서 생각하지 못한 것도 우리가 먼저 제공해야 한다."[69]고 지시를 내렸다. 군수물자를 신속히 운송하기 위해 중국은 캄보디아로부터 남베트남으로 통하는 수송로를 개척했다. 그리고 해남도(海南島)에 베트남 원조 항구기지를 구축했다. 중국 선박은 미국 해군과 공군의 봉쇄를 뚫고 남베트남 근처의 해상에서 여러 겹의 비닐주머니로 포장한 쌀을 밀물에 띄워 보내 남베트남 인민들을 지원했다. 또한 중국은 베트콩에 각종 외화

67) 『中華人民共和國條約集』第22集, pp.166~168.
68) 王太平 主編, 『中華人民共和國外交史』第二卷, 世界知識出版社, 1998, p.35.
69) 張愛萍 主編, 앞의 책, p.273.

를 제공했다. 1964~1969년의 원조금만 1.8억 달러에 달했다.[70] 1970년 중국 정부는 베트남 정부에 500만 달러를 현금으로 제공했고 베트남 정부는 이 돈으로 쌀 2.5만 톤을 구입하여 남베트남에 제공했다. 1973년 베트남과 미국이 휴전한 후 중국 정부와 베트남남부공화임시혁명정부는 7월 '1973년 중국-베트남남부공화임시정부 긴급보충 경제원조 무상 제공 관련 결정'을 체결한다. 1973년 11월과 1974년 12월 쌍방은 또 두 차례의 경제원조 협정을 체결하여 중국이 베트남남부공화임시정부에 2억 위안의 물자를 무상원조하도록 규정했다.

4) 중국 지방정부의 베트남 지방정부에 대한 일대일 원조

1965년 4월 도주(陶鑄) 중국 부총리는 중국의 광동, 광서, 운남, 호남 4개 성의 당정 대표단을 인솔하여 베트남을 방문한다. 베트남 노동당 중앙과 회담하여 중국 지방정부와 북베트남 지방정부의 일대일 원조에 대해 의견을 나누었다. 베트남은 항상 중국의 관련 부서와 지방정부에 여러 가지 도움을 요청해왔다. 이는 중국의 대외원조 사업과 국내 재정, 경제, 물자 평형 등의 분야에 어려움과 혼란을 가져왔다. 중국 측은 베트남 측에 지방의 소형 기자재와 농업, 수공업 기술원조와 협력을 제외한 원조를 통일하여 요구하도록 했다. 중국 측 계획과 배치의 편리를 위해서다. 6월 18일 중공중앙은 베트남 원조를 담당한 지방정부에 "지방정부가 재정적으로 균형을 이루는 기초 위에 농림, 수리 등에 대해 기술 지도, 작물과 목축의 우량 품종 공급, 새로운 농기구 사용법, 간부와 기술자의 양성, 소량 물자의 증여 등은 성위(省委)가 적극적으로 지원할 수 있다. 국방건설이나 경제, 교통 분야의 플랜트 공사 및 대량의 물자원조는 중앙이 지정한 대외경제부서, 대외무역부서, 군위총참모부(軍委總參謀部)가 통일적으로 집중하여 처리한

---

70) 王太平 主編, 앞의 책, 같은 곳.

다."[71]는 지시를 내렸다. 8월 중공중앙은 광동, 광서, 운남, 호남 4개 지방 자치단체가 베트남의 꽝닌, 카오방, 랑손, 호아빈, 라오카이, 하지앙, 라이 차우 등 7개 지방자치단체에 무상으로 경제·기술 원조를 제공하여 지방경 제를 발전시키도록 했다.

운남을 보자. 운남은 베트남의 라오카이, 하지앙, 라이차우 세 곳을 원조 했다. 원조 총액은 600만 위안으로 해마다 베트남에 면포 40만 미터, 쌀 50 톤을 원조했는데 이는 중앙정부 원조 외에 규모가 비교적 규모가 큰 지방 원조였다. 1965~1967년 운남은 베트남의 3개 지방자치단체에 선반, 화학 비료, 농약, 농기계 등을 원조했으며 전문가를 파견하여 기계를 설치하고 사용법을 가르쳐주었다. 1967년 운남은 베트남의 이 3개 지방자치단체와 농업, 공업 등 54개 프로젝트 원조 건설에 대해 의논했다. 1971년 6월 모든 프로젝트를 완성했으며 베트남에 교부했다.[72]

1965~1975년 중국의 원조는 베트남이 장기전을 수행하는 데 물질적 기 초를 제공했다. 또한 베트남의 든든한 전략적 후방지가 되어 베트남 전쟁 을 강력하게 지원하여 베트남의 통일에 크게 기여했다. 베트남 군민의 완 강한 저항으로 미군은 베트남 전쟁에서 막대한 대가를 지불했다. 미국 정 부는 부득이 1973년 1월 파리에서 베트남과 '베트남에서의 전쟁 종결과 평 화 회복에 관한 협정'을 체결하고 남베트남에서 철군한다. 1975년 남베트 남이 완전히 해방된다.

2. 베트남에 대한 원조의 중단(1975~1978)

1970년대 초 베트남에 대한 중국의 긴급 원조가 증가했다. 원조 규모의

---

71) 肖祖厚·李丹慧 主編, 앞의 책, pp.56~57.
72) 當代雲南編輯委員會 編, 『當代雲南史』(上冊), 當代中國出版社, p.280.

급증은 베트남 전쟁이 마지막 결전의 시기에 이른 것과 관련될 뿐만 아니라 중국 외교정책이 조정된 결과이기도 하다. 1964년 브레즈네프가 정권을 잡은 후 소련은 지금까지 베트남에 대해 소극적이었던 태도를 전환하며 일체 필요한 원조를 제공하겠다고 약속한다. 그리고 베트남에 경제원조를 늘렸으며 특히 군사원조의 규모를 확대했다. 한편 소련의 중국에 대한 입장은 조금도 변화가 없어 중소 관계는 지속적으로 악화되었다. 1969년 진보도(珍寶島)의 무장충돌은 양국이 전쟁으로 치닫는 국면을 보여주었다. 이밖에 미국과 소련의 국력에도 변화가 발생했다. 소련의 전 세계적 공세에 대응하기 위해 전쟁의 수렁에 빠진 미국은 외교정책을 조정하여 중국과 관계를 개선하고자 했다. 중국 지도자들은 국내외의 형세를 주시하면서 소련이 중국의 안전을 심각하게 위협한다고 간주했다. 그러므로 1960년대 '반제국주의와 반수정주의' 외교정책을 미국과 연합하여 소련을 반대하는 정책으로 조정했다. 그러나 베트남 전쟁에서 베트남을 지지하는 중국의 근본적 입장은 변함이 없어 베트남에서의 미군 철군을 독촉했다. 또한 베트남의 친소련 정책을 저지하거나 늦추려고 방법을 강구했다.

이러한 상황에서 1971~1973년 베트남에 제공한 중국의 경제 군사원조는 90억 위안을 넘어섰다.[73] 1973년 미군이 베트남에서 철군했다. 베트남의 전후 복구와 남북통일의 실현을 돕기 위해 6월 중국은 베트남과 원조 협정을 체결하며 1974년에 25억 위안에 달하는 무상원조를 약속한다. 일반 물자, 군수물자, 플랜트 설비와 1.3억 달러 현금이 포함된 이번 원조는 중국의 베트남에 대한 최대 규모 원조이다. 1974년 원조 협정에서 정한 원조금을 하향 조정하여 1975년에 8.5억 위안을 제공하고 현금 5,000만 달러를

---

73) 통계에 의하면 1950~1975년 중국이 베트남에 제공한 각종 물자는 203억 6,845만 위안에 달한다. 1971~1973년의 원조 금액이 총금액의 44%를 차지한다.

무상원조하기로 한다.[74]

1975년 4월, 북베트남 정부군과 베트콩이 사이공을 해방하며 베트남 전쟁은 종식된다. 그해 베트남에 대한 중국의 원조도 중대한 조정을 거친다. 8월 레타인응이 부총리가 인솔한 베트남 정부 경제대표단이 중국을 방문했는데 주요 목적은 베트남 전후 경제 복구와 제2차 5개년 계획(1976~1980)에 대한 원조 협의였다.

이선념은 레타인응이와의 회담에서 베트남 측의 요구와 중국의 실제 능력 사이에 차이점이 크다고 했다. 이선념은 중공중앙과 중국 정부의 의견을 설명했다. 첫째, 1976~1980년 5개년 계획 기간의 양국 경제협력 문제와 관련해 중국은 아직 다음 5개년 계획을 정하지 못했기 때문에 잠시 확답을 줄 수 없다. 둘째, 1976년 중국은 1억 위안(국제시장가격으로 값을 정함)을 초과하지 않는 일반 물자를 제공한다. 전시보다 많이 줄어든 이유 중 하나는 베트남의 어려움이 전시에 비해 많이 호전되었기 때문이다. 북베트남의 경제 복구와 발전은 이미 큰 성과를 거둬 자급할 수 있는 능력을 갖추었다. 남베트남을 해방할 때 50억 달러에 달하는 군수장비와 물자를 노획하기도 했다. 다른 하나는 중국이 어려움에 봉착했기 때문이다. 그러므로 식량, 식품, 도로 부설 기계, 교통운수 수단, 화학비료, 면사, 면포 등 일반 물자를 더 이상 제공하지 않기로 했다. 1976년 석유제품은 10만 톤, 강재는 3만 톤만 제공하기로 했다. 베트남 측 방직공장의 수요를 감안하여 목화는 1975년의 8,000톤에서 1만 톤으로 늘렸다. 셋째, 플랜트 프로젝트와 관련해 당장의 주요 임무는 섬멸전이므로 협정을 체결한 이후 이미 공사 중이거나 아직 착공하지 않은 137개 프로젝트의 건설 계획을 잘 배치하는 것이다. 이 프로젝트를 완성하기 전에 새로운 프로젝트 협정을 체결하지 않기

74) 王太平 主編,『中華人民共和國外交史』第三卷, 世界知識出版社, 1999, p.51.『中華人民共和國條約集』第21集, pp.41~42.『中華人民共和國條約集』第22集, pp.56~58.

로 했다. 발전소, 질소비료 공장, 시멘트공장, 정유공장도 더 증축하지 않기로 했다. 당시 병환으로 입원 치료를 받던 주은래 총리는 병상에서 레타인응이에게 상황을 설명했다. 주은래 총리는 전쟁 기간 베트남이 가장 어려울 때 중국은 많은 물자를 원조했다고 하면서 베트남을 지원하기 위해 중국은 모든 노력을 기울였다고 했다. 그리고 현재 중국의 대외원조에서 베트남 원조 금액이 가장 많다고 했다.[75]

1975년 9월 레주언 베트남 공산당 중앙 서기장이 중국을 방문한다. 등소평 중공중앙 부주석 겸 국무원 부총리는 회담에서 베트남의 원조 요구에 대해 "중국과 베트남 간에 일부 문제가 발생했지만 중국은 베트남을 힘껏 도울 것이다. 그러나 중국은 현재 '문화대혁명'으로 경제 발전이 영향을 받고 있다. 베트남 측에 약속한 200억 위안에서 이미 170억 위안은 지불했으며 나머지는 계속 지불할 것이다. 우리의 부담은 여전히 크다. 현재 베트남이 승리했으므로 중국에 숨 돌릴 기회를 주면 좋을 듯하다. 그러나 예전에 약속한 프로젝트는 반드시 원조 건설하겠다."라고 밝혔다.[76]

사실상 당시 중국은 막중한 대외원조 부담으로 상황도 심각했다. 제4차 5개년 계획(1971~1975) 기간 중국의 연평균 대외원조 지출은 중앙 재정 지출의 5.88%, 국내 총생산액의 1.71%를 차지했다. 중국의 경제력을 훨씬 초과하는 막중한 부담이었다. 1975년 봄 국무원의 각 부서는 제5차 5개년 계획(1976~1980)을 편성한다. 국가계획위원회는 이 5년간의 재정 총지출을 5,000억 위안으로 추정했으므로 5%의 비중으로 계산하면 5년 내에 제공해야 할 대외원조금이 250억 위안에 이른다. 1974년 말까지 중국이 체결한 대외원조 금액은 585억 위안에 달했으나 이 중 209억 위안은 아직 지불하지 못했으므로 제5차 5개년 계획 기간에 지불해야 했다. 국가별로

---

75) 『方毅傳』, pp.512~513.
76) 『中華人民共和國外交史』第三卷, p.63.

보면 베트남, 북한, 알바니아, 라오스, 캄보디아 등 5개국에 대한 원조가 62.9%를 차지했고 제3세계의 기타 30여 개국에 대한 원조가 35.9%를 차지했다. 그러므로 새로운 원조 협정 체결을 엄격히 통제하고 매년 대외원조 지출의 규모와 원조 유형 비율, 국가별 간 비율을 반드시 조정해야 했다. 1975년 4월 중앙은 외교부, 대외연락부, 대외경제부, 대외무역부, 총참모부, 국가계획위원회 등 여섯 부서가 제출한 '금후 대외원조 문제 지시 청구 관련 보고서'를 비준한다. 국제 형세와 중국 외교 정세의 발전 변화를 참고하여 이 보고서는 제5차 5개년 계획 기간에 국가 재정지출 중 대외원조 지출을 5% 내로 통제하기로 한다. 그리고 골고루 돌보는 원칙에 입각하여 베트남, 북한, 알바니아, 라오스, 캄보디아 등 5개국에 대한 원조의 규모를 점차 줄여 대외원조 총액의 50%를 초과하지 않도록 했다. 원조 유형에서 일반 물자 원조를 엄격하게 통제하고 특수한 상황이 아니면 식량과 현금을 원조하지 않기로 했다.[77]

베트남 원조 사업에 대한 조정도 상술한 정책에 의해서이다. 1975년 9월 중국과 베트남 양국 정부는 '중국-베트남 무이자 차관 제공 관련 협정'을 체결한다. 협정에 의하면 중국 정부는 1976년 베트남에 무이자 차관 1억 위안을 제공하여 일반 물자 구입에 사용하도록 하며 베트남 정부는 1986년 1월 1일부터 10년 내에 일반 물자로 상환한다.

비록 중국 정부가 베트남 정부에 여러 차례 설명했지만 베트남 정부는 중국 정부의 입장을 이해하지 않고 불만을 가졌다. 1960년대 이후 베트남이 소련의 원조에 점차 의지하면서 양국은 밀접한 관계를 유지했고 베트남과 중국의 갈등은 점차 커진다. 그러나 베트남은 더욱 많은 원조를 얻기 위해 중국과 소련 사이에서 중도적 입장을 취했다. 전후 베트남은 중도적 입장에서 소련으로 편향한다. 1975년 10월 레주언 베트남 공산당 중앙 서기

---

77) 『方毅傳』, pp.501~504.

장이 소련을 방문한다. 양국은 '베트남—소련 선언'을 발표하여 양국과 양당의 전면적 협력을 확고히 하고 국제사무에서의 상호 지지를 약속한다. 소련은 베트남에 이미 제공한 거액의 차관을 무상원조로 전환했다. 이후 베트남은 소련이 주도하는 경제상호원조회의에 가입하여 소련과 군사동맹 성격을 지닌 우호 협력 조약을 체결한다. 한편 중국에 대한 정책을 전환하여 중국을 '북방의 위협'이자 '인도차이나 연방' 건설에 가장 큰 장애물로 간주한다. 베트남은 국경선과 화교 문제에서 갈등과 충돌을 유발하고 국내에서 반중국 소동을 일으킨다.

중국과 베트남 관계의 악화는 중국의 원조에 직접적 영향을 주었다. 1976년 중국은 베트남에 대한 무상 군사원조를 중단했고 새로운 경제원조 협정도 체결하지 않았다. 베트남 정부의 반중국 행위에 대해 1978년 5월 12일 중국 정부는 베트남 정부에 각서를 보내 21개 원조 건설 프로젝트의 폐지를 통보했으며 5월 30일 재차 베트남 정부에 각서를 보내 54개 원조 건설 프로젝트 폐지를 통보했다. 7월 3일 최후 각서를 보내 "베트남 정부는 중국 정부의 간곡한 부탁에도 불구하고 반중국 행위를 격화하고 있다. 이는 중국과 베트남 양국의 우호적 관계와 양국 인민들의 형제적 우의를 심각하게 훼손하고 있다. 중국을 비방하고 적대시하는 나쁜 분위기를 조성하여 중국 전문가가 베트남에서 원조 건설하는 데 필요한 기본 조건마저 파괴했다. 그러므로 중국 정부는 베트남에 대한 경제·기술 원조를 중단하고 베트남에 주재한 중국 기술자를 철수시키기로 결정한다."[78]라고 통지했다. 1950년부터 28년에 달하는 베트남에 대한 중국의 원조는 이렇게 중단되었다.

중국 대외원조 60년

---

78) 『人民日報』1978年 7月 4日. 王太平 主編, 앞의 책, p.69. 石林 主編, 앞의 책, p.65.

4절 동남아 민족주의 국가에 대한 원조

1. 캄보디아에 대한 원조

캄보디아는 중국이 가장 일찍 경제 · 기술 원조를 제공한 아시아-아프리카 민족주의 국가이며 중국이 가장 일찍 원조를 제공한 동남아 민족주의 국가이다.

신중국과 캄보디아는 1954년 제네바 회의에서 처음으로 정부 측 교류를 했다. 회의에서 체결한 인도차이나 휴전협정은 캄보디아의 주권과 독립, 통일과 영토 보존을 보장했다. 한편 캄보디아 정부는 군사동맹에 가입하지 않으며 캄보디아에 외국 군사기지를 설립하지 않는다는 성명을 발표한다. 1955년 반둥 회의에서 주은래 총리는 시아누크 국왕과 친분을 맺게 된다. 시아누크는 평화 공존 5항 원칙을 동의한다고 했다. 또한 캄보디아는 중립을 지키며 군사동맹에 가입하지 않을 것이라고 강조한다. 그리고 주은래 총리의 중국 방문 요청을 수락했다. 반둥 회의에 참석한 각국은 세계평화와 민족독립을 목적으로 각국 간의 우호 협력의 추진을 원했다. 경제협력에 대해 각 참석국은 "실제 가능한 상황에서 최대한 기술원조를 상호 제공하며 전문가와 견습생 파견, 시범용 시험공사와 장비의 공급, 기술 지식의 교환 등의 방식으로 한다."는 데 인식을 함께했다.[79] 주은래 총리는 반둥 회의에서 "우리는 아시아-아프리카 각국이 독립자주적으로 경제를 발전시킬 것을 요구한다. 아시아-아프리카 국가는 경제와 문화에서 협력하여 식민주의의 장기간 약탈과 압박이 초래한 경제와 문화의 낙후된 상황에서 벗어나야 한다. 아시아-아프리카 국가 간의 협력은 평등 호혜를 기초로 해야 하고 그 어떤 특권이나 조건을 부가해서는 안 된다.[80] 상호간의 무역

---

79) 『人民日報』 1955年 5月 17日.
80) 中華人民共和國外交部中 · 中共中央文獻硏究室 編, 『周恩來外交文選』, 世界知識出版社,

교류와 경제협력은 각국의 독립적인 경제 발전을 촉진하는 것을 목적으로 해야 하며 상대방을 원료 생산지나 소비품의 판매 시장으로 간주해서는 안 된다."라는 중국의 입장을 표명했다.

냉전 상황에서 캄보디아를 포함한 많은 아시아-아프리카 신흥 민족주의 국가는 민족독립과 국가주권의 수호에 입각하여 평화, 중립, 비동맹 외교 정책을 시행한다. 이는 중국과 캄보디아가 발전적 관계를 구축할 수 있는 가능성으로 이어진다. 그 밖에 캄보디아는 농업국으로 장기간 식민지 경제와 봉건 경제의 속박에 있었으므로 발전이 아주 뒤처졌다. 독립 초기부터 심각한 재정난에 직면했으며 재정난을 극복할 수 있는 방법은 대외원조뿐이었다. 경제적 독립과 발전을 이룩하기 위해 캄보디아는 2개년 경제 발전 계획(1956~1957)을 수립한다. 캄보디아는 미국과 프랑스의 원조에만 의지하지 않기 위해 캄보디아의 주권과 독립, 중립 정책에 영향을 주지 않으면 그 어떤 국가의 원조라도 받겠다고 공개 선언한다.

이러한 상황에서 1956년 시아누크 캄보디아 수상과 주은래 총리는 상호 공식 방문을 한다. 2월 시아누크는 중국 방문에서 주은래 총리와 회담을 가지고 공동성명을 발표한다. 양국은 "양국 간의 교류를 유지하고 강화해야 한다. 특히 경제와 문화 분야의 교류를 강화해야 한다. 이러한 교류는 양국과 양국 인민의 협력에만 도움이 되는 것이 아니라 아시아와 세계 평화를 수호하는 사업에도 도움이 된다."라고 강조했다. 주은래 총리는 중국은 캄보디아에 경제원조와 기술원조를 제공하되 그 어떤 조건과 특권도 부가하지 않겠다고 약속했다.[81] 11월 주은래 총리가 캄보디아를 방문한다. 27일 삼윤 캄보디아 수상과 "양국은 양국 간의 관계, 특히 경제 관계의 유지와 발전에 동의한다. 이는 무역과 조건을 부가하지 않는 중국의 경제 · 기술

1990, p.118.
81) 『人民日報』1956年 2月 19日.『周恩來年譜』(1949~1976)(上), p.388.

원조를 통해 실현할 것이다."[82]라는 공동성명을 발표한다.

같은 해 반둥 회의의 정신 및 중국과 캄보디아 양국 지도자의 공동 인식에 따라 중국 정부와 캄보디아 정부는 4월 무역협정과 지불협정을 체결했고, 6월 21일 북경에서 '경제원조에 관한 협정'을 체결한다. 이는 중국과 아시아-아프리카의 민족주의 국가가 처음으로 체결한 경제원조 협정이며 처음으로 평화 공존 5항 원칙을 원조 협정에서 명시했다. 또한 이 협정은 중국이 제공하는 경제원조에 그 어떤 조건도 부가하지 않는다고 밝힌 첫 번째 조약 형식이다. 협정에서 중국은 캄보디아를 도와 경제를 발전시키고 캄보디아 인민의 생활을 개선하기 위해 1956년과 1957년 8억 리엘(약 800만 파운드, 약 5,514만 위안)에 달하는 물자와 기술 원조를 제공하기로 했다. 여기에는 공급 설비와 건축 기자재 및 캄보디아 측이 필요로 하는 물품이 포함되어 있다. 전문 기술자가 파견되어 원조 건설하는 프로젝트로는 농업수리 분야의 수리 관개 공사와 농업 생산의 개선, 경공업 설비 분야의 방직공장·가공공장·식품공장 및 캄보디아 측이 필요로 하는 기타 경공업 공장, 교통운수 분야의 도로·교량 건설과 전기통신시설 설치, 사회 공공 분야의 학교·병원·연구소의 건축, 전력 분야의 수력발전소와 화력발전소 건설 등이 포함된다. 중국 측의 원조 실행부서는 대외무역부였고 캄보디아 측은 국가계획발전부였다. 한편 중국과 캄보디아 양국은 '경제원조 협정 실행 관련 의정서'를 체결한다. 이 중 제1조는 중국 정부가 캄보디아 정부에 경제원조를 제공하는 원칙으로 "캄보디아 정부는 양국이 의논한 원조 프로젝트에 의해 중국 정부가 제공하는 설비, 건축 기자재와 상품을 자유롭게 사용할 수 있으며 중국 정부는 감독과 간섭을 하지 못한다."[83]라고

82) 『人民日報』1956年 11月 28日.

83) 中華人民共和國外交部 編, 『中華人民共和國條約集』第5集, 法律出版社, 1958, pp.109~113.

규정했다. 상술한 협정과 의정서의 체결은 중국과 캄보디아의 경제협력에 새로운 한 페이지를 장식했다.

중국과 캄보디아는 당시 수교를 하지 않은 상황임을 감안하고 원조 협정의 순조로운 실행을 보장하기 위해 경제대표단을 상호 파견하며 대표단 단장과 부단장에게 외교특권을 부여하기로 했다. 북경과 프놈펜에 양국 대표와 전문가로 구성된 혼합위원회를 설립했다. 북경 위원회는 중국 대외무역부 대표와 캄보디아 경제대표단 단장 및 양국 정부의 전문가 4~6명으로 구성되었다. 임무는 중국이 공급하는 설비, 건축 기자재와 물자의 교부 상황을 실시간으로 체크하며 원조 협정의 실행에서 발생하는 모든 문제들을 해결하는 것이다. 프놈펜 위원회는 캄보디아 정부 계획발전국 국장과 중국 대표단 단장 및 양국 정부의 전문가 4~6명으로 구성되었다. 임무는 원조 협정에 의해 원조 사항을 확정하고 협정에서 규정한 여러 가지 사업의 진척 상황을 체크하며 원조 협정의 실행에서 발생하는 모든 문제들을 해결하는 것이다. 1956년 8월 14일과 9월 21일, 영아운을 단장으로 하는 중국 주재 캄보디아 경제대표단과 엽경호(葉景灝)를 단장으로 하는 캄보디아 주재 중국 경제대표단이 각각 북경과 프놈펜에 도착한다. 11월 29일 중국 제1진의 캄보디아 원조 전문가와 기술자 8명이 프놈펜에 도착한다. 이들은 이듬해 4월 8일까지 캄보디아 측 기술자들과 함께 방직공장, 시멘트공장, 베니어합판 공장, 종이공장 등 4개의 프로젝트 계획과 관련된 자료를 수집하고 공장 부지의 조건을 연구했다.

1957년 11월 14일 캄보디아 최고계획위원회는 중국이 제공한 800만 파운드의 원조금 중 공장 4개소의 건설에 500만 파운드, 기타 생산 방면에 100만 파운드, 공공공사 및 사회와 행정 건설에 200만 파운드를 분배했다.[84] 이 네 공장의 건설을 중국 지도자들은 아주 중시했다. 모택동과 주은

---

84) 「我國對柬埔寨貿易和經濟援助情況及存在問題」, 外交部開放檔案 203-00141-02.

래는 직접 캄보디아 측과 교류하고 중국의 건의를 피력했다. 이는 상대국을 평등하게 대하고 자국의 뜻을 상대국에 강요하지 않으며 수원국의 염원을 존중하는 입장을 보여주었다. 1958년 초 캄보디아는 중국 측의 공장 건설 절차를 수용하겠다고 밝혔다. 첫 번째로 방직공장과 종이공장을 건설하고 두 번째로 베니어합판 공장을 건설하며 세 번째로 시멘트공장을 건설하기로 했다. 원조 계획이 캄보디아 내각의 비준을 얻은 후 이듬해에 착공을 시작했다.

공장 건설의 진척(방직공장과 베니어합판 공장은 1960년, 종이공장은 1961년, 시멘트공장은 1964년에 각각 준공됨)에 따라 1956년에 체결한 경제원조 협정을 1958년 2월 교환각서를 통해 1959년까지 연장한다. 1960년에 재차 교환각서를 통해 1962년까지 연장하며 나중에 1964년까지 연장한다.

원조의 경제적 효과에서 볼 때 방직공장 등 4개의 공장은 당시 캄보디아 공업 총생산액의 50%를 차지하여 캄보디아에 현대화 기업의 기반을 닦아놓았다. 캄퐁참 방직공장은 생산에 들어간 후 판로가 좋아 해마다 이윤을 냈다. 1965년 말까지 이윤이 총 9,260만 리엘에 달해 공장 투자 비용을 초과했다. 시멘트공장은 생산에 투입한 후 1년이 지나자 생산량이 설계 수준에 도달하여 캄보디아 국내 시멘트 수요의 1/3을 만족시켰으며 품질도 훌륭했다. 대외원조 경험이 부족하고 조사연구가 세밀하지 못하여 프로젝트의 설계와 시공에서 적지 않은 문제가 발생했다. 이를테면 공장 부지 선정이 적절하지 않고 공장의 규모가 너무 크거나 제품이 시장의 수요에 알맞지 않는 등 문제가 있었다. 중국 측은 끝까지 책임지기 위해 전문가를 캄보디아에 파견하여 생산을 개선했다.[85] 시아누크는 "중국의 원조는 진심으로 사심이 없다. 그 어떤 조건도 부가하지 않아 국민경제 발전에 유리하다. 미국의 원조는 캄보디아의 필요에 의한 것이 아니기 때문에 제공하는 대로

85) 「我國對柬埔寨經濟技術援助情況」(1966年 4月 16日), 外交部開放檔案 203-00540-01.

받아야만 했다."[86]라고 했다.

캄보디아에 대한 원조는 정치적 효과도 발생시켰다. 먼저 캄보디아는 신중국을 신임하여 1958년 7월 19일 중국과 캄보디아의 공식 수교를 추진했다. 1960년 12월 중국과 캄보디아는 '상호 불가침 우호조약'을 체결하여 양국의 상호 불가침과 상대국을 견제하는 군사동맹에 가입하지 않을 것을 명확히 규정한다. 그리고 대만 문제와 중국의 유엔 가입 문제 및 동남아의 평화와 안전 문제 등에서 캄보디아의 지지를 얻거나 인식을 같이했다. 마지막으로 캄보디아의 평화 중립 정책과 민족경제를 자력으로 발전시키려는 신념 및 미국의 간섭에 반대하는 결심을 확고하게 했다.

1956년 경제원조 실행 과정에서 중국 정부는 무상증여나 보충 의정서를 체결하는 방식으로 새로운 원조를 제공했다. 1957년 중국 정부는 베트남에 라디오 방송국을 무상으로 건설했다. 20KW 중파 송신기, 15KW 단파 송신기, 50KW 단파 송신기 각각 한 대와 기계실을 제공했다. 공사는 두 번에 나뉘어 각각 1960년과 1961년에 완성했다. 1958년 8월 24일 주은래 총리와 시아누크는 북경에서 공동성명을 발표한다. 중국 정부는 캄보디아의 경제 번영과 산업화를 돕기 위해 1956년의 경제원조 협정에 따라 원조를 제공하는 외에도 캄보디아의 수요에 따라 무상으로 소형 강철공장을 건설해주고 지하 연료 자원을 탐사해주겠다고 했다.[87] 1960년 5월 주은래 총리는 캄보디아를 방문하며 소형 기계공장 원조 건설을 약속한다. 12월 19일 상술한 성명과 건의에 따라 중국과 캄보디아는 '1956년 6월 21일 경제·기술 원조 협정 실행 관련 보충 의정서'를 체결한다. 중국은 무상으로 400만 파운드(약 2,757만 위안)를 제공하여 일반 물자 원조(144만 파운드)와 플랜트

---

86) 「幾年來對外經濟技術援助工作」(在第四次全國外事會議上李强同志的發言, 1960年 7月 1日), 外交部開放檔案 102-00015-01.

87) 『人民日報』1958年 8月 25日.

프로젝트에 필요한 건설 자금을 보충하도록 한다. 파견된 전문가들은 캄보디아 현지를 시찰한 후 캄보디아가 아직 공장을 건설할 조건을 구비하지 못했다는 결론을 내린다. 1963년 2월 17일 양국 정부는 소형 강철공장과 소형 기계공장 건설을 취소한다. 그 대신 캄보디아 시멘트공장의 투자에 부족한 자금(약 160만 파운드)을 보충하고 캄보디아에 유리그릇 공장, 조면공장(포장공장 포함), 면실유공장, 면직물공장 등 공장 4개를 건설한다.[88] 이 공장들은 1960년대 말에 준공된다.

캄보디아를 도와 플랜트 프로젝트를 건설하고 경제기술을 시찰하기 위해 1956년부터 1966년 초까지 중국은 캄보디아에 전문가와 기술자를 연인원 1,153명 파견했다. 캄보디아의 견습생 205명이 중국으로 와서 방직, 종이, 베니어합판 등 분야의 생산 기술을 배웠으며 중국은 캄보디아를 위해 각종 전문 기술자 3,000여 명을 양성했다.[89]

캄보디아는 동남아시아조약기구의 가입과 보호를 거절하고 중립을 지키면서 중국과 수교했다. 미국은 원조를 중단하는 한편 남베트남과 태국에게 교사하여 캄보디아에 경제봉쇄를 실행했고 국경선에서 충돌을 빚으면서 캄보디아의 영토와 영공을 침범했다. 또한 캄보디아 국내의 반대 세력을 규합하여 전복을 시도했다. 1963년 11월 캄보디아 정부는 미국 원조를 일체 거절하겠다고 선언하고 1965년 5월에는 미국과의 국교를 단절한다. 1965년 말 베트남에 대한 미국의 전쟁 확대로 캄보디아에 대한 미국의 전쟁 위협도 더욱 커진다. 중국 지도자들은 미국이 캄보디아를 침략하면 중국은 캄보디아를 전력으로 지원하겠다고 여러 차례 선언했다.

1965년 9월 캄보디아 측의 요구에 의해 중국과 캄보디아 양국은 '중국-캄보디아 씨엠립 공항 증축 원조 관련 회담 기요(紀要)'를 체결한다. 증축

88) 「我對柬埔寨經濟技術援助簡況」, 外交部開放檔案 106-01122-01.
89) 「我國對柬埔寨經濟技術援助情況」.

공사는 1966년 3월에 착공하여 1968년 4월에 전부 완성되었다. 우회 유도
로와 길이 2,550m에 너비 45m인 활주로, 1만 5,200m² 비행기 계류장, 공
항터미널, 기타 기계실 9채와 내비게이션과 야간비행 조명등 설비, 유·무
선 통신시설 및 전력 공급, 급수, 기상 시설 등이 포함되었다.[90] 1966년 4
월 이선념 부총리가 캄보디아를 방문한다. 29일 손산 캄보디아 부수상 겸
경제사무재정대신과 프놈펜에서 '중국-캄보디아 경제 문화 합작 협정'을
체결한다. 캄보디아의 제1회 아시안신흥국경기대회 개최를 돕기 위해 중
국 정부는 건축 면적이 1.9만 m²에 달하는 국제선수촌과 체육관(1966년 10
월 준공)을 원조 건설하고 물자, 설비, 운동기구의 제공을 약속했다. 이 밖
에 캄퐁참로얄대학 실험실(실험실 12개와 실습작업장 1개, 1968년 준공)과
병원(병상 200개, 1969년 준공) 등 플랜트 프로젝트도 포함되었다. 중국 측
통계에 의하면 1956~1969년 중국은 캄보디아에 2억 위안의 경제원조와
3,600만 위안의 군사원조를 제공했다.[91]

1970년 3월 시아누크 국왕이 소련을 방문한 사이에 론 놀이 쿠데타를 일
으켜 친미 정권을 수립한다. 미국은 4월 남베트남 군대와 함께 캄보디아를
침범하여 캄보디아 경내의 베트콩 보급선을 차단하려고 했다. 이러한 전복
과 침략 행위는 국제사회의 반대를 받았다.

중국 정부의 지지로 시아누크의 캄보디아 민족통일전선과 펜 노우스를
수상으로, 키우 삼판을 부수상으로 한 캄보디아 민족단결정부가 북경에서
수립된다. 중국 정부는 론 놀 정권과 국교를 단절하고 캄보디아 민족단결
정부를 공식 인정한다. 중국 정부는 북경 서교의 우의호텔을 캄보디아 민
족단결정부 사무청사로 제공하고 해마다 정부 경비를 제공했다. 북경 동교
민항 15번지 호텔을 국왕 관저로 제공하여 시아누크가 이곳에서 사무를 보

---

90) 『當代中國』叢書編輯部 編輯,『當代中國的民航事業』, 中國社會科學出版社, 1989, p.574.
91) 『中華人民共和國外交史』第二卷, p.53.

고 거주하게 했다. 또한 캄보디아를 도와 대외교류를 확장하여 국제적 지지를 얻었다. 1년도 안 되어 28개 국가의 정부가 캄보디아 민족단결정부와 외교관계를 수립했다. 1975년 캄보디아 민족단결정부와 외교관계를 수립한 국가는 62개국에 달했다.[92]

1970년 5월 20일 모택동은 천안문 광장의 백만 명 군중집회에서 '5 · 20' 성명을 발표하며 여기에서 "중국 인민은 인도차이나 3개국 인민과 세계 각국 인민이 미 제국주의와 그 앞잡이들을 반대하는 혁명 투쟁을 확고하게 지지한다."[93]고 선포한다. 캄보디아 인민의 항미구국전쟁(抗美救國戰爭)을 지원하기 위해 중국 정부는 캄보디아 민족단결정부와 해마다 경제 · 군사 원조 협정을 체결했다. 1970년 3월부터 5년 동안 3.1억 위안의 원조를 제공했다. 다른 한편 캄보디아 국내의 캄보디아 공산당이 지도하는 인민무장 군대에도 무상으로 군사원조를 제공했다. 1975년 4월 캄보디아민족해방군이 프놈펜을 해방하여 론 놀 정권을 뒤엎었으며 항미구국전쟁에서 승리를 거두었다. 시아누크는 "중국이 우리에게 아무런 조건도 부가하지 않은 대규모 원조를 제공했기 때문에 우리가 역사적인 승리를 거둘 수 있었다."[94]라고 했다.

전후 캄보디아 측의 요구에 따라 중국은 6,000만 위안에 달하는 긴급 물자와 프놈펜-콤퐁솜 철도의 긴급 복구에 필요한 물자 및 시공 기계 2.5만 톤을 제공했다. 그리고 공사 기술자 200명을 파견하여 복구를 도왔다. 한편 시멘트, 방직, 종이, 베니어합판 등의 분야의 전문가를 캄보디아에 파견하여 중국이 원조 건설한 공장들의 복구를 도왔다. 1975년 12월 방의 대외경제부 부장이 캄보디아를 방문한다. 중국과 캄보디아 양국은 경제와 과학

제4장 1950~1970년대 말, 동남아 국가에 대한 중국의 원조

92) 『中華人民共和國外交史』第三卷, pp.74~76.
93) 『人民日報』1970年 5月 21日.
94) 『方毅傳』, p.522. 『中華人民共和國外交史』第三卷, pp.74~76.

기술 협력에 대한 의견을 나누고 플랜트 프로젝트 의정서와 과학기술 협력 협정을 체결했다. 이번 협정에서 체결한 플랜트 프로젝트는 도합 34개였으며 캄보디아의 전면 복구와 국민경제의 발전에 중요한 역할을 했다. 프놈펜-콤퐁솜 철도와 프놈펜-포이펫 철도의 복구, 베니어합판 공장의 복구 및 단파 라디오 방송국 증축 등 4개의 프로젝트는 1975~1976년에 완수되었다.[95]

1970년대 후기 캄보디아와 베트남의 국경 충돌이 점차 빈번해진다. 중국 정부는 베트남이 캄보디아에 진공하는 것은 국경 충돌만이 아니라 '인도차이나 연방'을 설립하기 위한 것이며 배후에 소련이 있다고 비난한다. 1978년 손센 민주캄보디아 부총리 겸 참모총장이 중국을 방문했을 때 중국 정부는 베트남의 침략에 반대하는 캄보디아 인민들의 정의로운 투쟁을 지지한다고 선포한다. 그리고 캄보디아 측의 요구에 따라 각종 군사물자의 무상원조를 약속한다.[96] 12월 베트남군이 캄보디아에 침입, 다음해 1월 프놈펜이 함락된다. 이로써 캄보디아에 대한 중국의 경제원조 건설은 부득이 중단된다.

2. 라오스에 대한 원조

중국 정부와 라오스 정부는 1954년 제네바 회의와 1955년 반둥 회의에서 교류를 시작했다. 1956년 8월 중국 정부의 요청에 응해 라오스 수상인 수바나 푸마 왕자가 중국을 방문한다. 푸마와 회담할 때 주은래 총리는 라오스를 원조할 의향을 보인다. 주은래 총리는 "모든 국가는 크거나 작거나를 막론하고 상대국의 존중을 받아야 합니다. 특히 주변국은 더욱 그렇습

---

95) 『方毅傳』, 같은 곳.
96) 『中華人民共和國外交史』 第三卷, p.80.

니다. 우리는 역사적인 우정이 있을 뿐만 아니라 공통된 불행도 있으므로 더욱 잘 이해할 수 있습니다. 우리는 상호 지지해야 합니다. 이는 아시아와 세계 평화에 부합됩니다. 각국의 경제무역 교류와 인민들의 교류는 아주 중요합니다. 그러나 반드시 평등 호혜의 원칙을 지켜야 하며 그 어떤 정치적 조건도 부가해서는 안 됩니다. 우리는 라오스의 독립과 주권을 존중합니다. 우리는 우리의 주변국이 부강하며 독립되고 통일된 국가이기를 바랍니다. 라오스는 국제상의 원조가 필요하므로 각국을 방문해야 할 것입니다. 중국 정부는 당신들의 미국 방문을 반대하지 않을 뿐만 아니라 미국과의 우호도 반대하지 않습니다. 우리도 미국에 가고 싶지만 그들이 못하게 합니다. 우리는 라오스 건설을 도우려고 합니다. 우리가 캄보디아를 돕듯이 그 어떤 정치적 조건도 부가하지 않겠습니다."[97]라고 한다. 푸마도 라오스 정부를 대표하여 "평화 공존 5항 원칙에 동의합니다. 중립 정책을 실행하고 그 어떤 군사동맹도 맺지 않을 것입니다. 라오스의 안전이 위협을 받지 않는 한 제네바 협정에서 규정한 것을 제외한 그 어떤 외국 군사기지도 라오스에 설립하지 못할 것입니다."[98]라고 한다. 이번 방문은 중국과 라오스의 우호적 관계의 시작이었으나 라오스 외교정책에 대한 미국의 간섭으로 중국과 라오스 양국 정부의 관계는 발전하지 못했다.

1960년 미국은 라오스 사반나케트 세력을 부추겨서 반란을 일으킨다. 푸마 왕자는 캄보디아로 망명한다. 중국 정부는 라오스 정부와 푸마 왕자의 요청에 따라 라오스에 재정·경제·군사 원조를 제공한다. 운남성은 라오스의 3개 대대를 훈련시켰다.[99] 1961년 초 푸마 왕자는 라오스로 돌아온다. 3월 중국과 라오스 양국 정부는 각서를 체결하여 상대국에 경제·문화

---

97) 『周恩來年譜』(1949~1976)(上), p.612.
98) 『人民日報』 1956年 8月 26日.
99) 「老撾國王西薩旺·瓦達納訪華卷 : 參考資料」, 外交部開放檔案 204-00923-02.

대표단을 설치할 것을 결정한다. 4월 푸마 왕자와 라오스 애국전선 주석 수파누봉 왕자가 중국을 방문한다. 4월 25일 주은래 총리는 푸마 왕자와 중국과 라오스 양국이 수교를 체결하는 공동성명을 발표한다. 그리고 경제와 문화 협정의 체결을 통해 양국 간의 경제·문화 교류를 강화한다. 10월 중국 정부는 하위(何偉) 베트남민주공화국 주재 중국 대사가 라오스 주재 중국 경제문화대표단 단장을 겸하도록 하고 유춘(劉春)을 부단장으로 임명한다. 12월 2일 주은래 총리가 심사한 외교부의 라오스 관련 사업의 지시 보고는 "라오스 측의 자력갱생을 촉진하는 전제에서 적극적인 원조 방침을 채택해야 한다."[100]고 제안했다.

1961년 4월 중국과 라오스 공동성명에서 라오스 정부의 요청에 응해 중국 정부는 도로 부설을 약속한다. 운남에서 기술조사단을 라오스에 파견하여 현지를 답사하고 퐁사리-바카 도로의 설계를 완성한다. 9월 중국 인민해방군 총참모부는 퐁사리-바카 도로 건설에 "공병대를 파견하여 더 빨리, 더 좋게 부설"하라는 주은래 총리의 지시에 따라 곤명군구(昆明軍區)와 철도병부대에서 각각 공사단을 조직하고 군공지휘부(軍工指揮部)를 설치한다. 공사단은 운남성라오스원조도로부설지도소조의 지휘를 받으며 인부대대와 함께 도로 부설을 맡았다. 1962년 1월 13일 중국과 라오스 정부는 중국이 운남의 맹랍(勐臘)에서 라오스의 퐁사리에 이르는 도로를 원조 부설하는 데 관한 협정을 체결한다. 협정에 의해 중국 정부는 전부의 공사를 책임지고 이 도로의 라오스 구간(퐁사리-바카 도로)의 부설 비용을 전액 부담했다. 이는 중국 정부가 라오스 정부에 제공하는 그 어떤 조건도 부가하지 않은 무상원조이다. 2월 중국 원조 건설 공사단은 라오스 경내에서 공사를 시작한다.[101] 퐁사리-바카 도로는 길이 81.476km에 교량과 배수로만 209개

---

100) 韓懷智·譚旌樵 主編, 앞의 책. pp.559~560.
101) 韓懷智·譚旌樵 主編, 앞의 책. pp.560~561. 中華人民共和國外交部 編, 『中華人民共和

였다. 도로를 열대우림의 산간지역에 부설해야 하므로 시공이 몹시 어려웠다. 파낸 흙, 모래, 돌이 260만 m^3에 달했고 자갈을 깐 면적은 29.9만 m^2에 달했다. 라오스 현지인들의 부담을 가중시키지 않기 위해 중국 근로자들이 먹는 쌀, 밀가루, 식용유, 소금, 채소를 모두 국내에서 운송했다. 라오스 도로정비사들을 위해 8채의 도로정비사 거주시설을 지었으며 벽돌과 기와, 석회도 모두 중국에서 공급했다. 원조 건설 공사단은 라오스 인민들의 민속과 습관을 매우 존중했다. 착공하기 전에 먼저 인원을 파견하여 라오스 인민들의 풍습에 대해 알아보았다. 그리고 라오스 인민들이 믿는 '신산'이나 '용수(龍樹)' 근처에 표시를 해놓아 시공시 훼손하지 않도록 했다. 1963년 4월 도로가 준공되어 5월 라오스 임시민족단결정부에 교부했다. 라오스 측은 이 도로를 '중국-라오스 우의도로'라고 명명했다. 이 도로의 부설로 퐁사리의 남북 교통 상황이 개선되었으며 중국과 라오스의 교통도 한 층 더 편리해졌다.

1962년 12월 푸미 노사반 라오스 임시민족단결정부 부수상 겸 재정대신이 중국을 방문한다. 양국은 양국 간의 경제·기술 협력 발전과 무역 문제에 대해 의견을 나누었다. 12월 4일 양국 정부는 공동성명을 발표한다. 중국 측은 장기 차관 2,000만 프랑을 제공하여 라오스를 도와 중소형 기업을 건설할 것을 약속한다. 그리고 무앙사이-퐁사리 도로를 남타까지 연장하는 문제에 대해 긍정적으로 검토하겠다고 했다.[102]

라오스 국내 정세의 변화와 친미 우익 세력의 간섭으로 새로운 원조는 실행되지 못한다. 1964년 미국이 지지하는 라오스 우익 세력이 정권을 장악한다. 라오스 내전이 확대되며 미국은 라오스 애국전선이 통제하고 있는 해방구와 라오스 경내의 '호치민 트레일'을 공폭한다. 라오스 인민의

國條約集』第11集, 世界知識出版社, 1963, pp.24~25.
102) 『人民日報』 1962年 12月 5日.「老撾國王西薩旺·瓦達納訪華卷：參考資料」.

항미구국전쟁을 지원하기 위해 중국은 라오스 애국전선을 원조하며 라오스를 중점 원조국의 하나로 간주한다. 모택동, 유소기, 주은래 등은 "중국은 라오스에 대한 군사물자 원조를 더욱 강화해야 한다. 라오스애국부대의 병참 공급을 전부 담당해야 한다. 라오스 인민이 얼마를 필요로 하면 중국은 얼마를 제공해야 한다."[103]는 지시를 내린다.

중공중앙의 지시에 따라 1964년부터 중국군은 라오스에 대한 비정기적 원조를 매년 한 차례 원조로 전환하여 능력껏 라오스 원조물자의 생산과 운수를 조직했다. 1966년 말까지 라오스에 원조(푸마 왕자에 대한 원조는 포함되지 않음)한 주요한 설비와 물자는 각종 화기 2.4만여 자루(정), 대포 600여 문, 탄약 3,000만여 발, 포탄 49만여 발, 수류탄 20만여 발, 무전기와 전화기 1,300여 대, 자동차 60여 대, 군복 60만여 벌 등으로 5,000만여 위안에 달했다. 1967년 이후 라오스 애국무력부대의 요구에 의해 중국이 제공하는 원조의 종류와 수량이 급증한다. 총과 탄약을 예로 보자. 1966년 이전에는 해마다 각종 화기 3,800여 자루(정)와 각종 탄약 450만여 발을 원조했다. 1967~1972년 해마다 평균 각종 화기 5,200여 자루(정)와 각종 탄약 900만여 발을 원조했다. 전쟁이 막바지에 이르는 1973~1975년 중국은 라오스에 해마다 평균 각종 화기 1만 7,800여 자루(정)와 탄약 2,300만여 발을 원조했다. 1960~1977년 중국이 라오스에 무상으로 제공한 무기장비와 물자는 화기 11.5만여 자루(정), 대포 2,780여 문, 탱크와 장갑차 34대, 각종 탄약 1.7억여 발, 포탄 267만여 발, 수류탄 92만 발, 지뢰 25.4만 개, 무전기 2,530대, 전화기 2,654대, 자동차 773대, 폭약 958톤, 군복 257만 벌, 식품 771톤 등이다.[104]

무상으로 군사물자 원조를 제공한 외에 중국은 라오스의 요구에 응해 공

---

103) 韓懷智·譚旌樵 主編, 앞의 책. p.560.
104) 韓懷智·譚旌樵 主編, 앞의 책. p.583.

사부대를 여러 차례 파견하여 라오스의 도로를 부설했다. 부설한 주요한 도로로는 무앙사이-보텐 도로, 무앙사이-무앙쿠아 도로, 무앙사이-무앙 호웅 도로, 나투-무앙싱 도로, 무앙호웅-빡벵 도로, 나상-무앙손 도로 등 이다. 이러한 도로의 부설은 라오스 북부의 교통 불편 상황을 개선했고 라 오스의 북부와 중부 및 남부를 이음으로써 라오스 인민의 해방전쟁과 전후 경제 건설을 강력하게 지원했다. 1978년 5월 말 라오스 원조 도로 부설 공 사부대와 후방 보급 보장 부문은 원조 임무를 마치고 전부 귀국한다. 1962 년부터 10여 년 동안 중국은 도합 공사부대를 18차례, 인부대대를 3차례 파견했는데 직접 시공에 참여한 인원은 7만여 명이고 투입한 각종 시공기 계는 2,250여 대이다. 라오스에 도로 822.416km를 부설했고 교량 131개, 배수로 2,677개를 건설했으며 아스팔트 면적이 458만여 m²였다. 1km당 건설비는 31만 위안으로 모래, 돌과 일반 목재를 제외한 강재, 시멘트 등은 모두 중국에서 공급했고 인건비를 포함한 일체 비용도 중국에서 부담했다. 전쟁 기간 순조로운 도로 부설과 근로자들의 안전 보장을 위해, 그리고 라 오스인민당의 요구와 중국과 라오스 쌍방의 협정에 의해 1969년 3월~1973 년 11월 중국군은 고사포부대 2.1만여 명을 라오스에 파견하여 방공 작전 을 수행한다. 라오스 원조물자를 제때 라오스로 운송하기 위해 중국은 국 내에서 철도, 도로, 항공 운수를 했을 뿐만 아니라 전문 운수 자동차 2,600 여 대, 임시 운수 자동차 660여 대, 말과 나귀 900여 필을 동원하여 운수를 담당했다. 라오스 원조부대는 열악한 시공 조건과 방공 작전에서 많은 사 람들이 부상을 입었으며 희생자도 269명이나 되었다.[105] 1978년 3월 수파 누봉 리오스인민민주공화국 주석은 중국 도로 부설 지휘부에 1급 자유훈장 을, 도로 부설 지휘부 산하의 6개 공사건축대 및 7개 분대에 1급 노동훈장 을, 17개 부문과 2명의 개인에게 2급 노동훈장을, 3명에게 1급 영웅훈장을,

제4장 1950~1970년대 말, 동남아 국가에 대한 중국의 원조

---

105) 韓懷智 · 譚旌樵 主編, 앞의 책. p.560. p.573.

207명에게 2급 영웅훈장을 수여한다. 중공중앙군사위원회도 "무산계급 국제주의 의무를 이행하고 중국과 라오스 두 정당과 양국 인민의 우의를 증진하는 데에 기여하여 우리 당과 우리 군과 위대한 사회주의 조국에 영예를 드높였다."[106]라고 공개 표창했다.

1973년 1월 베트남과 미국이 체결한 '베트남에서의 전쟁 종결과 평화회복에 관한 협정'에서 미국과 베트남은 라오스와 캄보디아의 중립을 존중하고 라오스와 캄보디아의 내정은 양국 인민들이 외세의 간섭이 없는 상황에서 자주적으로 해결한다고 했다. 2월 라오스 애국전선과 비엔티안 정부는 라오스 평화 회복 및 민족 화목 실현 협정을 체결한다. 여러 차례의 회담과 협상을 거쳐 1974년 4월 푸마를 수상으로 하는 라오스 임시민족연합정부와 수파누봉을 주석으로 하는 라오스 민족정치연합위원회를 구성한다. 연합정부 설립 후 라오스 인민혁명당 대표단이 중국을 방문한다. 라오스 측의 요구에 의해 양국은 협정을 체결하며 중국은 8,800만 위안에 달하는 무상원조를 약속한다. 9월 라오스 연합정부 대표단이 중국을 방문할 때 양국 정부는 경제·기술 협력 협정을 체결하며 중국 정부는 장기 무이자 차관 5,000만 위안을 제공하기로 한다.

1975년 12월 라오스 전국인민대표대회가 비엔티안에서 소집되는데 이 회의에서 군주제를 철폐하고 라오스인민민주공화국을 수립한다. 수파누봉이 국가주석과 최고인민회의 주석에 임명되고 카이손 폼비한이 정부 총리에 임명된다. 이는 라오스 민족민주혁명이 라오스에서 거둔 승리를 상징한다. 라오스 인민의 외국 침략을 반대하고 민족독립 해방을 쟁취하는 투쟁에서 중국 정부는 시종일관 인도차이나 인민의 든든한 후방 역할을 했다. 1959~1975년 중국은 라오스에 8억 9,567만 위안을 원조했다. 이 중 약

---

106) 張愛萍 主編, 앞의 책, p.276.

5,000만 위안에 달하는 외화 차관을 제외하면 모두 무상원조이다.[107]

1976년 3월 카이손 폼비한 라오스 인민혁명당 서기장 겸 정부 총리가 중국을 방문한다. 중국과 라오스 양국은 회담 후 3월 18일 경제·기술 협력 협정을 체결했다. 협정에 의해 중국 정부는 1976~1980년 라오스 정부에 그 어떤 조건도 부가하지 않은 4,500만 위안의 무이자 차관을 제공하기로 약속했다. 차관의 구체적 사용을 보면, 1976년 중국 정부는 라오스 정부에 1,500만 위안의 일반 상품을 제공했고 나머지 3,000만 위안은 차관 사용 기간 내에 라오스 정부의 수요와 중국 정부의 가능성에 따라 중국 정부가 플랜트 프로젝트와 기술원조를 제공하기로 했다. 이 차관은 라오스 정부가 1991년부터 2000년까지 10년 내에 국제시장가격으로 중국에 제품을 수출하거나 화폐로 상환하면 되었다.[108] 새로운 원조 협정은 다시 한 번 원조 방식을 확정했다. 그리고 원조금도 전시에 비해 많이 줄었다. 이는 중국의 대외원조가 1970년대 전반기에 급속히 증가된 후 중국 국력과 지역 상황의 변화에 의해 조정한 결과이다. 이는 라오스의 원조 요구와 크게 차이가 났다. 1977년 6월 카이손 폼비한은 소련 방문 길에 중국에 들러 해마다 라오스에 무이자 차관을 제공할 것과 무상으로 군사원조를 제공할 것을 재차 요구했다. 중국 정부는 중국의 경제 상황 때문에 2~3년 내에는 새로운 원조를 제공할 수 없으나 이미 협정을 체결한 원조 사항은 실행하겠다고 대답한다. 7월 라오스와 베트남은 우호 협력조약을 체결하며 조약의 형식으로 라오스와 베트남 양국이 반프랑스전쟁과 반미전쟁에서 이룩한 특수한 관계를 공고히 했다. 한편 1978~1980년 베트남이 라오스에 원조와 차관을 제공한다는 협정을 체결했다.

107) 『中華人民共和國外交史』 第三卷, 앞의 책, p.83.
108) 中華人民共和國外交部 編, 『中華人民共和國條約集』 第23集, 世界知識出版社, 1982, pp.24~25.

소련의 인도차이나에 대한 개입과 중국과 베트남 관계의 급격한 악화로 라오스는 친소련 · 친베트남 정책을 실시한다. 라오스가 중국과의 관계와 캄보디아의 문제에서 베트남의 정책을 지지하면서 중국과 라오스의 관계는 심각하게 악화된다. 1979년 2월 중국과 베트남의 전쟁에서 라오스 정부는 성명을 발표하여 중국의 베트남 침략을 비난한다. 그리고 중국이 라오스의 안전을 위협하고 라오스에 대해 전복 활동을 한다고 하면서 중국 원조 공사 중단과 근로자, 기술자, 전문가 및 라오스 주재 중국 경제대표처 철수를 요구한다. 4월 중국은 라오스 북부지역에서 무앙남빽–루앙프라방 도로를 원조 건설하던 중국 공사 기술자를 전부 국내로 철수시킨다. 라오스에 대한 중국의 20여 년에 달한 원조는 이렇게 중단되었다.

3. 미얀마에 대한 원조

미얀마는 가장 일찍 중화인민공화국을 승인한 비사회주의 국가이다. 1950년 6월 중국과 미얀마는 수교한다. 1954년 6월 주은래 총리는 미얀마를 방문하여 우노 총리와 공동성명을 발표한다. 평화 공존 5항 원칙을 공동 제창하고 양국 관계의 발전에서 새로운 진전을 기대했다. 당시 중국은 '쌀 위기'를 겪는 미얀마에 구원의 손길을 보냈다. 중국은 미얀마와 3년 기한의 무역협정, 미얀마 쌀과 중국 수출 상품 교환 의정서 및 중국이 미얀마 쌀 15만 톤을 구입할 계약 등을 체결했다. 양국의 경제무역 협력은 새로운 역사를 시작했다.

1955년 미얀마 정부의 요구에 의해 중국은 미얀마를 도와 국영 방직공장인 타마이 방직공장을 증축할 협정을 맺는다. 이듬해 7월 17일 중국기술수출입공사는 양곤에서 미얀마 정부의 무역 및 물자공급부 대표와 협정을 체결한다. 중국기술수출입공사가 타마이 방직공장의 초보적 증축계획과 건축 설계 도면을 기초하고 설비를 전부 공급하도록 했다. 여기에는 방추 2.1만 개와 자동 방직기 196대 및 보조 기기가 포함되었다. 기계, 설비와 물자는 1955~1956년 미얀마의 쌀과 중국 수출상품 의정서에 의해 교환한 것이다. 미얀마 정부의 요청으로 중국 측은 전문가를 파견하여 공장 건축과 설비 기계 설치에 협조했다. 무역 방식으로 증축을 도운 방직공장은 중국 방직공업에서 가장 처음으로 청부맡은 대외원조 프로젝트이다. 1956년 8월 착공하여 1957년 말에 준공되었으며 1958년 4월부터 생산을 시작했다. 이 방직공장은 해마다 이윤을 내어 미얀마 측의 높은 평가를 받았다. 이는 중국의 미얀마 경제ㆍ기술 원조 사업에 양호한 기초를 닦아놓았다.[109]

양국 지도자와 정부의 노력으로 중국과 미얀마 양국은 1960년 우호 및 상호 불가침 조약과 국경선 협정을 체결한다. 이는 양국 관계를 새롭게 발전시켰으며 양국의 경제ㆍ기술 협력에 유리한 환경을 마련했다.

1961년 1월 주은래 총리가 미얀마를 방문한다. 양국은 경제협력과 기술원조에 대해 회담을 나눈다. 1월 9일 중국과 미얀마는 첫 번째 경제ㆍ기술협력 협정을 체결하여 다음과 같이 규정했다. 첫째, 중국 정부는 1961년 10월 1일부터 1967년 9월 30일 사이 미얀마 정부에 그 어떤 조건과 특권을 부가하지 않은 무이자 차관 3,000만 파운드(약 2억 679만 위안)를 제공한다. 미얀마 정부는 1971년부터 1980년까지 10년 내에 중국이 허락하는 미얀마의 수출품이나 제3국의 화폐로 정기 분할 지불한다. 둘째, 중국 정부의 여건과 미얀마 정부의 수요에 따라 중국 측은 미얀마에 전문가와 기술자를 파견하여 기술원조를 제공하고 플랜트 설비, 기자재나 기술을 제공하며 미얀마의 기술자를 양성한다. 기타 물자를 제공하여 협정을 맺은 프로젝트 건설에 부족한 자금을 마련하도록 한다. 셋째, 파견된 중국 전문가와 기술자의 교통비와 미얀마에서 근무할 때의 급여는 중국 정부가 부담한

109) 『人民日報』1956年 7月 19日. 錢之光 主編, 『當代中國的紡織工業』, 社會科學文選出版社, 1984, p.584. 「緬甸對外貿易簡況和中緬貿易關系, 我對緬經濟技術援助等」, 外交部開放檔案 203-00515-05.

다. 중국 전문가와 기술자가 미얀마에서 근무할 때의 생활 비용은 차관에서 지불하며 그 생활비 기준은 미얀마의 동급 전문가와 기술자의 기준을 초과하지 못한다. 미얀마 정부가 중국에 파견한 견습생의 생활비는 차관에서 지불한다.[110]

협정이 체결된 후 중국은 1961년 9월 종합전문가팀을 미얀마에 파견한다. 협정을 실행할 관련 사항을 미얀마 측과 논의하고 협정 실행의 의정서와 전문가 업무 조건 교환 문서 등 초안에 대해 합의를 본다. 12월 미얀마 정부는 타킨 틴 재정과세무및국가계획부 장관을 중국에 파견하여 차관의 사용에 대해 논의한다. 양국은 경제 · 기술 협력 협정 의정서, 전문가 업무 조건 교환 문서, 기술협력 분야의 교환 문서 등을 체결한다. 이 중 열거한 구체적 원조 사항은 다음과 같다. 중국은 미얀마에 면직물공장, 종이공장, 제당공장(2개소), 베니어합판 공장(2개소), 타이어공장, 수력발전소(3개소), 교량(2개), 압연공장 재건, 기계공장, 와 주 도로 등 15개의 플랜트 설비 프로젝트를 제공한다. 전문가를 파견하여 도자기공업, 시멘트공업, 통조림 제조업, 제혁업, 신발제조업과 주스농축액 공장 설립 가능성을 조사했고 양잠업, 목축업, 과수 재배, 차 재배와 차 가공 등에 대해 기술 지도를 했다. 또한 미얀마 견습생의 중국 유학 등 12개 기술협력 등이 포함된다.[111] 이러한 플랜트 프로젝트는 1960년대 중반에 완성된다. 이를테면 비린 제당공장, 쿤롱 가동교, 메이크틸라 방직공장 등이다.

1966년 중국에서 '문화대혁명'이 시작된 후 중국과 미얀마의 관계는 악화된다. 1967년 6월 미얀마에서 반중국 운동이 일어난다. 미얀마 주재 중국 대사관, 중국의 미얀마 원조 공사 집행 기구인 미얀마 주재 중국 대사관 경제참사처, 중국 전문가 숙박시설 등이 폭도들의 습격을 받아 중국 전문가

중국 대외원조 60년

---

110) 『中華人民共和國條約集』 第10集, pp.9~11.
111) 「緬甸對外貿易簡況和中緬貿易關系, 我對緬經濟技術援助等」.

1명이 사망한다. 미얀마 정부는 딴옌곤 타이어공장, 쿤롱 수력발전소 등 중국 원조 건설공사를 중단시키며 10월 중국 정부에 각서를 보내 모든 중국 전문가와 기술자의 철수를 요구한다. 11월 4일 미얀마 원조 공사에 참여하던 중국 전문가 412명은 귀국하며 중국이 미얀마 정부에 대한 원조는 중단된다.

1970년대 초 중국과 미얀마 양국 관계는 정상을 회복한다. 1971년 8월 네윈 미얀마 연방혁명위원회 주석 겸 정부 총리가 중국을 방문한다. 10월 7일 진조원(陳肇源) 미얀마 주재 중국 대사와 마웅 르윈 미얀마 국민계획부 차관은 양곤에서 중국과 미얀마의 경제·기술 협력 협정에 대한 각서를 교환한다. 미얀마 정부의 요구에 따라 중국은 1961년 양국 정부의 경제·기술 협력 협정에서 규정한 차관 사용 기한을 1975년 9월 30일까지 연장하고 상환에 대해서는 1980년 10월 1일부터 1990년 9월 30일까지 10년 내에 분할 지불하도록 한다. 11월 19일 백상국(白相國) 중국 대외무역부 부장과 마웅 르윈 미얀마 무역부 장관은 북경에서 무역협정과 상품 차관 협정을 체결한다.[112]

1972년 1월 1일을 전후하여 주은래 총리의 지시에 따라 외교부는 일부 업무자를 미얀마 주재 중국 대사관에 파견하여 대사관 경제참사처를 설치하고 이미 체결한 미얀마 원조 프로젝트를 회복한다. 중국은 수력발전, 타카우교 추가 건설, 시멘트, 열발전소 등의 조사단을 미얀마에 파견한다.

이 중 샨주 남부 살원강의 타카우교는 1964년에 착공하여 1967년에 기초공사를 끝내고 중단된다. 추가 공사는 1973년에 시작되며 1974년 3월에 개통된다. 메이크틸라 방직공장 증축도 이 시기 중요한 원조 성과이다. 메이크틸라 방직공장은 중국이 미얀마를 원조하여 건설한 두 번째 방직공장으로 1967년에 생산을 시작했으며 방추 4만 개와 직기 600대가 있었

---

112) 『人民日報』 1971年 10月 9日. 1971年 11月 20日.

다. 1974년 10월 제1기 증축공사가 시작되어 1976년 5월 생산을 시작하며 1978년 제2기 증축공사가 준공된다. 생산품은 미얀마 국내시장의 10%를 점유했다. 1978~1979년부터 메이크틸라 방직공장은 연속 4년 미얀마 제일공업부의 모범 공장으로 선정된다. 미얀마 측의 계산의 의하면 증축하기 전의 공장은 5년 만에 투자를 회수할 수 있으며 증축한 부분은 8년이면 투자를 회수할 수 있다고 했다. 미얀마 양곤대학 경제학과 교수와 학생들이 공장의 경제적 효과에 대해 조사한 바에 의하면 중국이 원조 건설한 메이크틸라 방직공장과 규모가 비슷한 자본주의 국가에서 원조 건설한 2개의 방직공장을 비교하면 메이크틸라 방직공장은 투자가 1/2~2/3쯤 적었다.[113]

총적으로 1970년대 미얀마에 대한 중국의 원조는 1971년에 상품 차관을 제공한 외에 주로 복구나 증축 전의 공사를 원조한 것이다. 1979년 7월 우 마웅 마웅 카 미얀마 총리가 중국을 방문했을 때 중국과 미얀마 양국 정부는 7월 12일 북경에서 새로운 경제·기술 협력 협정을 체결했다. 이 협정에 의해 1980년 7월 3일 양국은 관련 의정서를 체결하여 새로운 미얀마 원조를 실행하기 시작했다.

4. 인도네시아에 대한 원조

인도네시아는 1950년 4월 13일 독립한 지 얼마 안 되어 중국 정부와 수교했다. 양국 관계 발전의 초기에는 무역 교류 외에 화교들의 이중국적 문제를 해결하는 것이 중요한 문제였다. 1950년대 말 중국은 인도네시아의 반제국주의, 반식민주의와 주권을 수호하기 위한 투쟁을 지원하고자 군사원조와 경제·기술 원조를 제공하기 시작한다.

113) 錢之光 主編, 앞의 책, pp.564~565.

1957년 10월 하타 인도네시아 부통령이 중국을 방문했을 때, 주은래 총리는 2,000만 달러의 차관으로 인도네시아에 방직공장을 건설해줄 것을 요구한 하타 부통령의 요청을 받아들인다. 그러나 협정은 체결하지 않았다. 이듬해 초 네덜란드와 미국이 지지하는 가운데 인도네시아에서 쿠데타가 일어나며 인도네시아 정부는 중국 정부에 지원을 요구한다. 2월 수반드리오 인도네시아 외교부 장관은 황진(黃鎭) 인도네시아 주재 중국 대사에게 공장 건설에 관한 사항을 잠정하고 그 차관으로 쌀과 면포를 제공할 것을 요청한다. 중국은 4,666.8만 스위스프랑(약 5,468만 위안)에 달하는 쌀 2만 톤, 면포 120만 필, 면사 6,500볼을 인도네시아에 원조했다. 4월 17일 황진 대사는 하디 인도네시아 정부 부총리 겸 외교부 장관 대리와 양해각서를 체결한다. 차관 액수는 4,800만 스위스프랑(양측은 133.2만 스위스프랑의 잔금은 사용하지 않기로 함)으로 1959년부터 10년간 인도네시아 정부는 파운드, 기타 화폐 혹은 중국이 요구하는 인도네시아 물품으로 상환하며 연이자율은 2.5%였다.[114]

인도네시아는 네덜란드가 점령한 서이리안을 수복하기 위해 투쟁하고 있었고, 이를 지원하기 위해 중국 정부는 인도네시아 정부의 요구에 따라 1958~1959년 육해공군 장비를 제공했다. 그리고 1961년 3월 27일 특수 물자 차관 협정서를 체결했다. 1963년 인도네시아 정부는 차관의 탕감과 상환 기간 연장을 요청한다. 중국 정부는 인도네시아의 경제적 어려움과 채무 압력을 고려하여 모든 차관(751만 파운드, 약 6,899만 위안)을 무상원조로 바꾸었다.

1961년 4월 중국 인도네시아는 우호조약을 체결한다. 양국은 우호 협력에 입각하고 평등 호혜와 내정 불간섭의 원칙에 따라 양국의 경제와 문화관계를 더욱 발전시키려 했다. 10월 11일 양국 정부는 경제·기술 협력 협

---

114) 「接待印尼副首席部將兼外長蘇班德里約參考資料」, 外交部開放檔案 108-01094-02.

정을 체결했다. 이 협정에서 1961년 12월 1일~1965년 11월 30일 중국은 인도네시아에 그 어떤 조건과 특권도 부가하지 않은 장기 차관 1억 2,960만 스위스프랑을 제공하며 연이자율을 2%로 정했다.[115]

이 차관은 중국이 인도네시아에 방추 19만 개에 필요한 설비와 재료를 제공하여 방직공장 8개소를 건설하는 데 사용하기로 결정했다. 이 중 방가람(3만 개), 파통(2.5만 개)과 그 외 방추 1.5만 개 규모의 다른 한 방직공장(자력 발전소를 모두 포함)을 중국 측에서 설계했다. 나머지 5개소는 인도네시아가 중국의 설계를 참고로 자체 설계했다. 그러나 양국의 사정으로 인해 진척이 빠르지 못했다. 당시 중국은 3년 재해 시기로 경제가 아주 어려웠다. 그러므로 진척을 늦추어 공사를 단계별로 진행하려고 했다. 인도네시아도 경제가 어려워 공장을 건설할 자금을 해결하지 못했다. 이러한 상황에 의해 1963년 양국은 중국 측이 차관의 20%를 일반 물자로 제공하여 공장 건설 자금으로 하며 1964년부터 3년에 나누어 지불하기로 계약한다. 새로운 계약은 공사의 실행을 추진했다. 1963년과 1964년 양국은 선후하여 방가람과 파통의 방직공장의 설비, 설계, 전문가 등에 관한 계약을 체결하고 공사를 시작했다.

1964년 12월 인도네시아의 요구에 의해 중국 정부는 무이자 차관 5,000만 달러를 제공하기로 했다. 이 중 1,000만 달러는 현금이고 4,000만 달러는 플랜트 설비와 물자였다. 1965년 양국은 관련 협정을 체결했다. 1963년 발리 화산 폭발 때에 제공한 구호물자와 종이공장 등 원조 건설공사까지 합치면 인도네시아에 대한 중국의 원조는 3억 1,179만 위안에 달했다.[116]

1965년 인도네시아의 '9·30사건' 후, 인도네시아 우익과 군인 세력은

---

115) 中華人民共和國外交部 編, 『中華人民共和國條約集』第10集, 法律出版社, 1962, pp.245~247.
116) 「我對印尼經濟技術援助槪況」, 外交部開放檔案 105-01676-03.

대규모 반중국 운동을 일으킨다. 1966년 4월 18일 중국 외교부는 인도네시아 정부에 각서를 보내 양국 경제협력이 이미 파괴되어 방가람 방직공장 원조 건설을 할 수 없음을 통지한다. 중국 측은 공사를 중단하고 전문가를 철수시킨다.[117] 이후 '문화대혁명' 운동의 고조로 중국의 외교는 좌경 사조의 영향과 파괴를 받는다. 중국과 인도네시아의 관계는 더 악화되고 양국은 양국 관계의 처리에서 모두 과격한 행위를 보이기도 했다. 1967년 10월 양국은 대사관을 철수하고 국교를 단절했다.

5. 소결

중국 대외원조의 초기 30년 역사에서 동남아 국가에 대한 원조에는 특수한 의의가 있다. 뚜렷한 지역적 특성이나 시대적 특성을 보여주었을 뿐만 아니라 중국 대외원조의 공통된 특성도 보여주었다.

첫째, 동남아는 지정학적으로 중국과 관계가 밀접하여 중국의 대외원조가 가장 일찍 지역적 원조 규모를 형성한 지역이다. 그리고 상당히 오랜 기간 동안 중국 대외원조에서 중점 원조 지역이었다. 이는 중국과 미국의 적대적 관계 및 동남아 지역에 대한 미국의 간섭 침략과 밀접한 관련이 있다. 중국은 평화 시기에 경제·기술 원조를 제공했고 동남아 국가가 서방 식민주의나 제국주의의 무장 침략을 받을 시에는 군사원조를 늘림과 동시에 원조 규모를 확대했다.

신중국의 대외원조는 거의 공화국의 역사와 함께 시작되었다. 처음부터 중국 대외업무의 중요한 구성 부분이 되었으며 외교 사업에 기여해야 했기 때문에 중국 외교정책의 수단이 되었다. 혁명과 전쟁을 배경으로 정치적 동기와 안보적 동기는 중국 대외원조 정책 결정에서 주도적 역할을 했다.

---

117) 『人民日報』 1966年 4月 19日.

제국주의, 식민주의, 패권주의를 반대하고 민족해방운동을 지원하며 세계
와 지역의 평화를 이룩하고 국가안전을 보장하는 것이 원조의 목적이었다.
상술한 원칙은 중국이 원조 대상과 중점을 확정하는 중요한 근거였다.

　신중국 건립 이후 미국을 비롯한 서방 국가는 태평양 서해안의 도서를
중심으로, 즉 북쪽의 일본열도에서 한반도와 대만을 거쳐 남쪽의 필리핀
군도와 인도차이나 반도, 말레이 반도에 이르는 공산주의 저지 전략 방어
선을 구축하여 중국을 군사적으로 포위했다. 이 방어선의 남단에 위치한
동남아 지역은 동서방 양대 진영의 대치와 동아시아 민족해방운동의 고조
로 사회주의와 제국주의, 민족주의와 식민주의 갈등과 전쟁의 최전방에 자
리하게 된다. 그러므로 중국의 대외원조가 가장 일찍 주목한 지역이 되며
중국에 대한 미국의 포위를 돌파할 가능성이 있는 취약한 고리도 되었다.

　당시 동남아에는 세 가지 세력이 나타난다. 사회주의 진영에 다가선 베
트남민주공화국(북베트남)과 평화 중립과 비동맹을 주장하는 캄보디아, 미
얀마, 인도네시아, 라오스 및 미국의 지지를 받는 베트남공화국(남베트남)
과 미국 편에 가담한 태국, 필리핀, 말레이(오늘의 말레이시아)이다. 베트
남 독립전쟁이 시작되면서부터 약 10년간 북베트남, 캄보디아, 미얀마, 인
도네시아, 라오스는 중국의 원조를 받았다. 원조의 규모를 보자. 플랜트 프
로젝트 원조를 예로 들면 1954년 12월부터 1960년 6월 말까지 중국은 9개
국과 경제·기술 원조 협정과 의정서를 체결하고 플랜트 프로젝트 182개
를 대외원조로 제공했다. 이 중 사회주의 국가를 원조한 것이 165개인데 베
트남이 100개를 차지했다. 아시아-아프리카 민족주의 국가는 17개이며 캄
보디아 8개, 미얀마가 1개이다.[118] 1960년대 라오스와 인도네시아에 대한
원조는 동남아 지역의 원조가 중국 대외원조 지역 분포 구성에서 차지하는
비중을 늘렸다. 1960년대 중·후반에서 1970년대 중반에 이르러 비록 중

---

118) 「幾年來對外經濟技術援助工作」.

국은 인도네시아에 대한 원조를 중단했고 미얀마에 대한 원조도 우여곡절을 겪었지만 미국의 베트남 전쟁 확대와 소련의 영향으로 중국은 다시 한 번 베트남, 라오스, 캄보디아, 특히 베트남에 대한 원조를 늘린다. 베트남, 라오스, 캄보디아 인민이 미국에 대항하는 전쟁을 지원하는 것은 당시 중국 대외원조 사업의 중점이 되었다. 원조 금액이 급속하게 증가한 해에는, 이를테면 1972년 베트남에 대한 중국의 원조는 모든 대외원조 지출의 60%를 차지했다.[119] 1975년 중국의 원조 총액에서 베트남, 북한, 알바니아, 라오스, 캄보디아 등 5개국에 대한 원조가 62.9%를 차지했다.[120]

둘째, 대외원조에서 원조 대상을 이데올로기에 따라 구분했다. 중국이 경제·기술 원조를 제공하는 주요 대상은 "사회주의 진영의 경제가 발달하지 못한 형제국과 아시아-아프리카 지역의 이미 독립을 이룩했거나 독립을 이룩하고 있는 평화 중립국이다."[121] 대외원조 업무의 배치에서 중국은 이 두 사회제도의 국가에 차이를 두었다. 사회주의 국가를 우선시했으며 원조 목적은 그들의 자력갱생을 돕거나 추진하여 경제상의 독립자주와 사회주의 건설의 발전을 촉진하고 사회주의 진영의 단결을 공고히 하며 사회주의 진영의 힘을 강대하게 하는 것이다. 한편, 민족주의 국가는 쟁취의 대상으로 원조 목표는 그들을 도와 독립적인 민족경제를 건립하고 발전시키며 그들의 자력갱생을 촉진하여 제국주의에 적게 의존하도록 하는 것이다. 또한 그들의 평화 중립과 반제국주의 투쟁을 지지하고 반제국주의통일전선을 확대하며 중국의 아시아와 아프리카에서의 정치적 영향력을 제고하는 것이다. 중국 정부는 민족주의 국가의 통치계급은 정치적으로 이중적이므로 그들이 중국의 원조를 대하는 태도에도 이중성이 보인다고 했다. 한

---

119) 『方毅傳』, p.488.
120) 『方毅傳』, p.502.
121) 「幾年來對外經濟技術援助工作」.

편으로 중국의 원조를 얻어 자국의 경제를 발전시켜 어려움을 해결하려 했으며 다른 한편으로는 중국의 원조를 경계하면서 중국의 정치적 영향을 제한하려고 한다. 원조의 태도, 절차와 규모에서 베트남에 대한 중국의 원조는 적극적이고도 강력하게 그리고 전면적으로 원조하는 방침을 따랐으므로 동남아 지역에 대한 중국의 원조 총액에서 줄곧 첫 자리를 차지했다. 민족주의 국가에 대해 그들의 각 시기의 정치적 태도에 의해 조심스럽게 중점적이고도 선택적으로 적당한 원조를 제공했다. 이를테면 1959년 인도네시아 통치계급은 대규모의 반중국 활동을 벌인다. 중국 정부는 인도네시아에 대한 물자원조를 삭감하거나 중단하고 화교 문제를 신속하게 해결하도록 외교적 노력을 기울였다.

셋째, 동남아 국가에 대한 경제·기술 원조는 중국과 동남아 국가들이 경제·기술 협력을 구축하고 발전시키는 중요한 수단이다. 특히 중국이 독립과 주권의 상호 존중, 평등 호혜, 내정 불간섭을 바탕으로 양국 관계를 구축하는 중요한 실행 방법이다. 이러한 국가의 관계와 관련해 주은래 총리는 1955년 5월 「아시아-아프리카 회의에 관한 보고」에서 "이는 일종 국가주권과 민족독립을 존중하는 관계이며 평등 상조와 경제의 공동 발전을 기초로 하는 새로운 국가관계이다."[122]라고 지적했다. 대외원조에서의 구체적 구현은 다음과 같다.

먼저, 원조국과 수원국은 주권이 평등해야 한다. 그 어떤 조건도 부가해서는 안 되며 군사적, 정치적, 경제적으로 불리한 의무를 수원국에게 강요해서는 안 되고 특권을 요구해서는 더욱 안 된다.

대외원조 사업에서 중국은 국제주의를 견지하고 대국주의를 반대했다. 수원국의 주권과 독립을 존중하며 원조를 빌미로 타국을 간섭하고 통제해서는 안 된다고 했다. 중공중앙은 베트남 독립전쟁 시기 베트남을 원조하

---

122) 『人民日報』 1955年 5月 17日.

면서 중국의 원조는 사심이 없는 무상원조이며 그 어떤 정치적 조건도 부가하지 않는다고 했다. 베트남에 고문단을 파견할 때 1950년 '베트남 원조 고문단 공작 수칙', 1953년 '고문 수칙'과 '중공중앙 고문단 공작 관련 지시', 1955년 '중공중앙 베트남 주재 중국 전문가 및 기술자 약간 문제 관련 지시'에서 모두 이 사상을 강조했다. "베트남 고문과 전문가는 반드시 상대방을 존중하며 '흠차대신'이 되어서는 절대 안 된다. 혼자 독단 처리해서는 안 되며 사사건건 간섭하거나 상대방에게 강요해서도 안 된다."고 요구했다.

1956년 중국과 캄보디아는 경제원조 협정을 체결할 때 평화 공존 5항 원칙을 명문으로 규정했고 중국이 제공하는 경제원조는 그 어떤 조건도 부가하지 않는다고 강조했다. 이러한 원조는 캄보디아의 신임을 얻었다. 『유에스 뉴스 앤 월드리포트』 잡지는 시아누크 국왕에게 캄보디아와 중국 관계의 소개를 부탁했다. 시아누크는 "중국은 현재까지 우리에게 모범을 보여주었다. 중국의 인구는 7억 명이고 우리는 600만 명이다. 그러나 중국은 우리를 존중한다. 중국은 우리의 독립과 중립을 존중하고 우리의 내정을 간섭하지 않으며 캄보디아인 사이에서 그 어떤 선전도 하지 않는다. 심지어 캄보디아의 수많은 화교(30만 명)에게 우리의 법률을 지키고 우리의 말을 배우며 우리나라의 국가 건설에 적극 참여할 것을 호소했다. …… 중국이 경제와 군사 분야에서 제공한 원조는 미국이 1963년 11월까지 제공한 원조에 비해 훨씬 적다. 그러나 중국의 원조는 그 어떤 조건도 부가하지 않고 그 어떤 사람을 불안하게 하는 요구도 제기하지 않았다. 중국은 원조를 적합하고도 겸손하게 제공한다. 원조를 우리 사업에 내한 '미미한 기여'라면서 우리에게 제공한다. 수원국의 존엄을 보전해주는 것이다."라고 했다.[123]

다음, 중국이 원조를 제공하는 목적은 수원국이 점차 자력으로 경제의

---

123) 『人民日報』1965年 6月 8日.

독립 발전을 이루도록 하는 것이며 수원국이 중국에 의존하게 하는 것이 아니다. 이는 중국의 대외원조 사업을 지도하는 중요한 방침과 원칙이다. 중국은 민족독립을 이룩한 아시아와 아프리카 국가들의 경제적 독립은 정치적 독립을 공고히 하는 중요한 의의가 있다고 간주했다. 그러므로 중국은 수원국의 입장에 입각하여 수원국을 고려해주고 수원국을 도와 민족경제의 발전에 진력했다.

중국이 원조한 동남아 국가는 모두 서방 국가의 식민지였다. 독립한 지 얼마 안 되어 생산력이 낙후하고 하부구조가 취약하다. 플랜트 프로젝트 원조를 제공할 때 중국은 수원국의 다양한 하부구조와 기술 수준에 의해 원료가 보장되고 시장 수요가 많은 프로젝트를 선정했다. 투자가 적고 효과가 빠른 것을 건설하여 수원국 정부가 외화 지출을 줄이고 수입을 늘리록 했다. 방직공장의 원조 건설을 보자. 비록 방직품은 중국의 전통 수출품이지만 수원국의 조건이 구비되면 중국은 힘껏 건설을 도왔다. 원조 건설을 할 때는 먼저 수원국의 목화 생산 여부를 살핀 후 방직 테스트를 하며 이를 바탕으로 수원국의 형편에 맞는 합리적인 가공 조건과 부대 설비 배치 방안을 정했다. 중국이 타마이 방직공장을 원조 건설하기 전에 미얀마는 미국의 차관과 미국 전문가의 설계로 이미 방직공장을 건설했다. 미얀마의 목화는 섬유가 짧고 굵기 때문에 20갈래씩 방적할 수 없으므로 미국에서 목화를 수입해야 했다. 생산 원가가 높을 뿐만 아니라 가공도 적합하지 않고 품질도 좋지 않으며 생산량도 적어 해마다 적자를 냈다. 미얀마는 제2방직공장 입찰공고를 냈다. 미국, 영국, 일본의 방적기계 공장이 경쟁 입찰을 할 때 모두 미국의 목화로만 중간 번수의 실을 방적할 수 있다고 밝혔다. 미얀마 측은 중국에 공장 건설을 의뢰했다. 가장 중요한 이유는 중국이 공급하는 방적기계는 미얀마의 목화로도 중간 번수의 실을 방적할 수 있기 때문이었다. 이후 중국에서 메이크틸라 방직공장을 원조 건설할 때 양곤대학 경제학과 교수와 학생들이 공장의 경제적 효과에 대해 조사한 바에 의하면 규모가 비슷한 일본이나 독일이 원조 건설한 공장과 비하면 중국의 원조 건설한 공장이 투자가 가장 적었다. 일본보다 절반쯤 적었으며 서독보다는 2/3쯤 적었다.[124] 이러한 공장이 원조 건설된 후 수원국의 독립적 생산과 경영 관리를 위해 중국의 원조 건설 전문가들은 모든 기술과 경험을 모두 가르쳐주었다. 중국 정부도 수원국의 견습생이 중국의 공장에 와서 견습할 수 있도록 편의를 제공했다.

수원국의 자력갱생 능력을 제고하기 위해 중국은 경제협력의 전개에서 구체적 상황에 의해 무역과 원조의 관계를 처리했다. 수원국이 급히 필요로 하는 것을 고려해주고 향후의 수요에 대해서도 해결해주었다. 이를테면 미얀마와 쌀 협정을 맺을 때 원조를 무역에 포함시켰다. 베트남에 대한 경제협력에서는 원조가 먼저였지만 처음에 중국은 베트남이 양국 간의 무역에 적극적으로 나서도록 격려했다. 1951년 베트남은 양국 무역에서 생긴 차액을 원조의 방식으로 해결해줄 것을 요구했지만 중국 정부는 거절했다. 중국은 양국 무역에서는 일반 무역의 규정에 따라 등가교환을 해야 한다고 설명했다. 재정과 원조를 혼동하면 안 되며 모든 재정과 물자의 원조는 무역 범위의 밖에서 따로 처리하자고 부탁했다. 베트남 재정과 경제 발전의 장기적 이익을 고려하여 중국은 베트남이 반드시 수출품 생산을 발전시켜야 한다고 건의했다.[125] 양국의 수년에 걸친 노력 결과 중국과 베트남의 무역은 점차 정상적인 궤도에 올라 양국 경제협력의 중요한 구성 부분이 되었다.

마지막으로, 중국은 원조를 일방적인 증여라고 생각하지 않았으며 시종일관 원조는 상호적이며 공동의 발전과 진보를 실현하기 위한 것이라고 여겼다. 이러한 "빈곤국이 협력하여 곤란을 극복"하는 과정에서 양측은 모두

---

124) 紡織工業部硏究室 編, 『新中國紡織工業三十年』(上冊), 紡織工業出版社, 1980, p.125.
125) 『建國以來劉少奇文稿』 第三冊, pp.677~678.

이익을 보았다. 베트남, 캄보디아, 라오스 3개국이 프랑스, 미국과의 전쟁에서 승리한 것은 서방 적대세력의 봉쇄를 뚫고 전쟁 위협을 좌절시키며 동아시아 국면을 타개할 수 있도록 해준 중국의 강력한 뒷받침 때문이었다. 대만 문제와 중국의 유엔 가입 문제 등 중국의 중대한 국익과 관계되는 문제에서 중국은 모두 수원국의 지지를 얻었다. 이를테면 중국과 캄보디아가 수교한 후 캄보디아는 유엔 총회에서 줄곧 중국의 유엔 가입을 주장했다. 1963년 캄보디아와 알바니아 대표단은 유엔 총회에서 대만을 유엔에서 축출하고 중국을 가입시킬 것을 제안한다. 미얀마, 인도네시아, 라오스가 찬성표를 던졌다. 1971년 유엔 제26차 총회에서 미얀마는 중국의 유엔 가입을 제안한 23개국 중의 하나였고 라오스는 제안의 통과를 지지했다.

넷째, 동남아에 대한 원조는 일찍 시작되었으므로 중국 대외원조의 역사에 창조적 의의가 있다. 이를테면 플랜트 프로젝트 원조는 1954년 12월 베트남의 철도 원조 건설에서 시작된다. 그리고 베트남에 대한 경제 · 기술 원조는 재정, 농업, 교통 기초 건설, 경공업, 중공업 등 많은 분야에 관련되었다. 차원이 높고 분야가 넓으며 규모가 크고 전면적인 특성을 지니고 있어 초기 중국 대외원조 관리 시스템의 구축, 기본 대외원조 절차의 제정, 대외원조 종사자의 양성, 대외원조 사업 지도 원칙의 확립에 기초적 역할을 했다. 캄보디아, 미얀마 등 국가도 가장 일찍 중국의 경제 · 기술 원조를 제공받은 아시아-아프리카 민족주의 국가로 시범 역할을 했을 뿐만 아니라 유익한 경험을 쌓았다.

다섯째, 1950~1970년대 동남아에 대한 중국의 원조 역사에서 원조가 중국과 동남아 국가 간의 관계 발전을 촉진하고 중국을 도와 외교 목적을 달성하는 데에 적극적인 역할을 한 것을 볼 수 있다. 또한 원조는 외교정책의 수단으로서 국가 간 관계와 국제 형세의 제약을 받는 것도 볼 수 있다. 원조는 국가 간 이익 관계의 중요한 측면일 뿐 이익 관계를 모두 포괄하는 것이 아니며 국가 간의 갈등과 충돌을 해결하는 수단은 더욱 아니다.

제5장

중앙아시아 국가에 대한
중국의 원조 외교 및
그 영향

중국 대외원조 60년

—

中國援外60年

제5장 중앙아시아 국가에 대한 중국의 원조 외교 및 그 영향

서론 : 소련 해체 후 중앙아시아의 의의

이 장에서 논의하려는 중앙아시아 국가는 카자흐스탄, 우즈베키스탄, 키르기스스탄, 투르크메니스탄, 타지키스탄을 가리킨다. 동쪽으로 중국의 신강위구르자치구와 인접해 있고 남쪽으로 이란, 아프가니스탄과 인접해 있으며 북쪽으로는 러시아와 인접해 있다. 서쪽으로 카스피해를 사이에 두고 러시아와 아제르바이잔과 마주하고 있다. 총면적은 400만여 km²이고 인구는 6,000만여 명이다. 지질학적으로 보면 중앙아시아는 에너지가 풍부한 지역으로 석유, 천연가스, 우라늄, 석탄 등 에너지 자원이 매우 풍부하다.

중앙아시아와 중국의 관계는 역사가 유구하다. "중국 선진 시기의 고서인 『목천자전』 『산해경』 『주서』 『장자』 『국어』 『초사』 『관자』 『상서』 『여씨춘추』 『전국』 등에 모두 서역의 상황이 기록되었다. 기원전 2세기 장건(張騫)이 서역에 출사할 때 대완, 강거, 대월지, 대하, 오손 등지를 경유했다. 기원전 1세기 한조의 이사장군 이광리(李廣利)가 대완을 정벌하자 '서역은 놀라서 여러 차례 사절을 보내 조공을 바쳤다.' 서역도호부가 설치되고 중국과 서역의 교통이 통했으며 실크로드 무역이 발전했다. 중앙아시아와 중국의 경제 문화 교류는 갈수록 밀접해졌다. …… "[1]

　동유럽 급변과 소련의 해체로 소련 가맹공화국 체제가 붕괴된다. 카자흐스탄, 우즈베키스탄, 키르기스스탄, 투르크메니스탄, 타지키스탄은 모두 독립을 선언한다. 이로써 미·소 패권 쟁탈의 주역이던 소련의 초강대국 지위는 변화한다. "소련의 해체는 미국과 소련 양극 국면의 국제관계를 근본적으로 와해시켜 양극 체계하에 은폐되었던 지역 안전 문제가 불거졌다. 발칸 반도, 중동, 아프가니스탄, 중앙아시아 지역은 각종 갈등이 집중적으로 폭발하는 충돌 지역이다."[2] 이 밖에 풍부한 지하자원이 매장되어 있고 유라시아 대륙의 중심부에 위치한 중앙아시아 지역은 줄곧 서방 강대국과 지정학자들의 중시를 받았다. 영국의 지정학자 핼퍼드 매킨더 경은 이미 20세기 초에 중앙아시아는 유라시아 대륙의 '심장 지대'이며 중앙아시아의 산악지대는 해양 세력이 미치기 어려운 지역으로 세계의 구조에 영향을 주는 중추 지역이라고 했다. 매킨더의 이론에 의하면 이 '심장 지대'를 통제하는 국가가 곧 세계를 통제할 수 있다고 했다.[3] 미국의 전략가 브레진스키는 유라시아 대륙의 전략적 구조를 분석할 때 이 지역을 '유라시아의 발칸'으로 표현했다.[4] 그는 "유라시아의 발칸은 지정학적으로 아주 중요하다. 중앙아시아는 유라시아 대륙의 가장 산업화된 양극단을 연결하는 수송망을 통제하기 때문이다. 더욱이 유라시아의 발칸 지역은 인접한 강대국인 중국, 러시아, 터키, 이란의 안보적 관점이나 역사적 야심의 견지에서 볼 때에도 중요성을 지닌다. 중국은 이 지역에 대한 정치적 관심을 갈수록 표명하고 있다. 그러나 무엇보다도 유라시아의 발칸은 잠재적인 경제적 가치의 측면에

1)　趙常慶 主編, 『中亞五國槪況』, 經濟日報出版社, 1999, p.6.
2)　傅勇, 「中亞在冷戰後國際格局中的戰略地位」, 『世界經濟研究』 2002年 第1期.
3)　[英] 哈·麥金德, 『歷史的地理樞紐』(林爾蔚·陳江 譯), 商務印書館, 1985, pp.70～71.
4)　[美] 玆比格紐·布熱津斯基, 『大期局－美國的首要地位及其他地緣戰略』(中國國際問題硏究所 譯), 上海人民出版社, 1998, p.163.

서 무한한 중요성을 지닌다. 이 지역에는 매장량이 막대한 천연가스와 석유, 그리고 황금을 포함한 중요한 광물자원이 매장되어 있다."[5]고 했다.

냉전이 종식된 후 중앙아시아 국가의 지도자들은 이러한 지정학적 우위로 국제적 관심을 끌어 중앙아시아 국가의 경제를 신속히 발전시키고 민족 부흥의 길로 나아가려고 했다. 한편 중앙아시아 주변의 강대국 및 미국 등 서방 국가들도 각자의 방법으로 갓 독립한 이 지역의 권력에 개입하려 했다. 이러한 상황으로 인해 중앙아시아 지역의 국제관계는 복잡해졌다. 중앙아시아 지역 내부의 정치 · 경제, 사회문화, 종교 민족 간의 갈등과 불안정성 때문에 이 지역의 안보는 미래를 예측할 수 없게 되었고 이 지역은 다시 지정학적 주도권을 다투는 각축장이 되고 말았다.

그러나 중앙아시아 국가에게는 지리적 결함도 있다. 중앙아시아 국가는 모두 내륙국가로서 외부 시장과 연계하려면 주로 다른 국가의 도로나 송유관 등에 의존해야 했다. 이로 인해 중앙아시아 국가들은 경제와 안보 측면에서 주변국 의존도가 높다. 중앙아시아 국가의 지도자들도 이를 잘 알고 있다. 나자르바예프 카자흐스탄 대통령은 일찍이 "우리는 날로 발전하는 글로벌화와 상호 의존의 시대에 살고 있다. 외부의 강력한 역량은 우리의 미래에 중대한 역할을 한다."[6]라고 했다.

중앙아시아 국가들에게 발전 과정이 부족하다는 점이 그들의 외교정책에 영향을 주었고 서방 강대국들이 이 지역 주도권 다툼을 벌이는 여지를 제공했다. 이 지역에 대한 경제원조는 세계 주요 강대국이 지정학 대결을 펼치고 세력권을 다투며 장기적으로 전략적 영향을 주려고 하는 외교적 책략이 되었다.

대외원조는 중국 외교정책의 중요한 방법이며 수단으로 중앙아시아 국

---

5) 〔美〕 茲比格紐 · 布熱津斯基,『大期局－美國的首要地位及其他地緣戰略』, p.163.
6) 傅勇, 앞의 글.

가의 정치, 경제 등 관계의 강화에서 나날이 두드러진 역할을 한다. 비록 북한, 몽골, 베트남, 캄보디아, 라오스 등 아시아 전통 수원국과 아프리카, 라틴아메리카, 중앙아시아 5개국에 대한 중국의 원조에 선후 순서가 있고 원조 규모도 서로 다르며 원조 방식의 편중도 서로 다르지만 중국 대외원조 정책은 시종일관 주은래 총리가 1964년에 제기한 대외원조 '8항 원칙'을 근본적 지도 사상으로 하고 있다. 1950년부터 현재까지 중국은 대외원조의 60여 년 역사에서 중국 대외원조의 모형을 창조했다. 그 핵심 내용은 다음과 같다. 첫째, 원조를 제공할 때 수원국의 주권을 존중하고 그 어떤 조건도 부가하지 않으며 그 어떤 특권도 요구하지 않는다. 둘째, 중국은 대외원조에서 신용과 약속을 지키고 중국이 원조할 수 있는 한도와 수원국의 실제 필요를 결합한다. 자국의 발전에 진력하는 동시에 수원국의 의견을 존중하고 수원국 민족의 존엄을 수호하는 것을 발전 요구와 결합한다. 기타 개발도상국에 사심 없는 원조를 능력껏 제공하고 중국과 개발도상국의 우호적 관계를 강화하며 '능력에 따라, 힘껏' 원조를 제공한다. 셋째, 중국의 국정과 국력에 입각하여 단계별로 다른 원조 방식을 추진하고 원조 규모를 확대한다. 플랜트 프로젝트 원조, 채무 감면, 기술협력 전개, 일반 물자 제공, 인재 양성, 인도주의 원조와 역량 강화 등 여러 가지 방식을 통해 수원국의 민족경제를 발전시키고 민생을 개선하며 사회 진보를 촉진한다. 넷째, "물고기를 주기보다는 물고기 잡는 법을 가르치라"는 원칙을 제창한다. 농업기술 원조, 인프라 건설, 공업 발전과 협력, 의료, 교육 등 여러 분야에서 수원국에 실용적인 기술을 진심으로 전수, 제공하여 수원국이 발전을 이루고 능력을 제고하도록 기여한다. 다섯째, 평등 호혜의 원칙을 시종일관 견지한다. 수원국을 돕는 한편 수원국을 평등 협력의 동반자로 간주하며 공동 발전하여 중국과 수원국의 윈-윈을 이룬다.

중앙아시아에 대한 중국의 원조 과정에서 중국의 대외원조 모형은 아주 잘 실행되었을 뿐만 아니라 이를 토대로 부단히 새로운 모형을 창조하고 발전했다. 중앙아시아 국가의 실제 수요와 중국과 중앙아시아 국가 역량 강화에서 장점을 상호 보완하는 특성에 의해 중앙아시아 국가에 대한 중국의 원조정책은 독특한 발전 궤적을 그린다. 중앙아시아의 특수한 지정학적 요소 때문에 중국과 중앙아시아 국가 관계의 정책 기조와 원조 목표, 계획은 반드시 객관적 조건을 고려해야 한다. 첫째, 중앙아시아 국가는 중국의 주변국으로 중국 서부지역의 생존과 안보에 아주 중요하다. 둘째, 새로 독립한 중앙아시아 국가는 국제적 승인과 도의적 지지를 필요로 한다. 셋째, 중앙아시아 국가의 경제는 매우 낙후되어 있다. 새로 독립한 국가는 정치적 안정과 경제 발전에서 국제적 지지가 필요하다.

중앙아시아 국가들이 독립한 지 20여 년, 중앙아시아 지역에 대한 중국의 원조정책은 대략 3단계를 거쳤다. 첫 단계는 1991년 12월부터 1997년 9월까지로 선린 우호 관계를 맺은 단계이다. 무상원조(현금, 일반 물자)의 제공을 위주로 했다. 둘째 단계는 1997년 9월부터 2001년 6월까지로 에너지, 경제 무역, 안전 등 분야의 협력을 강화한 단계이다. 무상원조의 규모가 확대되었고 특혜 차관과 수출 구매자 측 특혜 신용대출이 위주였다. 셋째 단계는 2001년 6월부터 현재까지로 상해협력기구의 구조 내에서 양국의 전방위적 협력 관계를 발전시키는 단계이다. 원조 형식이 다양해졌는데 응급물자와 인도주의 원조 등이 포함되었다.

중앙아시아에 대한 중국 원조의 총체적 특징은 다음과 같다. 중국은 개발도상국으로 그 어떤 정치적 조건도 부가하지 않고 수원국의 수요를 만족시키는 데 진력한다. 경제원조의 규모가 크지 않지만 배증 효과가 있어 지렛대 역할을 한다. 소액 원조로 중앙아시아 각국의 경제 무역 시장에 성공적으로 진출하여 중국의 해외 투자, 기술 양도, 노무 송출 등 여러 분야의 발전을 이끌었다. 성과가 두드러진 각종 원조 프로젝트로 중국은 중앙아시아 국가를 도와 발전 능력을 제고하고 선진 기술과 인적자원에 대한 요구를 실현시켰다. 수원국을 위해 낙후된 하부구조를 변화시켜 경제가 비약적으로 발전하는 데 활력을 제공했다. 양국의 정치적 신뢰를 증진하고 중국이 책임지는 강대국이라는 이미지를 심어주어 향후 중국과 중앙아시아 5개국의 전방위적 협력의 길을 열었다.

1절   국교 수립 초기의 원조정책

1. 지역 안전 보장을 기본 목표로 하는 경제원조

소련의 해체가 야기한 국제정치 상황의 급변은 중앙아시아 지역에 대한 중국의 원조에 새로운 기회를 제공했다. 중국은 중앙아시아 3개국과 인접했으므로 중앙아시아 지역의 정치 안정과 지역 안전은 중국에 아주 중요하다. 중앙아시아 국가의 독립 및 중국과의 수교 초기, 중국은 중앙아시아 국가와의 수교와 관계 발전의 근본 출발점을 지역 안전과 안정의 수호에 두었다. 그러므로 중앙아시아 국가에 제공하는 경제원조는 이 목표를 실현하는 주요한 외교 수단이다.

중앙아시아 국가의 독립 및 중국과의 수교는 중국의 중앙아시아 국가 경제원조에 법률적 근거와 현실적 가능성을 제공했다. 중국은 가장 일찍 중앙아시아 5개국의 독립을 승인하고 수교한 국가 중 하나이다. 1991년 12월 27일 중국은 중앙아시아 5개국의 독립을 승인한다. 1992년 1월 2일에서 6일까지 중국은 중앙아시아 5개국과 대사급 외교관계를 수립한다. 갓 독립한 중앙아시아 5개국의 국내외 상황을 고려하여 중국 중앙아시아에 대한 정책의 기반은 정치 교류를 전개하는 것이었다. 양국은 고위층 지도자들의 상호 방문과 상호 관계 기본 문서의 체결로 관계의 법률적 기초를 마련하고자 했다. 그 주요한 전략 의도는 "중국의 안전을 위해 중앙아시아 국가와 선린 우호 관계를 구축하고 과경민족(過境民族) 문제를 해결하며 중앙아시아 국가와 국경선 담판을 하며 대만, 동투르기스탄 등 문제에서 중앙아시아 국가의 지지를 얻는 것"[7]이다. 이 정책은 주로 중국 주변 지역의 안전과 국민의 생존 문제에 관심을 가졌다. 이는 중국과 중앙아시아 국가의 관계 구축과 발전에서 가장 먼저 해결해야 할 문제이다. 중앙아시아 국가는 독립 직전과 독립 초기의 내전, 정치체제 전환, 경제의 어려움 등 때문에 사회가 혼란스러워 국제사회의 우려를 불러일으켰다. 1992년 5월부터 타지키스탄의 두 파벌은 내전을 일으켰다. 카자흐스탄의 카자흐족과 러시아족의 관계도 매우 나빴다. 이러한 형세에서 중앙아시아에 대한 중국의 원조 외교는 신중국 성립 이후의 외교정책과 사상을 계승했다. 국제 형세의 그 어떤 변화에도 흔들림 없이 시종일관 독립자주적인 평화 외교정책을 이행했다. 능력껏 제공하는 원조를 통해 신생독립국 사회가 안정되도록 도왔다.

수교 초기 중국과 중앙아시아 국가의 지도자들은 상호 방문에서 각국의 정치·경제 이익의 요구와 국제 문제에 대해 의견을 나누었다. 일련의 무상원조와 특혜 차관 협정을 체결하여 중국의 그 어떤 정치적 조건도 부가하지 않는 국제주의 원조정신을 구현했다. 중국과 중앙아시아 각국은 수교 공동성명에서 "양국 정부는 주권과 영토 보전의 상호 존중, 상호 불가침, 내정 불간섭, 호혜 평등, 평화 공존의 원칙을 바탕으로 한 양국 우호 협력 관계의 발전에 동의한다."[8]라고 규정했다. 중앙아시아 5개국 지도자는 차례로 중국을 방문했으며 일련의 중요한 양국 협정을 체결했다.[9] 이러한 협

제5장 중앙아시아 국가에 대한 중국의 원조 외교 및 그 영향

---

7) 鄭羽 主編, 『中俄美在中亞: 合作與競爭(1991~2007)』, 社會科學文獻出版社, 2007, p.19.

8) http://www.fmprc.gov.cn/chn/pds/gjhdq/gj/yz/1206_11/sbgx.

9) 1992년 3월과 1994년 10월 카리모프 우즈베키스탄 대통령은 중국을 두 차례 방문했다. 양국은 '중국-우즈베키스탄 공동성명', '중국-우즈베키스탄의 상호관계 기본 원칙', '호혜 협력의 발전 심화에 대한 성명' 등을 체결했다. 1992년 5월 키르기스스탄의 아카예프 대통령과 칭기세프 총리가 중국을 방문했다. 양국은 '중국-키르기스스탄 상품 제공 관련 정부 차관 협정' 등 8개 문서를 체결했다. 1992년 11월 니야조프 투르크메니스탄 대통령이 중국을 방문하여 공동성명을 체결했다. 1993년 3월과 1996년 9월 라흐모노프 타지키스탄 대통령이 중국을 방문했다. 양국은 '중국-타지키스탄 상호관계 기본 원칙', '중국-

의에는 일반 물자 증여에 대한 교환 각서, 중앙아시아 5개국 정부에 설비와 차관을 제공할 협정, 정부 차관 협정 등이 포함되었다. 이를테면 1992년 2월 테레셴코 카자흐스탄 총리의 중국 방문시 양국은 '중국-카자흐스탄 정부 경제무역과 과학기술 협력위원회 설립 관련 협정', '카자흐스탄 경내 중국 상점 개설 관련 협정', '중국-카자흐스탄 설비 및 상품 차관 제공 관련 협정'을 체결했다. 1992년 5월 아카예프 키르기스스탄 대통령과 칭기셰프 총리가 중국을 방문했다. 양국은 '중국-키르기스스탄 상품 제공 관련 정부 차관 협정' 등 8개 문서를 체결했다. 1994년에는 이붕 중국 총리가 우즈베키스탄, 투르크메니스탄, 키르기스스탄, 카자흐스탄을 차례로 방문한다. 중국은 4개국과 각각 차관을 제공할 협정을 체결했다. 1999년 7월 7일부터 7월 15일까지 토카예프 카자흐스탄 부총리 겸 외교부 장관이 중국을 방문했다. 양국은 중국이 카자흐스탄에 정부 차관 1억 위안을 제공한다는 협정을 체결했다. 2001년 9월 13일부터 9월 15일까지 주용기(朱鎔基) 중국 총리는 카자흐스탄을 방문했다. 양국은 중국-카자흐스탄 공동성명과 중국이 카자흐스탄에 무상원조를 제공하는 각서를 체결했다.

중국 정부는 중앙아시아 5개국에 무상원조, 현금, 일반 물자 등 경제원조를 약속함과 동시에 중앙아시아 국가와의 협력 관계를 강화하고 발전시킬 여러 가지 정책을 천명했으며 이를 부단히 완벽화하고 발전시켰다. 1994년 4월 이붕 총리는 우즈베키스탄 국회 연설에서 중국이 중앙아시아 국가 관계를 발전시키는 기본 정책을 상세히 설명했다.

첫째, 선린 우호와 평화 공존을 견지한다. 둘째, 호혜 협력을 전개하여 공동 번영을 촉진한다. 셋째, 각국 인민의 선택을 존중하고 다른 국가의 내

중국 대외원조 60년

타지키스탄 공동성명' 등을 체결했다. 1993년 10월과 1995년 9월 나자르바예프 카자흐스탄 대통령이 중국을 방문했다. 양국은 '중국-카자흐스탄 우호 관계 기초에 관한 공동성명', '중국-카자흐스탄 우호 관계의 진일보 발전, 심화에 관한 공동성명' 등을 체결했다.

정을 간섭하지 않는다. 넷째, 독립자주를 존중하고 지역의 안정을 추진한다.[10] 강택민 주석의 1996년 6~7월 중앙아시아 3개국 방문시 연설 및 중국과 중앙아시아 각국 정부의 여러 차례 공동성명에서 중국은 중앙아시아 정책에 대한 기본 관점을 제기했다. 첫째, 평화 공존 5항 원칙을 바탕으로 선린 우호 관계를 견지한다. 특히 중앙아시아 국가의 독립과 주권을 존중하며 사회제도, 가치관 및 발전 방향에 대한 중앙아시아 각국 인민의 선택을 존중한다. 둘째, 호혜를 바탕으로 경제무역 협력과 기타 분야의 협력을 발전시킨다. 셋째, 군사 분야에서 서로의 신뢰를 강화하고 변경 지역에 우호적이고 신뢰적이며 협력적인 분위기를 마련한다. 넷째, 평등하게 협상하며 서로 이해하고 양보하는 사상으로 공인된 국제법에 의해 논쟁을 해결한다. 다섯째, 핵 문제에서 중국은 중앙아시아 국가에 안전보장을 제공한다. 이 문제에서 이미 중국은 카자흐스탄의 요구를 만족시켰다. 중국이 중앙아시아 국가에 대한 정책의 목적은 장기적으로 안정된 선린 우호와 호혜 협력 관계를 유지하고 발전시켜 아시아와 중앙아시아 지역 및 세계의 평화와 안정을 수호하고 국가의 발전을 추진하는 것이다.

이러한 정책은 독립 후의 중앙아시아 국가가 직면한 새로운 국제 상황에서 중국이 단행한 전략적 선택이다. 중국의 중앙아시아 국가와의 새로운 협력 관계를 발전시키려는 주요 요인은 첫째, 중국의 전통적 외교정책을 견지하는 것이다. 중국과 구소련의 신생독립국이 수교한 후 중국『인민일보』는 사설에서 "국제 교류에서 중국 정부의 일관된 입장은 평화 공존 5항 원칙을 이행하고 다른 국가의 내정에 간섭하지 않으며 각국 인민의 선택을 존중하는 것이다. 이 입장에 입각하여 중국 정부는 작년 12월 27일 러시아 연방정부와 기타 11개 공화국의 독립을 정식적으로 승인했다. …… 중국은 주권과 영토 보전의 상호 존중, 상호 불가침, 내정 불간섭, 호혜 평등, 평화

---

10) 薛君度·邢廣程 主編, 『中國與中亞』, 社會科學文獻出版社, 1999, pp.56~57.

공존 5항 원칙을 바탕으로 세계 각국과 관계를 구축하고 발전시키려고 한다."[11]고 했다. 중앙아시아 각국과 선린 우호 관계를 구축하여 우호적인 주변 환경을 구축하고자 하는 것이다. 둘째, 중앙아시아 국가가 대만과 티베트 문제 및 민족 분열 세력의 활동을 저지하는 데 중국에 도움과 지지를 주기를 희망했다. 중앙아시아 지역 안정의 추진으로 중국에 대한 종교 급진 세력과 범투르크주의의 영향을 막아내려 했다. 셋째, 중앙아시아 국가와의 경제무역 협력을 발전시키고 또한 이러한 경제무역 협력을 통해 중국 서북부의 경제 발전에 도움을 주고자 했다.

서방의 여론과 전문가들은 중앙아시아에 대한 중국 정부의 정책을 일반적으로 3개의 주요 내용으로 분석한다. 즉 "동투르크 독립 세력을 저지하고 중앙아시아가 중국의 전략적 세력권이 되도록 하며 중앙아시아가 중국의 에너지 공급지와 지역 경제협력 파트너가 되도록 하는 것이다."[12] 중앙아시아 문제 전문가이며 프랑스 엑스-마르세유 3대학 국제관계학과 교수인 트라시 마르케토스(Thrassy N. Marketos)는 신강 지역의 경제 발전, 중국 국내 정치 상황의 안정, 지역 안정, 에너지 안전, 유럽으로 통하는 대체 수송선 구축 등 다섯 가지로 중국이 중앙아시아 국가와 관계를 발전시키려고 하는 동기를 분석했다. 그가 볼 때 1999년 강택민 총서기가 제정한 '서부 개발 대전략'의 총체적 전략은 서부지역의 경제 발전을 추진하여 서부지역의 경쟁력을 신장하며 동부와 서부의 차이를 축소하는 것이다. 신강은 중앙아시아 국가와 인접한 국경선이 가장 긴 중국의 지방자치단체로 서부지역의 다른 지방자치단체에 비해 중요한 전략적 위치에 있다. 서부를 개발하고 신강과 중앙아시아 국가의 국경 무역을 발전시킴으로써 중국 서부의

---

11) 趙常慶 主編, 앞의 책 제8장.

12) Thrassy N. Marketos, "China's energy geopolitics : the Shanghai Cooperation Organization and Central Asia" Routledge 2009, p.11.

대규모 개발 전략을 성공적으로 추진할 수 있다. 역사적으로 보면 중앙아시아 지역의 혼란은 중국의 신강, 나아가 중국의 안전과 안정에 직접적인 영향을 주었다. 그러므로 중국은 2005년 3월 키르기스스탄의 '튤립 혁명'에 깜짝 놀라며 '튤립 혁명'이 초래할 '도미노 효과'와 중앙아시아의 혼란한 정세에 주목했다. 중국 정부가 우즈베키스탄 정부의 안디잔 사건 진압을 지지한 사실에서 중앙아시아 국가 정국의 안정이 중국 국내 안보에 아주 중요한 영향을 준다는 것을 알 수 있다. 이 밖에 중국은 중앙아시아 국가, 특히 카자흐스탄에서 에너지를 안정적으로 공급받으려고 한다. 중앙아시아 국가와의 에너지 협력은 석유 원가를 줄이고 장기적으로 에너지를 안전하게 공급받을 수 있어 다원화된 에너지 공급 루트를 확보할 수 있다. 중국에서 볼 때 말라카 해협을 경유하는 석유 수송로는 안전하지 못하다. 중국의 석유 수송은 항상 중단되거나 각종 교란을 받는다.[13] 중앙아시아와 신강을 경유하는 중국 횡단철도는 중국 동부 항구의 운수 부담을 덜어주고 수송선의 구축은 중국 서부의 낙후한 지역이 국제시장에 진출할 수 있는 기회를 주어 중국 동서 지역의 차이를 줄일 수 있다.[14]

한편 중앙아시아 각국은 중국과의 관계 발전에 매우 적극적이다. 중국과의 관계 발전에서 중앙아시아 각국이 반드시 고려해야 할 요소는 첫째, 중국은 중앙아시아 동부의 인접국으로 카자흐스탄, 키르기스스탄, 타지키스탄과의 국경선이 3,300km이라는 사실이다. 중앙아시아 5개국과 중국은 역사적으로 밀접한 교류가 있었다. 그러나 현대에 들어 중·소 관계의 영향을 받아 중국과 관계가 소원해졌던 적도 있다. 비록 당시의 책임은 소련 공산당 중앙에 있기 때문에 중앙아시아 5개국의 현임 지도자들의 책임이 없지만 그 역사를 외면할 수는 없다.

제5장 중앙아시아 국가에 대한 중국의 원조 외교 및 그 영향

13) 趙常慶, 「中國在中亞的戰略利益」, 『中亞和西亞研究』 2005年 第2期.
14) Thrassy N. Marketos, 앞의 글, p.20.

둘째, 중앙아시아 5개국은 모두 내륙국가로 해항이 없다. 중앙아시아 국가가 아시아–태평양 국가와의 경제 교류를 발전시키려면 중국을 경유하는 것이 가장 편리하다. 특히 중국 횡단철도가 개통된 후 중국은 카자흐스탄, 키르기스스탄 등 국가가 태평양으로 통하는 가장 이상적인 루트가 되었다.

셋째, 경제 구조에서 보면 중앙아시아 국가와 중국은 상호 보완성이 있으므로 경제무역 협력을 발전시키는 것은 서로 유리하다. 서로의 지리적 우위는 양국의 경제무역 협력에 유리한 조건을 제공했다.

넷째, 민족과 종교에서 보면 중국 경내에는 카자흐인 110만여 명, 우즈베크인 1.5만 명, 키르기즈인 15만 명, 타지크인 3.3만 명이 있다. 이들은 중앙아시아 각국의 카자흐인, 우즈베크인, 키르기스인, 타지크인과 같은 민족이다. 언어·문화가 같고 풍속·습관이 비슷하며 이슬람교의 영향을 많이 받았다. 위구르족은 주로 중국의 신강 지역에서 생활하고 있지만 중앙아시아 지역에도 많이 거주한다. 카자흐스탄에만 20만여 명이 있으며 위구르인 위주로 형성된 중국 민족 분열 세력은 중앙아시아 지역에서 활동한다.

다섯째, 중국은 아시아에서 가장 큰 국가이며 유엔 안전보장이사회 상임이사국이다. 세계, 특히 아시아의 안전과 안정 및 많은 아시아의 국제사무는 중국 없이 불가능하다. 중앙아시아 국가는 신생독립국이고 중국에 비하면 약소국이다. 그러므로 중앙아시아 각국의 발전과 중국의 관계에서 중국의 국제적 위상과 영향을 고려하지 않을 수 없다. 여섯째, 중국은 핵무기 보유국이다. 중앙아시아 각국(카자흐스탄을 포함)은 1995년 마지막 핵 시설을 제거하여 모두 비핵국이 되었다.

상술한 요소 때문에 신생독립국인 중앙아시아 국가는 중국과의 발전 관계 구축에서 아주 적극적이다. "1992년 1월 2일에서 6일까지 중국 정부 대표단은 우즈베키스탄, 카자흐스탄, 타지키스탄, 키르기스스탄, 투르크메니스탄을 순방했다. 하루에 한 국가씩 방문했다. 중앙아시아 5개국은 우리나라와의 관계 발전에 적극적이었다. 대표단이 도착하여 바로 상대방과 수교

담판을 하고 공동성명을 체결했다. 이 국가들은 갓 독립했기 때문에 외교부의 전용 청사가 없었다. 임시로 회의실을 찾아 회담을 했다. 담판은 비교적 순조로웠다. 대만 문제에 대해 우리는 많은 설명을 했고 그들은 우리가 제안한 방안을 모두 받아들였다. 즉석에서 프린트를 하지 못해 많은 수교 성명의 원본은 손으로 베껴 쓴 것이다. 중국어와 러시아어로 같은 양식 두 통씩으로 양국이 조인하면 동등한 효력을 지녔다. 이는 신중국 외교의 역사에서 전례가 없던 일일 것이다."[15]

2. 소규모 원조의 제한된 영향력

국제정치 상황의 급변으로 중앙아시아 지역에 중국이 원조를 제공할 수 있는 새로운 기회가 찾아왔다. 그러나 이는 중국 전통적 대외원조 방식과 협력 시스템에 대한 시험이기도 했다. 구소련 가맹공화국은 일정한 경제적 기초가 있었지만 독립 초기 정국이 혼란스럽고 자금이 부족했으며 발전 전략 목표가 부재했다. 그러므로 중국은 초기 원조에서 수원국의 수요를 충분히 고려하여 현금과 일반 물자 등 원조를 제공했다. 수원국이 자력으로 독립 초기의 방치되었던 모든 일을 다시 시행할 수 있도록 했다. 이 시기 중국이 추진한 중앙아시아 정책은 전통적 외교에 입각하여 안전 외교 요소를 중점적으로 고려하는 냉정하면서도 매우 보수적인 태도를 보였다. 중앙아시아의 두드러진 국제 전략상의 위치에도 불구하고 중국은 수교를 맺은 외에 다른 외교 행동을 보이지 않았다. 이를테면 인접국의 기회를 이용하여 서부지역에서의 세력을 확대하지 않았다. 중국은 비교적 보수적인 외교 정책을 택했으며 "불변으로 만변에 대응"하고자 했다. 일찍 소련의 정치 ·

---

15) 「中國與蘇聯國家建交始末 : 動蕩中的中國外交」, http://bbs.china.com.cn/viewthread.
   php?action=printable&tid=496628&agMode=1&com.trs.idm.gSessionID=42611EA-
   D114215A0720384E77B620B85.

경제 체제가 변화를 보일 때 등소평은 "소련이 어떻게 변하든지 우리는 평화 공존 5항 원칙을 바탕으로 관계를 발전시켜야 한다. 정치적 관계를 포함하여 이데올로기 논쟁을 하지 말아야 한다."라고 지적했다. 등소평의 지시와 중앙의 직접적인 지도에 따라 외교 부문은 이데올로기와 사회제도 문제를 초월해야 함을 명확히 했다. 평화 공존 5항 원칙을 바탕으로 소련 지역의 신생독립국과 신속히 수교하여 외교 업무를 전개했다.[16] 정책의 보수성은 "중국 정부는 이데올로기로 중앙아시아 국가의 관계를 교란하지 않을 것이며 중국의 모형도 주입하지 않을 것이다. 중국 정부가 중앙아시아 국가에 대한 다른 국가의 내정 간섭에 반대하고 중앙아시아 국가에 대한 세계 강대국의 조종에 반대하는 것은 중앙아시아 지역의 안정을 수호할 중국의 결심을 표명하는 것이다. 중국 정부가 논술한 중앙아시아 국가에 대한 기본 정책은 전형적인 '세태에 융합하지 않는 우직함'을 보여주었다. 자국을 지나치게 선양하지 않고 자국의 이익 요구를 중앙아시아 국가에 표명하지 않았다. 기타 강대국을 자극하지 않기 위해 중국은 심지어 중앙아시아 지역의 정책에서 중국이 요구하는 중앙아시아 지역의 특수한 이익이나 그 표현되는 분야 및 이익의 수호에 대해 명확하게 표명하지도 않았다."[17] 외교적으로 보면 중국이 중앙아시아 문제에서 보수적이면서 유연한 정책을 펴는 이유는 중국이 처음에 중앙아시아 국가의 독립을 의식하지 못한 것과 관련된다. 그러므로 중앙아시아 지역에 대한 신속하고 명확한 외교정책을 수립할 수 없었다. 이 시기 카자흐스탄 등 중앙아시아 국가에 대한 중국의 외교정책은 응급처치와 같은 성격을 지니고 있다. 소련해체가 중국에 주는 부정적인 영향을 방지하고 중앙아시아 국가의 독립이 중국에 가져올 불확

---

16) 「中國與蘇聯國家建交始末 : 動蕩中的中國外交」.

17) 邢廣程, 「中國與中亞國家的關係」, http://src-h.slav.hokudai.ac.jp/publictn/85/9CA-Chinese.pdf.

실성을 줄이기 위해 카자흐스탄 등 국가들과 새로운 외교관계를 맺고자 한 것이다. 이 시기 중국 정부는 카자흐스탄에 대해 전략적이고 심층적인 사고와 구상을 하지 못했다. 1994년에 이르러서야 중국은 중앙아시아 국가와의 발전적 관계를 위한 네 가지 기본 원칙을 제기하며 명확한 외교정책을 형성하게 된다.

이러한 보수성은 중앙아시아 국가에 대한 원조에서도 볼 수 있다. 당시 중국은 능력껏 경제원조를 제공했지만 전체 규모가 매우 작아 당시 중앙아시아 국가의 실제 수요와 거리가 멀었다. 중앙아시아 5개국은 독립 초기 혼란한 정치·경제 상황에 직면했으므로 주변국에 대규모 원조를 간절히 요구했다. 소련의 해체로 러시아는 중앙아시아 지역에서 전략적 이익을 많이 잃었다. 중앙아시아 5개국은 모스크바의 통제를 받는 가맹공화국에서 독립한 주권국가로 변했다. 러시아의 세력권이었다가 러시아, 중국 및 이슬람 세력 간의 완충지대이자 세계 주요 강대국의 각축장으로 변하면서 중앙아시아 국가에 대한 러시아의 통제력은 많이 줄어들었다. 중앙아시아에 대한 러시아 정책에는 서로 상반되는 두 입장이 있다. 서방파는 중앙아시아 국가가 러시아 경제부흥의 부담이고 러시아 민주 개혁의 장애물이며 러시아가 서구문명으로 회귀하는 데 장애물이므로 중앙아시아에 대한 영향력을 최대한 줄이고 이 지역에서 최종적으로 철수해야 한다는 것이다.[18] 유라시아파는 중앙아시아는 러시아의 세력권이므로 러시아는 이 지역 국가들과 밀접한 관계를 구축해야 한다고 한다. 또한 중앙아시아에 대한 소련의 정책을 직접 계승하여 현재 이슬람화되고 충돌과 기타 재난의 위협 속에 있는 중앙아시아 지역의 평화와 안정을 보장해야 한다는 것이다.[19] 논쟁에서

제5장 중앙아시아 국가에 대한 중국의 원조 외교 및 그 영향

---

[18] 러시아 측의 주장에 따르면 중앙아시아 각국에 대한 소련중앙의 재정 보조는 각국 국가 예산 수입의 40%를 차지한다(鄭羽 主編, 앞의 책, pp.69~70).

[19] 鄭羽 主編, 앞의 책, p.70.

결과적으로 서방파가 우세했다. 러시아 정부는 경제적으로 '부담을 버리는' 정책을 선택했다. 주로 중앙아시아 국가에 대한 재정 지원을 중단하고 채무를 독촉했으며 중앙아시아 국가를 루블존에서 축출했다. 대외경제 연계를 서방으로 전환하여 러시아와 중앙아시아의 양자 경제무역 관계는 급격히 악화되었다. 러시아가 중앙아시아 5개국의 무역 총액에서 차지하는 비중은 1990년의 44.8%에서 1997년의 26%로 감소했다.[20] 이러한 '부담을 버리는' 정책으로 독립 초기 중앙아시아 각국의 경제 상황은 더 어려워져서 외부의 강력한 지원을 얻어야 했다.

이런 상황이었지만 당시 중국은 중앙아시아 국가에 지나치게 주목하는 정책을 취하지는 않았다. 중앙아시아 지역은 중국 외교정책에서 우선 목표가 아니었다. 그 원인은 첫째, 중국 외교정책의 급선무는 곤경에 처한 중·미 관계를 개선하는 것이다. 특히 대만 독립 세력을 경계해야 했다. 둘째, 독립국가연합 국가에서 중국은 러시아와 더욱 광범위한 협력 관계를 구축하고자 했다. 중앙아시아 국가와의 정치적 관계는 아직 구축 시기에 있었다. 셋째, 중앙아시아 국가의 혼란한 정치·경제 정세와 복잡한 지정학 요소는 중국이 경제적으로 협력을 확대할 희망과 현실 가능성을 제한했다.

이 시기 중앙아시아 5개국에 대한 중국의 원조는 규모가 작았으므로 영향력도 매우 제한적이었다. 중국은 현금과 일반 물자를 원조했다. 주요하게는 1994년 4월 이붕 총리가 키르기스스탄과 카자흐스탄을 순방할 때 150만 위안에 달하는 일반 물자 증여 각서를 각각 체결했다. 그리고 1994년 11월 스마이 아이마이티 국무위원 겸 국가민족사무위원회 주임이 타지키스탄 수도 두샨베를 방문했을 때 150만 위안에 달하는 일반 물자 증여 각서를 체결했다. 또한 1996년 7월 강택민 주석이 우즈베키스탄, 키르기스스탄, 카자흐스탄을 순방했을 때 300만 위안에 달하는 물자원조 각서를 각각 체

---

20) 鄭羽 主編, 앞의 책 같은 곳.

결했다.[21]

그러나 이 시기 미국은 중앙아시아 국가가 독립 후에 직면한 경제적 어려움과 경제원조로 경제 사회 발전 문제를 해결해야 하는 수요를 이용하여 중앙아시아 국가에 대규모 경제원조를 제공했다. 미국 상원은 1992년 10월 '자유지지법안'을 통과시켰다. 미국은 중앙아시아 국가에 경제, 기술 및 인도주의 원조를 제공하기 시작하면서 직간접적으로 중앙아시아 국가의 민주정치와 시장경제 개혁을 촉진했다. 미국 국제개발처는 이 지역에 도합 15억 달러를 원조했다.[22] 대규모의 원조는 미국의 중앙아시아 사무와 지역 세력권의 확장에서 중요한 역할을 했다.

2절 정치안보에서 경제외교로의 정책 전환

1997년부터 중앙아시아에 대한 중국의 정책이 변화를 가져오기 시작했다. 원래의 전략적 방어에서 더욱 적극적이고 주동적인 태세로 전환했다. 이러한 조정의 배경은 다음과 같다.

첫째, 중국과 중앙아시아 각국은 국경선의 안정과 군축 문제를 성공적으로 해결하여 이 지역의 양국 정치 관계를 지속적으로 발전시키고 강화했으며 정치의 상호 신뢰에 가능성을 열어두었다. 1996년 중국은 러시아, 카자흐스탄, 키르기스스탄, 타지키스탄 4개국과 상해에서 '국경 지역 군사적 신뢰 심화 관련 협정'을 체결한다. 그리고 모스크바에서 '국경 지역 군사력 감축 관련 협정'을 체결한다. 이 두 협정의 체결은 중국과 중앙아시아 인접국의 국경선 안보 문제가 기본적으로 해결되었음을 보여준다. 이는 양국의

---

21) 中國外交部網站, http://www.fmprc.gov.cn
22) http://centralasia.usaid.gov/page.php?page=article-566.

정치 관계를 더욱 발전시키고 경제협력의 확대에 양호한 외부 환경을 마련해주었다. 1998년 4월부터 1999년 말까지 중앙아시아 5개국 대통령이 여러 차례 중국을 공식 방문하며 각각 중국과 선린 우호 협력 관계를 강화하는 공동성명을 체결한다. 중국과 중앙아시아 5개국 간의 정치적 신임은 전례 없이 두터워졌다.

둘째, 중국은 수교 초기 주로 안보와 정치 문제에 관심을 두었지만 그 관심이 점차 경제 분야로 전환되기 시작한다. 경제외교(원조외교)가 중국의 중앙아시아 정책에서 중요해지며 경제협력이 폭발적으로 증가한다. 1997년 9월 24일 이붕 총리와 이람청 부총리가 카자흐스탄을 방문하여 석유, 천연가스 분야의 협정을 체결한다. 이는 중국 정부가 처음으로 중앙아시아 국가의 정부와 체결한 에너지 분야 협정으로 양국의 에너지 협력에 법률적 근거를 마련했다. 중앙아시아에 대한 중국의 관심도를 보여주었으며 에너지 외교가 중국과 중앙아시아 외교에서 새로운 분야가 되기 시작한다.

셋째, 이러한 외교적 자세의 주동성은 중앙아시아 국가에 대한 중국의 원조정책에 반영된다. 중국은 중앙아시아 국가에 대한 경제원조를 늘렸다. 원조 규모가 100% 확대되었으며 방식도 더욱 다원화되었다. 1999년 6월 전기침(錢其琛) 부총리가 투르크메니스탄, 타지키스탄, 우즈베키스탄을 방문했다. 중국은 투르크메니스탄, 타지키스탄과 각각 1,000만 위안의 무상 원조 협정을 체결했다. 2000년 7월 강택민 주석이 타지키스탄, 투르크메니스탄을 방문한다. 중국과 타지키스탄은 양국의 선린 우호 협력 관계에 관한 공동성명을 발표했으며 중국 정부는 타지키스탄에 2,000만 위안의 무상 원조를 약속했다.

중국이 중앙아시아에 대한 정책을 조정한 더욱 심층적인 원인은 먼저 중앙아시아 지역의 전략적 중요성이 날로 부각된 것과 관련된다. 미국, 러시아 등 국가들은 외교정책을 조정하여 외교의 중심을 중앙아시아 지역으로 편향시켰다. 1990년대 중반 중앙아시아 지역의 상황이 안정되고 경제가 회복되기 시작한다. 특히 이 지역은 석유와 천연가스 자원이 풍부하다. 미국은 나토의 동부 확장을 주도하고 러시아는 이 지역의 전략적 의의를 다시 고려했다. 미국과 러시아는 모두 이 지역을 대상으로 한 정책 실행의 역량을 극대화했다. 1995년 9월 14일 옐친 러시아 대통령은 '독립국가연합에 대한 러시아연방의 전략방침'을 비준한다. 이는 러시아의 중앙아시아 정책의 기본이 형성되었음을 보여준다. 1997년 7월 21일 탈보트 미국 국무차관은 미국이 중앙아시아에서 추구하는 네 가지 목표를 선포했다. 바로 "민주주의를 촉진하고, 자유 시장경제를 구축하며, 이 지역 국가 내부와 상호간의 평화와 협력을 지지하고, 중앙아시아 국가가 국제사회에서 일체화를 실현하는 것을 격려"[23]하는 것이다.

다음, 중국이 중앙아시아에 대한 정책을 적극적으로 조정한 것은 중국의 발전 수요와 중앙아시아 지역 경제 상황의 변화와 밀접한 연관이 있다. 1990년대 중·후반 중국은 개혁개방한 지 이미 20년이 되었으며 중국의 거시적 경제 상황은 아주 만족스러웠다. 중국 거시 경제 정보 네트워크의 통계에 의하면 1978~1998년 중국의 GDP는 3,624.1억 위안에서 7조 9,552.8억 위안으로 증가하여 연평균 증가율이 9.71%에 달했다. 1997년 중국의 평균 경제성장률은 세계 평균보다 6.5% 높았으며 선진국에 비해서는 7.3% 높았다. 중국의 GDP 총량은 세계 7위이다.[24] 한편 국내 경제체제 개혁도 새로운 단계에 들어섰다. 경제의 신속한 발전은 에너지 등 자원에 대한 수요를 촉진했다. 1993년부터 석유의 수입량이 수출량을 초과한 이래 수입 석유에 대한 수요가 부단히 증가했다. 중앙아시아 지역의 풍부한 석유 자원은

---

23) S. Talbott, Deputy Secretary of State, Address at the Johns Hopkins School of Advanced International Studies, "A Farewell to Flashman : American Policy in the Caucasus and Cen-tral Asia, July 21, 1997, http://www. state. gOV/www/e—giOns/nis/970721talbott. html.

24) 李京文,「21世紀中國經濟發展趨勢」, http://www.macrochina.com.cn/zhzt/000086/009/20010828017609.shtml.

중국이 에너지 수입 다원화 전략을 추진하는 전략적 목표 지역의 하나이다.

마지막으로 중앙아시아 국가의 지정학적 상황에 비교적 큰 변화가 생겼다. 각국의 경제·정치 체제는 점차 안정되었다. 독립 초기의 경제적 어려움에서 벗어난 후 각국의 대외경제 수요에 변화가 생겼다. 경제를 안정시키고 정치적 혼란을 수습하기 위해 자국에 부합되는 경제체제를 점차 구축해야 했다. 그리고 경제를 발전시키려면 외부의 자금, 기술, 인력 등 다각적 지원이 필요했다.

상술한 요소를 고려하면 중국은 적시에 중앙아시아에 대한 외교정책을 조정한 것이다. 이러한 조정은 중앙아시아에 대한 중국의 원조정책에 신속히 반영되었다. 초기에 비해 원조 목표, 규모, 방식 및 중점 수원국에 모두 선명한 변화가 생겼다.

1. 명확한 원조 목표, 광범한 내용, 실효와 평등 호혜 중시

중국은 중앙아시아 국가에 대한 구체적인 원조 전략을 세우지 않았다. 주은래 총리가 1960년대에 제기한 대외원조 8항 원칙은 현재까지도 중앙아시아 국가에 대한 중국 원조를 지도하는 총괄적 방침이다. 1983년 초 중공중앙은 "평등 호혜, 실효 추구, 형식 다양, 공동 발전"의 4항 원칙을 제기한다.[25] 1990년대 중앙아시아에 대한 중국의 원조정책에서 실효와 평등 호혜 원칙이 더욱 두드러졌다.

중앙아시아 국가와 수교하기 직전 중앙아시아 국가의 경제는 갓 발전하기 시작한 상태였으므로 잠재적이고도 비교적 큰 생산과 소비시장은 투자자를 매료시켰다. 중국의 일부 기업도 시험적인 투자를 했다. 당시 정부의 주도와 관련 법률이 부족한 상황에서 이러한 기업의 투자 행위는 위험성이

---

25)   陳慕華, 「打開對外經濟貿易的新局面」, 『人民日報』 1982年 9月 20日.

있었으므로 투자 규모가 비교적 작았다. 중국과 중앙아시아 국가가 수교한 후 중국과 중앙아시아 각국 정부는 양국의 경제무역 관계를 강화하고 생산, 소비, 수출 시장 등의 분야를 개척하는 데 주도적 역할을 했다. 중국과 중앙아시아 각국 정부 고위층의 교류가 빈번해지고 정치적 상호 신뢰도 부단히 증가했으며 일련의 경제협력 협정[26]을 통해 양국 경제무역 협력 관계를 구축하고 발전시켰다. 양국 지도자들은 공개적 장소에서 각종 창의적인 협력 방안을 건의하여 양국 경제무역 관계의 건전한 발전에 기초를 다졌다. 1994년 4월 26일 이붕 총리는 카자흐스탄의 수도 알마아타(알마티)에서 카자흐스탄의 재계, 무역계, 기업계 인사를 접견하며 중국과 중앙아시아 국가의 경제협력 발전을 위한 여섯 가지 주장을 제기했다. 이는 중국과 중앙아시아 5개국의 경제무역 협력 발전의 기본 원칙이 되었다. 이 여섯 가지 주장은 다음과 같다.

첫째, 평등 호혜의 원칙을 견지하며 경제법칙에 의해 일을 처리한다. 양국은 유무상통하고 호리호혜하며 수출입 균형을 기본적으로 유지하여 무역 행위를 규범화해야 한다.

둘째, 협력 형식을 다양화해야 한다. 물물교환을 위주로 하는 무역 방식에서 현금 무역으로 전환해야 한다. 이를 위해 은행 결산 제도를 완비해야 한다. 중국은 중앙아시아 5개국과 중국의 각 지방자치단체의 경제협력에 찬성한다.

---

26) 중국과 중앙아시아 5개국이 체결한 일련의 경제무역 협력 협정은 다음과 같다. 중국과 우즈베키스탄은 1992년 1월 2일 수교한다. 1992년 1월 3일 이람청 중국 대외경제무역부 부장, 전증패(田曾佩) 외교부 부부장이 우즈베키스탄을 방문하여 '중화인민공화국-우즈베키스탄공화국 정부 경제무역 협정'을 체결했다. 그리고 양국은 상무대표처 설치 각서를 교환했다. 1996년 7월 2~3일 강택민 주석이 우즈베키스탄을 방문한다. 그리고 철도운수 협력 협정, 이중징세 피면 협정, 우즈베키스탄에 무상원조 제공 각서 등을 체결한다. 중국과 키르기스스탄은 1992년 1월 5일 수교한다. 이때 이람청 중국 대외경제무역부 부장이 방문하며 양국은 양국 정부 경제무역 협정, 투자를 격려하고 상호 보호하는 협정, 중국이 키르기스스탄에 상품 정부 차관을 제공하는 협정 등을 체결했다. 양국은 상무대표처 설립 각서를 교환했다(중국 외교부 사이트의 자료를 정리한 것).

셋째, 실제에서 출발하여 현지의 자원을 충분히 이용한다. 경제협력은 시장의 수요를 충분히 고려하고 현지의 자원과 원자재의 우위를 충분히 이용하여 제품의 경쟁력을 높이는 방향으로 나아가야 한다. 신용이 좋고 실력이 있는 기업의 역할을 발휘해야 한다.

넷째, 교통운수 조건을 개선하여 새로운 '실크로드'를 구축해야 한다. 경제무역 협력을 확대하려면 반드시 교통운수 조건을 개선해야 한다. 양국은 공동 노력하여 유라시아 횡단철도가 각국 인민들에게 편의를 가져오도록 해야 한다.

다섯째, 중국은 중앙아시아 국가에 소정의 경제원조를 제공하여 우의를 표한다.

여섯째, 다각적 협력을 발전하여 공동 발전을 촉진한다. 중국의 대외개방은 중앙아시아에 대한 개방도 포함한다. 중국은 중앙아시아 국가와의 경제무역 협력을 지속적으로 유지하고 발전시킨다. 중국은 중앙아시아 국가와 세계 각국의 경제협력과 우호적 교류의 발전을 지지한다. 중앙아시아 지역에서 중국은 정치 세력권을 확장하려 하지 않을 뿐만 아니라 경제 세력권도 확장하려 하지 않는다.[27]

이 단계에서 중앙아시아 국가에 대한 중국의 원조는 국내외 여러 요소의 영향을 받았다. 외부 요소를 보면 제1차 도쿄 아프리카개발회의에서 아프리카 국가의 대표들은 외자의 증가와 유치는 정부의 전통적 협력보다 더 효과적인 원조 방식이라고 지적했으며 중국 정부는 이 새로운 원조 요구를 중시했다. 내부 요소를 보면 이붕 총리가 제기한 중국과 중앙아시아 경제무역 협력의 '여섯 가지 주장'은 대외원조에 지도적 의의가 있다. 한편 국내 경제체제 개혁에 협조하여 중국 대외원조 체제도 개혁을 단행했다. 그러므로 원조 방식에도 비교적 큰 조정과 변화가 생겼다. 1995년 10월 중공중앙은 대외원조사업개혁회의에서 "중국의 개혁개방의 추진과 세계 상황의 변화에 따라 중국의 대외원조가 직면한 국내외 환경에 모두 심각한 변화가

---

27) 趙常慶 ,「中國對中亞國家的投資」(上),『歐亞社會發展研究』(2003年 年刊).

발생했다. 중국은 사회주의 시장경제 체제를 구축한다. 기업이 경제행위의 주체가 되며 금융기관은 시장경제 사무에서 더욱더 큰 역할을 한다. 중국 기업과 수원국 기업이 합자 경영, 합작 경영 등의 방식으로 혹은 중국 기업이 독자 기업의 방식으로 중국 대외원조 사항을 실행하는 것을 격려한다. 중국 시장화 개혁의 성공적 경험을 수원국에 대한 원조에 운용하는데 이를 테면 수원국에 경제개발구를 설치하는 등이다. 중국 기업과 수원국 기업이 원조 프로그램에서 합자·협력하면 정부 대외원조 자금과 기업 자금이 서로 결합하여 자금원과 프로그램 규모를 확대하고 프로그램 성과를 공고히 하여 원조 효율 제고에 유리하다."라고 했다.

중국은 자국의 경제력과 경제 이익의 수요에 따라 중앙아시아 국가에 대한 원조 목표를 조정했다. 그 목표는 다음과 같다. 첫째, '해외 진출' 전략에 협조하여 중국 기업의 중앙아시아 시장 개척을 지원한다. 1996년 강택민 주석은 '해외 진출' 전략을 제기했다. 이는 국내외 상황에서 국제와 국내 두 시장과 두 가지 자원을 더욱 잘 이용할 수 있는 필연적 선택이다. 더욱 광활한 공간에서는 경제 구조조정과 자원의 최적화 배치가 유리하고 전 세계의 자금, 기술, 시장, 전략적 자원 등을 더욱 많이 얻을 수 있다. 이는 중국 경제의 발전 공간을 개척하고 중국 경제의 국제적 경쟁력을 신장하며 중국 경제 발전의 동력을 증강시켜 중국 경제의 장기적 발전을 촉진할 수 있다.

둘째, 국내 경제의 발전을 위해 다원화되고 안정된 원자재, 에너지와 상품 공급 기지를 설치한다. 1990년대 들어 중국 경제는 빠른 속도로 성장했다. 경제의 신속한 발전은 전략적 자원 비축이 부족하다는 한계점을 보여주게 된다. 국토자원부의 예측 데이터에서 보면 '11차 5개년' 기간 중국 국민경제의 지속적이고도 신속한 발전으로 광산물 자원의 공급과 수요의 상황이 점차 심각해지고 있다. 자원의 부족은 이미 자본의 부족을 대체하여 중국 경제 발전에서의 가장 큰 걸림돌이 되었다. 특히 일부 중요 광산의 저장량이 감소되었다. 비록 근년에 이르러 중국의 중요한 광산물 채굴량과 저장량의 비율이 개선되어 국내 광산물 자원의 공급이 높아졌다. 그러나 일부 광산물은 채굴 난이도가 높고 저장량의 소모가 너무 빠르다. 또한 탐광에 대한 투자 부족과 탐광 난이도의 증가로 부분적 중요 광산물의 채굴량과 저장량의 비율이 감소되어 공급이 많이 부족해졌다. 현재 중국의 45개 주요한 광산물 중 수요를 보장할 수 있는 종류는 점점 줄어들고 있으며 석유, 철, 망간, 연, 칼리암염 등의 저장량은 심각하게 부족하다.

근년에 이르러 시장의 수요로 강철, 시멘트, 자동차, 방직 등 에너지 소모가 큰 산업과 제조업이 빠르게 성장하면서 석탄, 철광, 보크사이트, 석회석 등 광산물 자원의 소모와 수요가 급격하게 증가했다. 중석, 주석, 안티몬 등 매장량이 풍부한 광산물 자원도 일부 지방과 기업이 단기적 이익만을 추구하여 채굴 규모를 끊임없이 확대했기 때문에 생산 통제력을 잃었다. 주력 수출 자원에 제한 생산을 실시하지 않아 최대 효익을 거두지 못하고 있다.[28]

중국에서 부족한 광산물 자원이 중앙아시아 국가에서는 매장량이 풍부하다. 중앙아시아 지역, 특히 카자흐스탄의 광산물 품종이 비교적 많아서 이미 탐사된 광산물이 90여 종에 이른다. 이 중 크롬, 중석의 매장량은 세계에서 앞자리를 차지하며 인광석의 매장량은 세계 2위이다. 구리, 연, 아연, 몰리브덴, 인의 매장량은 아시아 1위이다. 이 밖에 철, 석탄, 석유, 천연가스의 매장량도 비교적 풍부하다. 이미 탐사된 석유 매장량은 40억 톤에 달하고 석탄 매장량은 39.4억 톤, 천연가스 매장량은 1.8조 m^3, 망간 매장량은 4억 톤에 달한다. 키르기스스탄은 수은과 안티몬의 저장량이 매우 풍부하다. 우즈베키스탄의 주요한 광산물 자원은 구리, 연, 아연, 몰리브덴, 중석 등이다. 투르크메니스탄과 카자흐스탄은 석유, 천연가스 매장량이 매

---

28) 「權威數據指資源約束將成十一五經濟發展主要矛盾」, http://www.mof.gov.cn/zhengwuxinxi/caijingshidian/zgcjb/200805/t20080519_22264.html.

우 풍부하다. 타지키스탄과 키르기스스탄은 수력자원이 아주 풍부한데 특히 타지키스탄의 수력자원은 5,270만 kw에 달한다.[29]

셋째, 중앙아시아 국가를 도와 경제의 지속적 발전과 역량 강화를 제고하는 목표를 이룩한다. 이 원조 목표는 중국이 대외원조에서 창도하는 국제주의 정신을 구현한 것이다. 인프라 건설을 발전시키고 전략 산업을 개발하는 것은 중앙아시아 국가가 경제의 지속적 발전에서 없어서는 안 될 부분이다. 그러므로 중앙아시아에 대한 중국의 원조에서 먼저 인프라, 에너지, 수력발전 등 분야의 건설을 우선시한다.

2. 원조 규모 증가, 형식 다양, 특혜 차관이 주요 추세가 됨

첫 단계 원조 규모에 비하여 1990년대 중반 중앙아시아 국가에 대한 중국의 원조 규모는 두 배로 확대되었다. 이는 중국의 경제력 제고와 관련이 있다. 능력껏 원조를 제공하는 원칙에 따라 중국은 경제력의 제고에 걸맞게 원조 규모를 확대했다. 이는 등소평이 제기한 중국 대외원조 사상에 부합된다. 1978년 5월 7일 등소평은 마다가스카르민주공화국 경제대표단을 접견하며 "우리는 아직 가난합니다. 무산계급 국제주의 의무에 아직 많은 기여를 할 수 없습니다. 현대화를 실현하여 국민경제가 발전하면 우리가 인류, 특히 제3세계에 대해 더 많이 기여할 수 있을 것입니다. 사회주의 국가인 중국은 영원히 제3세계에 속하며 영원히 패권을 휘두르지 않을 것입니다."[30]라고 했다. 1979년 7월 7일 등소평은 중앙외사공작회의(中央外事工作會議)에서 "우리가 지난날 제3세계를 원조한 것은 옳은 일이었습니다. 우

---

29) 中國駐哈薩克斯坦使館經濟商務參贊處, 「中亞經濟發展簡述」, http://kz.mofcom.gov.cn/article/ztdy/200909/1251949018896.pdf.

30) 『鄧小平文選』(第二卷), p.112.

리나라 경제가 어려웠지만 우리는 필요한 대외원조금을 제공했습니다. 우리가 발전하면 많이 원조해야 합니다. 중국은 발전 후에도 이를 잊으면 안 됩니다. 원조 문제에서 확고한 방침을 견지해야 합니다. 원조의 원칙은 여전히 그 8항 원칙입니다. 구체적 방법을 개정하여 수원국이 혜택을 보도록 해야 합니다."[31]라고 지적했다.

구체적인 대외원조에서 등소평이 많이 언급한 것은 원조 규모를 적당히 확대하여 되도록 더욱 많은 자금으로 개발도상국을 원조해야 한다는 것이었다. 1997년에 이르러 중앙아시아 각국에 대한 중국의 무상원조 규모는 초기의 200~300만 위안에서 500~1,000만 위안으로 5배 이상 증가했다.[32]

중앙아시아 국가에 대한 중국의 경제 발전 전략의 조정 및 중국 대외원조 사업의 전면적 개혁 사상을 구현하기 위해 중앙아시아 국가에 대한 중국의 원조는 무상원조, 일반 물자 원조, 현금 원조에서 무상원조와 유상원조의 동시 제공으로 전환되었다. 특혜 차관의 비율은 해마다 증가하여 중국이 중앙아시아 국가를 원조하는 주요한 방식이 되었다. 중앙아시아 국가에 대한 중국의 무상원조 규모는 초기에 비해 대폭 증가했다. 그리고 중국은 무이자 차관, 정부 특혜 차관(양허성 차관, 대외원조 합자 협력 프로그램 기금 등), 수출 구매자 측 특혜 신용대출 등 여러 가지 원조 방식을 제공했다. 1995년부터 중국 대외원조 사업은 전면적인 개혁을 단행한다. 대외원조 사업의 개혁에 대한 국무원의 답변에 의하면 제한적인 대외원조금을 효과적으로 사용하기 위해 중국은 대외원조 '8항 원칙'을 바탕으로 대외원조의 새로운 방식인 특혜 차관을 시행했다. 중국 정부는 수원국에 원조의 성

31) http://liuxiangdong.mofcom.gov.cn/article/Nocategory/200912/20091206663380.html.
32) 다음 자료는 상무부 사이트와 외교부 사이트에서 제공하는 정보 자료를 정리한 것이다. 「中國政府向吉爾吉斯坦政府提供1億元人民幣的政府優惠貸款的協議」(2000), 「中國政府向吉爾吉斯坦政府提供500萬元人民幣無償援助的換文」(2000), 「中國政府向吉爾吉斯坦政府提供500萬元人民幣無償援助的換文」(2001), 「中國政府向吉爾吉斯坦政府提供1500萬元人民幣無償援助的換文」(2002).

격을 지닌 특혜 차관을 제공한다. 중국은 대외원조 경비로 차관의 이자를 충당하여 대외원조의 규모를 확대하고 원조금의 효과를 높이며 양국 기업의 투자 협력을 추진하여 중국의 설비, 원자재와 기술의 수출을 이끌었다. 그리고 적극적으로 대외원조 프로그램의 합자와 협력을 추진했다. 이는 정부 대외원조금과 기업 자금의 상호 결합에 유리하다. 자금원과 프로그램 규모를 확대하고 프로그램 성과를 공고히 하여 원조 효익을 제고할 수 있다.[33] 증여의 성격을 지닌 중장기 저금리 차관은 정부 원조로 볼 수 있다. 자금은 중국수출입은행에서 마련하고 연이자율은 2~5%이며 차관 기한은 15년을 넘지 않는다. 특혜 차관 이자율과 중앙은행의 기준금리의 차액은 국가재정에서 대신 내준다. 중국수출입은행이 취급하는 수출 구매자 측 특혜 신용대출은 해외 대출자를 대상으로 하는 중장기 신용대출이다. 해외 수입상이 중국 수출상에게 지불하는 계약금에 사용되어 중국 제품, 기술과 서비스의 수출을 촉진한다.[34]

　1994년 중국수출입은행이 설립된다. 중국 정부의 대외 특혜 차관과 수출 구매자 측 특혜 신용대출을 취급하는 유일한 은행으로 초기의 특혜 차관 업무는 주로 중앙아시아 국가를 대상으로 했다. 1995년 차관 업무를 시작했으며 주로 중앙아시아 국가를 도와 생산성 높은 프로젝트, 인프라 및 사회복지 프로젝트 등을 설계했다. 상무부의 통계에 의하면 2009년 말까지 중국 정부와 수원국 정부는 770억 위안에 달하는 특혜 차관에 관한 협의를 체결했다. 중국수출입은행은 594억 위안에 달하는 차관 협의를 체결하여 76개국의 325개 프로젝트에 차관을 제공했다.[35] 2009년 3분기까지 중국수

---

33) 石廣生, 「中國對外經濟貿易的發展曆程和偉大成就」, http://www.cofortune.com.cn/moftec_cn/50y/shi.html.

34) 특혜 차관에 관련한 더욱 상세한 소개는 중국수출입은행 사이트를 참조하기 바람. http://www.eximbank.gov.cn/.

35) 「中國政府簽署援外優惠貸款770億元人民幣」, http://www.news.china.com.cn/txt/2010-08/13/content_20702843.htm.

출입은행이 중앙아시아 5개국과 체결한 차관은 400억 위안이며 이 중 대부분은 인프라 건설에 사용되었다.[36]

3절 상해협력기구 구조 내의 원조정책

상해협력기구는 복잡다단한 중앙아시아의 상황하에서 출범되었으며 중국이 다각적 시스템에 의존하여 중앙아시아 국가에 원조를 제공할 수 있도록 환경을 마련했다. 1990년대 중·후반 중국, 미국, 러시아 등의 중앙아시아에서의 각축이 날로 심화되었다. 특히 미국이 중앙아시아 지역에 주목하기 시작했으며 정치, 경제, 군사 측면에서 전면적으로 침투했다. "냉전이 종식된 후 중앙아시아는 미국이 관심을 보이는 중요한 지역이 되었으며 미국은 이 지역을 글로벌 전략의 유기적 구성요소로 만들려고 한다. 중앙아시아에서의 미국의 목표는 이 지역을 21세기 미국의 전략 에너지 기지와 러시아 세력권의 확장을 억제하는 지정학적 거점으로 삼으려는 것이다. 그리고 이란 이슬람 원리주의의 중앙아시아 침투를 저지하고 중앙아시아를 미국의 국제 전략 구조에 편입시키려는 것이다."[37] 브레진스키는 미국은 "이 지역의 자원 개발에만 관심이 있는 게 아니라 러시아 단독으로 이 지역을 주도하는 것을 방지하고자 한다. 이는 유라시아 지정학적 전략 목표의 추구에 부합될 뿐만 아니라 현재까지 봉쇄된 이 지역에 진출하여 자국의 경제 이익과 유럽과 극동에서의 이익을 수호하는 방법이기도 하다. 그러므로 이 문제에서 이해관계에 있는 것은 지정학적 정치 세력, 막대한 잠재적

---

36) http://au.china-embassy.org/chn/zggk/jj/t627624.htm.
37) http://eurossia.cass.cn/chinese/production/CIS10/013.html.

재화의 획득, 민족과 종교적 사명의 완성 및 안전 이익 등이다."[38]라고 말했다.

　주요 강대국들은 특히 에너지 분야에서 각축을 벌이고 있다. 소련이 해체된 후 풍부한 석유와 천연가스 자원은 복잡다단한 국제정치 상황에 처한 중앙아시아가 강대국 사이에서 줄타기를 하는 중요한 카드였다. 중앙아시아 국가들이 석유와 천연가스를 수출하려면 여전히 러시아의 송유관을 빌려야 했기 때문에 러시아는 카자흐스탄의 많은 대형 유전을 통제하고 있었다. 1990년대 전반 미국의 석유 자본이 중앙아시아에 침투한다. 미국 기업의 석유와 천연가스 생산량은 해마다 증가했는데 통제하고 있는 카자흐스탄의 석유와 가스 매장량은 17~20억 톤에 달했다.[39] 중국과 중앙아시아 각국의 석유, 천연가스 협력은 미국이나 러시아보다 늦게 시작했지만 발전은 아주 빠르다. 중앙아시아 각국은 독립 후 자국의 이익을 수호하기 위해 에너지 수출 루트의 다원화를 모색했다. 석유와 천연가스 수송 국면을 개선하기 위해 중국으로 통하는 송유관 부설을 절박하게 요구했으며 중국도 이 새로운 발전 요구에 적극적으로 응했다. 1997년 9월 중국과 카자흐스탄 양국 정부가 체결한 '석유천연가스 등 분야 협력 관련 양국 정부 협의'는 중국이 중앙아시아 국가의 석유, 천연가스 채굴업에 진출하는 서막을 열었다.

　이러한 새로운 상황에서 중국, 미국, 러시아 등 강대국은 새로운 시스템을 구축하여 각자의 세력권을 안정시키거나 발전시켜 이 지역에 장기적이고도 체계적인 전략적 영향을 미치려고 했다. 중앙아시아 각국의 독립 초기 러시아가 취한 '부담을 버리는' 정책은 미국 등 강대국이 원조의 방식으로 신속히 침투하여 세력권을 구축하도록 했다. 이는 러시아가 중앙아시아 국가를 주도하던 능력을 약화시켰다. 1990년대 중반부터 러시아는 중앙아

38)　[美] 玆比格紐·布熱津斯基, p.185.
39)　「中亞油氣開發多元化是大勢所趨」, 『國際商報』 2007年 2月 5日.

시아 정책을 조정한다. 중앙아시아 국가와의 경제무역 협력을 점차 강화하여 중앙아시아 국가들을 러시아가 주도하는 지역 일체화 발전 범위에 편입시키려 했다. 1996년 3월 러시아, 카자흐스탄, 키르기스스탄, 벨라루스 4개국은 관세동맹 협정과 경제, 인문 분야 일체화를 심화할 조약을 체결했다. 1998년 11월 타지키스탄이 관세동맹에 가입한다. 1999년 2월 러시아, 벨라루스, 카자흐스탄, 키르기스스탄, 타지키스탄 5개국은 관세동맹과 단일 경제 공동체 조약을 체결했다. 2000년 10월 5개국 국가원수는 유라시아경제공동체 설립에 관한 조약을 체결했다. 유라시아경제공동체의 발전 과정에서 러시아와 중앙아시아 국가의 경제무역 교류가 강화되었다.

러시아가 중앙아시아 국가와 새로운 경제 관계를 구축하려고 할 때 미국도 중앙아시아에 새로 시스템을 구축하려고 적극 노력했다. 특히 9 · 11 사건 후 미국 글로벌 전략에서 중앙아시아 지역은 미국의 세계 반테러 계획을 실행하는 전초기지가 되었다. 2001년부터 미국은 중앙아시아 국가에 대한 경제정책을 국가 안전 전략의 수준으로 높였다.[40] 중앙아시아 국가의 에너지 자원을 중요시했을 뿐만 아니라 독립국가연합의 경제에 대한 관심도 러시아에서 중앙아시아 지역으로 바꾸었으며 중앙아시아 지역의 지역 경제협력도 점차 중시했다. 1999년부터 미국은 독립국가연합의 지역 경제협력을 구상했으나 2004년에 이르러서야 실행되었다. 2004년 6월 미국과 중앙아시아 5개국은 공동으로 무역 및 투자 관계 발전 협정을 체결했다.[41]

중국이 중앙아시아 국가와의 다각적 협력 시스템 발전을 구상한 시기는 미국과 러시아와 거의 비슷하다. 중앙아시아 국가와 양자 협력을 추진하는 과정에서 중국은 많은 문제가 양국 협력의 범위에서 벗어나는 것을 발견했

---

40) U. S. Government Assistance to and Cooperation Activities with the New Independent States of the Former Soviet Union FY 2003 Annual Report, U. S. Department of State, January 2004.
41) 앞의 글.

다. 이를테면 중국과 우즈베키스탄의 무역은 키르기스스탄이나 카자흐스탄을 경유해야만 가능하다. 투르크메니스탄과의 천연가스 협력도 우즈베키스탄과 카자흐스탄을 경유해야만 가능하다. 그러므로 중국과 중앙아시아 국가 간의 많은 문제를 해결하려면 다각적 시스템을 구축해야 했다. '상해 5개국' 회의가 상해협력기구로 전환한 것은 중국이 중앙아시아 지역에서 다각적 시스템을 구축하고자 한 첫 시도이다. 중앙아시아 다각적 시스템 구축은 중앙아시아 국가에 대한 중국 원조정책의 시스템화와 장기화에 기반을 마련했다. 더욱 중요한 것은 중국이 중앙아시아 지역의 안정과 경제 발전 등의 분야에 더욱 큰 영향을 줄 수 있으며 나아가 이 지역의 발전을 주도할 수 있게 되었다는 점이다.

상해협력기구의 경제협력 발전 과정은 '상해 5개국' 회의까지 거슬러 올라간다. 1998년 7월 3일 '상해 5개국' 회의의 국가원수들은 알마아타 회견에서 평등 호혜를 토대로 경제협력 발전에서 지켜야 할 기본 원칙을 정했다. 즉 국제적으로 통용되는 무역 조건을 상호 제공하여 무역액을 증가시키고, 각종 형식의 지방과 변경 지역 경제무역 협력 및 5개국 대기업과 대회사 간의 협력을 격려하고 지지하며, 각국의 투자 환경을 개선하여 각국의 경제 프로그램 투자에 조건을 마련하는 것이다. '상해 5개국' 시스템의 적극적인 역할로 2001년 6월 15일 '상해 5개국' 회의의 국가원수와 우즈베키스탄 대통령은 상해에서 회견을 한다. 그리고 '상해협력기구 성립 선언', '테러리즘, 분리주의와 극단주의를 퇴치할 상해 공약'과 우즈베키스탄이 '상해 5개국' 회의에 가입하는 공동성명을 체결하여 상해협력기구의 출범을 선언했다. 중국에서 볼 때 상해협력기구의 출범은 중국이 국제경제 체제에 융합된 후 국제적 규칙과 제도의 실천적 분야에서 단행한 중대한 시험이다. 이로부터 중국은 서방 국가가 주도하는 다각적 시스템에 종속되던 전통적인 국면에서 벗어났다.

상해협력기구는 중국과 중앙아시아 국가의 다각적 경제협력과 교류에 새로운 환경을 마련해주었다. 2001년 9월 13일 상해협력기구 회원국 총리들이 알마아타에서 회견을 가졌다. 주용기 중국 총리가 먼저 다각적 시스템과 양자적 시스템을 상호 결합하여 중국과 중앙아시아의 경제협력 관계를 발전시켜야 한다고 제기했다. 주용기 총리는 "다각적 경제협력은 앞날을 내다보아야 한다. 적극적으로 개척해야 하지만 현실에 입각하여 점진적으로 추진해야 한다. 경제협력을 더 잘 전개하기 위해 반드시 네 가지 원칙을 지켜야 한다. 첫째, 평등 호혜로 각국의 이익을 두루 고려해야 한다. 둘째, 시장경제 법칙을 지켜야 하는데 국제적으로 통용되는 규칙과 일치해야 한다. 셋째, 점차적으로 진행하며 실효를 중시해야 한다. 쉬운 것에서 어려운 것으로 진행하고 적극적이고도 점진적으로 추진해야 한다. 그리고 '한 가지 일이 생기면 그 일을 해결'하는 방법을 견지해야 한다. 협의의 실행과 감독 시스템을 구축하고 완벽화하여 '협의했지만 결정하지 못하고 결정했지만 진행하지 못하는' 현상을 근절해야 한다. 넷째, 다각적과 양자적의 상호 결합 원칙을 지켜야 한다. 다각적 시스템과 양자적 시스템의 병행 발전을 추진하여 상호 보완, 상호 촉진해야 한다."[42]라고 지적했다.

상해협력기구의 틀에서 중앙아시아에 대한 중국의 원조정책은 다각적 시스템과 양자적 시스템의 결합으로 나아갔다. 대외원조의 방식, 원조 목표 및 우선 주목해야 할 원조 분야나 중점 원조 분야에 모두 비교적 큰 조정이 있었다. 다각적 시스템에서 중앙아시아 5개국에 대한 중국의 원조 규모는 지속적으로 확대되었고 수출 구매자 측 특혜 신용대출 비율도 높아졌으며 중점 원조국과 중점 원조 분야를 결정했다. 에너지, 네트워크, 교통 등 대형 원조 프로젝트에 대한 투자를 강화했다. 원조 규모를 보면 타지키스탄, 키르기스스탄 두 중점 수원국은 다각적 시스템에서 중국 정부와 중앙아시아 국가 간의 관계를 심화했다. 중앙아시아에 대한 중국의 원조는

---

42) 外交部亞歐司, 『上海合作組織文獻選編』, 世界知識出版社, 2002, p.277.

시스템화, 장기화와 전략화의 방향으로 발전하고 있다.

1. 실질적이고 중점적인 원조 프로그램

2003년 9월 회원국 정부 총리가 체결한 '회원국 다각적 경제무역 협력 강령'을 실행하기 위해 2004년 6월 17일 상해협력기구 타슈켄트 정상회담에서 호금도 중국 국가주석은 "실질적 협력을 강화하고 평화 발전을 도모하자"는 연설을 한다. 그리고 상해협력기구의 기타 회원국에 수출 구매자 측 특혜 신용대출 9억 달러를 제공하여 경제협력을 추진하며 가능한 빨리 실질적 성과를 거두도록 했다. 차관의 연이자율은 3%이고 기한은 10년이며 국가의 담보가 필요했다. 몇 차례의 협상을 거친 후 이 특혜 차관은 2006년에 모두 실행되었다(연이자율 2%, 상환 기간 15년). 2006년 6월 회원국 정상회담 기간 각국 기업과 은행은 대형, 중형 협력 프로젝트 계약과 차관 협정을 체결했다. 총금액은 20억 달러(이 중 일부분은 9억 달러의 특혜 차관 프로그램)에 달했다. 이 중에는 우즈베키스탄 인프라와 도시 행정 건설 프로젝트(3억 9,700만 달러), 키르기스스탄의 키질키야 시멘트공장(일일 생산량 2,500톤), 타지키스탄의 500KV, 220KV 고압 송전선 부설 및 두샨베-츄벡 도로, 카자흐스탄의 자체 개발한 첫 번째 수력발전소인 모이나크스카야 발전소(투자총액 2.5억 달러, 이 중 2억 달러는 중국국가개발은행에서 제공하고 5,000만 달러는 카자흐스탄개발은행에서 제공했음) 등이 있다.[43] 9월 15일 타지키스탄 수도 두샨베에서 소집한 회원국 총리 제5차 회의에서 중점적으로 정상회담의 임무를 실행했다. 에너지, 교통, 진신 등 우선 협력 분야에서 상해협력기구 첫 번째 시범 프로젝트를 확정했다.

---

43) http://ozs.mofcom.gov.cn/column/print.shtml?/subjiet/shhzzz/subjectbb/200606/20060602433033.

상해협력기구 내에서 중국이 중앙아시아 국가에 제공하는 특혜 차관은 진행이 순조로웠다. 2007년 8월 비슈케크 정상회담에서 중국은 회원국에 수출 구매자 측 특혜 신용대출을 지속적으로 제공할 것을 약속했으며 이 차관은 다각적, 양자적 네트워크 구축에 사용되었다. 2008년 6월 25일 중국은 타지키스탄에 수출 구매자 측 특혜 신용대출을 제공하여 레로가르-하틀론 220KV 송전선을 부설했다. 6월 13일 중국수출입은행과 우즈베키스탄 대외경제은행은 북경에서 상해협력기구가 페르가나-마르길란 급수시설 프로젝트와 페르가나 토양 개량 프로젝트에 수출 구매자 측 특혜 신용대출(9억 달러 신용대출에 포함된 사항임) 제공 협정을 체결했다. 이 두 프로젝트는 5,345만 달러를 대출했다.[44]

2. 중대 특혜 차관 프로그램 및 실행 상황

중앙아시아 국가에 대한 중국의 원조 중점 분야는 교통, 에너지, 전신 분야이다.

1) 교통 분야

타지키스탄-우즈베키스탄 도로, 타지키스탄-중국 도로 건설과 복구 프로젝트

타지키스탄-우즈베키스탄 도로 복구 공사는 중국 정부가 상해협력기구의 회원국에 제공한 9억 달러의 수출 구매자 측 특혜 신용대출을 이용했다.

---

44) 趙會榮, 「中國與中亞國家的關系」, 『俄羅斯東歐中亞國家發展報告(2009年)』, 中國社會科學院俄羅斯東歐中亞硏究所, http://eurossia.cass.cn/chinese/production/Yellow-book2009/005.htm.

이는 중국이 상해협력기구에 제공한 첫 번째 차관이다.[45] 총액은 2억 9,600만 달러에 달했고 공사 기한은 42개월이었다. 2006년 7월 11일에 착공한 이 도로는 길이 355km로 타지키스탄 남부와 북부를 잇는 생명선이자 타지키스탄과 우즈베키스탄의 수도를 잇는 지름길로 중요한 전략적 의의가 있다. 이 공사는 타지키스탄 건국 이래 가장 큰 도로 건설공사였다.

타지키스탄-중국 도로는 서쪽의 두샨베에서 시작하여 하틀론주의 주도 쿠르곤톕파, 남부의 주요 도시 쿨롭(라흐모노프 타지키스탄 대통령 의 고향), 바다흐샨주의 주도 호루그를 경유하여 카라마이 통상구(중국 측은 카라수 통상구)에 이른다. 총 1,100km로 도로 복구와 부설 및 일부 도시 도로 건설 등이 포함되었으며 투자는 1억 3,600만 달러에 달했다.

중국-키르기스스탄-우즈베키스탄 도로, E-40도로와 타지키스탄 샤르-샤르 터널 프로젝트

중국-키르기스스탄-우즈베키스탄 도로는 신강에서 시작되어 중앙아시아를 연결하며 총 959km에 달한다. 이 중 중국 경내가 24km이고 키르기스스탄 경내는 280km이며 우즈베키스탄 경내는 445km이다. 중국-키르기스스탄-우즈베키스탄 도로 공사를 전면적으로 실행하기 위해 중국 정부는 키르기스스탄에 두 차례에 걸쳐 6,000만 위안을 무상원조했다. 이 원조금으로 키르기스스탄 경내 17.74km 구간(이엘케스탄 통상구-누라)의 도로를 복구했다. 이 구간은 2006년 6월 공사를 마쳤다.

E-40도로는 중앙아시아에서 러시아, 카자흐스탄, 우즈베키스탄, 키르기스스탄 4개국을 연결한다. 2007년 11월 상해협력기구의 회원국 총리 회의에서 각국은 E-40 국제도로의 동시 복구를 강조했다. 여기에는 볼고그라드-아스트라한-아티라우-베이네우-쿤그라드 도로 및 악타우-베이네

---

45) 李曉春, 「讓古"絲綢之路"重現繁榮－上合組織框架內首個中方貸款項目正式動工」, 『人民日報』 2006年 7月 12日.

우-쿤그라드 도로, 키가치강 대교 부설과 오시-사리타시-이르케스탐-카스 및 블라츠트우-두샨베-카라미크-이르케스탐-카스 도로가 포함된다. 그리고 카스 화물운송물류센터를 건설하여 각종 수송을 책임진다.[46]

타지키스탄의 샤르-샤르 터널과 남북연결도로 공사는 중국 정부가 무상으로 원조했다. 터널(길이 2,235m)과 남북 연결도로(길이 4.9km)가 포함되며 2008년 3월 31일에 개통되었다. 이는 샤르-샤르 및 남북 연결도로의 첫 단계 공사가 완성되었음을 상징한다.

2) 에너지 분야

① 투르크메니스탄에 석유 보링머신을 수출했다.[47] 2002년 8월 중국수출입은행은 중국철도물자성도회사(中國鐵路物資成都公司)에 2.5억 위안의 수출 구매자 측 특혜 신용대출을 제공하여 투르크메니스탄에 석유 보링머신을 수출하도록 지원했다. 투르크메니스탄은 석유 자원이 풍부하지만 시추 설비는 1960~1970년대 설비로 비교적 낙후하여 현대화 채굴에 적합하지 않았다. 그러므로 보링머신과 부속품 및 소비 기자재에 따른 수요가 많았다. 투르크메니스탄에 석유 보링머신을 수출하는 것은 중국 석유 시추 기계설비, 특수 전문 차량 및 작업도구의 수출을 유도할 뿐만 아니라 보링머신 총액의 10%를 차지하는 부속품과 기타 소비 기자재 수출을 이끌 수 있다. 중국수출입은행은 이 프로그램에 전면적으로 자금을 지원하여 기한 내에 완성할 수 있도록 보장했다. 중국 서부 기업이 대형설비의 '해외 진출' 전략을 실행할 수 있도록 중국수출입은행이 강력하게 지원한 것이다.

---

46) 「上合組織成員國政府總理事會塔什幹會議聯合公報」, http://www.fmpre.gov.cn/ehn/wjdt/1 179/t377838.htm. 2007年 11月 3日.
47) 「中國進出口銀行2002年年報」, p.22.

② 타지키스탄에 500KV 남북 고압 송전선을 부설했다. 이는 타지키스탄이 상해협력기구 내에서 중국 정부의 특혜 차관을 이용하여 실행한 두 번째 대형 프로젝트로서 투자는 3.4억 달러에 달했으며 송전선을 350km 부설했다. 이 프로젝트는 타지키스탄 국내 전력 공급의 불균형을 해소하고 남부의 전력을 북부로 송전하는 어려움을 해결했다.[48] 또한 타지키스탄의 남과 북의 배전망을 연결하여 타지키스탄의 전력 자주 전략을 실행하도록 했다. 이 프로젝트에 의해 중국의 초고압 500KV 플랜트 기술이 처음으로 수출되었다. 타지키스탄 남부의 220KV 송전 변전 공사는 상해협력기구의 9억 달러 수출 구매자 측 특혜 신용대출 중의 한 프로젝트로 부설한 송전선은 90km에 달했다. 양국 지도자와 정부가 특히 중시한 이 프로젝트는 2008년 6월에 완성되었다.

3) 전신 분야

상해협력기구의 정보고속도로 프로젝트이다. 이 프로젝트의 목표는 각국 국내의 이미 건설된 광케이블망 자원을 충분히 이용하고 국제 구간에 광케이블망을 신축하여 비교적 완벽한 초고속 통신망을 구축하는 것이다. 이 통신망으로 각국은 인터넷, 음성, 전화접속 등 업무 협력을 전개할 수 있다. 정보고속도로는 남북 2개의 광섬유링으로 구성된다. 이 중 하나는 러시아를 경유하고 다른 하나는 중국을 경유하며 연결점을 키르기스스탄에 둔다. 인도를 경유하는 제3링의 가능성도 배제하지 않는다.[49] 이 프로젝트는 회원국 경내에 광통신 선로를 부설하도록 했다.

48) 「中國進出口銀行2008年度報告」, http://www.eximbank.gov.cn/annual/2008.shtml.
49) 石婧, 「中國對中亞援助狀況分析-以中國援助中亞國家重點項目爲例」, 『新疆社會科學』(漢文版)2009年 第4期, p.53.

2009년 6월 16일 호금도 주석은 에카테린부르크에서 소집된 상해협력기구 정상회담에서 향후 100억 달러의 신용대출을 제공하여 상해협력기구 회원국의 금융 위기 대처를 돕겠다고 했다. 또한 중국은 무역투자촉진단을 구성하여 각 회원국과의 수출입 무역과 양방향 투자를 추진하겠다고 했다.[50]

현재까지 여러 가지 원인으로 우리는 중국이 중앙아시아 5개국에 대한 원조금 총액수와 관련 사항의 정부당국 통계 데이터를 얻지 못했다. 이미 장악한 통계 데이터에 의하면 2006년 연말까지 중앙아시아 국가에 대한 중국의 원조는 다음과 같다. 첫째, 15억 달러의 수출 구매자 측 특혜 신용대출이다. 이 중 9억 달러는 상해협력기구 회원국에 제공했고(러시아도 포함되지만 그 액수가 아주 적음) 3억 달러는 우즈베키스탄의 인프라 건설에 사용했으며 투르크메니스탄 에너지 설비 개선에 3억 달러를 사용했다. 둘째, 15억 위안(약 2억 달러)의 대외원조 양허성 차관이다. 셋째, 12억 위안(약 2.5억 달러)의 무이자 차관이다. 넷째, 정부의 무상원조이다. 많은 부문(이를테면 외교부, 상무부, 위생부, 재정부, 공안부, 국방부 등)이 중앙아시아 국가에 여러 가지 형식의 원조를 제공했기 때문에 정확한 총액을 통계할 수 없다.[51]

2009년 3분기까지 중국수출입은행은 중앙아시아 5개국에 차관 400억 위안을 제공했다. 대부분은 인프라 건설에 사용되었다.[52] 불완전한 통계에 의하면 중앙아시아 5개국 중 키르기스스탄이 중국의 원조를 가장 많이 받았다. 2009년 11월 말까지 중국은 키르기스스탄에 약 2.5억 달러에 달하는 원조와 차관을 제공했다. 2008년 중국과 키르기스스탄의 무역액은 93억 달

중국 대외원조 60년

---

50) http://www.ftchinese.com/story/001027042.

51) 鄭羽 主編, 앞의 책, pp.195~196.

52) http://au.china-embassy.org/chn/zggk/jj/t627624.htm.

러를 기록했으며 키르기스스탄은 독립국가연합 중에서 중국의 제3대 무역 대상국이 되었다.[53]

3. 인적자원 양성과 중국어 교육, 문화 전파 사업

상해협력기구에서 중앙아시아 국가에 대한 중국의 인재 양성 사업은 해마다 증가하고 있다. 2005년 상해협력기구 아스타나 정상회담에서 호금도 주석은 3년 내에 상해협력기구 회원국(주로 중앙아시아 국가)의 각 분야 관리와 전문 인재 1,500명을 양성해주겠다고 약속했다. 중국 측은 이 계획을 아주 빨리 실행에 옮겼다. 그해 10월 서북대학(중국 서안시) 강당에서 제1기 신입생 개학식을 열었다. 양성 분야에는 행정 관리, 경제 발전, 외교 안전, 전문 기술, 중국어 학습 등이 포함되었다. 단기 양성과 장기적인 학력·학위 교육을 포함하며 2005년에 166명을 양성했다.[54]

1993년부터 중국은 중앙아시아 5개국에 장학금 제공 프로그램을 실시했다. 1993~2004년 중국 장학금을 받고 유학 온 학생은 카자흐스탄 187명, 키르기스스탄 170명, 타지키스탄 90명, 우즈베키스탄 194명이다.[55]

상해협력기구가 설립된 후 중국은 중국어와 중국 문화의 교육과 전파를 추진했다. 중국은 카자흐스탄민족대학 중국어센터, 키르기스스탄 비슈케크인문대학, 우즈베키스탄 동방대학 등 교육기관에 중국어 교사를 파견했다. 2004년에 설립한 타슈켄트 공자학원은 전 세계에서 첫 번째로 양국 정부가 협의하여 설립한 공자학원이다.

---

53) http://news.xinhuanet.com/world/2009-11/16/content_12470361.htm.

54) http://www.scosummit2006.org/bjzl/2006-04/20/conrent_125.htm.

55) 張蘊岭 主編, 『中國与周邊國家 : 构建新型伙伴關系』, 社會科學文獻出版社, 2008, p.341.

4절　중앙아시아에 대한 원조정책의 전략적 영향

중앙아시아에 대한 중국 경제원조의 효과는 뚜렷했는데 전략적 의의는 다음과 같다. 첫째, 중국과 중앙아시아 국가는 선린 우호 협력 관계를 구축했다. 둘째, 양국 원조의 협력에서 중국과 중앙아시아 국가의 양국 정치적 신뢰가 부단히 증가하여 경제무역 협력 관계의 발전을 추진했다. 셋째, 비안보 요소와 전략적 에너지 자원 요소가 뚜렷하며 중국은 전략적 에너지 자원의 경쟁에서 우위를 차지하게 되었다. 넷째, 중국 서부 대개발을 간접적으로 추진했으며 안정된 주변 환경을 마련하여 신강 지역의 국제무역 발전과 지역경제 발전을 촉진했다. 다섯째, 일련의 성공적인 원조 프로그램을 통해 중국은 중앙아시아에서의 국제적 영향력을 제고했다. 여섯째, 중국의 대외원조는 높은 평가를 얻었다. 개발도상국인 중국의 국제적 이미지가 좋아졌으며, 중국의 대외원조를 비방하는 각종 서방 여론에 강력하게 반박했다.

일부 중국 학자들은 중앙아시아 국가에 대한 중국의 원조정책은 미국과 러시아의 원조정책과 완전히 다르다고 한다. "중국과 중앙아시아의 경제무역 관계에서는 지정학적 영향이 가장 미약하다. 중국은 무상원조와 경제무역 관계를 이 지역에서 정치적 영향을 확대하기 위한 수단으로 삼지 않는다. 이는 중국이 중앙아시아를 자국의 세력권에 편입할 정치적 고려가 없기 때문이다. 경제무역 정책은 거의 단순한 경제적 목적에 지나지 않는다."[56] 현재까지 중국은 중앙아시아 국가의 원조 전략에 대한 정부 측 전문 문서를 발표하지 않았다. 그러나 여러 가지 발전 계획, 협력 문서 및 지도자의 연설에서 중앙아시아에 대한 중국의 경제 이익 요구를 다음과 같이 정리할 수 있다. 첫째, 중앙아시아 국가의 경제 안정 및 중국 서부의 발전

---

56)　鄭羽 主編, 앞의 책, p.182.

과 안전을 도모한다. 둘째, 국내 경제를 발전시키기 위해 안정된 원자재 공급 기지와 상품 판매 시장을 구축한다. 셋째, 중국 기업의 중앙아시아 시장 진출을 지원한다. 넷째, 중앙아시아 국가의 중국 서부 대개발 참여를 지원한다. 다섯째, 중앙아시아 국가는 중국이 경제외교 및 다각적 외교를 배우고 실행하는 중요한 무대이다.[57]

역사문화, 정치제도, 가치관 등의 차이 때문에 서방 학자들은 중앙아시아에 대한 중국의 원조정책과 그 영향을 왜곡하여 설명한다. 유라시아 사이트의 한 서명 기사에서 "1997년부터 중앙아시아에는 중국 장마당이 넘쳤다. 중국 장사꾼들의 물건을 파는 고함 소리, 스피커에서 들리는 중국 노래, 장마당에 들어서면 중국 거리에 온 듯하다. 거리에서 사고파는 것 못지않게 바삐 돌아치는 것은 중국의 관료와 상업계 인사들이 각종 협력 협정이나 공사 계약을 체결하는 것이다. 이 모든 것은 중국이 중앙아시아에서 세력권을 넓히려는 목적에서 나왔다."라고 완곡하게 표현했다. 더욱 심한 것은 중국과 중앙아시아의 경제무역 관계의 발전을 중앙아시아 영토에 대한 중국의 야욕으로 간주하며 '중국의 중앙아시아 확장론'을 유포하여 중국이 중앙아시아 국가와의 관계를 강화하는 최종 목적이 중앙아시아 영토의 잠식이라고 하는 것이다. 무라트 아우에조프(Murat Auezov) 전 중국 주재 카자흐스탄 대사가 바로 '중국의 중앙아시아 확장론'자이다. 그는 "나는 중국 문화에 대해 알고 있다. 우리는 중국 정치가들의 그 어떤 말도 믿으면 안 된다. 역사학자인 나는 19세기, 20세기, 21세기의 중국이 완전히 다르지만 영토 확장에 대한 야심만은 똑같은 것을 알고 있다."[58]라고 말했다.

개별적인 극단적 여론 외에도 서방의 대부분 학자들은 에너지와 자원

---

57) 鄭羽 主編, 앞의 책, pp.188~192.
58) Radio Free Europe/Radio Liberty(RFE/RL), Central Asia: China's Mounting Influence. http://www.eurasianet.org/departments/insight/articles/pp112304.sheml.

교환 원조의 시각에서 중앙아시아에 대한 중국의 정책을 비난한다. 스웨덴 웁살라대학교의 현대 실크로드 연구 프로젝트 수석 연구원이며 미국 존 스홉킨스대학교 국제관계대학 중앙아시아 전문가인 니클라스 스완스트롬 (Niklas Swanstrom)은 북경에서 자유유럽방송의 인터뷰를 받을 때 "지하자원에 대한 수요는 중앙아시아에 대한 중국 정책의 근본이다. …… 중국은 강대국으로 일어서고 있으며 10년이나 20년 후에 중국은 미국, 일본, 유럽의 패권적 지위에 도전할 것이다. 그전까지 중국 지도자는 우호적이고 안정된 주변 환경을 마련하여 정치적으로 지지를 받고 경제적으로 영향을 미치려고 한다. 중국은 중앙아시아 각국에 모두 경제무역대표처를 설치하여 투자를 하고 원조를 제공한다. 상해협력기구에서 영향력을 확대하고 있다. …… 중국은 지하자원을 필요로 하고 석유와 천연가스를 필요로 한다. 중국 경제의 발전에 따라 에너지 수요량이 급증하기 때문이다. 그러나 더욱 중요한 것은 변방의 안전을 수호하는 것이다. 중국은 안정된 중앙아시아를 원하고 있다. 중앙아시아가 군사 충돌에 휩싸이면 신강 지역까지 영향을 받을 수 있다. 이는 아주 중요한 문제이다. 그러므로 안정된 중앙아시아 지역은 중국의 안정을 의미한다. 중국의 기본적 수요는 중앙아시아 시장에 진입하여 인프라 건설을 개선하는 것이다."라고 했다.

중앙아시아 지역에서 각종 세력의 각축에 대해 스완스트롬 교수는 "이는 제로섬 게임이 아니다. 중앙아시아 국가는 이 지역에서의 러시아 세력권을 줄이고 중국의 영향력을 확대하려고 한다. 심지어 인도, 미국과 유럽의 영향력도 확대하려고 한다. …… 중앙아시아 국가는 한 지역이 하나의 국가나 하나의 세력의 영향을 받는 것이 좋지 않음을 의식했다. 중앙아시아 국가는 이 지역에 영향을 주는 세력을 다원화하려고 한다."[59]고 했다.

이미 증명했다시피 중앙아시아에 대한 중국의 원조외교는 중앙아시아

59) 앞의 글.

지역에 평화와 안정, 경제 발전과 사회적 진보를 가져왔으므로 중앙아시아 각국 정부 및 국민들로부터 높은 평가를 받았다. 그러므로 중국의 중앙아시아 원조정책에 대해 서방 여론이 '식민지 확장론', '에너지 약탈론' 등으로 중국을 비난하는 것은 사람들을 미혹하려는 목적에 이를 수 없다.

중앙아시아에 대한 중국 원조의 전략적 의의는 심각하고 거대했는데 다음과 같은 여러 방면에서 표현된다.

첫째, 양국의 정치적 신뢰를 부단히 강화하고 중국과 중앙아시아 국가의 경제무역 협력 관계의 지속적인 발전을 추진했다. 중앙아시아 국가의 독립 초기 중국이 제공한 여러 가지 원조는 중국과 중앙아시아 국가 간의 정치적 신뢰를 강화하고 양국 경제무역 협력 관계의 지속적인 발전을 추진했다. 중국 변방 지역과 중앙아시아 각국의 국제무역과 교류가 증가했고 중국 경제외교의 역할도 날로 뚜렷해졌다. 경제무역 분야에서 중앙아시아에 대한 중국의 경제 이익 수요는 양국 경제무역 협력을 통해 실현되었고 중국이 중앙아시아 국가에 대한 원조는 중국과 중앙아시아 국가의 무역과 투자를 추진했다. 중국 기업의 '해외 진출' 전략과 서부 대개발 전략에 지렛대 역할을 하여 신강 지역의 경제 발전과 중앙아시아 지역의 지역 공동 발전을 추진했다.

둘째, 중국 기업의 국제화 경영의 발전을 추진하여 중국 기업의 '해외 진출' 전략이 중앙아시아 지역에서 특수한 의의를 지니도록 했다. 기업의 '해외 진출' 전략은 중앙아시아 국가에 대한 중국 원조에서 특수한 의의를 지닌다. 1997년 12월 24일 강택민 총서기는 전국외자공작회의(全國外資工作會議)에서 처음으로 '해외 진출' 전략에 대해 설명했다.

> 여기에서 나는 중요한 문제에 대해 말하려고 합니다. 즉 우리는 외국 기업이 중국에 투자하도록 자금 유치를 해야 할 뿐만 아니라 국내의 실력 있는 기업이 해외로 진출하도록 적극적으로 인도해야 합니다. 외국에 진

출하여 공장을 설립하여 현지의 시장과 자원을 이용해야 합니다. 좀 넓게 보아야 하는데 유럽이나 미국 시장을 보아야 할 뿐만 아니라 개발도상국의 시장에도 눈을 돌려야 합니다. 개발도상국의 생산력 수준이 선진국보다 낮으므로 제품이나 기술에 대한 요구도 상대적으로 낮습니다. 그러나 시장은 아주 넓습니다. 제품의 수출을 확대하는 한편 힘을 들여 어떤 방법으로 '해외 진출'을 하며 경제·기술 협력을 하겠는가에 대해 연구해야 합니다. '자금과 기술을 도입'하는 것과 '해외 진출'은 우리의 대외개방 정책에서 가장 긴밀히 연결되고 상호 촉진하는 두 방면으로 하나라도 적어서는 안 됩니다. 이 지도 사상은 반드시 명확해야 합니다. …… 대형, 중형 국유기업을 지도하여 점진적으로 '해외 진출'을 하도록 지원하여 해외 투자시장을 개척해야 합니다. 이는 하나의 대전략으로 대외개방의 중요한 전략이기도 하고 경제 발전의 중요한 전략이기도 합니다.[60]

중앙아시아 지역에 대해 중국의 원조는 '해외 진출' 전략을 제창하고 실행했다. 이는 중국이 중앙아시아 국가에 대한 원조에서 새로운 방식과 시스템을 적극적으로 모색하고 원조, 투자, 무역 등 경제협력 모형에 이론적 기초를 마련한 것이다. 이 전략은 중앙아시아 지역에서 즉시 효과가 나타나도록 했다.

먼저, 중앙아시아에 대한 중국의 원조는 대형 국유기업이 중앙아시아 시장에 진출하고 국제시장에서 전략적 산업에 대담하게 투자하도록 추진했다. 중앙아시아 시장으로의 진입은 중국 국유기업의 성공적인 전환에 새로운 기회를 제공했다. 중국 석유기업의 중앙아시아에서 첫 번째 대형 투자 프로젝트는 카자흐스탄 아크토베 석유주식회사 인수이다. 1997년 6월 중국석유천연가스집단공사는 카자흐스탄 재정부 사유화국과 인수 협정을 체결하여 아크토베 석유주식회사의 지분 60.3%를 인수하면서 카자흐스탄에

---

60) 陳揚勇, 「江澤民'走出去'戰略的形成及其重要意義」, http://theory.people.com.cn/GB/40577/138172/138202/8311431.html.

서의 투자를 시작한다. 2003년 중국석유천연가스집단공사는 카자흐스탄 정부가 보유하고 있던 지분 25.12%를 인수하여 아크토베 석유주식회사의 지분을 85.6%를 보유하게 되었다. 중국 측이 인수한 후 아크토베 유전은 생산 경영 관리 체계를 차츰 완성했으며 선진적인 시추 기술을 이용했다. 석유와 천연가스 연간 생산량이 점차 증가하여 연간 석유 생산량이 200톤 밖에 안 되던 카자흐스탄 국유기업을 환골탈태시켰다. "8년 만에 중국석유 천연가스집단공사 아크토베 유전은 중국과 카자흐스탄 경제협력의 성공적인 본보기가 되었다. 회사의 발전은 중국과 카자흐스탄 양국 정부의 관심과 지원을 받았다. 총투자가 15억 달러를 넘었다. 기존의 원유·천연가스 처리 시설을 개조하고 새로운 석유·천연가스 처리시설을 건설했으며 석유·천연가스의 생산, 저장, 운수 시설도 건설했다. 원유 생산량을 1997년의 265만 톤에서 2004년의 532만 톤, 2005년에는 600만 톤으로 제고했다. 중국석유천연가스집단공사가 카자흐스탄에서 생산한 원유는 3,000만 톤에 달한다. 현재 중국석유천연가스집단공사 아크토베 유전은 카자흐스탄 제4위의 석유회사가 되었다. 판매 수입이 해마다 증가하여 경영 이윤도 급증했다. 회사 시가총액은 처음의 5억 달러에서 25억 달러로 증가했다."[61]

다음, 원조를 통해 국제금융 업무에 익숙하고 국제시장의 경쟁에 참여할 수 있는 금융업 기업을 설립하고 발전시켰다. 중국수출입은행이 바로 전형적인 사례이다. 1994년 중국수출입은행이 설립될 때 국무원이 직접 지도하고 정부가 지분을 전액 보유한 첫 번째 국가정책성 은행으로 주로 중앙아시아 국가에 정부 특혜 차관과 수출 구매자 측 특혜 신용대출을 제공했다. 초기 융자와 차관 등 업무의 규모는 비교적 작았다. 중국 대외원조와 기업의 '해외 진출' 전략에서 중국수출입은행은 새로운 업무 분야를 부단히 개

---

61) 「中哈合作的典範」, http://www.oilnews.com.cn/zgsyb/system/2005/12/14/ 000292077. shtml.

척했다. 2010년 8월 20일 중국수출입은행 연례 회의에서 볼 수 있듯이 은행의 업무 범위는 수출 구매자 측 신용대출, 수출 판매자 측 신용대출, 수입 신용대출, 교통운수 금융 업무, 특혜 차관 업무, 외국 정부 온렌딩 업무, 중개 업무, 무역 금융 업무, 자금 업무 및 기타 차관업무를 포함하고 있으며 자산총액은 1조 위안을 넘었다.[62] 국내에 10여 개의 지점과 대표처가 설립되었고, 해외에는 동남아프리카 대표처, 파리 대표처, 성페테르부르크 대표처가 설립되었다. 그리고 세계 500여 개 은행과 대리은행 관계를 맺고 있다. 중국 기업의 해외 공사 청부, 해외투자와 정부 특혜 차관 청부 프로젝트에 적극적인 역할을 하고 있다. 중국수출입은행은 중국 대외경제무역 체계를 지탱하는 중요한 힘이며 금융 체계의 중요한 구성요소로 기계 전력 설비, 플랜트 설비와 첨단기술 제품의 수출입과 해외 공사 청부 및 여러 가지 해외 투자를 위한 정책성 융자의 주경로이다. 또한 외국 정부 차관의 주요 대리은행이며 중국 정부 대외 특혜 차관의 조달은행으로 중국의 개방형 경제 발전 촉진에서 더욱더 중요한 역할을 한다. 이러한 국제 금융 업무의 신속한 발전은 수원국의 경제 사회 발전을 효과적으로 촉진했을 뿐만 아니라 중국과 중앙아시아의 경제무역 협력 관계를 강화했다. 또한 중국 기계·전력 제품과 플랜트 설비의 수출을 어느 정도 추진하여 '해외 진출' 전략의 실행을 추진했다.

셋째, 창의적인 다각적 시스템을 이용하여 중국의 중앙아시아 지역에서의 영향력을 확대했다. '상해 5개국' 시스템의 순조로운 전환은 상해협력기구가 중국의 전면적 원조 전략 시행에 새로운 기회를 제공하도록 했다. 상해협력기구는 중국이 첫 번째로, 현재 유일하게 발기하고 비교적 큰 주도권을 지니고 있는 국제기구이다. 이는 중국이 적극적으로 국제사회에 융합

중국 대외원조 60년

---

62) 「進出口銀行資産超過萬億元」, 『中國商報』 2010年 7月 22日. http://finane.sina.com.cn/money/bank/bank_hydt/20100722/14048345625.shtml.

되고 다각적 시스템에서 적극적으로 협력을 이끄는 새로운 외교적 자세를 보여준다. 중앙아시아에 대한 중국의 원조는 중국 대외원조의 기본 원칙을 지키지만 구체적 방법에서 개척성을 띠고 있다. 기존의 다각적 시스템에서 상해협력기구는 중국이 원조 사무에서 발언권과 주도권을 장악한 유일한 국제기구이다. 그러므로 중국은 중앙아시아 국가의 중점 원조 프로젝트에서 결정권을 쥐고 있다. 책임을 지는 강대국으로서의 중국은 유엔식량농업기구, 유엔개발계획, 유엔아동기금, 에이즈 결핵 및 말라리아 퇴치를 위한 세계기금, 세계은행 등 다각적 시스템에서 개발도상국의 원조 계획에 참여했다. 그러나 이러한 국제기구에서 중국은 원조 경비와 원조 프로젝트의 참여권과 경비 제공권만 있을 뿐 결정권이 없다. 그러므로 이러한 다각적 시스템에서 중국의 원조 전략이 잘 구현되지 못했으므로 중국의 관점에서 수원국의 수요를 고려할 수 없었다. 중국은 이러한 다자기구에서 제한적 역할만 하여 원조 자금 효과의 최대화를 실현하지 못했다. 이 경로를 통한 원조외교가 수원국에 미친 영향은 아주 제한적이었다. 반면 중앙아시아 국가에 대한 중국의 원조 사무는 상해협력기구 및 운영 시스템에 의지했다. 즉 정상회의, 총리회의, 장관회의, 고위급 회의와 전문 사업팀, 비서실, 지역 경제협력 네트워크, 상해협력기구 포럼, 은행 컨소시엄 및 실업가위원회 등 상급기관에서 하급기관으로, 정부에서 민간에 이르는 비교적 완벽한 협력 구조를 구축했다. 중국의 원조외교는 안전, 정치, 경제, 문화 등 여러 목표를 실현할 수 있을 뿐만 아니라 중국은 원조에서 수원국의 수요를 충분히 고려하고 중국의 원조 모형에 따라 중앙아시아 국가에 전방위적 영향을 줌으로써 거대한 전략적 목표를 이룩할 수 있다.

중앙아시아 국가 국민의 시각에서 보면 중국의 투자는 현지의 취업을 추진하고 중국 제품은 값싼 좋은 물건을 선택할 수 있는 기회를 주었다. 중앙아시아 주재 『뉴스 오브 더 월드』 기자는 중앙아시아의 대중들이 중국인에 대해 비교적 우호적이며 일부 국가의 대중은 아주 열정적이었다고 했다.

중앙아시아 국가의 정부는 중국이 원조 건설한 프로젝트와 경제원조에 대해 감사를 표하거나 높이 평가했다. 2008년 타지키스탄 수도 두샨베에서 소집한 상해협력기구 정상회담에서 라흐몬 타지키스탄 대통령은 중국이 원조 건설한 주간선 도로 사진을 가리키며 중국인들이 짧은 시간 내에 부설한 도로의 품질이 좋다고 높이 평가했다. 특히 중국인들의 고달픔을 참고 힘든 일을 견디는 정신을 언급했다. 이 도로가 경유하는 곳은 모두 산길인 데다, 현지의 여름 기온은 42℃, 겨울에는 영하 20℃까지 내려간다. 이 도로가 중국인들에게 좋은 평가를 안겨준 것이다. 타지키스탄 주재 중국 회사 직원들은 현지인들이 중국인에게 아주 우호적이어서 "만날 때면 인사를 한다."고 했다. 2009년 베르디무하메도프 투르크메니스탄 대통령은 중국인들이 10개월 내에 천연가스 가공공장을 원조 건설하는 것을 보고 놀랐다고 하면서 중국의 이러한 스피드와 고효율을 배워야 한다고 했다.

제6장

라틴아메리카와 카리브해 지역에 대한 중국의 원조

중국 대외원조 60년

—

中國援外60年

제6장　라틴아메리카와
카리브해 지역에 대한 중국의 원조

중국과 라틴아메리카 및 카리브해 지역(이하 라틴아메리카) 관계의 역사는 유구하다. 그러나 라틴아메리카는 중국과 가장 늦게 국교를 수립한 지역이다. 장기간 라틴아메리카는 미국과 밀접한 지정학적 관계에 있고 경제 발전 수준이 비교적 높았으므로 중국의 대외원조에서 라틴아메리카는 주요 대상이 아니었다. 그러나 중국과 라틴아메리카 관계의 발전 역사에서 볼 때 라틴아메리카에 대한 중국의 원조는 중국과 라틴아메리카 국가의 수교, 중국 외교 진영의 공고화 및 라틴아메리카의 협력을 요하는 중대한 외교 활동 등의 추진에 적극적인 역할을 했다.

1959년 1월 쿠바 혁명 승리 후 중국은 라틴아메리카에 원조를 시작한다. 1960~1965년 쿠바는 중국의 라틴아메리카에서 유일한 주요 원조 대상국이 된다. 1970년대와 80년대 중국과 라틴아메리카의 제2차 수교의 붐이 일어난다. 라틴아메리카 원조 대상국은 9개국으로 증가하며 이 중 칠레, 페루, 가이아나는 주요 원조 대상국이 된다. 1980년대 말까지 원조의 형식은 주로 무이자 차관, 특혜 무역과 소규모 기술협력 등이 위주였다. 1990년대는 중국이 라틴아메리카에 대한 원조의 과도기이다. 중국과 쿠바의 관계 회복으로 쿠바는 다시 중국의 주요 원조 대상국이 된다. 21세기에 들어서서 라틴아메리카 20여 개국이 중국의 원조를 받으며 중국과 수교한 카리브해 지역의 국가가 주요 원조 대상국이 되었다. 종합적 국력의 제고로 중국이 라틴아메리카에 대한 원조 규모는 확대되고 형식도 다양해졌다. 특히 대형 랜드마크 프로젝트가 증가했으며 인도주의 긴급 원조가 주목을 받았다.

1970년대 이전의 원조는 정치 목적을 중요시했다. 1980년대와 1990년대는 외교 진영의 공고화와 함께 원조를 통해 중국과 라틴아메리카의 평등호혜와 경제무역 협력의 발전을 촉진하고자 했다. 21세기에 들어서서 원조는 경제외교로 인식되었다. 라틴아메리카에 대한 중국의 원조정책 변화는 국내 경제 발전과 체제 개혁이라는 내부적 움직임을 보여주었을 뿐만 아니라 라틴아메리카에 대한 중국의 인지와 식별, 선택과 실현의 과정을 보여주었다. 라틴아메리카 주요 원조 대상국과 원조 방식의 변화에서 원조정책의 전환을 볼 수 있다. 즉 제국주의와 식민주의 및 패권주의 반대에서 민족경제의 자주적 발전으로, '대만 문제에 대한 투쟁'에서 경제외교의 강조로 전환하면서 공동 발전을 강조했다. 쌍방적 원조를 위주로 하는 한편 라틴아메리카 지역 기구를 원조하면서 라틴아메리카 전체 외교에 대한 방법을 모색했다.

이 장에서는 중국과 라틴아메리카 관계 발전을 역사적 배경으로 라틴아메리카에 대한 중국 원조의 지도 사상과 정책의 변화를 살피는 한편 각 단계의 라틴아메리카에 대한 중국 원조의 방식, 특징 및 효과를 비교하려고 한다.

1절   1960년대 쿠바에 대한 중국의 원조

주변국이나 아프리카에 비해 라틴아메리카는 중국이 원조를 늦게 제공한 지역이다. 신중국 성립 초기 라틴아메리카와의 정부 차원 외교관계 수립은 매우 어려웠다. 이는 주로 "미국의 방해, 라틴아메리카 지도자들의 반공적 편견 및 대만 당국의 간섭과 파괴"[1] 때문이었다. 라틴아메리카에서의 외교적 궁지에서 벗어나기 위해 중국은 라틴아메리카에 대한 정책을 두 가지 방면에서 전개했다. 첫째, 민간 교류를 추진하여 '민간 교류'가 '정부 교류'를 촉진하도록 했다. 둘째, 라틴아메리카의 민족독립해방운동을 지지하고 성원하면서 국가정치에 대한 상호 인정을 얻으려고 했다.

쿠바 혁명의 승리 및 중국과 쿠바의 수교는 발전이 어렵던 중국과 라틴아메리카 관계에 큰 획을 그었다. 중국 지도자는 여기에서 큰 힘을 얻고 국제주의에 입각하여 쿠바 혁명을 원조하기 시작한다.

1. 라틴아메리카에 대한 중국의 민간외교

동서방이 대치하는 양극체제에서 라틴아메리카에 대한 중국 외교의 지도적 사상은 미국을 비롯한 서방 국가의 봉쇄와 고립 정책을 타파하고 중국의 국제적 위상을 높이는 것이었다. 모택동 등 지도자들은 라틴아메리카 민족독립해방운동에 대한 지지는 제국주의 세력을 견제함과 동시에 중국 혁명 승리의 성과를 외부로부터 수호하는 역할을 할 수 있다고 간주했다. 1956년 8~9월 모택동은 중국 공산당 8차 대표대회 정치보고 수정시 다음과 같이 지적했다.

> 라틴아메리카 각국 여러 민족의 해방투쟁은 아시아와 아프리카의 영향을 받으면서 앞으로 발전할 것이다. 아시아, 아프리카, 라틴아메리카는 서방의 소수 제국주의 국가의 세력권으로 이 영역을 잃어버리면 제국주의는 붕괴될 것이다. …… 소련을 위시한 강대한 사회주의 진영의 지지, 아시아와 아프리카 및 라틴아메리카의 광범한 민족해방운동의 지지, 제

---

[1] 黃志良, 『中拉建交紀實』, 上海辭書出版社, 2007, p.2.

국주의 국가의 인민과 기타 국가 인민의 지지는 제국주의 세력을 견제하고 외부로부터 우리 혁명의 승리를 수호한다.[2)]

중국 공산당 8차 대표대회의 개회사에서 모택동은 중국과 라틴아메리카 수교의 정치적 수요에 대해 더욱 상세하게 서술하면서 라틴아메리카 민족독립해방운동을 지지하는 중국의 정치적 입장을 강조했다.

> 우리는 우리와 평화 공존하려는 모든 국가를 반드시 쟁취해야 한다. 영토주권에 대한 상호 존중과 평등 호혜를 바탕으로 외교관계를 수립해야 한다. 아시아, 아프리카, 라틴아메리카 각국 민족독립해방운동 및 세계 모든 국가의 평화운동과 정의로운 투쟁에 대해 우리는 반드시 적극적으로 지지해야 한다.[3)]

중국과 라틴아메리카는 지리적으로 거리가 멀고 서로에 대한 이해가 부족하다. 비록 라틴아메리카 민족독립해방운동의 발전이 신중국에 외부 압력을 감소시키는 효과를 주었지만 미국은 라틴아메리카를 줄곧 세력권으로 간주하여 통제했고 중국에 대한 라틴아메리카 정부의 시각이 엇갈려 있었으며 대만도 극력 방해했기 때문에 중국과 라틴아메리카는 정부 차원의 교류를 추진하기 어려웠다. 중국과 라틴아메리카 관계 발전에 여러 가지 방해가 있는 것을 감안하여 1958년 9월 모택동은 브라질 기자회견시 "브라질과 기타 라틴아메리카 국가가 중국과 수교하고자 하면 중국은 모두 환영한다. 수교를 하지 않더라도 무역을 할 수 있고 무역을 하지 않더라도 일반적 교류를 할 수 있다."[4)]라고 했다. 라틴아메리카 외교 업무의 새로운 국면

---

2) 毛澤東, 「對中共八大政治報告稿的批語和修改」(1956年 8月, 9月), 『建國以來毛澤東文稿』 第6冊, 中央文獻出版社, 1992, pp.138~141.

3) 毛澤東, 「中國共産黨第八次全國代表大會開幕詞」(1956年 9月 15日), 『建國以來毛澤東文稿』 第6冊, p.203.

4) 毛澤東, 「爭取民族獨立, 破除對西方的迷信」(1958年 9月 2日), 『毛澤東外交文選』,

을 타개하기 위해 주은래 총리는 "라틴아메리카 국가와 민간외교를 적극적으로 전개하며 우호적 관계 구축과 문화, 경제 교류 발전을 위해 노력하여 점차 수교를 하는 기본 방침에 도달해야 한다."라고 했다. 또한 구체적으로 "라틴아메리카와의 관계 발전에서 일을 점진적으로 끈기 있게 해나가야 한다. 민간 교류도 라틴아메리카 실제 상황에 입각하여 라틴아메리카의 우호 인사들에게 피해를 주거나 난처하게 만들면 안 된다."[5]라고 했다.

상술한 민간외교 방침에 따라 중국은 라틴아메리카와의 민간 교류를 적극적으로 전개했으며 다양한 형식의 문화와 경제무역 교류도 조직했다. 1950년대 중·후반 칠레, 멕시코, 브라질, 아르헨티나 등의 국가들은 중국 문화협회나 우호협회 등 민간기구를 설립하여 중국과 라틴아메리카 간의 이해를 촉진함으로써 향후 중국과 라틴아메리카 국가의 수교에 기반을 닦았다. 한편 중국 정부는 라틴아메리카의 민족독립과 반제국주의, 반식민주의 투쟁을 적극적으로 지원했다. 이를테면 파나마 인민들의 파나마 운하 회수를 지지했다. 1964년 1월과 1965년 4월 모택동은 『인민일보』에 「파나마인민들이 미국을 반대하는 애국적, 정의로운 투쟁을 지지한다」와 「도미니카공화국 인민의 미국 무장침략 반대를 지지하는 성명」을 발표한다. 그리고 국내에서 대규모적 민중집회와 시위를 조직하여 파나마와 도미니카 공화국을 성원했다.

2. 쿠바에 대한 중국의 원조

1959년 1월 피델 카스트로가 지도하는 쿠바의 반제국주의, 반독재 민주 혁명이 승리를 거둔다. 이는 중국과 라틴아메리카 관계 발전 역사에 중요

pp.335~340.
5)   黃志良, 『新大陸的再發現 : 周恩來與拉丁美洲』, 世界知識出版社, 2004, p.52.

한 사건이다. 중국 정부는 쿠바 혁명의 위대한 의의를 높이 평가하면서 쿠바가 반미 투쟁의 최전방에 있으므로 중국이 쿠바를 지원할 책임과 의무가 있다고 간주했다. 1959년 1월 21일 모택동은 카르데나스 전 멕시코 대통령을 접견하며 "우리는 쿠바 사건이 현재 아주 중요한 사건이라고 생각합니다. 아시아 인민은 미국에 저항하는 그들을 지원해야 합니다."[6]라고 한다. 주은래 총리 역시 쿠바 혁명에 높은 평가를 내렸다. 그리고 쿠바 혁명이 성공적으로 "미국의 세력권에 흠집을 냈다."[7]고 평가했다. 쿠바를 성원하기 위해 중국 정부는 먼저 쿠바 혁명정부를 인정했다. 1959년 3월 12일, 파우레 초몬 쿠바 혁명위원회 지도자는 TV 연설을 통해 중화인민공화국을 인정하고 장개석 정권과 외교관계를 단절할 것을 제기했다. 쿠바 혁명의 상황에 대해 취재하고 보도하기 위해 1959년 4월 신화사는 아바나에 지사를 설립한다. 그해 7월 중국 보도대표단이 쿠바를 방문하며 중국과 쿠바 관계에 대한 피델 카스트로의 입장을 국내에 전보로 전한다.

> 쿠바에 있는 기간 피델 카스트로는 우리를 두 번 접견했습니다. 중국과 쿠바의 관계에 대해 의견을 교환할 때 그는 더 멀리 내다보아야 한다면서 우리 측에서 신화사 아바나 지사에 중국의 비공식 대표기구를 설치하여 선전과 여러 가지 연락 업무를 담당할 것을 제안했습니다. 이렇게 하면 점차 여러 가지 업무를 보기 쉬우며 자연스레 쿠바 주재 대만 대사관을 대체할 수 있다고 했습니다.[8]

쿠바와 우호적 관계를 발전시킬 수 있는 소중한 기회를 잡기 위해, 이 전보에 대한 모택동 주석의 서면 지시에 따라 주은래 총리와 진의 외교부 부

---

6) 裴堅章 主編,『毛澤東外交思想研究』, 世界知識出版社, 1994, p.297.
7) 黃志良, 앞의 책, p.76.
8) 毛澤東,「對卡斯特羅關于發展中古關系的建議的批語」(1959年 8月 19日),『建國以來毛澤東文稿』第8册, 中央文獻出版社, 1993, p.465.

장은 시세 판단 후 외교부에 "우리는 쿠바의 처지를 이해해야 한다. 쿠바 혁명에 유리하도록 충분히 고려하여 쿠바 인민의 정의로운 투쟁을 힘껏 지지해야 한다. 외교관계 수립에 있어서 적극적인 태도를 보이고 관련 사업을 해야 하지만 인내심을 가지고 억지로 요구하지 않으며 쿠바의 입장을 고려해야 한다."[9]고 지시했다.

중국과 쿠바 양국이 상호 지지를 표하는 한편 원조 문제도 의사일정에 올랐다. 1959년 6~7월, 쿠바 혁명의 주요 지도자인 체 게바라가 피델 카스트로의 특사로 이집트, 모로코, 인도네시아 등 아시아-아프리카 개발도상국과 유고슬라비아를 방문할 때 이들 국가에 주재한 중국 대표와 교류한다. 체 게바라는 중국과의 우호적 관계 발전을 희망하면서 미국이 쿠바 설탕 구매를 취소하면 중국이 대신 수입해줄 것을 요구했다. 대사관의 보고를 받은 주은래 총리와 모택동 주석은 쿠바의 설탕을 수입하기로 결정한다. 이 시기 쿠바는 미국의 경제봉쇄 때문에 상황이 아주 심각했다. 1959년 12월 중국과 쿠바는 무역협정을 체결하고 쿠바로부터 설탕 5만 톤을 수입했다. 쿠바를 지원하기 위해 1960년 7월 노서장 대외무역부 부부장은 중국 무역대표단과 함께 쿠바를 방문하여 쿠바에 효과적인 원조를 제공한다. 양국은 5년 기한의 무역협정, 무역 지불 협정, 문화 협력 협정 및 과학기술 협력 협정을 체결했으며 이 밖에 1,300만 파운드에 달하는 무역 계약을 체결했다.[10] 피델 카스트로는 중국 정부 무역대표단을 접견했으며 양국은 중국 원조물자의 종류와 운수 시간 등 구체적 문제에 대해 의견을 나누었다. 협의에 의해 중국은 쿠바의 설탕 50만 톤을 수입하며 쿠바는 중국으로부터 쌀과 생필품을 수입하기로 했다. 1960년 9월 28일 중국과 쿠바는 수교를

---

9) 黃志良, 같은 곳.
10) 黃志良, 「中古建交前後後」, 李同成·黃士康 主編, 『中國外交官在拉丁美洲』, 上海人民出版社, 2005, p.264.

맺는다. 쿠바는 가장 일찍 중국과 수교한 라틴아메리카 국가이다. 이는 중국과 라틴아메리카 외교관계에서 새로운 발전을 이룩한 것이다. 주은래 총리는 중국과 쿠바의 수교에 다음과 같은 축하전보를 보냈다.

> 중국과 쿠바 양국의 수교는 우리 두 나라 인민들의 우호적 협력을 강화했으며 우리 두 나라 인민들의 우의가 한 단계 더 발전하도록 했습니다. …… 나는 각하와 존경하는 쿠바 인민에게 정중하게 공표합니다. 중국 정부와 중국 인민은 독립자주를 위해 투쟁하는 쿠바 인민에게 모든 지원을 아끼지 않겠습니다.[11]

중국 지도자들은 쿠바 혁명이 반제국주의, 반식민주의 최전방으로서 중국 혁명에 지지를 제공한다고 인식했다. 그러므로 쿠바에 원조를 제공하는 것은 중국이 응당 이행해야 할 국제주의 의무라고 간주했다. 1960년 4월 19일 모택동 주석은 아르만도 아토 다바슬로우 쿠바 교육부 장관이 인솔한 쿠바 문화대표단 접견시 "중국과 쿠바는 우호국가로 서로 돕고 서로 지지해야 합니다. 우리의 목표는 하나, 바로 제국주의를 반대하는 것입니다. 미국 제국주의는 가장 큰 제국주의로 당신들뿐만 아니라 우리도 압박합니다."[12]라고 했다. 1960년 5월 7일 모택동 주석은 아프리카 12개국과 지역의 사회활동가, 평화인사, 학생대표단과 의견을 교환하며 "쿠바처럼 작은 나라도 미국의 옆에서 혁명을 일으킵니다. 쿠바 혁명은 우리에게 도움이 되었고 전체 라틴아메리카의 투쟁도 우리에게 도움이 되었습니다. …… 사회주의 국가 외에 아시아, 아프리카, 라틴아메리카 인민들의 반식민주의, 반제국주의 투쟁도 우리에게 도움이 되었습니다. 적들의 세력을 분산하여

---

11) 黃志良, 『中拉建交紀實』, p.28.
12) 毛澤東, 「同古巴文化代表團的談話」(1961年 4月 19日), 『建國以來毛澤東文稿』 第9冊, 中央文獻出版社, 1996, p.473.

우리의 압력이 줄어든 것입니다."[13]라고 말했다.

1960년 11월 주은래 총리는 체 게바라를 접견하여 "보물은 얻기 쉬워도 사람의 마음을 얻기 쉽지 않다(易得無價寶, 難得有心人)."는 중국의 격언으로 중국과 쿠바의 양국 우의를 표현하면서 "쿠바가 가장 어려울 때 중국이 힘껏 경제적 지원을 제공한 것은 국제적 의무를 조금이라도 이행하기 위해서입니다."[14]라고 했다. 게바라가 중국을 방문할 때 중국 정부는 쿠바에 1961~1965년간 6,000만 달러 무이자 차관을 제공하겠다고 약속했으며 양국은 중국-쿠바 경제협력 협정, 무역과 지불 협정, 과학기술 협력 의정서를 체결했다.[15] 협정에 의해 중국이 쿠바에 제공한 무이자 차관은 플랜트 기술 설비를 구매에 사용되어 쿠바가 농업 프로그램을 설계하는 데 도움이 되었다. 중국은 쿠바에서 설탕 100만 톤을 수입하고 200명의 쿠바 기술자가 중국에 와서 교육받을 수 있도록 하겠다고 약속했다. 한편 쿠바 정부도 중국에 동등한 가치의 상품을 구매하기로 했다. 이러한 협정과 의정서의 체결은 중국과 쿠바 간의 경제협력이 한 단계 더 발전했음을 보여준다. 1961년 중국은 1kg당 0.06달러의 가격으로 쿠바로부터 설탕 100만 톤을 수입했다. 이는 당시의 1kg당 0.0025달러의 설탕 가격보다 훨씬 높았다. 쿠바의 자력갱생을 지지하기 위해 중국은 농업 전문가와 벼 재배 전문가를 쿠바에 파견하여 쿠바 농민들의 벼 재배를 지도했는데 효과가 좋았다. 쿠바에 대한 미국의 무선전신 봉쇄를 타파하기 위해 중국 정부는 쿠바에 고성능 발신기, 송신기와 발전 설비를 증여, 설치하여 쿠바의 라틴아메리카통신사가 외부와 연락을 유지하도록 했다.

1961년 9~10월 오스발도 도르티코스 쿠바 대통령이 중국을 방문한다. 그는 첫 번째로 신중국을 방문한 라틴아메리카 국가원수였다. 그는 "중

---

13) 毛澤東, 「大國主義是不可怕的」(1960年 5月 7日), 『毛澤東外交文選』, pp.406~412.

14) 黃志良, 『新大陸的再發現 : 周恩來與拉丁美洲』, p.111.

15) 黃志良, 같은 곳.

국 인민의 형제와 같은 열정적인 지지는 우리 인민의 투쟁의 힘을 강화하는 데에 도움이 될 것입니다. …… 쿠바 인민과 쿠바 혁명정부는 중화인민 공화국의 인민과 정부의 위대한 지원과 위대한 이해, 위대한 우의에 감격하는 마음을 영원히 지닐 것입니다."[16]라고 했다. 1963년 2월 쿠바는 경제 대표단을 재차 중국에 파견했다. 양국은 그해의 무역, 차관 협정과 양국 대외무역기구의 물품 교부 조건 의정서를 체결했다. 중국 정부는 1962년과 1963년 중국 측의 무역흑자를 쿠바에 장기 무이자 차관으로 제공했다.[17] 주은래 총리는 쿠바 정부 경제대표단 회견시 "차관은 형식입니다. 그때에 가서 갚지 않거나 연장해도 됩니다. 만약 그때에 어려움이 있으면 더 연장할 수 있습니다."[18]라고 했다. 1963년 미국은 쿠바에 대해 더욱 엄격한 경제봉쇄를 실행했다. 그해 10월 쿠바는 태풍의 피해를 입으며 중국은 다시 한 번 대규모 원조를 제공한다. 주은래 총리가 친히 쿠바 원조 사업을 주관하고 이선념 부총리가 친히 관련 부서를 동원하여 전국 각지에서 쌀, 통조림 식품, 천, 의약품, 문방구 등 4,790만 위안에 달하는 구호물자를 모아 쿠바로 운송했다.[19] 당시 주은래 총리는 쌀 1만 톤을 실은 중국 화물선이 모 국가로 향하는 중이라는 소식을 듣게 된다. 쿠바의 급박한 식량 문제를 해결하기 위해 주은래 총리는 그 쌀을 쿠바로 운송하도록 지시했다.

1964년 12월 중국과 쿠바 양국 정부는 두 번째 무역과 지불 협정(1965~

---

16) 李明德 主編,『拉丁美洲與中拉關系−現在與未來』, 時事出版社, 2001, p.470.

17) 徐世澄 主編,『列國志·古巴』, 社會科學文獻出版社, 2003. p.295.

18) 王太平 主編,『中華人民共和國外交史』, p.496.

19) 黃志良, 앞의 책, p.113.
  1963년 쿠바에 대한 중국의 원조 액수에 대해서는 각 문헌에서 차이를 보인다. 이는 당시의 물자원조를 화폐로 계산하기 어렵다는 점과 관련된다. 이를테면 "1963년 10월 쿠바는 태풍의 피해를 입었으며 동부지역이 피해가 특히 심각했다. 중국 정부와 적십자회는 쿠바에 4,654만 위안에 달하는 구조물자를 제공했다(沙丁·楊典求 等,『中國與拉丁美洲的關係史』, 河南人民出版社, 1986, p.285)." "1963년 10월 쿠바가 태풍의 피해를 입자 중국은 7,000만 위안에 달하는 원조를 제공했다(李明德 主編, 앞의 책, p.471)." 하는 식이다.

1970) 및 1965년도 무역협정을 체결한다. 협정에 의해 중국은 쿠바에 장기간 쌀, 콩, 식용유, 고기 통조림, 화학공업 제품, 기계설비 등을 제공하고 쿠바는 중국에 설탕, 니켈 광사, 구리 광사 등을 수출했다. 양국 무역에서 중국 정부는 식량 가격과 무역 차액에서 쿠바를 배려했다. 쿠바가 수출할 수 있는 제품이 매우 제한되어 있기 때문에 양국 무역에서 쿠바는 해마다 적자를 보았다. 쿠바의 무역 적자를 해결하기 위해 중국은 쿠바 무역의 흑자를 쿠바에 상품 차관으로 제공했다. 1965년에 이르러 상품 차관은 총 4,000만 달러에 달했다.[20] 이로부터 이 시기 중국과 쿠바의 무역은 뚜렷한 원조 성격을 지니고 있음을 알 수 있다.

그러나 1960년대 후반기 중·소 관계의 결렬로 중국과 쿠바의 관계도 악화된다. 1965년 말 양국은 연례 무역 담판에서 의견이 엇갈리게 되어 정치적 오해를 빚는다. 그해 무역협정 관련 담판에서 쿠바는 쌀 공급의 증가를 요구하며 설탕으로 상환하겠다고 했다. 이 요구에 대해 중국은 식량이 부족하다는 이유로 거절한다. 이로 한때 세상을 뒤흔든 '쌀 사건'이 일어난다. 1966년부터 중국과 쿠바의 정치적 관계 냉각에 따라 양국의 무역 마찰도 빈번해졌다. 그 이후 양국은 스포츠, 문화, 과학기술 분야의 교류가 조금 있었을 뿐 정치적 교류는 거의 중단된 상태였다. 경제무역 협력 분야에서 중국은 쿠바에 대한 특혜를 줄였다. 1974년부터 양국은 수출가도 국제 시장가격에 따라 계산했다.

3. 소결

1960년대 쿠바는 라틴아메리카에서 중국과 수교한 유일한 국가이자 유일한 원조 대상국으로 원조 형식은 주로 특혜 무역과 무이자 차관이었다.

---

20) 李明德 主編, 앞의 책, p.498.

원조의 효과에서 보면 쿠바에 대한 대량의 원조는 1960~1964년 중국과 쿠바 외교관계의 '밀월기'를 촉성하여 중국과 라틴아메리카 관계가 정치적으로 새로운 진전을 이루도록 했다. 국제주의 입장에 입각하여 중국은 쿠바 혁명에 대한 원조를 자국의 책임과 의무로 간주했다. 이는 중국의 국가 성격에 의해 결정되며 다른 한편 라틴아메리카 정치와 국제관계 환경의 변화에 따라 내린 현실적 선택이었다. 정치적으로 보면 라틴아메리카 민족독립 해방운동에 대한 지지는 중국과 쿠바에게 공동체 의식을 심어주었다. 현실적 국익 차원에서 보면 중국은 쿠바를 원조하면서 외교관계 수립 등 정치적 지지를 얻으려 했다. 쿠바도 중국의 원조를 갈망했는데 이는 미국의 경제봉쇄와 정치적 고립에서 벗어나려는 목적 때문이었다. 다시 말하면 미국의 위협에 맞서 중국과 쿠바 양국은 공동 이익을 추구했던 것이다. 그러나 중·소 관계의 악화로 중국과 쿠바 관계도 영향을 받았으며 중국과 쿠바의 '밀월기'도 중단되었다.

2절   1970년대 라틴아메리카에 대한 원조

중국과 쿠바의 관계가 1970년대에는 저조기에 들어섰지만 중국과 라틴 아메리카 국가의 수교는 첫 번째 붐을 맞이한다. 1970~1974년 중국은 칠레, 페루, 멕시코 등 9개국과 수교했으며, 1970년대 말에 이르러 이미 라틴 아메리카의 12개국과 수교한다. 수교국의 증가에 따라 라틴아메리카에 대한 중국의 원조도 확대되었다. 칠레, 페루, 가이아나, 자메이카는 중국의 주요 원조 대상국이 된다. 그러나 원조 규모는 상대적으로 제한되었다. 이 시기 많은 라틴아메리카 국가의 민족경제가 강해져서 외교의 독립자주성이 커졌으며 점차 다원화의 추세를 보였다. 200해리 해양권 수호, 라틴아메리카 비핵무장지대 설치, '남북대화'와 '남남협력'의 추진 등이 시작되었다.

중국은 이에 대해 지지하고 성원했으며 가이아나와 자메이카에 경제·기술 원조를 제공했다.

1. 중국과 라틴아메리카 제1차 수교의 붐

1970년대 중국과 라틴아메리카 여러 국가의 수교는 여러 요소의 결합체이다. 1960년대 말부터 1970년대 초까지 미국은 스태그플레이션이 심각해져 경제력과 국제경쟁력이 저하된다. 미·소 패권 쟁탈에서 "소련이 공격하고 미국이 방어"하는 새로운 형세가 나타난다.[21] 이 시기 제3세계 국가는 국제무대에서 중요한 세력으로 발전했으며 국제 정치·경제에서 새로운 질서의 구축을 요구했다. 1970년대 초 중·미 관계가 완화되기 시작한다. 1971년 10월 제26차 유엔 총회에서 중국은 유엔에 가입하며 국제적 위상이 전례 없이 높아졌다. 1974년 모택동은 "아시아에서 일본을 제외하면 모두 제3세계이고 아프리카는 모두 제3세계이며 라틴아메리카도 모두 제3세계이다."[22]라고 했다. 이러한 상황에서 일부 라틴아메리카 국가 지도자들은 라틴아메리카와 아시아, 아프리카의 개발도상국에게는 공동 이익이 있음을 인지한다. 그들은 제3세계를 인정하고 독립자주적인 외교정책을 시행하여 외교관계의 다원화를 이룩한다. 제26차 유엔 총회에서 칠레, 페루, 에콰도르, 가이아나, 멕시코, 쿠바, 트리니다드토바고 등 라틴아메리카 7개국이 중국의 유엔 가입 결의안에 찬성표를 던졌다.[23] 1970년대 라틴아메리카에 대한 중국의 정책은 중국의 국제적 위상의 제고와 중·미 관계 완화의 유리한 상황을 이용하여 라틴아메리카 국가와 수교하는 것이었다.

---

21) 謝益顯 主編, 『中國當代外交史』, 中國靑年出版社, 1997, pp.231~298.
22) 毛澤東, 「關于三個世界劃分問題」(1974年 2月 22日), 『毛澤東外交文選』, pp.600~601.
23) 沙丁·楊典求 等, 앞의 책, p.353.

상술한 환경이 중국과 라틴아메리카 관계 개선에 기회를 제공했고 수교 전후 일부 국가에 제공한 중국의 원조와 특혜 무역이 양국의 정치 관계 발전을 추진했다. 한편으로 라틴아메리카 국가는 중국과 경제무역 관계를 발전시킨 경제 이익을 중시했다. 다른 한편으로 민족주의가 비교적 강한 일부 국가는 미국의 경제제재를 받았으므로 대외경제 관계의 다원화를 실현하려고 했다. 통계에 의하면 1970년대 중국과 라틴아메리카 경제무역대표단은 상호 방문을 50여 차례 했다. 1971~1973년 중국은 칠레, 페루, 멕시코, 아르헨티나 등 국가와 여러 개의 경제무역 협정을 체결하여 밀, 옥수수, 구리 등을 수입했다. 이를테면 1973년 4월 중국은 아르헨티나와 3년 기한의 식량 구매 협정을 체결하며 협정에 의해 1973~1975년 해마다 아르헨티나에서 식량 50만 톤을 수입했다. 1973년 2월 중국은 에콰도르와 바나나 수입 협정을 체결했다.

경제 · 기술 원조에서 보면 중국은 칠레, 페루, 가이아나, 자메이카, 수리남, 바베이도스 등 여러 국가와 경제협력 협정을 체결했다. 1972년 4월 중국과 가이아나는 경제 · 기술 협력 협정을 체결했다. 중국 정부는 1972년 7월~1977년 6월 가이아나에 무이자 차관 1,000만 달러를 제공하며 전문가를 파견하여 벼 재배업을 발전시켰다.[24] 1975년 3월에는 가이아나와 두 번째 경제 · 기술 협력 협정을 체결하여 무이자 차관 2,000만 위안을 제공했다.[25] 1976년 9월 중국은 자메이카와 면직물공장 건설 의정서를 체결한다. 총 투자액이 1,650만 위안에 달했으며 자메이카의 기존 마방적공장을 방추 1만 5,000개와 직포기 348대를 갖춘 면사와 테릴렌 혼방 직물공장으로 개축했다.[26] 이 밖에 중국은 자메이카를 도와 대량의 방직 기술자를 양성했

중국 대외원조 60년

---

24) 中華人民共和國外交部 編, 『中華人民共和國條約集』第19集, 人民出版社, 1977, pp.130~131.
25) 『中華人民共和國條約集』第22集, pp.33~35.
26) 沙丁 · 楊典求 等, 앞의 책, p.307.

다. 상술한 경제 · 기술 협력 협정의 실행을 통해 양국의 정치적 관계를 공고히 했고 우호 교류를 촉진했다.

또한 중국 적십자회는 1970년대 중앙아메리카 재해국에 여러 차례 인도주의 현금 원조를 제공하여 중앙아메리카 민간외교의 또 다른 루트를 개척했다. 1972년 12월 니카라과에 지진이 발생한다. 중국 적십자회는 니카라과 적십자회에 50만 위안의 물자와 현금 50만 위안을 원조했다.[27] 1976년 2월 과테말라의 지진에 중국 적십자회는 현금 5만 위안을 원조하며[28] 1974년 온두라스의 태풍 피해에 현금 10만 위안을 원조했다.[29]

2. 페루에 대한 중국의 원조

1968년 10월 민족주의 경향의 군인 후안 벨라스코가 정권을 잡고 페루 혁명을 추진한다. 국유화와 토지개혁 등을 통해 경제에 대한 국가의 역할을 강화하여 민족경제의 발전을 촉진하려고 한다. 벨라스코 정부는 12해리 영해권과 200해리 배타적 경제수역을 창도하며 페루 영해에 들어온 미국 어선을 나포한다. 미국은 페루에 대한 군사원조 취소와 페루의 설탕 수입 취소로 페루 정부를 위협한다. 벨라스코 정부는 미국 정부에 한 치의 양보도 안 한다. 1971년 미국 군사고문단을 페루에서 축출하며 평등을 바탕으로 민족 이익에 의해 모든 국가와 수교할 수 있다고 선포한다. 페루 군사 정부는 비교적 급진적인 민족주의 정책을 추진한다. 외교적으로 일정한 독립적 경향을 보였는데 특히 중국과의 관계를 발전시킬 의향을 점차 보였으므로 중국 정부는 페루의 상황 발전과 정치 동향에 주목했다. 페루 및 기타

27) 沙丁 · 楊典求 等, 앞의 책, p.311.
28) 沙丁 · 楊典求 等, 앞의 책, p.312.
29) 沙丁 · 楊典求 等, 앞의 책, p.312.

라틴아메리카 국가가 200해리 해양권을 수호하기 위해 벌이는 투쟁에 대해 주은래 총리는 다음과 같이 지적했다.

> 라틴아메리카 국가가 발기한 200해리 해양권을 수호하기 위한 투쟁은 해양패권주의를 반대하고 국가주권 수호와 개발도상국의 이익을 수호하는 정의로운 투쟁이다. 우리는 이에 지지를 표명한다.[30]

주은래 총리의 지시에 의해 1970년 11월 『인민일보』는 「라틴아메리카 국가의 해양권 수호 투쟁을 지지한다」라는 사설을 발표한다. 여기서 중국의 입장을 알 수 있으며 이로써 라틴아메리카에서의 중국의 영향이 확대되었다. 특히 페루와 중국의 관계 발전에 일정한 촉진 역할을 했다.

중국과 페루 양국은 관계를 발전시키려는 신호를 이미 주고받았다. 1970년 5월 페루에 지진이 발생한다. 6월 3일 중국 적십자회는 「페루 지진의 구제에 관한 지시를 청함」을 작성하여 페루 적십자회에 현금 5만 위안을 원조할 것을 제안한다. 1970년 6월 7일 모택동 주석은 다음과 같이 구두 지시를 내린다.

> 페루에 5만 위안을 원조하는 것은 너무 적습니다. 루마니아에 100만 위안을 원조했습니다. 페루는 루마니아보다 사람이 더 많이 사망했습니다. 페루에 100만 위안이나 150만 위안을 원조하면 어떻습니까? 총리께서 참작하여 결정하십시오.[31]

주은래 총리는 페루에 150만 위안을 원조하기로 결정한다. 이는 페루 국

---

30) 黃志良, 앞의 책, p.167.

31) 毛澤東, 「關于對外宣傳和外事工作的一組批語」(1967年 3月~1971年 3月), 『建國以來毛澤東文稿』第12冊, 中央文獻出版社, 1998, pp.276~284.

민 사이에서 큰 반향을 일으켰다. 1970년 10월 제25차 유엔 총회에서 알제리와 알바니아가 제안한 중국의 유엔 가입 결의안에 페루는 처음으로 기권한다. 그리고 여러 경로를 통해 중국과 경제무역 관계를 발전시킬 가능성에 대해 알아본다. 페루가 처한 환경 및 미국의 압력을 고려하여 주은래 총리는 페루와의 관계 발전에 대해 "적극적인 자세를 취해야 하지만 페루가 처한 환경을 이해해야 하고 너무 급히 서두르지 말면서 먼저 경제무역과 문화 교류를 발전시켜야 한다."[32]고 제기했다.

이때 벨라스코 정부는 중국과의 관계 발전에서 비교적 주동적이었으며 중국 무역대표단의 페루 방문을 적극적으로 추진했다. 1971년 4월 중국과 페루 양국 무역대표단은 상호 방문하여 '회담 기요'를 체결한다. 주요 내용은 '회담 기요'의 체결일부터 1972년 중국이 수입할 페루 상품 품목(주로 어분)과 수량을 규정하고 양국 간의 무역 교류를 촉진하고 강화하기 위해 양국이 서로 상무사무소를 설립하는 것 등이었다.[33] 중·미 관계의 완화로 페루는 더욱 간절하게 중국과의 관계를 발전시키고자 한다. 1971년 8월 페루의 자린 외교부 장관과 벨라스코 대통령은 중국과의 수교를 선포하며 중국의 유엔 가입에 대한 지지를 표명했다. 그러나 수교 관련 담판에서 대만 문제에 대한 견해가 일치하지 않았다. 중국 측은 인내심을 가지고 설득했으며 허락하는 범위에서 페루 측의 어려움과 요구를 배려했다. 1971년 11월 페루는 중국과 수교한다. 양국은 '중국-페루 정부 간 경제·기술 협력 협정'을 체결한다. 중국은 페루에 장기 무이자 차관 1,700만 파운드를 제공하여 우물을 파는 설비를 구매하도록 한다.[34] 한편 협정에 의해 1972년 말 중국 정부는 페루로부터 어분 15만~20만 톤, 어유 2만 톤, 구리 3.5만~4

32) 黃志良, 『中拉建交紀實』, p.104.
33) 黃志良, 『新大陸的再發現 : 周恩來與拉丁美洲』, p.170.
34) 朱祥忠, 「在太陽子孫的國度裏 ─ 出使秘魯的歲月」, 程瑞生·黃士康 等, 『松林別墅的五位 總統』, 江蘇人民出版社, 1998, p.258.

만 톤, 납 1만 톤, 아연 1만 톤을 수입한다.[35] 1972년 중국과 페루는 '중국-페루 양국 정부 무역협정'과 중국 민메탈사가 페루의 구리, 납, 아연을 수입할 장기협정을 체결했다. 이러한 경제무역 협정은 당시 미국과의 관계가 악화된 페루에는 강력한 경제적 지원이었다.

3. 칠레에 대한 중국의 원조

칠레는 신중국과의 비교적 일찍 교류한 라틴아메리카 국가이며 민간외교의 효과가 가장 좋은 국가였다. 1952년 10월 마이스티 칠레 대표가 북경에서 소집된 아시아-태평양 지역 평화 컨퍼런스에 참가하며 중국과 초석, 구리 무역에 대한 협정을 체결한다. 그해 칠레-중국문화협회가 칠레의 수도 산티아고에 설립되어 중국과 칠레 민간 교류의 매개 역할을 한다. 1950년대 주은래 총리가 접견한 외빈 중 칠레인이 가장 많았다. 당시 중국과 칠레의 수교 조건이 성숙되지 않았지만 칠레의 무역을 발전시키려는 적극성을 감안하고 남아메리카에서 외교적 돌파구를 찾기 위해 주은래 총리는 칠레에 무역기구를 설치하려고 했다. 미국이 칠레에 대해 정치 압력을 행사하면서 방해했기 때문에 1964년 5월에 이르러서야 칠레에 상무대표처를 설치할 수 있었다. "미국의 세력권에 특수 유형의 외교적 거점을 설치"[36]한 것이었다. 칠레에 대한 업무를 전개하기 위해 외교부는 상무대표처의 사업 방안을 작성했다. 장기적으로 계획하고 점진적으로 전진하며 적극적으로 국면을 타개할 방침을 결정했다. 무역과 우호 활동을 통해 무역기구의 설립을 공고히 하고 칠레와의 관계를 한 단계 더 발전시켜 라틴아메리카에 대한 사업 전개 준비를 한 것이다. 한편 외교부는 상무대표처의 세 가지 임

---

35) 沙丁·楊典求 等, 앞의 책, p.317.
36) 林平, 「特殊類型的外交據點」, 李同成·黃士康 主編, 앞의 책, p231.

무를 규정했다. 첫째, 무역 활동을 적극적으로 전개한다. 둘째, 대외 우호 활동을 적극적으로 전개하여 친구를 많이 사귄다. 셋째, 조사연구 사업을 강화하여 점차 감시초의 역할을 한다.[37] 칠레가 미국에 대해 많이 의존했고 칠레에 대만 대사관이 있었으므로 상무대표처의 사업 환경은 특수하고도 복잡했다. 그러나 칠레의 우호적 인사들의 도움으로 1964년 6월 상무대표처는 칠레와 초석 4만 톤, 요오드 48톤, 전해알루미늄 6,000톤 수입 계약을 체결한다.[38]

1970년 9월 살바도르 아옌데가 지도하는 칠레 인민단결전선이 정권을 잡는다. 아옌데 정부는 민주적, 다원화, 자유의 도식에 따라 칠레를 사회주의 국가로 건설하겠다고 선포한다. 아옌데 대통령은 중국에 우호적이었다. 중국을 세 번 방문했으며 제25차 유엔 총회와 제26차 유엔 총회에서 중국의 유엔 가입 결의안에 찬성표를 던졌다. 1970년 봄 대선 전야 아옌데는 영부인과 딸을 중국에 보내 주은래 총리에게 자신이 정권을 잡으면 중국과 수교하겠다고 표명한다. 1970년 12월 아옌데는 약속을 지키며 중국과 수교한다. 아옌데는 중국 혁명과 쿠바 혁명을 숭배하여 국내에서 대규모 사회 경제 개혁을 단행한다. 국유화를 적극적으로 추진했으나 큰 효과를 거두지 못한다. 1972년 칠레에는 위기가 발생하여 경제 상황이 심각해진다.

아옌데 대통령은 어려움에서 벗어나기 위해 외국의 원조를 바란다. 1972년 소련을 방문하여 원조를 얻으려 했으나 수확이 미미했다. 칠레의 어려움을 돕기 위해 중국 정부는 칠레에 힘껏 경제원조를 제공한다. 1971년 6월 칠레에 엄청난 대폭설이 내린다. 주은래 총리는 아옌데 대통령에게 문안을 전하며 중국 적십자회는 현금 500만 위안을 원조했다. 칠레[39]의 경제

---

37) 林平, 앞의 글, 앞의 책, p234.
38) 林平, 앞의 글, 앞의 책, p235.
39) 沙丁·楊典求 等, 앞의 책, p.313.

적 어려움을 돕기 위해 1972년 중국은 장기 무이자 차관 2,000만 파운드와 돼지고기 등 식품 5,000톤을 제공한다. 1973년 1월 아옌데 대통령은 알메이다 외교부 장관을 중국에 파견하여 새로운 경제원조를 얻으려고 한다. 주은래 총리는 접견하여 의견을 교환하며 양국은 중국-칠레 상품 차관 협정을 체결한다. 주은래 총리는 알메이다 외교부 장관과의 회담시 칠레에 조언을 한다.

> 중국은 칠레 인민의 정의로운 투쟁을 지지하며 힘껏 원조를 제공하려고 합니다. 그러나 당신들의 발걸음은 우리가 해방 후 10년의 발걸음보다 더 빠릅니다. 우리는 사회주의 혁명을 23년이나 했지만 이것(날마다 어린이에게 우유 0.5kg을 무료로 제공)을 감히 하지 못합니다. 당신들의 여러 사항들이 너무 빠르지 않습니까? 당신들의 경제는 국내에 근거한 것이 아니라 대외원조에 의지하는데 이는 매우 위험합니다.[40]

한편 주은래 총리는 그래도 부족하다고 생각되어 아옌데 대통령에게 친필서한을 보낸다.

> 중국의 원조는 응급처치 역할밖에 못 합니다. 우리는 칠레 인민들의 경제 건설 사업에 더 큰 기여를 하고 싶습니다. 그러나 우리의 경제력은 제한적입니다. 현재 돕고 싶지만 힘이 부족합니다. 대통령의 양해를 바랍니다. 개발도상국이 어려움을 극복하려면 상호 돕는 외에 가장 근본적인 것은 자국의 힘에 의존하여 자력갱생을 위주로, 대외원조를 보조로 삼아야 합니다. 경제가 국내에 근거하지 않으면 매우 위험합니다. 제3세계 국가가 자력으로 민족독립경제를 발전시키려면 장기간의 각고분투와 일정한 대가 및 희생이 필요합니다. 현재의 혼란스러운 국제 환경에서 정세에 대해 분명히 알아야 하며 가능하게 나타날 국면에 대해 대처할 준비를 해야

---

40) 黃志良, 앞의 책, p.148.

합니다. 좋은 것을 쟁취하고 나쁜 것을 예비하는 두 가지 준비를 모두 해야 합니다. 요컨대 경제가 뒤처진 상황을 변화시키고 인민들의 생활을 개선시키려면 현실적 조건과 가능성을 결합해야 합니다. 차곡차곡 준비를 하고 순차적으로 진행해야 점차 실현할 수 있습니다. 이는 우리가 중국의 발전 과정에서 직접 겪으면서 얻은 경험입니다.[41]

1973년 9월 칠레에서 쿠데타가 일어나며 아옌데 대통령은 순국한다. 중국 정부는 쿠데타에 반대하는 입장을 보였다. 주은래 총리는 중국 정부를 대표하여 아옌데 대통령의 가족에게 애도를 표했다. 칠레 정국의 급변에 대해 소련 등 일부 사회주의 국가와 제3세계 국가는 칠레 군사정부와 외교관계를 중단하거나 외교관계 등급을 낮추었다. 그러나 주은래 총리는 평화공존 5항 원칙에 의해 국가관계를 처리할 것을 제기하면서 칠레 군사정부에 대해 "관계가 냉각되었지만 단절하지 않는" 정책을 채택했다. 이후 중국과 칠레 관계의 발전에서 중국이 양국 관계의 수호를 위해 채택한 이 정책이 옳았음을 알 수 있다.

4. 소결

1970년대 유엔에 가입한 후 중국은 제3세계의 대국으로서 국제사무에 대한 영향과 역할이 날로 확대되고 강화되었다. 국제정세의 다극화 추세에서 라틴아메리카 국가는 단결하여 패권주의에 반대하고 국제 정치·경제 새 질서를 구축하고자 했으므로 중국과의 관계를 더욱 적극적으로 발전시키려 했다. 이러한 형세에서 중국은 라틴아메리카 외교에서 1950년대와 1960년대의 피동적 국면을 전환시켜 중국과 라틴아메리카 수교의 첫 번째 붐을 맞는다. 수교 전후 라틴아메리카에 대한 중국의 원조는 양국 정치

---

41) 黄志良, 앞의 책, pp.148~149.

관계의 촉진과 공고화를 보충하는 역할을 했다. 수원국을 국가별로 보면 1960년대의 쿠바에서 칠레, 페루, 가이아나, 자메이카 등 4개국으로 증가했다. 수원국의 특징을 보면 이러한 국가는 민족주의 경향이 비교적 강하며 외교관계에서 다원화를 추구한다. 그리고 칠레와 페루는 미국과의 관계가 악화되어 미국의 경제제재를 받았다. 원조 형식에는 무이자 차관과 특혜 무역 외에 플랜트 프로젝트도 있었지만 원조 규모는 매우 제한되었으며 칠레의 경우는 원조 요구를 보류하기도 했다. 중국은 브라질, 아르헨티나, 멕시코와 원조 관계는 없었지만 양국 무역이 일정하게 발전했다. 특히 멕시코와의 농업 · 과학기술 협력은 아주 효과적이었다.

중국 대외원조 60년

3절   1980~1990년대 라틴아메리카에 대한 원조

1978년 개혁개방 이후 중국은 라틴아메리카에 대한 원조정책을 크게 조정한다. 이데올로기와 사회제도로 구분하던 방법에서 벗어나 경제무역 협력을 중시하게 된다. 이는 당시 국제 평화 환경을 쟁취하고 대외 경제무역 협력을 확대하려는 중국의 총체적 외교 방침에 부합될 뿐만 아니라 채무 위기에서 벗어나 다원화된 경제무역 관계를 발전시키려는 라틴아메리카의 요구와도 맞아떨어져 라틴아메리카에 대한 외교 사업 추진에 유리했다. 1980년대 중반 중국과 라틴아메리카는 수교의 두 번째 붐을 맞는다. 그러나 1980년대 말부터 1990년대 초까지 대만 문제 때문에 중국은 그레나다, 벨리즈, 니카라과 등 3개국과 외교관계를 중단하여 라틴아메리카 관계의 발전에서 일부 좌절을 겪기도 한다. 그러므로 원조정책에서 외교 진지의 공고화와 확대가 이 시기 중요 목표가 되었다. 한편 '평등 호혜, 실효 추구, 형식 다양, 공동 발전'의 원칙을 견지하면서 경제 · 기술 협력을 전개했으며 경제 · 기술 협력은 농업, 에너지, 교통, 교육 등 여러 분야에 미쳤다.

1. 라틴아메리카에 대한 원조정책

1980~1988년 중국은 콜롬비아, 에콰도르, 볼리비아, 우루과이, 과앤티가바부다, 그레나다, 니카라과, 벨리즈와 수교한다.[42] 1980년대 말 중국은 라틴아메리카 17개국(외교관계를 중단한 3개국은 포함하지 않음)과 수교하여 대만 당국의 라틴아메리카 '외교 공간'을 좁혔으며 중국이 주도하는 라틴아메리카 외교의 새로운 국면을 점차 형성했다. 그러나 1980년대 말부터 1990년대 초까지 대만 문제로 라틴아메리카의 일부 수교국과 외교관계를 중단했다. 그러므로 외교 진지의 공고화와 확대 문제가 더욱 급박해졌다. 이러한 상황에서 1980년대 중국이 원조하는 라틴아메리카 국가는 9개국으로 증가했다. 이 중 볼리비아, 콜롬비아, 앤티가바부다 등의 국가는 새로운 주요 원조 대상국이 되었다. 이 시기 라틴아메리카에 대한 중국의 원조정책은 새로 외교관계를 맺은 국가와의 정치적 관계를 공고히 하는 한편 '남남협력'을 창도하여 우호국과 평등 호혜적인 경제 · 기술 협력을 전개하며 공동 발전을 이룩하는 것이었다.

1988년 5월 등소평은 라울 알폰신 아르헨티나 대통령을 접견하며 "진정한 태평양 시대가 도래하려면 적어도 50년이 걸려야 합니다. 그 시기에 라틴아메리카 시대도 함께 나타날 것입니다. 나는 태평양 시대, 대서양 시대와 라틴아메리카 시대의 동시 출현을 희망합니다. 우리가 현재 직면한 문제는 두 가지, 곧 평화와 발전입니다."[43]라고 했다. 그해 11월 등소평은 훌리오 마리아 상귀네티 우루과이 대통령을 접견하며 "중국의 정책은 라틴아

---

42) 그레나다는 1985년 10월 1일 중국과 수교했다가 1989년 8월 7일 국교를 단절한다. 그리고 2005년 1월 20일 다시 외교관계를 회복한다. 니카라과는 1985년 12월 7일 중국과 수교했다가 1990년 11월 9일 국교를 단절한다. 벨리즈는 1987년 2월 6일 중국과 수교했다가 1989년 10월 23일 국교를 단절한다.(徐世澄, 『拉丁美洲政治』, 中國社會科學出版社, 2006, p.242.)

43) 中共中央文獻硏究室 編, 『鄧小平年譜(1975~1997)』(下), 中央文獻出版社, 2004, pp. 1230~1231.

메리카 국가와 양호한 관계를 구축하고 발전시켜 중국과 라틴아메리카의 관계를 '남남협력'의 범례로 하려는 것입니다."[44]라고 했다. 1980년대 중반 중국 총리는 초청에 응해 콜롬비아, 브라질, 아르헨티나, 베네수엘라 등 4개국을 순방했다. 이때 중국과 라틴아메리카 관계의 발전은 '평화 우호, 상호 지지, 평등 호혜, 공동 발전'의 4항 원칙을 견지해야 한다고 했다.[45] 중국 총리는 중국과 라틴아메리카 국가의 여덟 가지 공통점과 중국과 라틴아메리카 관계 발전의 여섯 가지 유리한 조건에 대해 서술했다. 이 관점은 라틴아메리카에서 큰 반향을 불러일으켰으며 라틴아메리카 지도자들의 환영을 받았다. 이 중 여덟 가지 공통점은 중국과 라틴아메리카가 "모두 제3세계에 속하여 불합리한 국제경제 질서의 피해를 입으므로 '남남협력'을 발전시켜 새로운 국제경제 질서를 구축해야 한다"는 것이다. 그리고 중국과 라틴아메리카 관계 발전의 유리한 조건에서 경제무역 관계는 평등 호혜와 공동 발전의 원칙에 따라야 하며 중국과 라틴아메리카는 "경제기술 수준이 비슷하고 기술에 각국의 특색이 있으므로 상호 제공하는 기술과 설비가 개발도상국의 조건에 더욱 적합하다"는 것이었다.

1990년대 초 라틴아메리카는 중국의 외교가 서방의 외교 압력을 해결하는 가장 중요한 지역이 된다. 1990년 5월 양상곤(楊尙昆) 주석이 멕시코, 브라질, 우루과이, 아르헨티나, 칠레 5개국을 방문하여 라틴아메리카 관계 발전에 대한 중국의 입장을 천명했다. 그는 라틴아메리카를 비롯한 제3세계 국가와의 단결 협력이 중국 외교정책의 기본적 입장임을 강조했다. 특히 중국과 라틴아메리카 국가의 경제 발전 수준이 비슷하고 상호 보완성이 강하므로 협력 전망이 밝다고 했다. 중국은 '평등 호혜, 실효 추구, 형식 다양, 공동 발전'의 원칙을 전제로 라틴아메리카 국가와 경제 · 기술 협력을

중국 대외원조 60년

44) 『鄧小平年譜(1975~1997)』(下), p.1257.
45) 謝益顯 主編, 앞의 책, p.442.

전개할 의향을 밝혔다. 우루과이를 방문하며 양상곤 주석은 중국과 라틴아메리카 국가의 우호 협력 관계 발전에 대한 다섯 가지 건의를 했다. 이 중 "기존 시장을 공고히 하고 평등 호혜와 공동 발전을 기초로 새로운 분야와 경로를 부단히 모색하여 양국 무역을 증가하며 실제 수요와 가능성에 입각하여 양국의 우세를 충분히 발휘하고 여러 가지 형식의 경제·기술 협력을 촉진한다."[46]라고 강조했다.

1990년대 중·후반 중국의 개혁개방은 큰 성과를 거둔다. 라틴아메리카에 대한 중국의 영향력은 점차 커진다. 중국 경제의 발전에 따라 중국의 경제 발전이 라틴아메리카에 대한 효과도 점차 나타나 "중국의 발전이 라틴아메리카 경제의 발전을 조금이나마 돕게 된다."[47] 라틴아메리카 국가들은 중국과의 관계를 중시하며 중국의 지도자들도 전략적 안목으로 라틴아메리카 국가와의 관계에 주목했다. 강택민 주석은 "부유한 친구도 사귀어야 하고 가난한 친구도 사귀어야 한다. 일반적으로 어려울 때 가난한 친구가 더욱 믿음직스럽다."[48]라고 했다. 1993년 11월 강택민 주석은 쿠바와 브라질을 방문한다. 중국과 쿠바 관계는 회복되고 쿠바는 재차 라틴아메리카의 주요 원조 대상국이 된다. 중국은 브라질과 장기적으로 안정된 호혜적 전략 동반자 관계를 구축했다. 브라질 국회의 연설에서 강택민 주석은 새로운 국제경제 관계를 구축할 네 가지 주장을 제기했다.[49]

> 첫째, 세계 각국은 크기나 빈부를 막론하고 모두 상호 존중해야 하며 국제 사회의 평등한 구성원으로 국제경제 사무에 참여하고 평등 호혜의 원칙에 의해 경제무역 관계를 발전한다.

46) 李明德 主編, 앞의 책, p.518.
47) 『人民日報』 2002年 10月 27日.
48) 江澤民, 「當前國際形勢和我們的外交工作」, 『江澤民文選』 第二卷, 人民出版社, 2006, p.205.
49) 江澤民, 위의 글.

둘째, 각국은 자국의 상황에 의해 독립 자주적으로 자국의 사회제도, 경제
모형과 발전 경로를 선택하며 각국은 자국의 자원과 자원의 개발을
통제할 권리가 있다.

셋째, '남북대화'와 협력을 강화한다. 상품, 무역, 자금, 화폐, 금융 등 중요
한 국제경제 분야에서 필요한 조정과 개혁을 한다. 선진국은 개발도
상국의 이익을 존중하고 배려해야 하며 원조 제공시 정치적 조건을
부가해서는 안 된다.

넷째, '남남협력'을 촉진한다. 개발도상국 간의 협상과 교류를 강화하며 서
로 배우고 유무상통하여 공동 발전을 도모한다.

브라질, 멕시코 등 라틴아메리카 국가의 경제 발전 수준이 비교적 높기
때문에 중국은 라틴아메리카에 대한 정책에서 개발도상국 우위 분야의 상
호 보완과 평등 호혜의 경제무역 협력이 발생시키는 공동 이익과 국제적
영향을 중요시했다. 강택민 주석은 1997년 12월 멕시코 상원 연설에서 "중
국과 라틴아메리카는 역사적 높이에 서서 미래를 바라보면서 중국과 라틴
아메리카의 우호 협력을 강화해야 한다. 이는 중국과 라틴아메리카 인민의
근본 이익에 부합될 뿐만 아니라 개발도상국이 세계경제 중에서 차지하는
총체적 역량 증가와 개발도상국이 국제사무에서 더욱 큰 역할을 하도록 촉
진하는 데에 중요한 의의가 있다."[50]라고 강조했다.

2. 라틴아메리카에 대한 원조의 특징

1980~1990년대 라틴아메리카에 대한 중국의 원조는 소규모이면서 다
양한 특징을 보인다. 일부 국가에 경기장 등 랜드마크를 원조 건설했다. 구
체적인 원조 형식을 보면 소규모 기술협력이 위주가 되었다. 중국 측이 시

---

50) 『人民日報』1997年 12月 4日.

범적 설비를 제공하고 전문가를 수원국에 파견하여 기술을 전수하는 한편 수원국 인원이 중국에 와서 참관하고 기술 교육을 받도록 했다. 자금 원조를 보면 무이자 차관 외에 1990년대에는 특혜 차관이 나타났다. 이 시기 라틴아메리카에 대한 중국 원조의 전체적 특징은 생산적 프로젝트가 많고 규모가 크지 않으나 형식이 다양하며 투자가 적고 효과가 빠르며 사회적 효과와 경제적 효과가 비교적 선명하다는 것이다.

첫째, 건축자재와 농장 등 생산적 플랜트 프로젝트를 원조했다. 1986년 중국은 페루에 소형 시멘트공장을 원조 건설했고 가이아나에 소형 벽돌공장을 원조 건설했다. 농업 분야에서 중국은 에콰도르, 볼리비아, 콜롬비아에 시범농장을 원조 건설했으며 농업 기술을 양성해주었다. 이를테면 1984~1990년 중국은 에콰도르에 무이자 차관을 제공하여 과수 재배, 시범 오리농장 설립, 도자기 기술 양성센터 등의 프로젝트를 실행했다. 1982~1988년에는 콜롬비아에 기술자를 파견하여 참대 재배와 대오리 겯는 기술을 전수했으며 뽕나무 재배, 양잠업, 민물새우 양식 등의 분야의 기술자를 양성했다. 1985년 중국은 볼리비아와 수교하며 볼리비아에 종자와 채소 시험소, 차나무 재배와 찻잎 가공 등 프로그램을 원조했다. 앤티가바부다는 중국이 비교적 일찍 농업 원조를 제공한 국가이다. 1986~1989년 양국은 두 차례의 농업 기술 협력을 전개했다. 1995~1996년 중국은 앤티가바부다에 묘목 재배소를 원조 건설했다. 1990년대 중국은 쿠바에 자전거공장, 선풍기공장을 원조 건설했다. 1981년 중국은 자메이카를 원조하여 혼방 직물공장을 건설한다. 그러나 자메이카 측의 경영 부실로 1986년 협상을 거쳐 양국 회사가 합자 경영하도록 했다.

둘째, 소형 수력발전소, 수리 관개 시설 등 인프라 건설을 원조했다. 페루, 수리남, 앤티가바부다가 주요 원조 대상국이었다. 프로젝트에는 소형 수력발전소, 메탄가스, 도시 행정 공사 등이 포함되었다. 1981~1984년 중국은 페루, 에콰도르, 콜롬비아 3개국에 70여 개소의 소형 수력발전소를 신축, 개축, 증축했으며 설비를 제공하고 전문가를 파견하여 건설을 도왔다. 소형 수력발전소 외의 에너지 분야에서 중국은 가이아나와 수리남에 시범 메탄가스 탱크 프로그램을 원조했으며 수리남과 앤티가바부다를 원조하여 송전 변전 시스템을 개조했다. 이를테면 1984년 중국은 가이아나에 시범 메탄가스 탱크 5개를 원조 건설하고 기술자 19명을 양성했다. 1980년대 중반 중국은 페루와 볼리비아에 수리 관개 공사를 원조했다. 1986년 중국은 페루를 도와 우물 80여 개를 파며 양수기 224대를 제공했다.[51] 이 밖에 중국은 수리남, 바베이도스, 세인트루시아에 경기장을 원조 건설했다.

셋째, 무상 물자원조의 규모는 크지 않고 수원국도 상대적으로 집중되어 있다. 1980년대 중국이 라틴아메리카에 제공한 무상 물자원조는 많지 않았다. 1990년대에는 규모가 점차 커진다. 불완전한 통계에 의하면 라틴아메리카의 7개국에 30여 차례에 걸쳐 물자를 제공했는데 주로 농기계, 자전거, 의료설비 등이다. 이 중 페루, 가이아나, 수리남 3개국이 중점 원조 대상국이었다. 이를테면 1986년 중국은 페루에 5만 파운드에 달하는 의료설비와 농업용 트랙터 100대를 제공했다.[52] 1990~1998년에는 페루에 1,500만 위안에 달하는 무상물자와 800만 위안에 달하는 구호물자를 제공했다 (표 6-1).[53]

표 6-1. 1990년대 페루에 대한 중국 정부의 원조

연도	무이자 차관	인도주의 원조	무상원조
1990	630만 달러	구조물자 300만 위안	-
1991	1,000만 달러	-	-

---

51) 中國對外開放周30年回顧展籌備工作辦公室 編, 『中國對外開放周30年回顧展 : 雙邊經貿合作大事記』, p.431.
52) 中國對外開放周30年回顧展籌備工作辦公室 編, 앞의 책, p.432.
53) 中國對外開放周30年回顧展籌備工作辦公室 編, 앞의 책, pp.432~433.

연도	무이자 차관	인도주의 원조	무상원조
1992	–	–	자전거
1994	–	–	컴퓨터 10대
1995	–	–	물자 500만 위안
1996	–	–	물자 500만 위안
1997	–	구조물자 500만 위안	일반 물자
1998	–	–	500만 위안
1999	–	–	의료설비

자료 출처 : 中國對外開放周30年回顧展籌備工作辦公室 編, 『中國對外開放周30年回顧展 : 雙邊經貿合作大事記』, pp.432~433.

넷째, 현금 원조와 무이자 차관은 상대적으로 적었다. 중국이 라틴아메리카에 제공한 현금 원조는 중국 정부의 증여와 중국 적십자회가 제공한 구원금이다. 1983년 페루, 볼리비아, 에콰도르가 수재를 입고 콜롬비아에는 지진이 발생한다. 중국은 페루에 5만 달러, 볼리비아에 5만 달러, 에콰도르에 2만 달러, 콜롬비아에 4만 달러의 구원금을 제공했다.[54] 1996년 7월 가이아나 수재에 중국 정부는 40만 위안에 달하는 인도주의 구호물자를 제공한다. 현금 증여를 보면 1983년 7월 앤티가바부다에 현금 200만 위안을 증여한다.[55] 세인트루시아와 수교 전인 1997년 7월에는 세인트루시아 교과서기금에 현금 100만 달러를 제공했다.[56]

---

54) 沙丁·楊典求 等, 앞의 책, pp.317~327.
55) 李明德 主編, 앞의 책, p.544.
56) 李明德 主編, 앞의 책, p.552.

3. 가이아나에 대한 중국의 원조

가이아나 독립 전 중국은 가이아나 인민의 독립투쟁을 강력하게 지지했으며 정당, 민간 교류는 아주 활발했다. 1962년 모택동 주석과 주은래 총리는 중국을 방문한 재닛 제이건 가이아나 진보당 서기장을 열정적으로 접견했다. 1963년 8월 중국은행과 가이아나수출입회사는 46만 파운드에 달하는 차관 협정을 체결한다(당시 가이아나는 독립하지 못했음). 이는 중국과 가이아나 경제 · 기술 협력의 시작이다.[57] 1964~1966년 가이아나는 중국에 대표단을 여러 차례 파견한다. 1966년 가이아나가 독립하자 주은래 총리는 축하 전보를 보내며 독립을 인정하면서 가이아나와의 관계를 발전시키고자 하는 의향을 표명한다. 그러나 가이아나 정부는 중국에 대해 냉담했으며 대만 농경대의 도움을 받는다. 1970년 가이아나는 비동맹운동에 가입한다. 중국에 우호적인 기타 국가의 영향으로 중국에 대한 가이아나의 입장에 점차 변화가 생긴다. 1971년 1월 번햄 가이아나 총리[58]는 영연방 국가총리회의에서 "세계는 공산당 중국을 광범하게 인정하고 있다. 대만과 교류를 끊어도 조금도 아깝지 않다."[59]라고 주장했다.

중 · 미 관계의 완화 및 일부 라틴아메리카 국가와 중국의 수교에 힘을 입어 가이아나도 중국과 수교하려고 한다. 1971년 8월 중국 정부 대표단은 요청에 의해 가이아나를 방문하며 번햄 총리의 접견을 받는다. 번햄 총리는 중화인민공화국이 중국을 대표하는 유일한 합법적 정부임을 승인한다. 그해 10월 제26차 유엔 총회에서 가이아나는 중화인민공화국의 유엔 가입

중국 대외관계 60년

---

57) http://gy.mofcom.gov.cn/aarticle/zxhz/200305/20030500092078.html.

58) 원문에서 번햄을 '總統' 즉 '대통령'으로 기술했다. 그러나 당시 가이아나 대통령은 레이먼드 아서 청(Raymond Arthur Chung)이고 번햄은 총리였다. 저자의 오기인 듯하다. (역자 주)

59) 李明德 主編, 앞의 책, p.487.

결의안에 찬성표를 던졌다. 1971년 11월 가이아나 무역부 장관이 중국을 방문하며 양국은 양국의 경제무역 관계 발전과 상무사무처 상호 설립 협정 및 양국 수출입 상품 연례협의를 체결했다. 1972년 1월 가이아나 정부는 대만 농경대를 축출한다. 1972년 4월 9일 중국은 가이아나 정부와 가이아나의 수도 조지타운에서 경제·기술 협력 협정을 체결하며 중국 정부는 5년 동안(1972년 7월 1일~1977년 6월 30일) 가이아나 정부에 그 어떤 조건과 특권을 부가하지 않은 무이자 차관 1,000만 파운드 제공을 약속한다.[60] 한편 중국은 전문가를 파견하여 가이아나의 벼 재배를 돕는다. 1972년 6월 양국은 수교하며 가이아나는 중국과 첫 번째로 수교한 영연방 카리브해 지역 국가가 되었다. 수교 후 가이아나 지도자들은 여러 차례 중국을 방문한다. 1975년 3월 번햄 총리가 중국을 방문하며 등소평은 주은래 총리의 명의로 번햄 총리를 환영한다.

> 제3세계가 단결하여 패권주의를 반대하는 대오에 라틴아메리카 인민은 이미 생기발랄한 전투 세력이 되었습니다. 그들은 초강대국의 해양 패권을 반대하는 투쟁에 앞장섰습니다. 카리브해 지역의 일부 신생국은 참신한 태도로 국제무대에서 활약하고 있으며 제3세계가 제국주의, 식민주의와 패권주의를 반대하는 투쟁에서 적극적인 역할을 하고 있습니다. 중국 정부와 중국 인민은 라틴아메리카와 카리브해 지역 국가와 인민이 국가주권과 독립을 수호하고 민족경제의 권익을 수호하는 정의로운 투쟁을 지지합니다.[61]

1975년 3월 양국은 북경에서 두 번째 경제·기술 협력 협정을 체결하며 중국 정부는 재차 가이아나에 무조건부 무이자 차관 2,000만 위안을 제공

---

60) 沙丁·楊典求 等, 앞의 책, p.321.
61) 外交部檔案館 編, 『偉人的足迹 ― 鄧小平外交活動大事記』, 世界知識出版社, 1998, p.124.

했다.[62] 1977년 4월 아서 청 가이아나 대통령이 중국을 방문한다. 그는 열정이 넘치는 연설로 중국의 원조와 협력에 감사를 표했다.

> 나는 어릴 적부터 나의 아버지가 태어난 국가를 방문하고 싶었습니다. 그러므로 중국에서 당신들과 만난 것으로 나의 평생의 소원을 풀었습니다. …… 우리나라 발전의 중심 내용은 의식주 문제 해결입니다. 발전 분야에서 우리는 당신들의 소중한 협력을 얻었습니다. 우리에게 자금을 제공하고 전문가를 파견했으며 우리의 기술자를 양성했습니다. 농업 생산에서 귀국 전문가는 3년의 시간을 들여 우리 농민들의 벼 생산이 증산하도록 새로운 방법을 가르쳤습니다. …… 당신들의 도움으로 우리는 압력을 견디고 어려움을 극복하면서 많은 발전을 이루었습니다. 가이아나 인민들은 당신들의 우호에 감사를 표하고 있습니다. 또한 협력의 분야를 확대하여 더욱 발전하기를 희망합니다.[63]

1972~2003년 중국과 가이아나는 8개의 경제 · 기술 협력 협정을 체결했다. 이 협정에 따라 중국 정부는 무이자 차관을 제공하여 가이아나에 벨-루 진흙벽돌 공장(Bel-Lu Claybrick Factory), 기와공장, 소형 벽돌공장, 오리농장, 사나타 방직공장, 폴리프로필렌 자루 공장, 모코-모코 수력발전소 등을 건설했다. 원조의 성과를 공고히 하기 위해 중국과 가이아나 양국 정부는 여러 가지 형식의 기술협력을 전개했다. 이를테면 중국 전문가가 가이아나에 파견되어 농업과 벽돌 쌓기 기술, 목화 재배 기술, 메탄가스 기술, 방직공장 관리, 수력발전소 기술 양성 등을 지도했다. 가이아나에 무이자 차관을 제공한 외에 중국은 10차례 무상으로 물자원조와 기타 분야의 경제원조를 제공했다. 이 중에는 도로 부설 기계, 스포츠 용품, 자전거, 트랙터, 자동차 등이 포함되었다. 가이아나를 도와 외교대학을 설립하고 중

---

62) 沙丁 · 楊典求 等, 앞의 책, p.321.
63) 沙丁 · 楊典求 等, 앞의 책, p.320.

국에 와서 기술 양성에 참가하는 관리들의 여비를 제공했다. 1998년부터 중국의 회사들은 수출 구매자 측 특혜 신용대출을 이용하여 가이아나에서 벽돌공장과 방직공장을 임대 경영했으며 자전거 조립 프로젝트와 게린팜 무 농업 프로그램을 완성했다. 1994~2003년 30여 명의 가이아나 학생이 중국에서 TDC 기술 양성을 받았다. 버섯 재배, 민물고기 양식, 메탄가스 응용, 소형 수력발전 등 실용적 기술을 배웠다.

벨-루 진흙벽돌 공장은 중국 정부가 1970년대 가이아나 정부의 요구에 의해 원조 건설했으며 연간 벽돌 생산량이 1,000만 개였다. 1976년 12월 가동 후 현지의 취업을 유도했고 시멘트 수입을 줄였을 뿐만 아니라 수리 남 등 주변국에 수출하여 경제적 효익과 사회적 효익을 얻었다. 1998년 중국태안국제회사(中國泰安國際公司)가 양허성 차관으로 이 벽돌공장을 임대했다. 이 회사는 진흙벽돌을 생산 판매했을 뿐만 아니라 새로운 건축자재를 적극적으로 개발하여 가이아나 건축시장의 수요를 충족시켰다.

벽돌공장 외에 중국은 가이아나에 사나타 방직공장을 원조 건설하여 가이아나의 방직품 수요를 충족시켰다. 이 공장은 1980년 12월에 준공되었다. 직포기 432대와 날염 설비를 갖추었으며 연간 생산량은 표백 날염 면포 672만 m²에 달했다. 당시 카리브해 지역에서 유일한 방직날염 기업이었다. 공장이 준공된 후 중국과 가이아나 쌍방은 장기적으로 기술과 관리에서 협력했고 기술 개선도 전개했다. 1990년대 중반에는 목화 공급의 제한과 시장 판매 부진 등으로 어려움을 겪었다. 2000년 8월 중국방직대외경제기술합작회사(中國紡織對外經濟技術合作公司)가 양허성 차관으로 방직공장의 날염 작업장을 임대했다. 그리고 1년의 시간을 들여 설비를 개조하여 2001년 11월 새로운 날염 라인을 가동했다. 가이아나 정부는 이 공장을 중시했다. 가이아나 교육부는 이 방직공장을 초·중학생 공업 교육 기지로 선정하여 학생들의 공장 참관을 여러 차례 조직했다. 가이아나 정부의 적극적인 지지로 중국 측은 가이아나에 판매망을 구축했으며 카리브해 지역의 시장 공략에도 성공하여 이미 수리남, 트리니다드토바고, 쿠바 등 국가에 수출하고 있다. 현재는 시장 수요의 부족과 생산 원가가의 상승으로 경영에서 어려움을 겪고 있다.

1990년대 중반 대외원조 방식을 개혁한 후 상술한 벽돌공장과 방직공장을 임대 경영한 외에 중국이 가이아나에서 실행한 양허성 차관 프로그램에는 자전거 조립과 농업 프로그램이 있다. 자전거 조립 프로그램은 산동성기술수출입회사(山東省技術進出口公司)에서 실행했다. 1998년 11월 생산 라인을 가동하며 해마다 자전거 8,000대를 조립 판매했다. 농업 프로그램은 유방국제경제기술합작그룹(濰坊國際經濟技術合作集團)에서 담당했다. 1998년 4월에 건설을 시작하여 2000년 9월에 완공되었다. 22에이커에 달하는 채소밭, 부화장(연 부화량 70만 마리), 양계장(30만 마리), 사료 가공공장, 양돈장(5,000마리), 1,300m²에 달하는 육제품 가공공장(연 도축 닭 120만 마리), 200톤 규모 냉동창고 및 수도, 전기, 도로 등 부대 설비를 건설했다. 그러나 경영 관리의 부실로 이 프로그램은 가동된 지 1년 만에 채소 재배를 제외한 기타 농업 프로그램을 모두 중단했다.

가이아나는 수력자원이 풍부하다. 그러나 경제와 기술의 제약으로 장기간 수력발전이 이루어지지 못했다. 중국이 1999년 원조 건설한 모코-모코 수력발전소(Moco Moco Hydropower Station)는 가이아나 독립 후 건설한 첫 번째 수력발전소이다. 이 수력발전소는 가이아나 제9행정구역의 수부 레템에 위치하고 있다. 고낙차 수로를 흐르는 물을 이용하는 소형 수력발전소로 발전량은 500KW에 달했다. 공사에는 인수로 전환장치, 인수로 파이프, 상부 저수지, 발전소 건물, 수력 터빈 발전기, 그 외에 발전소에서 레템에 이르는 송전선과 교량 2개도 포함되었다. 이 프로젝트는 중국플랜트설비수출입공사와 흑룡강수력발전회사(黑龍江水利水電公司)에서 건설했다. 1999년 11월 발전소가 가동된 후 레템 지역의 경제는 신속하게 발전했다. 모코-모코 수력발전소의 건설은 중국과 가이아나 우의의 증표로 중국과 가이아나 우호 관계를 공고히 하고 발전시키는 데 기여했다.

2003년 1월 오의 국무위원이 가이아나를 방문한다. 중국은 국제회의센터 원조 건설을 약속하는 각서를 교환한다. 이 밖에 중국 측은 가이아나에 스포츠 감독 파견, 무상원조 제공, 일부 채무 감면 등을 약속하는 각서를 교환하고 의정서를 체결한다. 오의 국무위원의 이번 방문은 세 기업으로 이루어진 중국 기업 연합체가 가이아나 켈튼 제당공장 프로젝트(일일 사탕수수 가공량 8,400톤)를 낙찰받도록 한다. 이후 중국기계수출입총공사(中國機械進出口總公司)가 일괄 도급맡아 건설한다. 투자 총액이 1.8억 달러에 달했으며 2009년 8월 준공되어 생산을 가동했다. 이 프로젝트는 가이아나의 제당 생산력을 제고시켜 가이아나의 경제를 적극적으로 촉진했다.

4. 소결

1980년대 말부터 1990년대 초까지 라틴아메리카는 군사정권에서 문민정권으로 거의 넘어간다. 지역 위기가 완화되었고 지역적 범위 내에서 경제개혁이 전개되어 전 정부의 주도형 경제가 시장경제 체제로 전환되었으며 수입으로 대체하던 내수형 발전 모형이 수출형 경제 발전 모형으로 전환되었다. 1970년대 중국과 라틴아메리카 수교의 붐을 이어 1980년대 중국의 개혁개방 정책은 중국과 라틴아메리카 관계의 전환을 더욱 추진했다. 쌍방은 사회제도와 이데올로기의 차이를 초월하여 우호 협력 관계를 구축했다. 이 중 경제무역 협력의 발전은 쌍방 협력의 내용을 더욱 풍부하게 하여 라틴아메리카 국가가 대외관계에서 경제 이익을 추구하는 희망을 만족시킴으로써 쌍방 관계의 심화와 공고화에 유리한 환경을 마련했다.

1980년대 중반 중국과 라틴아메리카는 수교의 두 번째 붐을 맞이하며 중국이 원조하는 수원국도 증가했다. 1970년대 주요 원조 대상국인 페루, 가이아나, 자메이카 외에도 볼리비아, 콜롬비아, 에콰도르, 앤티가바부다 등이 주요 원조 대상국이 되었다. 일부 수교한 라틴아메리카 국가들 사이에 중국에 대한 외교적 불만이 증가하여 외교관계를 단절하는 상황까지 나타나서 중국은 라틴아메리카와의 관계 발전에서 일부 좌절을 겪기도 했다. 그러므로 원조정책에서 외교 진지의 공고화와 확대가 이 시기 중요 목표가 되었다. 1980~1990년대 중국의 대외원조를 보면 원조 대상국과 원조 규모가 모두 U형의 변화 특징을 보인다. 즉 증가-감소-증가의 추세를 보이는 것이다. 이 시기 원조 프로젝트는 총체적으로 소형화와 다양화의 특징을 지니고 있다. 이 중 플랜트 프로젝트는 농업기술시범센터, 소형 수력발전소의 원조 건설을 위주로 이루어졌다. 그러나 시장이 작고 관리와 운영 원가가 높아 일부 생산적 플랜트 프로젝트는 지속적으로 발전하는 데 다소 문제점을 드러냈다.

4절   21세기 라틴아메리카에 대한 중국의 원조

21세기에 들어서서 중국은 종합적 국력이 대폭 신장하면서 세계 경제대국이 되었다. 중국과 라틴아메리카 관계의 발전은 전례 없이 빠르게 심화되었다. 2004년 호금도 주석이 라틴아메리카를 방문했을 때 "중국은 발전하고 있다. 라틴아메리카도 발전하고 있다. 이는 쌍방에 대해 협력을 강화할 것을 요구하고 협력을 강화할 새로운 조건을 마련했다. 중국과 라틴아메리카는 전대미문의 역사적 기회에 직면해 있다."[64]라고 했듯이 전방위, 다층차, 각 분야의 정부와 민간 교류는 새로운 국면을 형성했다. 2008년 11월 호금도 주석은 페루 국회에서 연설하며 "중국은 시종일관 라틴아메리카

---

64) 胡錦濤,「攜手共創中拉友好新局面 — 在巴西國會的演講」(2004年 11月 12日),『人民日報』 2004年 11月 14日.

와의 우호 협력 발전을 중시한다. 중국과 라틴아메리카 이익의 융합은 전례 없이 심화되었고 쌍방 관계는 역사상 최고이다."[65]라고 평가했다.

이러한 상황에서 중국은 라틴아메리카에 대한 원조를 확대하고 원조 정책도 점차 공개되며 투명해졌다. 주요 원조 대상국인 쿠바를 제외한 기타 라틴아메리카 원조 대상국에 대해 원조 규모를 확대했으며 대형 랜드마크 프로젝트도 나타났다. 특히 태풍과 지진의 피해를 늘 입는 라틴아메리카 국가에 인도주의 긴급 원조를 제공하여 국제사회의 주목을 받았으며 국제적 책임을 지려는 대국으로서의 모습을 충분히 보여주었다. 더욱 중요한 것은 원조가 라틴아메리카에 대한 중국의 외교적 영향을 키워 대만 문제와 중국 인권 문제 및 시장경제 지위 인정 등 중대한 외교 분야에서 지지를 얻도록 했다는 점이다.

1. 라틴아메리카에 대한 중국 원조정책의 선시

21세기에 중국 정부는 평화와 발전으로의 경로를 견지하고 조화로운 세계를 구축한다는 두 가지 중요한 대외 전략 구상을 제기했다. 라틴아메리카에 대한 외교에서 일부 수교국과 전략적 동반자 관계나 안정, 평등한 협력 동반자 관계를 구축했으며 일련의 구체적인 정책으로 이러한 새로운 관계의 순조로운 발전을 추진했다. 2004년 '중국-카리브해 경제무역 협력 포럼' 출범과 2008년 11월 5일 중국이 처음으로 공표한 라틴아메리카 정책 문서는 라틴아메리카에 대한 중국의 원조정책이 점차 성숙되고 공개화, 투명화, 체계화됨을 보여주었다.

카리브해 국가는 비록 작고 국제사무에서도 역할이 제한적이지만 대만

---

65) 胡錦濤, 「共同構築新時期的中拉全面合作伙伴關系 ― 在秘魯國會的演講」(2008年 11月 20日), 『人民日報』 2008年 11月 22日.

독립을 억제하고 중국의 국제적 위상을 제고한다는 측면에서 보면 카리브해 국가에 대한 경제원조는 중국과 카리브해 국가 관계의 전체 국면에서 특수하고도 중요한 위치에 있다. 또한 '중국-카리브해 경제무역 협력포럼'은 중국이 카리브해에 대한 원조정책을 선시하는 무대가 되었다. 2007년 9월 제2차 '중국-카리브해 경제무역 협력포럼'에서 중국은 향후 3년 내에 카리브해 우호국에 대한 원조를 확대할 것이라고 선포한다.[66]

> 첫째, 카리브해 우호국에 특혜 차관 40억 위안을 제공하여 인프라 건설, 자원 개발, 농공업 생산, 관광, 전신 등 분야에서 쌍방의 협력 전개를 추진한다.
> 둘째, 카리브해 각국과 협조하여 정부의 관리와 각 유형 기술자 2,000명을 양성한다.
> 셋째, 농업 생산, 교육, 의료 등 분야의 협력을 강화하고 수요로 하는 국가에 농업 전문가, 중국어 교사, 의료단을 파견한다.

2008년 11월 5일 중국이 처음으로 공표한 라틴아메리카 정책 문서는 중국과 라틴아메리카 관계 발전을 추진하는 중요한 조치였다. 이 문서는 중국과 라틴아메리카 향후 관계 발전의 전체 계획으로 중국의 라틴아메리카 외교에 중대한 의의가 있다. 중국과 라틴아메리카 이익의 융합이 부단히 심화될 때 출범한 라틴아메리카 정책 문서는 라틴아메리카에 대한 중국 정책의 투명성을 높였을 뿐만 아니라 중국에 대한 라틴아메리카의 외교적 기대를 안정시키는 데 유리하다. 라틴아메리카에 대한 원조정책에서 이 문서는 채무 감면, 경제·기술 원조, 인도주의 원조 등 세 방면의 정책 방향을 밝혔다.[67]

---

66) 「第二屆中國 — 加勒比經貿合作論壇聯合聲明」, http://www.gov.cn/gzdt/2007-09/09/content_743372.htm.

67) 「中國對拉丁美洲和加勒比政策文件」, http://news.xinhuanet.com/newscenter/2008-11/

첫째, 채무 감면에서 중국 정부는 이미 제정된 채무 감면 정책에 의해 능력이 되는 범위 내에서 라틴아메리카의 관련국과 채무 문제를 적극적으로 의논하고 해결하려고 했다. 중국 정부는 국제사회 특히 선진국이 라틴아메리카 채무 문제에서 실질적 행동을 보일 것을 촉구했다.

둘째, 경제ㆍ기술 원조에서 중국 정부는 중국의 경제력과 사회발전 상황에 의해 라틴아메리카 관련국에 정치적 조건을 부가하지 않은 경제ㆍ기술 원조의 지속적 제공과 라틴아메리카 국가의 수요와 중국의 능력 범위 내에서의 원조 확대를 약속했다.

셋째, 재난 퇴치, 재난 구조, 인도주의 원조에서 중국 정부는 라틴아메리카 국가와의 재난 퇴치, 재난 구조 분야의 정보를 공유하고 경험 교류와 기술협력을 심화하며 쌍방 관련 부서의 쌍무적 혹은 다각적 정기 회담 시스템 구축을 추진했다. 중국 정부는 라틴아메리카 국가의 긴급 인도주의 원조 요구에 적극적으로 응했으며 중국 적십자회 등 비정부기구와 이 지역 관련 기구의 교류와 협력을 격려했다.

표 6-2. 라틴아메리카 주요 수원국 변천

★는 주요 수원국.

순번	국가	수교 시기	1960~ 1965	1970 년대	1980 년대	1990 년대	2000년 ~현재
1	쿠바	1960	★			★	★
2	칠레	1970		★			
3	페루	1971		★	★	★	
4	멕시코	1972					
5	아르헨티나	1972					

05/content_10308177.htm.

순번	국가	수교시기	1960~1965	1970년대	1980년대	1990년대	2000년~현재
6	가이아나	1972		★	★	★	★
7	자메이카	1972		★	★	★	★
8	트리니다드토바고	1974					
9	베네수엘라	1974					
10	브라질	1974					
11	수리남	1976			★	★	★
12	바베이도스	1977			★	★	★
13	에콰도르	1980			★		
14	콜롬비아	1980			★		
15	앤티가바부다	1983			★	★	★
16	볼리비아	1985			★		★
17	우루과이	1988					
18	바하마	1997				★	★
19	도미니카연방	2004					★
20	그레나다	2005					★
21	코스타리카	2007					★

주 : 중국과 니카라과는 1985년 12월 7일 수교하여 1990년 11월 9일 국교를 단절한다. 중국과 세인트루시아는 1997년 9월 1일 수교하여 2007년 5월 5일 국교를 단절한다. 중국과 그레나다는 1985년 10월 1일 수교하여 1989년 8월 7일 국교를 단절하고, 2005년 1월 20일 다시 외교관계를 회복한다.

2. 라틴아메리카에 대한 중국 원조 방식의 변화

1995년 대외원조 방식 개혁의 심화에 따라 중국은 점차 라틴아메리카에 대한 원조 방식을 조정했다. 총체적으로 보면 21세기에 수원국의 요구와 중국의 원조정책에 의해 라틴아메리카에 대한 중국의 원조 방식은 다양화의 추세를 보였다. 무상으로 물자원조를 제공하는 전통적 원조 외에 특혜 차관이 나타났다. 랜드마크 프로젝트가 증가했고 인재 양성도 확대되었으며 의료단과 청년 봉사자를 여러 차례 파견했다. 특히 인도주의 긴급 원조를 확대했으며 라틴아메리카 지역기구에 원조를 제공하기 시작했다.

첫째, 인도주의 긴급 원조를 확대했다. 카리브해 지역은 폭풍의 피해가 심하고 일부 남아메리카 국가는 홍수와 지진 등 자연재해가 심하다. 중국은 적시에 수원국에 인도주의 원조를 제공했다. 불완전한 통계에 의하면 2003~2010년 중국은 라틴아메리카 15개국에 32차례에 걸쳐 1,977만 달러에 달하는 인도주의 현금 원조를 제공했다(표 6-3). 이 중 쿠바, 코스타리카, 멕시코, 페루, 칠레에 대한 인도주의 현금 원조의 규모가 비교적 크다. 현금을 제공하는 외에 물자도 대량으로 원조했다. 〈표 6-4〉에서 볼 수 있듯이 2007년부터 라틴아메리카에 대한 중국의 인도주의 원조 규모가 신속하게 확대되었고 현금 원조 횟수와 금액도 대폭 증가했다. 2007년 8월 페루 정부를 도와 지진 구조를 하고 이재민을 구제하기 위해 중국은 페루에 긴급 원조로 현금 30만 달러를 제공했고 중국 적십자회도 페루 적십자회에 현금 5만 달러를 제공했다. 2009년 4월에는 신종플루(H1N1) 예방과 퇴치를 위해 멕시코에 긴급 원조 500만 달러를 제공했다. 이 중 100만 달러는 현금원조이고 400만 달러는 물자원조였다. 한편 중국 적십자회도 멕시코적십자회에 현금 5만 달러를 제공했다.

표 6-3. 2003~2010년 라틴아메리카에 대한 중국의 인도주의 현금 원조

단위 : 만 달러

국가	횟수	금액	국가	횟수	금액
바하마	2	15	볼리비아	5	미상
도미니카연방	3	미상	페루	2	156
쿠바	1	100	콜롬비아	2	35
트리니다드토바고	1	10	에콰도르	1	10

국가	횟수	금액	국가	횟수	금액
자메이카	1	40	우루과이	2	미상
아이티	2	378	칠레	2	120
코스타리카	4	1,010	가이아나	1	3
멕시코	2	110	**합계**	32	1,977

자료 출처 : 중국 외교부, 상무부 사이트 및 라틴아메리카 주재 중국 각 대사관 경제상무참사
관처 사이트 등. 현금 원조에는 중국 적십자회가 제공한 현금 증여도 포함됨. 자
료 마감일은 2010년 3월까지.

여기서 주목해야 할 것은 중국이 수교를 하지 않은 아이티에도 대량의
인도주의 구원 원조를 제공한 사례이다. 2010년 1월 아이티에 지진이 발생
하자 중국 적십자회는 아이티에 100만 달러의 원조를 제공한다. 중국 정부
도 아이티에 3,000만 위안에 달하는 구조물자와 현금 260만 달러를 제공했
으며 군부도 1,300만 위안에 달하는 물자를 제공한다. 2010년 3월 1일 칠
레의 지진 구조를 돕기 위해 중국은 칠레에 110만 달러 긴급 인도주의 원조
를 제공했다. 이 밖에 볼리비아의 뎅기열, 콜롬비아의 수재, 코스타리카의
지진 등에도 중국은 가장 빠른 시간에 긴급 원조를 제공하여 책임감 있는
대국으로서의 이미지를 보여주었으며 좋은 효과를 거두었다.

표 6-4. 2003~2010년 중국의 인도주의 현금 원조를 받은 라틴아메리카 국가

단위 : 만 달러

국가	2003	2004	2005	2006	2007	2008	2009	2010
바하마	–	10	5	–	–	–	–	–
도미니카연방	–	미상	–	–	미상	1.85	–	–
쿠바	–	–	–	–	–	100	–	–
트리니다드토바고	–	10	–	–	–	–	–	–
자메이카	–	–	–	–	30	10	–	–

국가	2003	2004	2005	2006	2007	2008	2009	2010
아이티	18	–	–	–	–	–	–	360
코스타리카	–	–	–	–	–	1,000	10	–
멕시코	–	–	–	–	10	–	105	–
볼리비아	미상	–	–	–	미상	미상	–	–
페루	–	–	–	126	35	–	–	–
콜롬비아	–	–	–	–	–	35	–	–
에콰도르	–	–	–	–	–	–	–	–
우루과이	–	미상	–	–	미상	–	–	–
칠레	–	–	–	–	–	–	–	110

자료 출처 : 중국 외교부, 상무부 사이트 및 라틴아메리카 주재 중국 각 대사관 경제상무참사관처 사이트 등. 현금 원조에는 중국 적십자회가 제공한 현금 증여도 포함됨. 자료 마감일은 2010년 3월까지.

둘째, 무상 물자원조가 현저하게 증가했다. 〈표 6-5〉에서 볼 수 있듯이 불완전한 통계에 의하면 1990년대 중국은 라틴아메리카에 무상 물자 원조를 30여 차례 제공했다. 이 물자에는 자전거, 농기구, 의료설비 등이 포함되었다. 페루와 수리남 등 주요 원조 대상국은 각각 9차례와 5차례의 무상 물자원조를 받았다. 2000~2009년 중국은 라틴아메리카에 무상 물자원조를 48차례 제공했다. 컴퓨터, 통신설비, 문화용품과 체육용품, 사무용품 등이 포함되었다. 쿠바, 수리남, 에콰도르, 볼리비아 등이 주요 원조 대상국이며 이 중 쿠바에는 물자원조를 14차례 제공했다. 1990년대와 비교하면 라틴아메리카에 대한 물자원조의 과학기술 함량이 많이 높아졌다. 특히 통신설비에서 라틴아메리카 국가에 중국 제품을 제공하여 경제외교의 역할을 발휘했다. 중국은 쿠바, 트리니다드토바고, 에콰도르, 우루과이, 수리남 5개국에 컨테이너 검측 설비를 원조했다. 인도주의 원조에 협조하기 위해 현금 원조를 제공한 외에 중국은 멕시코와 아이티 등 재해국에 대량의 긴

급 의약품과 물자를 제공했다. 아이티의 지진 구조를 위해 2010년 1월 7일
~2월 8일 중국은 아이티에 3차례에 걸쳐 3,000만 위안에 달하는 구호물자
를 보냈다.

표 6–5. 라틴아메리카에 제공한 중국 무상 물자원조

국가	수교 시기	1990~1999년		2000~2009년	
		차례	물자 종류	차례	물자 종류
바하마	1997	2	미상	3	컴퓨터. 프린터기 등
도미니카연방	2004		–	2	사무용품, 스포츠용품, 가구 등
쿠바	1960	미상	미상	14	컴퓨터, 컨테이너 검측 설비, 의료설비, 문화교육 용품, 기상설비 등
트리니다드토바고	1974	–	–	3	컴퓨터, 통신설비, 컨테이너 검측 설비
자메이카	1972	3	미상	3	컴퓨터 음향설비, 사무용품, 급수관 등
볼리비아	1985	미상	미상	4	오토바이, 자동차, 통신제품 등
페루	1971	9	자전거, 컴퓨터, 의료설비 등	2	트럭, 자동차, 컴퓨터 등
에콰도르	1980	–	–	5	컴퓨터, 컨테이너 검측 설비, 스포츠기재 등
우루과이	1988	–	–	5	컴퓨터, 컨테이너 검측 설비, 교육용품
가이아나	1972	1	자전거	1	스포츠용품
수리남	1976	5	농기구, 자전거 등	5	경찰용 물자, 컨테이너 검측 설비, 방송국 설비, 가구 등

국가	수교 시기	1990~1999년		2000~2009년	
		차례	물자 종류	차례	물자 종류
멕시코	1972	–	–	1	마스크, 장갑, 방호복, 소독용품, 적외선 체온기 등 긴급 물자
합계		30	–	48	–

자료 출처 : 중국외교부, 상무부 사이트 및 라틴아메리카 주재 중국 각 대사관 경제상무참사관처 사이트 등. 현금 원조에는 중국 적십자회가 제공한 현금 증여도 포함됨. 데이터 마감일은 2010년 3월까지임.

셋째, 원조 구성에서 특혜 차관이 주도적 지위를 차지했다. 1995년 전까지 중국은 일부 라틴아메리카 국가에 무이자 차관을 제공했다. 1990~1991년 중국은 페루에 2차례에 걸쳐 무이자 차관 1,630만 달러를 제공했다. 1990년 중후반부터 특히 2006~2008년 중국이 라틴아메리카에 제공하는 특혜 차관의 규모가 점차 확대되었다. 〈표 6-6〉에서 볼 수 있듯이 2003~2008년 중국은 바하마, 가이아나, 수리남, 볼리비아 등 11개국에 23차례에 걸쳐 특혜 차관 34.82억 위안을 제공한다. 자메이카, 볼리비아, 가이아나, 수리남은 특혜 차관을 제공받은 주요한 국가들이다. 특혜 차관으로 중국은 경기장, 회의 청사 등의 랜드마크를 원조 건설했으며 신주-60형 비행기와 통신설비 등 첨단기술 제품의 수출을 추진했다. 이를테면 2005~2007년 중국은 바하마와 수리남에 특혜 차관을 제공하여 청화동방회사(淸華同方公司)의 컨테이너 스캐너를 구입하게 한다. 2007년 제2차 '중국-카리브해 경제무역 협력포럼'에서 중국은 향후 3년 내 카리브해 지역에 특혜 차관 40억 달러를 제공하겠다고 선포했다. 이 밖에 채무 감면에서 2006년 2월 중국 정부는 가이아나 정부가 2004년까지 상환해야 할 모든 채무를 면제했다.

표 6-6. 중국이 2003~2008년 라틴아메리카에 제공한 특혜 차관

단위 : 억 위안

국 가	차례	용도	금액
바하마	1	컨테이너 스캐너	미상
도미니카연방	1	국빈관, 국립대학	2.8
바베이도스	1	치프사이드 시장 개조	0.25
쿠바	1	니켈 광산 채취 프로젝트	미상
트리니다드토바고	2	국립공연예술센터, 알루미늄 공장 프로젝트	8.5
자메이카	3	크리켓 경기장, 몬테고베이 회의청사	7
볼리비아	3	신주-60 비행기, 농기구, 천연가스 공급과 착정설비	4.96
수리남	4	삼림 채벌, 도로 복구, 염가 주택 프로젝트	2.15
가이아나	4	자전거조립공장, 벽돌공장, 방직공장, 제당공장 발전기술 개조	2.7
앤티가바부다	2	발전소, 의료센터	3.58
우루과이	1	안전 감시 시스템 개선	2.88
합계	23		34.82

주 : 바베이도스에 제공한 것은 무이자 차관임. 이 표의 자료는 불완전함.
자료 출처 : 중국외교부, 상무부 사이트 및 라틴아메리카 주재 중국 각 대사관 경제상무참사
　　　　　 관처 사이트 등.

현재 중국은 브라질, 칠레, 아르헨티나 등 국가에 특혜 차관을 제공하지
않고 있지만 이들 국가와의 금융 협력은 큰 발전을 가져왔다. 2005년 5월
중국 민메탈사, 중국국가개발은행은 칠레국영구리공사와 '칠레 구리 자원
공동 개발 협의'를 체결한다. 2008년 11월 중국수출입은행과 중국알루미늄
공사는 페루 토로모코 동광 개발에 관한 20억 달러 차관 융자 협의를 체결
했다. 이미 2005년 11월 중국수출입은행과 중국 민메탈사는 북경에서 칠레
와 페루에 대한 투자와 탐사, 개발에 관한 20억 달러 협정을 체결했다. 중

국과 라틴아메리카의 에너지 협력 추진에서 '차관과 석유의 교환'이 중요한 형식이 되었다. 2009년 2월 중국-베네수엘라 협력기금의 규모는 60억 달러에서 120억 달러로 증가한다. 이 중 중국국가개발은행이 80억 달러를 출자했다. 2009년 5월 중국국가개발은행과 브라질국영석유공사는 100억 달러에 달하는 10년 기한의 쌍방 차관 협정을 체결한다. 차관은 브라질국영석유공사의 투자 계획에 사용되며 중국 제품의 수입과 융자 등도 포함된다. 쌍방은 중국에 대한 브라질 원유 수출량의 증가에 동의했다. 그해 7월 중국석유천연가스집단공사와 에콰도르는 10억 달러에 달하는 차관 협정을 체결했고 향후 에콰도르는 원유 제공 방식으로 이 차관을 상환하기로 했다.

넷째, 대형 랜드마크 원조 건설이 주목을 받았다. 2003~2008년 대형 플랜트 프로젝트는 라틴아메리카에 대한 중국 원조의 주요 방식이 되었다. 주로 카리브해 지역에 집중되었다. 〈표 6-7〉에서 볼 수 있듯이 2003~2008년 중국은 쿠바, 바하마, 그레나다 등 15개국에 40여 개에 달하는 플랜트 프로젝트를 원조했다. 모두 규모가 비교적 컸는데 경기장, 전시관, 도로, 수력발전소, 병원, 농업기지 등이 포함된다. 경기장을 예로 들면, 중국은 카리브해 지역에 경기장 9개를 원조 건설했다. 특히 그레나다, 바하마, 자메이카에 건설한 크리켓 경기장은 중국이 카리브해 지역에 원조 건설한 대표 성적 프로젝트이다. 쿠바에 대한 플랜트 원조를 보면, 농업 생산 관련 프로젝트가 비교적 많다. 주로 오리농장, 양어장 등이다. 현재 볼리비아, 페루, 에콰도르 등 남아메리카 국가에는 중국이 원조 건설한 랜드마크가 거의 없다.

표 6-7. 중국이 2003~2008년 라틴아메리카에 제공한 플랜트 프로젝트 원조

국 가	프로젝트 수	랜드마크 프로젝트
바하마	1	국가 경기장

국 가	프로젝트 수	랜드마크 프로젝트
도미니카연방	4	국가 경기장, 도로 복구
쿠바	7	소형 수력발전소, 오리농장, 양어장
트리니다드토바고	1	국립공연예술센터
자메이카	5	크리켓 경기장, 몬테고베이 회의 청사
코스타리카	1	경기장
볼리비아	3	농촌 전기 프로젝트, 도로 복구
페루	2	병원 증축 프로젝트
에콰도르	1	키토 교육센터
그레나다	2	국가 크리켓 경기장, 농업기지
가이아나	3	국제회의센터, 수력발전소, 제당공장연합발전 프로젝트
세인트루시아	1	정신병원
수리남	4	외교부 청사, 염가 주택 프로젝트
앤티가바부다	6	국가 크리켓 경기장, 의료센터
바베이도스	1	국가 경기장 증축
합계	42	

자료 출처 : 중국외교부, 상무부 사이트 및 라틴아메리카 주재 중국 각 대사관 경제상무참사 관처 사이트 등.

다섯째, 인적자원 양성의 규모가 확대되는 추세이다. 인적자원 양성은 라틴아메리카에 대한 원조의 주요한 구성 부분으로 중국은 라틴아메리카 지역을 위해 농업, 광산업, 무역, 관리 등 분야의 양성 프로그램을 개설했다. 이러한 양성을 거쳐 라틴아메리카의 발전에 새로운 활력을 불어넣었다. 2005년 대외원조 프로그램을 통해 라틴아메리카 지역에 11개의 연수반을 개설했다. 2000~2007년 우루과이는 70여 명을 파견하여 중국 정부에서 개설한 30여 개 유형과 전공의 관료 연수반과 기술 연수반에 참가했다. 1996~2007년 앤티가바부다는 9차례에 걸쳐 53명을 파견하여 중국에서 개설한 인적자원 양성에 참가했다. 에콰도르의 수공업을 발전시키기 위해 2000년 2월~2001년 6월 중국은 기술자를 파견하여 모피옷 디자인과 재단, 재봉 등의 기술 양성을 했다. 기술자 180여 명을 양성하여 에콰도르의 제혁업을 촉진하고 발전시켰다.[68] 한편 2006~2008년 중국은 가이아나에 청년 자원봉사자를 파견하여 교육, 농업, 의료 분야의 봉사를 제공했다. 자원봉사자들은 현지인들로부터 중국과 가이아나 우호를 위한 민간사절이라 불렸다. 2007년 9월 제2차 '중국-카리브해 경제무역 협력포럼'에서 중국은 카리브해 국가를 협조하여 정부 관료와 각 유형의 기술자 2,000명을 양성하겠다고 선포했다.

여섯째, 라틴아메리카 지역기구에 원조를 제공하기 시작했다. 라틴아메리카와의 관계 발전에 따라 중국-라틴아메리카 지역기구의 관계와 중국-라틴아메리카 관계 간의 관련성이 점차 커진다. 라틴아메리카 지역기구와의 관계를 강화하는 것은 대만 독립 세력 억제와 쌍방적 관계 부족의 보완 및 '남남협력'의 추진에 중요한 의의가 있다. 이러한 상황에서 중국은 안데스공동체, 미주기구, 카리브개발은행, 미주개발은행에 원조를 제공한다. 2005년 7월 중국은 안데스공동체 사무국에 100만 위안에 달하는 정보화 사무설비를 제공했다. 2004년 5월 중국은 미주기구의 옵서버가 된다. 2005년 중국은 100만 달러를 출자하여 5년 기한의 중국-미주기구협력기금을 설립한다. 이 기금을 통해 중국은 라틴아메리카에서의 미주기구의 범죄 예방과 퇴치, 여성과 아동 보호, 재해 경감 등 여러 프로그램을 지원했다. 이는 미주기구와의 협력을 촉진했을 뿐만 아니라 이를 통해 라틴아메리카에서의 중국의 영향력을 제고했다. 2009년 12월 중국과 미주기구는 향후 5년

---

68) 中國對外開放周30年回顧展：雙邊經貿合作大事記』, p.164.

내 중국 정부가 지속적으로 이 기금에 100만 달러를 제공한다는 협정을 체결한다. 이 자금은 미주기구의 각 프로그램의 실행에 사용된다. 한편 해마다 미주기구에 장학금 10건을 제공하여 미주기구 회원국 청년들의 중국 유학을 지원했다.

1998년 1월 중국은 카리브개발은행 회원국이 된다. 이후 중국은 여러 차례 카리브개발은행 특별개발기금에 헌금을 한다. 2002년 12월 중국은 카리브개발은행과 쌍방 기술협력 협정을 체결하며 100만 달러를 증여하여 채권국에 자문과 양성 프로그램을 제공한다.[69] 2009년 1월 중국은 범미개발은행그룹에 가입하여 산하의 범미개발은행에 2억 달러, 범미투자회사에 7,500만 달러, 다자투자기금에 7,500만 달러를 기부함으로써 라틴아메리카 경제 발전과 빈곤 퇴치를 지원했다.[70] 특히 일부 라틴아메리카 국가에 중요한 국제행사가 있을 때 중국은 적시에 무상 물자원조를 제공했다. 이를테면 2008년 페루의 제16차 APEC 회의 주최를 돕기 위해 중국은 페루에 승용차를 제공했다.

3. 라틴아메리카에 대한 중국 원조의 중점 프로젝트와 효과

2004년 9월에 소집된 개발도상국 경제외교공작회의에서는 "대외원조의 정치적 효과와 경제적 효과를 더욱 잘 발휘하기 위해 개발도상국 민생과 밀접한 관련이 있는 랜드마크를 원조 건설한다. 긴급 구원 원조를 제공하고 의료단을 파견하며 인재 양성 규모를 확대한다."[71]라고 제기했다. 2009년까지 중국은 라틴아메리카 현지인의 생산과 생활에 밀접한 관련이 있는

---

69) http://test.pbc.gov.cn/publish/goujisi/750/1122/11226/11226_html.
70) 「支持發展貿易融資 中國積極履行承諾」, 『人民日報』 2009年 4月 2日.
71) 「對發展中國家經濟外交工作會議召開」, 『人民日報海外版』 2004年 9月 3日.

공업, 농업, 교통, 문화와 교육, 보건 및 사회 공공시설 분야의 대형 플랜트 프로젝트 40여 개를 원조했다. 수원국의 요구에 의해 중국은 기술자를 현지에 파견하여 기술을 지도하는 한편 플랜트 프로젝트 준공 후에도 지속적으로 기술원조를 제공했다. 21세기에 들어서는 수원국 배려에 입각하여 라틴아메리카에 대한 원조를 '민심 공사'에서 '민생 공사'로 전환하여 라틴아메리카에서의 중국의 소프트파워를 축적했다.

첫째, 농업기술 협력은 '민심 공사'이다. 중국이 라틴아메리카에 제공한 농업 프로그램 원조는 주로 중국 측이 농업 기술자를 파견하고 현지의 자연조건에 적합한 농업기술을 보급하며 종자기지, 시범재배지를 설립하고 기술 양성을 하며 필요한 농업용 설비와 물자를 제공하는 것이었다. 2001~2008년 중국은 쿠바, 도미니카연방, 그레나다 등 카리브해 국가와 여러 차례의 농업기술 협력을 전개했다. 이를테면 2007년 중국은 쿠바와 오리 사육, 농작물 방제, 민물고기 양식 등 여러 기술협력을 했다. 2001~2004년에는 에콰도르와 교잡 벼 재배에서 기술협력을 했다. 중국 전문가의 노력으로 에콰도르 제1세대 양질의 교잡 벼 품종을 성공적으로 개발, 보급했다. 2005~2008년에는 도미니카연방을 도와 농업시범기지와 양어장을 설립했다. 다년간 농업기술 협력을 통해 중국 농업 기술전문가는 현지 농민들에게 선진 재배기술을 전수했으며 열대에서 재배하기에 적합한 채소, 화초, 과수 묘목을 재배하여 현지인들의 환영을 받았다. 상술한 농업기술 협력은 현지의 농업 생산 수준을 효과적으로 제고하여 '민심 공사'라 불렸으며 이 지역에서의 중국의 영향력을 확대했다.

둘째, 에너지 프로그램 원조는 수원국의 에너지 사용 조건을 개선했다. 1980년대와 1990년대 중국은 에콰도르, 가이아나, 콜롬비아 등 라틴아메리카 국가에 소형 수력발전소를 원조 건설했다. 2005~2008년에는 쿠바, 볼리비아, 앤티가바부다 등의 프로그램을 원조했다. 이를테면 2004~2006년에는 쿠바의 코로조, 모아 두 곳에 소형 수력발전소를 원조 건설했고 태양전지 프로그램도 원조하여 쿠바 국부 지역의 전력 공급을 개선했다. 볼리비아 고원지대의 주민들은 장기간 전기 문제를 해결하지 못했다. 2006~2008년 중국은 볼리비아 포토시의 농촌 전기화 프로그램을 원조했다. 이 지역의 사업과 생활 여건은 아주 간고했다. 준공된 후 현지 수십 개 농촌의 전기 사용 문제를 효과적으로 해결하여 현지 정부와 민중들로부터 높은 평가를 받았다. 가이아나 제당 생산의 원가를 줄이고 에너지 사용 효율을 높이기 위해 2004~2007년 중국은 가이아나에 특혜 차관 2.7억 위안을 제공하여 가이아나 제당공장 발전소를 원조 건설했다. 이 밖에 2008년 6월에는 앤티가바부다에 특혜 차관 3억 위안을 제공하여 30MW 발전소를 건설했다. 이 발전소는 5MW 중유발전기 6대로 이루어졌다. 발전소의 준공은 앤티가바부다의 전력 부족 상황을 개선했다.

셋째, 의료 원조는 '민생 공사'이다. 라틴아메리카에 대한 중국의 의료 원조에는 의료 물자의 제공과 병원 건설 및 의료단 파견 등이 포함된다. 근년에 이르러 중국은 라틴아메리카에 의료 물자를 제공했는데 주로 태풍과 지진 등 피해에 대한 인도주의 긴급 원조에 협력했다. 중국이 라틴아메리카에 원조 건설한 병원은 많지 않다. 앤티가바부다, 세인트루시아, 페루, 에콰도르에 병원 4개소를 원조 건설했다. 이 중 페루의 병원은 증축한 것이다. 이 병원들은 현지의 공공 의료시설을 개선했다. 의료단 파견은 중국이 라틴아메리카에 대한 가장 주요한 의료 원조 방식이다. 2010년 말까지 중국은 가이아나, 그레나다, 도미니카연방, 아이티 등 국가에 의료단을 여러 차례 파견했다. 1993~2008년에는 가이아나에 의료단을 8차례 파견하여 가이아나 인민들에게 양질의 의료 서비스를 제공했다. 가이아나 원조 제7기 의료단을 보면 2006~2008년 도합 4.5만 명을 진찰했고 수술을 4,000여 차례 했으며 800여 명을 응급조치했다. 20여 가지 새로운 기술을 창조하여 가이아나 의학 역사를 새로 썼다. 아이티 지진 구조를 원조하기 위해 중국은 두 차례에 걸쳐 의료단 총 50여 명을 파견한다. 첫 번째 의료단은 아이티의 부상자 4,000여 명을 치료하고 276명에게 1,520항목에 달하는 보충 검사를 했으며 약품 150여 종을 나누어주었다.[72]

넷째, 경기장 등 대형 랜드마크의 원조 건설은 중국과 라틴아메리카 우의의 상징이다. 다년간 중국은 카리브해 지역에 10개에 달하는 경기장을 원조 건설하여 스포츠를 즐기는 카리브해 지역 인민들이 스포츠에 참여하도록 했다. 2007년 크리켓 월드컵을 맞이하여 중국은 앤티가바부다, 그레나다, 자메이카 등 3개국에 크리켓 경기장을 각각 1개씩 원조 건설했으며 일부 부대시설도 제공했다. 앤티가바부다 정부와 인민은 중국의 아낌 없는 원조를 높이 평가했다. 경기장의 건설은 앤티가바부다에게 국제대회 주최 가능성을 갖추어주었다. 그레나다 국가 크리켓 경기장은 중국과 그레나다 우의의 상징으로 국제크리켓평의회와 그레나다 인민 및 크리켓 팬들로부터 높은 평가를 받았다. 중국이 원조 건설한 도미니카연방의 윈저파크 경기장은 중국과 도미니카연방 우의의 상징이 되었다. 중국의 특혜 차관으로 건설한 트리니다드토바고의 국가공연예술센터와 전해알루미늄 공장은 중국과 트리니다드토바고 양국 경제협력의 본보기가 되었다. 2008년 1월 중국은 코스타리카를 원조하여 10만 m² 부지 면적에, 3.5만 석 규모의 경기장을 건설했다. 이는 코스타리카에 대한 중국의 가장 큰 원조 프로젝트로 중앙아메리카에서 뚜렷한 시범적 효과를 보이고 있다.

이 밖에 중국이 라틴아메리카에 제공한 교육 프로그램과 소형 지역구 민생 프로그램도 호평을 받았다. 소형 지역구 민생 프로그램 원조는 카리브해의 일부 국가에 제한되어 있다. 이 국가들은 인구가 적고 분산 거주하고 있으므로 이 프로그램이 현지의 생활조건 개선에 뚜렷한 역할을 한다. 이를테면 중국은 도미니카연방의 일부 지역구에 산간도로를 원조 건설하고 조명등을 설치했으며 빈곤층 학생에게 현금과 물자를 증여했다. 교육

---

72) http://www.mofom.gov.cn/aarticle/ae/ai/201002/20100206782779.html.

원조를 보면 2004~2008년 중국은 쿠바, 에콰도르에 문화와 교육 물자를 여러 차례 원조했다. 2004년 12월에는 에콰도르에 5,923만 위안에 달하는 스포츠 기자재를 원조했다. 이 스포츠 기자재는 에콰도르 22개 주의 7,000여 개 공립 중학교와 초등학교에 나누어주어 에콰도르 초·중학생들의 스포츠 활동을 강력히 추진했다.[73] 저소득층 학생의 취학 문제를 해결하기 위해 2005년 2월 중국은 에콰도르를 원조하여 교육 센터를 설립한다. 부지 면적 7만 m^2에, 건축 면적 1만 8,600 m^2로 행정실과 교실, 실내 종합체육관과 경기장이 갖추어져 있으며 학생 3,000여 명을 수용할 수 있다. 이 센터는 에콰도르 교육의 발전을 적극적으로 추진하는 역할을 한다.

5절 총괄과 사고

쿠바 혁명의 승리 및 중국과 쿠바의 수교는 라틴아메리카에 대한 중국 원조의 서막을 열었다. 비록 아프리카와 주변국에 비해 라틴아메리카는 중국의 중점 원조 지역이 아니지만 원조는 중국과 라틴아메리카 발전을 크게 추진하는 역할을 했다. 이러한 역할은 수교나 외교 진지를 공고하게 확대하는 측면에서 라틴아메리카에 대한 중국의 외교 역량을 제고시켰다. 중국이 쿠바 등 국가와 전통적인 우호 관계를 발전시켰을 뿐만 아니라 대만 독립 세력의 억제에서도 중요한 역할을 했다. 중국이 점차 대국으로 발전하고 또한 라틴아메리카에서의 영향력이 제고됨에 따라 원조는 라틴아메리카에 대한 중국의 정책에서 정치외교, 경제외교, 문화외교 등 여러 가지 속성을 지니게 되었다. 라틴아메리카에 대한 중국 원조의 발전 변화를 보면 다음과 같은 특징이 있다.

---

73) 中國對外開放周30年回顧展 : 雙邊經貿合作大事記』, p.165.

첫째, 원조는 중국이 라틴아메리카 외교를 전개하는 효과적인 정책 수단의 하나이다. 역사의 각 단계에서 원조는 중국의 라틴아메리카 정책을 협조하여 중요한 지렛대 역할을 했다. 쿠바에 대한 중국의 원조는 1960~1964년 중국과 쿠바 관계의 '밀월기'를 촉성하여 중국과 라틴아메리카 관계에 정치적으로 중대한 돌파를 이루어냈으며 라틴아메리카에서의 신중국의 영향력을 제고했다. 1970년대 칠레, 페루, 가이아나, 자메이카와 수교한 후 중국은 능력껏 원조를 제공하여 양국의 정치 관계 촉진과 공고화에 촉매 역할을 한다, 이는 중국과 라틴아메리카 수교의 첫 번째 붐에 유리한 환경을 마련했다. 종합적 국력의 신장에 따라 중국은 멕시코, 아이티, 칠레 등 국가에 인도주의 원조를 제공한다. 인도주의 원조는 라틴아메리카에 대한 신중국 '소프트파워 외교'의 스포트라이트가 되어 책임감 있는 대국으로서의 이미지를 심어주었다.

둘째, 수원국은 많아졌지만 원조의 깊이가 부족하다. 1960년대 쿠바는 중국이 원조하는 유일한 라틴아메리카 국가였다. 1970년대 수원국은 페루, 칠레, 가이아나, 자메이카 4개국으로 증가하며 1980년대에는 9개국으로 증가한다. 21세기에 들어 라틴아메리카의 20여 개국이 중국의 원조를 받고 있는데 특히 카리브해 지역의 수교국이 주요 원조 대상국이 되었다. 여기서 볼 수 있듯이 중국이 원조하는 라틴아메리카 국가의 숫자는 중국과 라틴아메리카 정치 관계의 발전과 동시성을 보인다. 가이아나가 중국과 지속적으로 우호 관계를 유지한 외에 여러 정치 요소의 충격으로 중점 수원국은 교체되고 변화했다. 이는 중국의 라틴아메리카에 대한 원조에서 수원국은 많아졌지만 원조의 깊이가 부족해지는 결과를 낳았다.

셋째, 이익에 대한 인식의 변화는 원조정책의 전환을 추진한다. 라틴아메리카에 대한 중국 원조정책의 변화는 종합적 국력과 대외원조 체제의 변화 등 내재적 요소의 영향 외에 라틴아메리카의 이익에 대한 인지, 식별, 선택과 실현 과정이기도 하다. 1960년대 초, 중국이 국제주의에 입각하여 쿠바를 원조하면서 수교를 하려 한 것은 정치적 이익과 더불어 외부에 형성된 미국 침략을 견제하여 미국이 주변에 행사하는 압력을 완화하기 위해서였다. 비록 대만 독립을 억제하는 것은 라틴아메리카에 대한 중국의 원조에서 피할 수 없는 외교적 난제이지만 1980년대와 1990년대부터 중국은 평등 호혜의 경제무역 협력을 강조하기 시작했다. 라틴아메리카에 대한 50여 년의 원조 역사를 돌아보면 정책의 전환 과정을 발견할 수 있다. 즉 제국주의, 식민주의, 패권주의에 대한 반대에서 민족경제 독립 발전의 지지로 전환했고 대만 독립을 억제하는 투쟁에서 경제외교의 강조로 전환하여 공동 발전이라는 이념을 두드러지게 했다. 쌍방적 원조를 위주로 하는 한편 라틴아메리카 지역기구를 원조하기 시작하면서 라틴아메리카에 대한 전체적 외교의 새로운 방법을 모색했다. 특히 21세기에 들어서서 라틴아메리카에 대한 중국의 원조의 지역 목표가 더욱 뚜렷해진다. 중앙아메리카와 카리브해 지역에 대해서는 정치 이익 쪽으로 편향되었고 남아메리카의 안데스 국가에 대해서는 경제 이익 쪽으로 편향되었다.

중국의 종합적 국력의 신장에 따라 중국의 글로벌 경제 이익은 각 지역에서 확산되는 추세를 보인다. 전략적 이익도 주변 지역에서 외곽 지역으로 확대되고 있다. 라틴아메리카도 중국에서 볼 때 역시 그러하다. 비록 전통적인 지정학에서 볼 때 라틴아메리카와 중국은 거리가 멀어 전략적 중요성이 나타나지 않았으나 근년에 이르러 중국과 라틴아메리카의 밀접한 경제 연계 때문에 중국의 경제성장이 라틴아메리카에 비교적 큰 영향을 주면서 중국과 라틴아메리카 융합이 부단히 심화되었다. 한편 라틴아메리카 국가는 현재 흥기하는 개발도상국으로 국제 정세의 다원화를 추진하는 국제 정치의 신흥 세력이다. 중국과 라틴아메리카의 발전에서의 상호작용 혹은 국제사무에서 전략적 상호작용을 막론하고 라틴아메리카에서의 중국의 이익은 역사성 그 어떤 시기보다 다층차적이고 다양화되었다. 그러므로 라틴아메리카에 대한 중국의 외교 전략은 중국의 경제성장이 라틴아메리카에 주는 효과를 충분히 빌려야 한다. 무역과 투자를 통해 중국과 라틴아메리카 관계를 공고히 발전시키는 외에 원조나 기타 협력 방식을 통해 중국과 라틴아메리카 관계를 깊이 있게 발전시켜야 한다. 라틴아메리카에 대한 중국의 이익 요구의 변화로 향후 일정 기간 라틴아메리카에 대한 중국의 원조는 전환에 직면할 것이므로 아래의 문제에 주목해야 한다.

첫째, 전략적 높이에서 중국과 라틴아메리카의 이익을 주시해야 한다. 역사적으로 보면 라틴아메리카는 강대국이 꿈을 이룩하고 실력을 펼쳐 보이는 곳이다. 국제 금융 위기의 충격으로 인한 현재 세계정세의 변화는 라틴아메리카에서의 중국의 전략적 이익을 촉진했다. 이러한 전략적 이익은 21세기 중국 경제의 고속 성장에 따른 자원 수입의 안전이라는 전략적 수요뿐만 아니라 중국이 외곽 지역에서의 전략적 거점을 확보하는 데 유리한 조건을 마련했다. 비록 이러한 전략적 이익은 잠재적인 것이지만 발전시킬 필요성이 있다. 그 유리한 조건으로 첫 번째는 라틴아메리카 국가 특히 라틴아메리카 지역 강대국의 역량이 전체적으로 제고되어 다원화 외교의 필요성이 커졌다는 것이다. 두 번째로, 중국의 실력이 신속하게 제고되어 라틴아메리카에 대한 흡인력이 증가했다. 세 번째, 미국의 패권이 서반구에서 상대적으로 약해졌다. 미국과 라틴아메리카 관계는 조정 단계에 있으며 미국은 중국의 주변에 대해 새로운 전략적 억제를 실시하고 있다. 네 번째, 브라질 등 라틴아메리카 신흥 강대국이 국제무대에서 활약하면서 서로가 전통적 강대국에 대한 '소프트 밸런스'를 이루는 세력이 될 수 있다. 간단히 요약하면 라틴아메리카에서의 중국의 전략적 이익은 세계질서의 변화에 의해 발생한 새로운 구조적 이익을 바탕으로 하고 있다.

둘째, 라틴아메리카에 대한 중국의 원조와 자원의 획득은 비대칭을 이룬다. 외교 진지의 공고화와 확대가 필요해지면서 라틴아메리카에 대한 중국의 외교 자원 투입과 그곳에서 얻는 경제 이익 사이에는 비대칭이 나타났다. 이를테면 중국이 페루, 에콰도르, 베네수엘라, 칠레에서 수입하는 자원

제품의 규모는 끊임없이 커지고 있지만 원조가 부족하다. 규모가 비교적 큰 랜드마크 프로젝트가 부족한데 비슷한 문제점들이 브라질과 아르헨티나에서도 나타난다. 사실상 상술한 국가에 대한 원조는 사회적 투자를 중요시하며 중국의 '소프트파워' 발전에 반드시 필요하다. 중국과 라틴아메리카의 상호 보충 산업 분야의 무역과 투자는 그 국가에서 뚜렷한 이익을 내고 있다. 그러나 일부 경쟁 산업에서 중국의 수출은 일부 국가에 경쟁 압력을 가져다주었다. 그러므로 라틴아메리카인들은 중국에 대해 서로 모순되는 두 가지 입장을 지니고 있다. 하나는 중국의 투자와 무역이 발전에 도움이 된다는 것이고, 다른 하나는 장기간 식민 지배를 받은 기억 때문에 중국의 발전에 공포심을 느낀다는 것이다. 그러므로 원조를 통해 라틴아메리카에 '소프트파워'를 구축해야 할 필요성이 있다.

셋째, 원조 수단을 다원화하여 국익을 실현하는 데 장애 요인을 연화시키거나 해결해야 한다. 현재 라틴아메리카에서의 중국의 국익은 다양화되는 추세이다. 특히 경제 이익이 뚜렷하게 상승하고 있으므로 정부의 원조만으로는 라틴아메리카에서의 중국의 다층적인 이익 요구를 해결할 수 없다. 중대한 정치 이익에서 정부 간 원조가 특히 중요하다. 이는 정치 이익의 급박성과 중요성과 관련된다. 장기적 관점에서 볼 때 라틴아메리카에서의 중국이 자원 이익을 실현하려면 현지 지역구와 지방정부에 대한 원조를 모색해야 한다. 페루와 에콰도르에서의 에너지·광산 투자는 현지인들로부터 여러 번 교란되고 파괴당했다. 각국의 이익 실현 과정에서 영향을 받는 중요한 연결고리가 무엇인지를 파악하여 국가별 특징이 있는 원조 조치를 채택해야 한다. 중국과 라틴아메리카 교류의 확대를 감안하여 라틴아메리카에 대한 중국의 원조는 반드시 새로운 상황과 결합하고 여러 상황을 고려하여 원조의 다양한 측면과 목표를 중시해야 한다.

이 밖에 라틴아메리카 국가들이 각각 다른 이익을 필요로 한다는 사실에 주목해야 한다. 중앙아메리카와 카리브해 지역의 수교국은 중국의 원조에 대한 수요가 크다. 남아메리카 국가는 투자와 무역에 대한 수요가 비교적 크다. 또한 남아메리카의 안데스 국가는 원조, 무역, 투자에 대한 수요가 모두 있다. 라틴아메리카 국가의 경제 발전 수준이 비교적 높아 무역과 투자 관계는 중국과 라틴아메리카 발전의 원-윈을 이룩하는 주요 방식이다. 그러나 원조는 중국과 라틴아메리카 국가 간의 이익 관계 조절에서 필수 불가결의 요소로 무역, 투자, 원조 삼위일체의 정책을 구성하여 중국과 라틴아메리카 이익의 심도 있는 교류와 융합을 추진해야 한다.

참고문헌

중국 문헌

鄧小平, 『鄧小平文選』(1~3卷), 人民出版社, 1993.

江澤民, 『江澤民文選』(1~3卷), 人民出版社, 2006.

毛澤東, 『建國以來毛澤東文稿』(6·8·9·12冊), 1992~1998.

毛澤東, 『毛澤東外交文選』, 中央文獻出版社·世界知識出版社, 1994.

程瑞生·黃士康 等, 『松林別墅的五位總統』, 江蘇人民出版社, 1998.

陳敦德, 『周恩來飛往非洲』, 解放軍文藝出版社, 2007.

韓念龍 編, 『當代中國外交』, 中國社會科學出版社, 1988.

石林 主編, 『當代中國的對外經濟合作』, 社會科學文獻出版社, 1989.

韓懷智·譚旌樵 主編, 『當代中國軍隊的軍事工作』(上), 中國社會科學出版社, 1989.

張愛萍 主編, 『中國人民解放軍』, 當代中國出版社, 1994.

王乃天 主編, 『當代中國的民航事業』, 社會科學文選出版社, 1989.

王展意 主編, 『當代中國的公路交通』, 當代中國出版社, 1991.

武衡·楊浚 主編, 『中國當代的科學技術事業』, 當代中國出版社, 1991.

『對外援助工作通訊』, 2006年 第6期.

『方毅傳』編寫組,『方毅傳』, 人民出版社, 2008.

傅勇,「中亞在冷戰後國際格局中的戰略地位」,『世界經濟研究』2002年 第1期.

廣西壯族自治區地方志編纂委員會 編,『廣西通志·教育志』, 廣西人民出版社,
　　　1995.

廣西壯族自治區地方志編纂委員會 編,『廣西通志·外事志』, 廣西人民出版社,
　　　1998.

郭明 主編,『中越關系演變四十年』, 廣西人民出版社, 1992.

胡鞍鋼·胡光宇,『援助與發展』, 清華大學出版社, 2005.

黃華,『親歷與見聞−黃華回憶錄』, 世界知識出版社, 2007.

黃志良,『新大陸的再發現: 周恩來與拉丁美洲』, 世界知識出版社, 2004.

黃志良,『中拉建交紀實』, 上海辭書出版社, 2007.

江翔,『我在非洲十七年』, 上海辭書出版社, 2007.

靳輝 主編,『當代中國鐵路對外經濟技術援助』, 中國鐵道出版社, 1996.

李安山·許亮,「"中國的非洲戰略: 國際形象與對策"研討會綜述」,『國際戰略研究簡
　　　報』2007年 10月第9期.

李明德 主編,『拉丁美洲與中拉關系−現在與未來』, 時事出版社, 2001.

李同成·黃十康 主編,『中國外交官在拉丁美洲』, 上海人民出版社, 2005.

李鵬,『市場與調控: 李鵬經濟日記』(上·中·下卷), 新華出版社, 2007.

盧晨陽,「中國參與多邊外交的進程和特徵」,『新視野』2007年 第6期.

陸苗耕·黃舍驕·林怡 主編,『同心若金−中非友好關系的輝煌曆程』, 世界知識出版
　　　社, 2006

凌青,『從延安到聯合國』, 福建人民出版社, 2008.

馬振崗,『中國和平發展國際環境的新變化』, 當代世界出版社, 2006.

『緬懷劉少奇』編輯組 編,『緬懷劉少奇』, 中央文獻出版社, 1988.

裴堅章 主編,『毛澤東外交思想研究』, 世界知識出版社, 1994.

裴堅章 主編,『中華人民共和國外交史(1949~1956)』, 世界知識出版社, 1994.

『上海合作組織文獻選編』, 世界知識出版社, 2002.

沙丁·楊典求 等,『中國與拉丁美洲的關係史』, 河南人民出版社, 1986.

石婧,「中國對中亞援助狀況分析-以中國援助中亞國家重點項目爲例」,『新疆社會科學』(漢文版)2009年 第4期.

『世界知識年鑑2007』, 外交出版社, 2008.

『新疆統計年鑑』(1998~2009年), 中國統計出版社.

謝益顯 主編,『中國當代外交史』, 中國青年出版社, 1997.

徐世澄 主編,『列國志 · 古巴』, 社會科學文獻出版社, 2003.

徐世澄,『拉丁美洲政治』, 中國社會科學出版社, 2006.

薛君度 · 邢廣程 主編,『中國與中亞』, 社會科學文獻出版社, 1999.

徐敦信,『世界大勢與中國和平發展』, 世界知識出版社, 2006.

徐紹麗 · 利國 · 張訓常 編著,『越南』, 社會科學文選出版社, 2009.

王太平 主編,『中華人民共和國外交史(1957~1969)』第二卷, 世界知識出版社, 1998.

王太平 主編,『中華人民共和國外交史(1970~1978)』第三卷, 世界知識出版社, 1999.

王昶,『中國高層決策 · 外交卷』, 陝西師範大學出版社, 2001.

王偉光,「中國改革開放和中國發展道路」,『馬克思主義研究』2008年 第5期.

王逸舟,「中國與多邊外交」,『世界經濟與政治』2001年 第10期.

外交部檔案館,『偉人的足迹-鄧小平外交活動大事記』(1975年 2月 12日), 世界知識出版社, 1998.

肖祖厚 · 李丹惠 主編,『雲南與援越抗美』, 中央文獻出版社, 2004.

楊光 主編,『中東非洲髮展報告(2006~2007)-中國與非洲關係的歷史與現實』, 社會科學文獻出版社, 2007.

楊潔勉,「改革開放0年的中國外交和理論創新」,『國際問題研究』2008年 第6期.

葉成壩,『親歷聯合國高層』, 世界知識出版社, 2006.

張穎 · 宋曉平 編著,『列國志 · 厄瓜多爾』, 社会科学文献出版社, 2007.

張郁慧,『中國對外援助研究』, 中共中央黨校國際戰略研究所 博士論文, 2006.

張蘊岭 主編,『中国与周边国家: 构建新型伙伴关系』, 社会科学文献出版社, 2008.

趙常慶 主編,『中亞五國概況』, 經濟日報出版社, 1999.

趙常慶, 「中國對中亞國家的投資」(上), 『歐亞社會發展研究』(2003年 年刊).

趙常慶, 「中國在中亞的戰略利益」, 『中亞和西亞研究』2005年 第2期.

鄭羽 主編, 『中俄美在中亞: 合作與競爭(1991~2007)』, 社會科學文獻出版社, 2007.

周伯萍, 『非常時期的外交生涯』, 世界知識出版社, 2004.

周弘 主編, 『對外援助與國際關係』, 中國社會科學出版社, 2003.

周弘·張浚·張敏, 『外援在中國』, 社會科學文獻出版社, 2007.

周弘, 「中國對外援助與改革開放30年」, 『世界經濟與政治』2008年 第5期.

周弘, 「中國援外60年回顧與展望」, 『外交評論』2010年 第5期.

中共中央文獻研究室 編, 『三中全會以來重要文獻匯編』, 人民出版社, 1982.

中共中央文獻研究室 編, 『劉少奇年譜(1898~1969)』, 中央文獻出版社, 1996.

中共中央文獻研究室 編, 『周恩來年譜(1949~1976)』, 中央文獻出版社, 2007.

『中國商務年鑒』, 中國商務出版社, 2006.

『中國統計年鑒』(1997~2009), 中國統計出版社.

『中國商務年鑒』, 中國商務出版社, 2009.

中國軍事顧問團歷史編寫組 編, 『中國軍事顧問團援越抗法鬥爭史實』, 解放軍出版社, 1990.

中國對外開放周30年回顧展籌備工作辦公室 編, 『中國對外開放周30年回顧展: 雙邊經貿合作大事記』.

中國外交部開放檔案.

中國社會科學院俄羅斯東歐中亞研究所, 『俄羅斯東歐中亞國家發展報告(2009年)』, 社會科學文獻出版社, 2009.

中華人民共和國外交部·中共中央文獻研究室 編, 『毛澤東外交文選』, 中央文獻出版社·世界知識出版社, 2005.

中共中央文獻研究室·中央檔案館 編, 『建國以來劉少奇文稿』, 中央文獻出版社, 2005.

中共中央文獻研究室 『緬懷毛澤東』編輯組 編, 『緬懷毛澤東』, 中央文獻出版社, 1993.

中共中央文獻研究室 編, 『鄧小平年譜(1975~1997)』(下), 中央文獻出版社, 2004.

商務部·外交部·財政部·中國進出口銀行·上海合作組織·上海合作組織區域經濟合作網站.

[美] 胡曼·佩馬尼, 『虎視中亞』(王振西 等 譯), 新華出版社, 2002.

[美] 茲比格紐·布熱津斯基, 『大期局-美國的首要地位及其他地緣戰略』(中國國際問題研究所 譯), 上海人民出版社, 1998.

[挪威] 約翰·加爾通, 『和平論』(陳祖洲 等 譯), 南京出版社, 2006.

[英] 麥金德, 『歷史的地理樞紐』(林爾蔚 陳江 譯), 商務印書館, 1985..

외국 문헌

Aho, Micheal C. and Marc Levinson, After Reagan: Confronting the Changed World Economy, New York: Council on Foreign Relations, 1998.

Amineh, M. P., Globalization, Geopolitics and Energy Seurity in Central Eurasia and the Caspian Region, The Hague: Clingendael International Energy Program, 2003.

Berger, L., The Rise of the Shanghai Cooperation Organization, Backgrounder, Council on Foreign Relations, 12 June, 2006.

Berger Bernt and Uwe Wissenbach, EU-China-Africa Trilateral Development Cooperation: Common Challenges and New Directions, Bonn: Deutsches Institut für Entwicklungspolltik, Discussion Paper21, 2007.

Blank, S., China, Kazakh Energy and Russia: Au Unlkely Menage a Trois, The China and Eurasia Forum Quarterly, 3, 3 November, 2005.

Bohr, A., Regionalism in Central Asia: New Geopolitics, Old Regional Order, International Affaire, 80, 3, 2004.

Brautigam, Deborah, Chinese Aid and African Development: Exporting Green Revolution, London: Macmillan Press, 1998.

Browne, Stephen, Foreign aid in practice, London: Printer Reference, 1990.

Carothers, Thomas, Aiding Democracy Abroad, Washington, D. C.: Carnegie Endowment for International Peace, 1999.

Cassen, Robert and Associates, Dose Aid Work? Report to an Interngovernmental Task Force, Oxford: Clarendon Press, 1986.

chin, gregory and B. Michael Frolic, "Emerging Donors International Development Assistance: The China Case", Chapter 4 of the Emerging Donors Study, International Development Research Centre(IDRC), 2007.

Cornell, S. E., Eurasia Crisis and Opportunity, The Journal of International Security Affair, 11, Fall, 2006.

Davies, Martyn., Hannah Edinger, Nastasya Tay and Sanusha Naidu, How China Delivers Development Assistance to Africa, Johannesburg: Center for Chinese Studies, University of Stellenbosch, first releaed: February 2008, Available in CD-ROM.

Davies, Penny. China and the End of Poverty in Africa—towards mutual benefu? Sundbyberg, sweden: Diakonia, August, 2007.

Draper, Peter., and Garth le Pere., ed. Enter the Dragon: Towards a Free Trade Agreement between China and the Southern African Customs Union, Midrand, South Africa: Institute of Global Dialogue, 2005.

Dwivedi, R., China's Central Asia Policy in Recent Times, China and Eurasia Forum Quarterly, 4, 4, 2006.

Gaffney, John, Political Culture in France and Germany, London: Routledge, 1991.

Gill, Bates, Chin-hao Huang, and Stephen J. Morrison. China's Expanding Role in Africa—Implications for the United States. A Report of the CSIS

Gill, B. and Oresman, M., China's New Journey to the West CSIS Report, August 2003.

Glosny, Michael A., Meeting the Development Challenge in the 21st Century: American And Chinese Perspectives on Roreign Aid, National Committee on United States—China Relations, China Policy Series, Number 21, August 2006.

Grilli, Enzo R., The European Community and the Developing Countries, New York: Cambridge University Press, 1993.

Groves, Leslie., and Rachel Hinton., ed., Inclusive Aid. Changing Power and Relationships in International Development, London: Earthscan, 2004.

Halloran, David, Moral Vision in International Politics. The Foreign Aid Regime: 1949~1989, Princeton University Press, 1993.

참고문헌

Hogan, Michael J., Explanning the History of American Foreign Relations, Cambridge: Cambridge University Press, 1991.

Huntigton, S., The Clash of Civilizations and the Remaking of World Order, New York: Simon and Schuster, 1996.

Hyden, Gorna and Rwekaza Mukandala, Agencies in Foreign Aid—Comparing China, Sweden and the United States in Tanzania, MacMilan, 1999.

Kaplinsky, Raphael, Dorothy McCormick and Mike Morris. The Lmpact of China on Sub-Saharan Africa. IDS Working Paper 291.

Killick, Tony, Aid and the Economy of Policy Change, London and New York: Routledge, 1998.

Large, Daniel, "Beyond 'Dragon in the Bush': the Study of China-Africa Relations", African Affairs, 107/426, 45~61.

Lewis, Arhhur W., The Theory of Economic Growth, London: Allen and Unwin, 1954.

Manji, Firoze and Stephen Marks., ed. African Perspective on China in Africa, Cape Town, South Africa: Fahamu, 2007.

Manning, Richard, "Will 'Emerging Donors' Change the Face of International Cooperation?" Development Policy Review, 2006, 24(4): 371~385.

Marketos, T. N., The Geopolitical Components and the New Parameters of Russia's Relation with the Republics of Kazakhstan and Uzbekistan in the Post Cold War International Environment, Athens: Panteion University of Social Sciences, Department of International and European Studies, 2006.

Marketos, T. N., China's Energy Geopolitics: The Shanghai Cooperation Organization and Central Asia, Routledge 2009.

Maksutov, R., Shanghai Cooperation Organization: A Central Asian Perspective, A SIPPI Paper, SIPPI, August, p.8.

Middleton, Neil and Phil O'Keefe, Disaster and Development, Plito Press, 1998.

Natsios, Andrew s., "Five Debates on International Development: The US Perspective", Development Policy Review, 2006, 24(2): 131~139.

Nazemroaya, M. D., The Sino-Russian Alliance: Challenging America's Ambitions in Eurasia, Global Research, 2007.

Nenmayer, Eric, The Pattern of Aid Giving. The Impact of Good Governance on

Development Assistance, London and New York: Routledge 2003.

Noel, Alain and Jean-Philippe Therien, "From Domestic To International Justice: The Welfare State and Foreign Aid", International Organization, 49, 3, Summer 1995, pp.523~53.

Norling, N., EU's Central Asia Policy: The Adoption of a Strategy Paper 2007~2013, Central Asia and Caucasus, June 2007.

Le Pere, Garth, ed. China in Africa. Mercantilist Predator, or Partne in Development?

OECD, Dac Statistical Reporting Directives, 2007.

Oksana, A., Russia, Central Asia and the Shanghai Cooperation Organization, Center for Studies, ETH Zurich, Russian Analytical Digest, 25, 17 July 2007(http://www.res.ethz.ch).

Oliker, O., and Shlapak, D. A., U. S. Interets in Center Asia: Policy Priorities and Military Roles, Santa Monica, CA: Rand Corporation: 2005.

Pronk, Jan P. et al. Catalysing Development? A Debate on Aid, Blackwell, 2004. Midrand, South Africa: the Institute for Global Dialogue, 2007.

Ren, D., The Central Asia Politics of China, Russia and the USA, and the Shanghai Cooperation Organization Process: A View from China, Stockholm: Stockholm International Peace Research Institute(SIPPI).

Ridell, Roger C., Foreign Aid Reconsidered. Baltimore: The Johns Hopkins University Press, 1987.

Rostow, Walt W., The Stages of Economic Growth, Cambridge: Cambridge University Press, 1960.

Rumer, E. B., American, Russian and European Interests in Central Asia and the Caucasus, The Aspen Institute, August 2006.

Schraeder, Peter J., ed. Intervention in to the 1990s. U. S. Foreign Policy in the Third World, Boulder & London: Lynne Rienner Publishers, 1992.

Shelton, Garth, "China and Africa: Advancing South–South Cooperation", In China in Africa: Mercantilist Predator or Partner in Development? Edited by Le Pere, Garth. Midrand, South Africa: Institute of Global Dialogue and The South African Institute of International Affairs, 2006, pp.99~122.

South African Journal of International Affairs–China in Africa, Volume 13, Is-

참고문헌

suel(2006).

Stokke, Olav, ed. Aid and Political Conditionality, Frank Cass & Co. Ltd, 1995.

Van Ufford, P. Q., A. K. Giri and D. Mosse, "Interventions In Development", in Van Ufford, P. Q., and Giri, A. K., ed. A Moral Critique of Development, Routledge 2003.

중국 대외원조 60년

찾아보기

인명 찾아보기

중국 대외원조 60년

ㅈ

ㅊ

ㅋ

ㅍ

기업명, 부서명, 기관명 찾아보기

중국 대외원조 60년

ㅇ

지명 찾아보기

용어 찾아보기

찾아보기

ㅎ

지은이 및 옮긴이 소개

지은이

주홍(周弘)   미국 브랜다이스대학교 역사학 박사
중국사회과학원(CASS) 유럽연구소 소장

옮긴이

김일산(金日山)   문학박사, 중국 요성대학(聊城大學) 한국어
학과 조교수

정순희(鄭順姬)   문학박사, 요성대학 한국어학과 조교수

양홍정(楊紅靜)   문학석사, 요성대학 한국어학과 조교수

임승빈(任承彬)   문학박사, 청주대학교 국어국문과 교수

김미란(金美蘭)   법학박사, 청주대학교 중어중문과 조교수

중국 대외원조 60년
中國援外60年